暨南史學

JI NAN SHI XUE

第十辑

主编 纪宗安 马建春

GUANGXI NORMAL UNIVERSITY PRESS
广西师范大学出版社
·桂林·

图书在版编目（CIP）数据

暨南史学．第10辑／纪宗安，马建春主编．—桂林：广西师范大学出版社，2015.6
ISBN 978-7-5495-7195-6

Ⅰ．①暨… Ⅱ．①纪…②马… Ⅲ．①中国历史—文集 Ⅳ．①K207-53

中国版本图书馆CIP数据核字（2015）第210969号

广西师范大学出版社出版发行
（广西桂林市中华路22号 邮政编码：541001
网址：http://www.bbtpress.com）
出版人：何林夏
全国新华书店经销
衡阳顺地印务有限公司印刷
（湖南省衡阳市雁峰区园艺村9号 邮政编码：421008）
开本：787 mm × 1 092 mm 1/16
印张：16.5 字数：300千字
2015年6月第1版 2015年6月第1次印刷
印数：0 001~1 200册 定价：58.00元

目　录

从杨孚《南裔异物志》一窥汉代海外交往　陈泽泓/1

若干烹调用香料作物的起源、发展与传播　张　箭/11

墓志铭映印下的唐朝河北粟特人“地著化”问题

——以米文辩墓志为核心　李鸿宾/23

淮西镇在唐代藩镇中的角色与地位　杨文春/43

唐肃宗年间“大食波斯同寇广州”考　刘　宝　张小贵/60

辽上京真寂寺新发现石刻人物图像研究　辛　蔚/71

解构探底:宋代吉州基层区划的变动与调整　王　旭　郭声波/103

两宋东南漕运格局与淮南地区水利开发　张　勇/115

明代镇守广东总兵设置考

——兼论明代广东陆防与海防重心的时空演变　韩虎泰　吴宏岐/127

塞上风华:清代前期乌鲁木齐庙宇的神圣与世俗　王鹏辉/138

清代省澳间的客邮信使　冷　东　沈晓鸣/165

论近代英国对西藏的情报搜集　梁忠翠/177

从战后青岛反美看中美两国民族主义的碰撞

——以驻青美军与民众冲突为中心的考察　张维镇/190

先秦诸子思辨视野下的孔子形象

——以论孟子对孔子的论述为中心　杨兆贵　沈锦发/199

再论章太炎评孔子　朱　浩/217

《韩国历代文集丛书》学术价值初探　刘永连/238

附:敬启作者　/248
　《暨南史学》稿件格式要求　/249

从杨孚《南裔异物志》一窥汉代海外交往

陈泽泓

[**提要**]东汉番禺人杨孚的《南裔异物志》，是已知全国最早的异物志。从其辑佚条目中，可寻得汉代岭南与海外交往乃至对海外异国记载的蛛丝马迹，具有极高历史价值。《南裔异物志》所载物产，涉及周边地区、海外国家；所述许多海产，有些产自深海，更有当时的主要贡品；所载还涉及海外一些地区或国家的俗象；有条目专述东南亚一带的海外国家和瓮人。《南裔异物志》是岭南最早有海上丝路相关记述的志书，是全国最早记载海外风物的志书，也是迄今所见最早记述扶南等海外国家的古籍。

[**关键词**]汉；异物志；海外交往

迄今为止，学术界公认《汉书·地理志》是最早记载西汉时中国官方商船前往南海诸国的行程的文献。这一海上贸易活动，是中国官方开拓海上丝绸之路的确切标志。据载，此次出航启程"日南障塞、徐闻、合浦番禺"，汉使终点到了已程不国(今斯里兰卡)。[①]从《史记》可知，番禺在西汉时为全国知名的"亦一都会也，珠玑、犀、瑇瑁、果、布之凑"。[②]《汉书·地理志》对番禺在海外贸易方面的市场作用说得更为明确："处近海，多犀、象、毒冒、珠玑、银、铜、果、布之凑，中国往商贾者多取富焉，番禺其一都会也。"[③]番禺地处天南一隅而兴发，当因其作为对外贸易商品集散地毫无疑义。因此，有学者推断："关于西汉

---

① 《汉书》卷二八《地理志》。

② 《史记》卷一二九《货殖列传》。

③ 《汉书》卷二八下《地理志》。

远洋对外贸易的出海港和航线，我们认为番禺是出口港，徐闻和合浦是番禺的外港。从而形成番禺—徐闻—合浦—交趾的沿海航线。”[①]汉代番禺是对外贸易港口的论断，不仅得自文献上的间接说明，可从地理条件及其在全国商业活动的地位分析，还可以西汉南越王墓出土的舶来品佐证。《汉书·地理志》记载黄支国（今印度半岛南部）“自武帝以来皆献见。有译长，属黄门，与应募者俱入海市明珠、璧琉璃、奇石异物、赍黄金杂缯而往”[②]。考古工作者在广州和合浦汉墓中曾发现玻璃珠，经化验其所含元素的化学成分与中国传统的铅钡玻璃截然不同，而“与西方的古代玻璃相类”[③]，应是从海外输入的物品，或即为“璧琉璃”。但是，至今尚未能找到番禺在汉代对外交往的文献记载确证。对于这一问题，不妨转向地方志书求解。

中华民族有悠久的修志传统，从志书史料中，可以搜索挖掘海上丝路的起端、航线及港口变化、相关历史事件、历史人物乃至外贸政策及管理、对外经济及文化往来以及对社会发展的影响等方面的宝贵资料。广东是海上丝路重要的始发地，广州是历二千多年长盛不衰的外贸港城，在志籍中爬疏耕耘，开卷或有所获。

学术界公认岭南最早的志书是东汉杨孚的《南裔异物志》，这也是已知全国最早的异物志。《南裔异物志》确切成书时间无考，从作者杨孚是在汉章帝建初年间到朝中任议郎推断，《南裔异物志》与完稿于汉章帝建初八年（83）的《汉书》成书时间几乎同时。《南裔异物志》已佚，由于唐宋著名类书《北堂书钞》《初学记》《太平御览》等对其内容有所辑录，清人曾钊从中辑佚成卷。该书之辑佚或鲜为海外交通史研究者所留意，向来只是把杨孚的《南裔异物志》当成“一种专门记述边远地区特产的异物志”[④]，即当成特产志。也有研究者认为“这是岭南第一部物产志，也是我国第一部区域性物产志；为后人留下了汉代岭南地区植物学、动物学、矿物学的丰富的第一手资料”[⑤]，但罕有从与海外交往的角度去看待其中的相关记述。笔者发现，《南裔异物志》辑佚条目中，可寻得汉代岭南与海外交流乃至对海外异国记载的蛛丝马迹，具有极高历史价值。

杨孚是东汉番禺下渡头村（今属广州市海珠区）人，章帝建初年间举贤良对策，入朝任议郎。举贤良对策，全称察举贤良方正与文学，是汉代以才学德行为主要标准的郎选制度的高级形式。汉代指学习儒家经书的士人为“文学”，贤良方正与文学，即德才兼备而又正直不阿的文学之士，由此途径对策入仕者，当然文化素质很高。杨孚入朝议政，反对穷兵黩武，主张“创造用武，守业用文”；反对破坏儒家丧礼，主张“均行三年通丧”之制；

---

① 陈柏坚、黄启臣：《广州外贸史》，广州出版社，1995 年，第 44 页。

② 《汉书》卷二八下《地理志》。

③ 干福熹等：《我国古代玻璃的起源问题》，《硅酸盐学报》1978 年第 6 卷一、二期；杨伯达：《关于我国古玻璃史研究的几个问题》，《文物》1976 年第 5 期。

④ 卫家雄：《方志史话》，社会科学文献出版社，2011 年，第 34 页。

⑤ 杨孚：《异物志辑佚校注》，吴永章辑佚校注，广东人民出版社，2010 年，第 11 页。

反对苛政贪贿,主张吏治务必廉政。杨孚是一位有政治头脑的人物。从其出身及作为,可见他是文明初开的岭南出类拔萃的有识之士。他对岭南地情了解甚详,因而能够写出《南裔异物志》这样覆盖地域广袤、涉及知识渊博的不朽之作。

分析所见《南裔异物志》的记载,可见此书不同于中原地区的风土志,而具有面向海洋的特色。

一、《南裔异物志》所载物产不止于岭南地区,还涉及周边地区、海外国家

杨孚晚年归居番禺,"其宅在河南下渡头村"[①],未见其返乡后出外周游之记载。《南裔异物志》中所记载的物产,如榕树、香蕉、荔枝、甘蔗、桔、杨梅之类,是珠江三角洲本地所常见;但有的条目记述对象如大象、孔雀,未必在番禺能见到,至于貘豸,则是传说中的异兽;还有一些生长于荒山野岭,点明系外郡远地的,如合浦、日南之牛,日南、九真猓然(长尾猿),郁林大猪,交趾猩猩,九真长鸣鸡,朱崖水蛇,交趾草、交趾稻等。日南、九真、交趾,在今越南之地,合浦地在今广西,朱崖更在海南岛,离番禺并不近,不可能都属杨孚举目可见。有的事物,还是从岭南广阔幅员去记载,如记木棉,"广州、日南、交阯、合浦皆有之"。岭南诸郡,远至千里之遥,在当时交通条件下,到达不易。杨孚载入《南裔异物志》的内容,相当一部分应当是采访所得。所列物产产地,多为沿海之郡,日南、合浦,正是《汉书》所载海上航线的出海港。"合浦港地处北部湾顶部之南流江入海口,向北溯江而上可达北流江,再通浔江、漓江、湘江而达长江水系,或沿西江至云贵,水路交通的便利,使中原地区及西南各地的物资均可通过水路到达合浦",合浦与徐闻的"这两条水道,都是海上丝绸之路与陕西、河南的陆上丝绸之路对接的重要通道,也是岭南地区通过中国南海走向世界的通道"。[②] 合浦陆海均与其南的交趾等三郡相通,连通南北,被认为是当时两粤通交趾的咽喉。[③]《南裔异物志》多处述及合浦、交趾、朱崖等地物产,正反映了汉代番禺与岭南各处沿海港口乃至今之越南、海南等地的往来联系及其交通大港的地位。

二、《南裔异物志》记载了许多海产,包括来自深海和作为贡品之海产

《南裔异物志》所述物产有许多海产,其中有一些产自深海,如鲸鱼、鲛鱼、鹿鱼、鲻鱼、水母。更重要的,有当时岭南及海外作为主要贡品的玳瑁、犀角、象牙等。《史记》《汉

① 屈大均:《广东新语》卷二《地语·河南》,中华书局,1985年,第43页。
② 张镇洪、邱立诚:《中国南海古人类文化考》,广东经济出版社,2013年,第164页。
③ 陈玉龙:《历代中越交通道里选》,《东南亚史论文集》,河南人民出版社,1987年,第97页。

书》中点到番禺之所以成为都会的原因，都提及番禺是这些物品之聚。《汉书》班固赞曰：汉武帝时，“睹犀、布、瑇瑁，则建珠崖七郡”。[①]《后汉书》记载：天竺国“土出象、犀、玳瑁、金、银、铜、铁、铅、锡。……和帝时，数遣使贡献。后西域反畔乃绝。至桓帝延熹二年、四年，频从日南徼外来献。”[②]可见汉代在海南建郡县与其地盛产犀角、玳瑁有关，而汉代岭南的犀角、象牙、玳瑁是海外贡物，也是贪官喜爱掠夺的岭南特产。《汉书·贾捐之传》记载，汉元帝时，珠崖屡反，汉元帝打算派兵征讨，贾捐之以为“不当击”，他对答奉旨诘问的乐昌侯王商说：“又非独珠崖有珠、犀、玳瑁也，弃之不足惜。”[③]推测汉元帝欲征讨的考虑，应包括珠崖出产供应珠、犀、玳瑁的问题，贾捐之的回答，则明确反映了珠玑、犀、玳瑁等物出自多渠道。比《史记》成书约早30年的《淮南子·人间训》已提到，秦始皇“又利越之犀角、象齿、翡翠、珠玑”[④]。《南裔异物志》对玳瑁、象牙、犀角均专撰条目记载，以下为辑佚的相关条目。

“瑇瑁，如龟，生南海。大者如蘧篨，背上有鳞，鳞大如扇，有文章。将作器，则煮其鳞，如柔皮。”[⑤]瑇瑁即玳瑁。“蘧篨”，粗竹席，以喻玳瑁体积之大。《艺文类聚·宝玉部下》引有《南州异物志》“瑇瑁”条，《太平御览·珍宝部八》载有《南方异物志》“玳瑁”条，文字大同小异。《南州异物志》为吴万震所撰，《南方异物志》为唐人房千里所撰，则所记载最早出自杨孚《南裔异物志》，为后世所注意并袭用。

象牙，“俗传象牙岁脱，犹爱惜之，掘地而藏之。人欲取，当作假牙潜往易之。觉，则不藏”[⑥]。此条目突出象爱惜其牙的传说。岭南地区古代也有象的活动，直至南汉还有象的活动的记述，东莞今存南汉所建之镇象塔。但岭南之象为亚洲象，其牙与海外进口的非洲象牙不同。广州象岗山“南越王墓出土了许多海外物品，如象牙、乳香、银盒、金花泡等。其中西耳室的五支大象牙，经鉴定是非洲象牙。……这些舶来品，有力地证明了广州早在二千年前即与海外有密切的交往”[⑦]。这五支象牙并排堆放，其长度为105—120厘米，体形粗壮，与亚洲象的纤细型象牙不同，应是从海外贩运而来。此外还有刻画象牙、象牙算筹、残牙雕器等3种。[⑧]

---

① 《汉书》卷九六下《西域传》。

② 《后汉书》卷八八，转引自张星烺编注《中西交通史料汇编》第四册，朱杰勤校订，中华书局，2003年，第1856页。

③ 《汉书》卷六四下《贾捐之传》。

④ 《淮南子》卷一八《人间训》，《百子全书》，岳麓书社1993年版。

⑤ 引自陈彭年《广韵》卷四《代十九》，《四库全书》本。

⑥ 引自《太平御览》八九〇《兽部二》，上海古籍出版社1994年版。

⑦ 广州市文化局编《广州秦汉考古三大发现》，广州出版社，1999年，第365页。

⑧ 广州市文物管理委员会、中国社会科学院考古研究所、广东省博物馆编《西汉南越王墓》（上），文物出版社，1991年，第345页。

"犀，角中特有光耀，白理如线，自本达末则为通天犀。"[①]"于惟元犀，处自林麓。食惟荆棘，体兼五肉。或有神异，表异以角。含精吐烈，望若华烛。置之荒野，禽兽莫触。"[②]三国吴万震《南州异物志》、晋刘欣期《交州记》、南朝宋沈怀远《南越志》均设有犀的条目，记述犀的形态及犀角的神异。至唐刘恂《岭表录异》卷中，尚有条目专记岭南之犀："岭表所产犀牛，大约似牛而猪头，脚似象，蹄有三甲。"[③]可知在广州聚散的犀角，有岭南所产，也有来自海外贸易之物。《汉书・平帝纪》提到："元始二年春，黄支国献犀牛。"[④]同书《王莽传》又提及："黄支自三万里，贡生犀。"[⑤]杨孚的描述，能够为中原人士提供犀及角的信息。

三、《南裔异物志》记载了海外一些地区或国家的情形

《南裔异物志》的记载，不止于物产，还涉及海外一些地区或国家的情景，主要是民俗。如：

当地人"画其面及身，刻其肌而青之，或若锦衣，或若鱼鳞"[⑥]的雕题国。

"男无衣服，女横布帷，出与汉人交易、不以昼市，暮夜会，俱以鼻嗅金，则知好恶"[⑦]的狼牗国，岭南外贸使用流通货币层次高于内地，《资治通鉴》梁武帝普通四年(523)载："梁初，唯扬、荆、郢、江、湘、梁、益七州用钱，交、广用金银，余州杂以谷帛交易。"交、广用贵金属交易风盛，以致能嗅出作为通货的金属好恶真假，凭感觉经验鉴别其价值。

国"在海水(按：'水'疑为'外')，以草漆齿，用白作黑，一染则历年不复变，一号黑齿"[⑧]的西屠国。后来晋左思《吴都赋》也写道："乌浒、狼牗、夫南、西屠、儋耳、黑齿之酋。"

"其衣则缝布二幅，合两头，开中央，以头贯穿，胸身不突穿"[⑨]的穿胸人，穿胸之说，有些离奇，《山海经・海外南经》有"贯匈国在其东，其为匈有窍"。贯头其实是服装，《梁书・诸夷传》记载"吴时遣中郎康泰、宣化从事朱应使于寻国，国人犹裸，唯妇人着贯

① 《后汉书・章帝本纪》"元和元年日南缴外蛮夷献生犀"句下，李贤注。

② 杨孚：《〈南裔异物志〉赞・犀》，引自屈大均《广东文选》卷二三《赞铭箴诔》，广东人民出版社版。

③ 刘恂：《岭表录异》，上海古籍出版社1993年版。

④ 《汉书》卷一二《平帝纪第十二》。

⑤ 《汉书》卷九九下《列传第六九下・王莽列传》。

⑥ 引自《太平御览》卷七九〇《四夷部一一》，上海古籍出版社1994年版。

⑦ 引自《太平御览》卷七九〇《四夷部一一》。

⑧ 引自《太平御览》卷七九〇《四夷部一一》。

⑨ 引自《太平御览》卷七九〇《四夷部一一》。

头”[①]。《汉书·地理志》记载:“儋耳、珠崖郡,民皆服布如单服,穿中央为贯头。”

“生则镂其颊,……食薯,纺绩为业”[②]的儋耳夷。

“群相随行,无常居处,其类与禽兽同。或依大树,以草被其枝上,而庇阴其下。发正黄,如扫帚。见汉人散入草,终不可得近”的“黄头人”;[③]

“巢居鼻饮,射翠取毛,割蚌求珠为业”[④]的乌浒人。

从这些记述可见杨孚采访记述视野之广。这些族群、方国,位于岭南东、南方,有的在海上,如儋耳、朱崖即位于今之海南省。所记述的镂面刻肤、纺绩、染齿、巢居、贯头穿衣之俗,不仅在古代海南、云南、贵州,也在东南亚等地的土著民族中长期流传。

四、《南裔异物志》记载了许多东南亚海外国家

《南裔异物志》中有扶南国、金邻、斯调国、瓮人的条目,所述国家均为东南亚一带的海外国家,而瓮人则是海外之人。杨孚对异国的记述,不是道听途说,而有具体记载。与前后一些史籍记载相对照,可为岭南与海外交往之佐征。还要指出的是,在《南裔异物志》中专列条目的扶南、金邻、斯调等国名,在《史记》《汉书·地理志》中尚未出现,《南裔异物志》是今见中国最早记载这些东南亚国名的史籍。相关条目如下:

“扶南国,昔但作大扇,遣人持之,不知人各自用也。”[⑤]扶南,也作夫南,是汉代、六朝时期中南半岛上的古国名,意为“山地之王”,位于今柬埔寨。有人认为《后汉书·西南夷传》中记述汉章帝元和元年(84)“日南徼外蛮夷究不事人邑豪献生犀、白雉”中之“究不事”,即今柬埔寨之异译。[⑥] 若此,则汉章帝时,柬埔寨与东汉官方已有来往。扶南的位置及国土情况,《梁书·诸夷传·海南诸国》有明确记载:“在日南郡之南,海西大湾中,去日南可七千里,在林邑西南二千余里。城去海五百里。有大江广十里,西北流,东入于海。其国轮广三千余里,土地洿下而平博,气候风俗大较与林邑同。”[⑦]扶南与中国一直存在友好往来关系。三国时,扶南在嘉禾元年(232)主动向东吴表示友好,先后三次遣使与东吴通好,孙权则派朱应、康泰回访。《通典》所载其与中国往来,也是从“吴时遣康泰、

---

① 《梁书》卷五四《诸夷传·海南诸国》。

② 引自《太平御览》卷七九〇《四夷部一一》。

③ 引自《太平御览》卷七九〇《四夷部一一》。

④ 引自《太平寰宇记》卷一六四,上海古籍出版社 1994 年版。

⑤ 引自宋·吴淑《事类赋》卷一四《扇》,《四库全书》本。

⑥ 白寿彝、高敏、安作璋主编《中国通史》第四卷《中古时代·秦汉时期(上)》,上海人民出版社,1995 年,第 684 页。

⑦ 《梁书》卷五八《列传第四十八·诸夷·扶南》。

朱应使于寻国”[①](时扶南由范寻为王)述起。扶南国王范寻于晋武帝泰始元年(265)、四年(268)以及从太康六年(285)起连续三年每年都遣使入华访问献礼。[②] 笔者曾考证朱应、康泰出使是由番禺启程。[③] 朱应、康泰出访活动的重大收获,是将考察见闻撰写成书。回国后,朱应著《扶南异物志》,可惜已经失传,书名见录于《隋书·经籍志》《唐书·艺文志》。康泰著《吴时外国传》,原书虽已佚,部分内容被引用于《水经注》《北堂书钞》《艺文类聚》等许多古籍中。我国最早记载中国与东南亚海上交通的古籍是班固的《汉书·地理志》,但《汉书·地理志》只记载6个古国,而且既没有方位,又无里程,考证起来相当困难。《吴时外国传》除了对扶南重点记述,还记载了31个古国与地区,所载多数国家记有方位与路程。《吴时外国传》比较真实地记载了1700多年前古扶南国的政治、法律、风俗、物产、造船、贸易、交通、对外关系等,是中国乃至世界文化宝库中最早介绍柬埔寨的名著。隋唐以前,柬埔寨本国没有留下自己的历史记载。研究柬埔寨古史,主要靠中国史籍。在《晋书》《宋书》《南齐书》《梁书》《南史》《新唐书》中均设有《扶南传》,这些正史所据的古史材料大多源于《吴时外国传》。柬埔寨古史的一些重大问题的解决,得助于《吴时外国传》。研究柬埔寨史的外国学者一般认为,中国史籍中最先提到扶南王国的是康泰的著作,并认为中国史学关于此国古史之记载,多采自康泰、朱应使扶南后之撰述。官方的正式往来之前,当存在一段时间的民间往来,因此,在早于三国吴时的东汉章帝时番禺人杨孚的著述中,出现对扶南的记述,也就可以理解了。笔者与研究海上丝路史的学者李庆新先生交流对此的看法时,他还认为,这一记述的意义,还在于可能将文献记载的扶南国历史前伸。此条目转引自《事类赋》这一部类书,却并非孤证,在另一部类书《太平御览》中辑佚《南裔异物志》“金邻”国条目,也明确提到“去扶南可二千余里”,这就很可互证。依上所述,迄今见于史籍的关于扶南的最早载述,就应该为《南裔异物志》,而不是康泰、朱应的《扶南异物志》,当然,在记载的详细程度上,《南裔异物志》无法比肩《扶南异物志》,但在首载这一点上却有其珍贵意义。而《扶南异物志》之书名,恰恰反映了朱应的著述承杨孚遗风之轨迹。

“金邻,一名金陈,去扶南可二千余里。地出银,人民多好猎大象。生得乘骑,死则取其牙齿。”[④]金邻国地在今泰国西南部,金邻大湾为今暹罗湾。晋左思《吴都赋》有“金邻、象郡之渠”之咏,《梁书·诸夷列传》“扶南国”条有“次当伐金邻国”之载。《新唐书·宦者杨思勗传》有“开元初,安南蛮渠梅叔鸾叛,号黑帝,举三十二州之众,外结林邑、真腊、金邻等国”[⑤]的记载。

---

① 《通典》卷一八八《边防四·扶南》,中华书局1988年版。

② 《晋书》卷三《武帝纪》。

③ 陈泽泓:《东吴朱应、康泰出使南洋事迹考略》,《羊城今古》2000年第4期。

④ 引自《太平御览》卷七九〇《四夷部一一》,上海古籍出版社1994年版。

⑤ 《新唐书》卷五四《列传·宦者杨思勗传》。

辑佚的斯调国条目不止一条。“斯调国有火州，在南海中。其上有野火，春夏自生，秋冬自死。有木生于其中而不消也，枝皮更活，秋冬火死则皆枯瘁。其俗常冬采其皮以为布，色小青黑；若尘垢污之，便投火中，则更鲜明也。”①“木有摩厨，生于斯调。厥汁肥润，其泽如膏。馨香馥郁，可以熬膏。彼州之民，仰为嘉肴。”②“斯调州有木，名摩树，汁如脂。”③斯调国，学者多认为其地为今斯里兰卡，或说为印度尼西亚爪哇岛之东南一岛。所谓火州或为间歇式火山。

汉代广州与东南亚国家发生密切的贸易关系，东汉时，从广州西航印度的中国商人或汉代使者，开始在印度、斯里兰卡同埃及、罗马的商人发生直接的贸易关系，而使海上丝路的贸易交流得以接力延长。《后汉书》有延熹九年(166)罗马人遣使直接航行到中国番禺的记载：“至桓帝延熹九年，大秦王安敦遣使自日南檄外献象牙、犀牛、玳瑁，始乃一通焉。”④“桓帝时，扶南之西，天竺、大秦等国，皆由南海重译贡献，而蕃贾自此充斥扬粤矣。”⑤所载的这些事件，都发生在东汉末年，然而，我们只要注意到，大秦等国所进贡的象牙、犀牛、玳瑁等物，在《史记》《汉书》中皆是番禺之所以成为都会的特产，就可以说明，番禺在西汉时已是中外贸易来往的重要聚散地。在这条漫长的远洋航线上，东南亚各国的来往更不是问题。考古发现，加里曼丹出土的印图圈纹陶魁，与广州出土的西汉后期至东汉前期的同类器皿外形非常相似。苏门答腊发现的陶器中有一个灰陶三脚鼎，底部刻记有西汉元帝初元四年(前45)年号。而广州汉墓常见的燃薰炉所用的各种香料，绝大部分来自东南亚各国。这说明这些国家是经常往来贸易、交换物品的。至东汉“永建六年(131)日南徼外，叶调王便遣使贡献”⑥。叶调国在爪哇岛上，其国王以其土特产玳瑁、象牙、犀角、香料向汉朝贡献，实质上是一种官方的贸易。在加里曼丹的沙捞越河口还发现有西汉元鼎五年(前112)的五铢钱，证明西汉与东南亚国家已有贸易关系。⑦“广州汉墓的出土文物中，常见熏炉。这说明当时广州的富豪之家普遍燃烧香料。这些香料的大部分也是从东南亚地区输入的。在广州的汉墓中，还有较多的串珠出土，包括玛瑙、鸡血石、柘榴石、煤精、水晶、硬玉、琥珀和玻璃等。还有迭嵌眼圈式玻璃珠、蓝色玻璃碗、绿色玻璃带钩和璧。其中带钩和璧是我国传统的礼仪用品，其他则与传统工艺品不同，应是从海外输入。”⑧

---

① 引自裴注《三国志》卷四《魏书·三少帝纪》。

② 引自《太平御览》卷九六〇《木部九》，上海古籍出版社1994年版。

③ 引自《太平寰宇记》卷一六四，上海古籍出版社1994年版。

④ 《后汉书》卷八六《南蛮·西南史传》。

⑤ 《后汉书》卷八八《西域传·大秦》。

⑥ 《后汉书》卷八六《南蛮·西南史传》。

⑦ 陈柏坚、黄启臣：《广州外贸史(上)》，广州出版社，1995年，第52页。

⑧ 杨万秀：《广州外贸的历史地位和特点——〈广州外贸史〉序》；杨乃秀主编，邓端本、章深：《广州外贸史(上)》，广东高等教育出版社，1996年，第2页。

瓮人,“齿及目甚鲜白,面体异黑若漆,皆光泽。为奴婢,强勤力”[①],应是当时输入中国的中印半岛南部及南洋诸岛的马来人。“在广州汉墓出土文物中,还有一种托灯的陶塑俑和侍俑,这些俑深目高鼻,两颧高,宽鼻厚唇,形象有异于汉人,亦不同于一般的侍俑。考古工作者认为他们就是杨孚《异物志》中的瓮人。”“这些‘瓮人’就是通常所说的‘黑奴’,他们‘可能是中国船队带回,也有可能由印度商人贩运而来’。既然他们被杨孚载入书中,则当时广州富人使用这种奴隶已不是个别现象,而且其进口也有相当的一段时间。”[②]“这些‘奴隶’可能是中国船队带回,也在可能由印度商人贩运而来。他们被除数贩运到中国后,成了当时贵阳市家豪族的家内‘奴隶’。”[③]

总而言之,《南裔异物志》中的上述记载,可以作为东汉时岭南与东南亚一带海外来往的实证史料。

《简明广东史》评价杨孚的《南裔异物志》“是南海郡人第一部学术著作”[④]。这部学术著作,显示出岭南著作的地方特色及其在学术史上不同凡响的地位。“现知的异物志,以东汉杨孚《南裔异物志》为最早。”[⑤]基于以上所述,从《南裔异物志》中,可以检索到汉代岭南与海外交往的一些线索。特别要指出的是,有学者注意到,异物志这种体裁的编纂,其实“与朝廷索贡有关,也与增广中原人士见闻有关”[⑥]。嵇含在《南方草木状》序中说到:“南越交趾植物,有四裔最奇,周秦以前无称焉。自汉武帝开拓封疆,搜求珍异,取尤者充贡,中州之人或昧其状,乃拟所闻诠叙,有裨子弟云尔。”王庸指出:“东汉以降,有所谓异物志者,其意义与《山海经》之记异物相类似而较为核实。且其所述,大抵以南方事物为多,所以为北方人广见闻者。”[⑦]由此可见,称异物志为物产志还不全面,异物志应属风物志大体还可以,而最准确的还是异物志原称,其猎奇炫异的作用在于反映乡土可爱,增广见闻。《简明广东史》称其“在内容上向后人提供了汉代岭南植物学、动物学和矿物学的第一手资料;它也是我国第一部地区性的异物志,在体例上开了这类著作的先河”[⑧]。还是恰切的。《南裔异物志》成书时间,近乎《汉书》,《汉书·地理志》被公认为最早关于海上丝路南方海外航线官方行为的纪录,是我国最早记载中国与东南亚海上交通

---

① 引自《太平御览》卷七九〇《四夷部一一》,上海古籍出版社 1994 年版。

② 杨万秀主编,邓端本、章深:《广州外贸史(上)》,第 17 页。

③ 中国社会科学院科考古研究所、广州市文物管理委员会、广州市博物馆编《广州汉墓》,文物出版社,1981 年,第 478 页。

④ 蒋祖缘、方志钦主编《简明广东史》,广东人民出版社,1993 年,第 99 页。

⑤ 王晓岩:《方志演变概论》,辽沈书社,1992 年,第 38 页。

⑥ 王晓岩:《方志演变概论》,第 38 页。

⑦ 王庸:《中国地理学史》,商务印书馆,1938 年,第 133 页。

⑧ 蒋祖缘、方志钦主编《简明广东史》,第 99、100 页。

的古籍，那么，《南裔异物志》就应该是岭南最早有海上丝路相关记述的志书，是全国最早记载海外风物的志书，也是迄今所见最早记述扶南等海外国家的古籍。

作者简介：
陈泽泓，广州市地方志编纂办公室研究员。

若干烹调用香料作物的起源、发展与传播[①]

张　箭

[提要]胡椒、肉桂、丁香、生姜均是著名的烹调用香料,又是常用的中药。生姜还是蔬菜。它们在东方饮食文化和烹饪技术中都扮演了重要的角色。烹调用香料和其他香料、黄金、珠宝、土特产构成丰饶的东方财富,经马可·波罗渲染激起西欧人的渴望,吸引他们远航而来,促成了世界历史的巨变。郑和下西洋时,中国也从南洋、西洋采买香料。本文论述这四种香料的起源、发展、传播、栽培的历史,并旁及它们的作用和意义。

[关键词]胡椒;肉桂;丁香;生姜;烹调用香料;发展历史

香料指在常温下能发出芬香,具有挥发性并能用以配置香精的芬芳有机物质。分为天然香料和人造香料两大类。[②] 天然香料按其原料又分动物香料和植物香料两类。动物香料包括麝香、灵猫香、龙涎香、海狸香等。窃以为,植物(或作物)香料按其作用又分两类:一是用作芬芳、美化、装饰作用的,如取之玫瑰、蔷薇、香圆(橼)等的香精油、沉香、檀香等;二是用作吃食的。在吃食植物香料中,我认为又可分两部分:一部分供人们闻香,如香草/香子兰、薄荷、香茅、香青兰等,用于糖果糕点饮料的提香;另一部分用作烹调作料,如丁香、胡椒、茴香、小茴香/莳萝、香菜/胡荽/芫荽、生姜、肉桂等。15—16 世纪,

① 本文受国家社科基金重点项目“15—19 世纪的全球农业文明大交流”(批准号 13AZD044)、四川大学中央高校基本科研业务费研究专项项目(批准号 SKZD201407, SKQY201215)资助。

② 参见《现代汉语词典》“香料”词条,商务印书馆,1997 年,第 1373 页;《辞海》,上海辞书出版社,1999 年,第 2444 页。

西欧人冒死朝东南、西南、西北、东北四个方向前往东方，进行航海大探险、开辟新航路、地理大发现，就是为了越过土耳其人、阿拉伯人等的掌控，直接获取东方的黄金、香料、珠宝及其他特产等。而他们所渴望的香料，便是用作烹调作料的那些香料。鉴于学界尚无类似的论文予以研讨，故本文将简述四种主要烹调用香料作物的发展传播史。

一、香料之王：胡椒

烹调用香料中名气最大的无疑是胡椒了。胡椒(*Peper nigrum* L.)为胡椒科多年生藤本植物。茎、枝无毛，节显著膨大，常生小根。花杂性，通常雌雄同株；浆果球形，无柄，花期 6—10 月。生长在多雨的热带地区。未成熟果实干后果皮皱缩而黑，称“黑胡椒”；成熟果实脱去皮后色白，称“白胡椒”。胡椒粒为约直径 5 毫米的圆颗粒。幼苗生长 7—8 年，进入结果盛期。

胡椒原产于印度南部的马拉巴尔海岸、喀拉拉邦。上古时代就已传播到阿萨姆、缅甸北部。公元前 6—前 5 世纪胡椒籽作为药品和香辛料已为波斯人所知[①]。在西方，公元前 1213 年去世的埃及法老拉美西斯的鼻孔里就塞入了黑胡椒，作为把遗体处理成木乃伊的一道程序[②]。古希腊人至迟在公元前 4 世纪便已知晓了胡椒的用途，尽管只有少数富翁才享用得起(cf.Ibid.)。据公元前后的斯特拉波之《地理学》记载，罗马帝国初期几乎每年都要派出一支由上百艘船组成的庞大船队，航行到印度、东南亚、中国南海，收购采买东方的土特产、各种香料(包括胡椒)。返回时便利用可预知的季风，横渡阿拉伯海；再驶入红海北上；然后卸货上岸，走陆路到达尼罗河中下游；接着操驳船顺流而下，到亚历山大港又换乘海船；最后过地中海把货物运回意大利罗马。一次远航往返要花一年(cf.Ibid.)。这条东西方的主要海上贸易路线一直兴盛到中世纪后期新航路开辟之前。稍后老普林尼的《自然史》记下了公元 77 年罗马的胡椒市价：白胡椒每罗马磅(合 327 克)7 第纳里(denarii)银币(约重 50 克)，黑胡椒每磅 4 第纳里(cf.Ibid.)。3 世纪的美食家阿皮修斯(G.G.Apicius)在 1 世纪的一本烹饪手册基础上编著了一本新的厨师手册，其中的大多数菜谱都包含了用胡椒调味。5 世纪初西哥特人首领阿拉里克围攻罗马城，在谈判中要求的赎城退兵费就包括 3000 磅(约 136 千克)胡椒(cf.Ibid.)。元初来华的意大利旅行家马可·波罗在他的《游记》中多次赞叹东南亚的胡椒等香料：秦海(南海)中“共有 7459 座岛，……亦有调味香料，种类甚多。例如胡椒，色白如雪，即在此类岛屿也。由是其中一切富源或为黄金宝石，或为一切种类香料，多至不可思议”[③]。《马可·波罗

---

① 参[日]星川清亲《栽培植物の起原と伝播》，东京：二宫书店修订增补版，1987 年，第 138 页。

② cf.集体：“Pepper · History”，*Wikipedia*，*the free encyclopedia*，(Dec.2013).

③ 《马可·波罗行纪》(下册)，冯承钧译，法沙海昂注，商务印书馆，1935 年，第 636—637 页。

游记》在欧洲传开后，直接燃起西欧人对东方黄金、香料等财富的渴望，这是引起地理大发现的导因之一。1498 年达·伽马率葡萄牙船队开辟欧印新航路终于成功。当他们登陆进城后，一个在卡利卡特港城会说西方语言的阿拉伯商人问他，为何远渡重洋而来。达·伽马的回答颇有代表性："我们为寻求基督徒和香料而来。"①欧印新航路的开辟为葡萄牙人带来巨大而长期的利润。因为他们能够以 1 公斤/1—2 克白银的价格从印度买进胡椒，再以至少 1 公斤/20 克白银的价格在欧洲卖出，且只需支付运费。16 世纪后期到东方的船只增多，利润已有所降低。不过据当时的一个替换成本表明，扣除各种损耗、船舶失事、运费、人工等，纯利润仍可达 152%②。

公元 1 世纪胡椒及其栽培法从印度传入爪哇，6 世纪相继传入马来亚、巽他群岛、马六甲、婆罗洲(加里曼丹)等东南亚地区，依靠当地土著居民和来自中国的移民种植③。进入近代的 17—18 世纪，荷兰人首先在其殖民地爪哇、苏门答腊等地进行大规模种植园栽培。到 18 世纪，锡兰(斯里兰卡)、柬埔寨的胡椒种植业兴旺起来。至 19 世纪英国也在其殖民地马来西亚槟榔屿、新加坡等处开始种植。1933 年日本移民白井牧之助将胡椒幼苗从新加坡带入巴西的巴拉州，后来栽培面积不断扩大(参同上)。另外，20 世纪初在非洲的马达加斯加岛也开始种植胡椒(同上)。

胡椒果实至迟在汉代就传入了中国。《后汉书》卷八十八《西域传》有了最早的记载：天竺"又有细布、好㲚㲪、诸香、石蜜、胡椒、姜、黑盐。和帝时，数遣使贡献。……至桓帝延熹二年、四年，频从日南徼外来献"。这里，"胡"指来自域外，"椒"是对辛辣花椒属植物的通称。到了唐代，已有了对胡椒的性状描写。《酉阳杂俎》卷十八《广动植》载："其苗蔓生，极柔弱。叶长寸半，有细条与叶齐，条上结子，两两相对。其叶晨开暮合，合则裹其子于其中，形似汉椒，至辛辣。六月采，今人作胡盘肉食皆用之。"这时已明确了胡椒用作烹调作料，且透露出中国可能已在南方适宜地区零星栽培的信息。要不然段成式很难观察和记述得这么详细。至宋代，胡椒作为东南亚的热带特产，出现在占城、三佛齐、阇婆等东南亚朝贡使团的贡品清单上，且数量较大④。宋朝还从占城、爪哇、三佛齐这三个国家大量输入胡椒颗粒(参同上)。例如，"元道元年正月⑤，占城国(今越南南部)其王杨波占遣使李波珠、副使李诃散、判官李磨勿等人进奉"，贡品中各种香料有"龙脑二斤，沉香百

① cf.集体："Pepper · History"，*Wikipedia*，*the free encyclopedia*，(Dec.2013).又见 M.N.皮尔森《葡萄牙人在印度》，郜菊译，"新编剑桥印度史"丛书，云南人民出版社，2014 年，第 22 页。

② 见 M.N.皮尔森《葡萄牙人在印度》，郜菊译，第 55 页。顺便一提，那种认为新航路开辟之初葡人贩运香料暴利高达 60 倍的说法是错误的。

③ 参[日]星川清亲《栽培植物の起原と伝播》，第 139 页。

④ 参殷小平《从印度到东南亚：中古胡椒的种植和传入》，载《农业考古》2013 年第 4 期，第 220—223 页。

⑤ 宋代年号无"元道"。从前面紧接着的年号为"淳化"，后面紧接着的年号为"咸平"判断，应为"至道"。至道元年为 995 年。

斤，夹笺黄熟香九十斤，檀香六十斤，胡椒二百斤”[①]。元末数次访问过东南亚和南亚地区的汪大渊在其《岛夷志略》中详细介绍了当时南海和北印度洋的胡椒产区，称爪哇的上好胡椒“每岁万斤”；印度的下里“地产胡椒，冠于各番，不可胜计。……它番之有胡椒者，皆此国流播之余也”；古里佛“地产胡椒，亚于下里，人间俱有仓廪贮之”。[②] 明代永乐至宣德年间郑和七下西洋时，便在东南亚南亚等地与番人互市，收购当地盛产的胡椒等香料。随行翻译马欢在《瀛涯胜览・古里国》等处多有记述：古里国（今印度西南海岸的卡利卡特）多“胡椒，山乡住人置园多种。到十月间椒熟，采摘晒干而卖。自有收椒人户收买上官库盛贮。……各处番船到彼，王亦差头目并写字人来眼同而卖，亦取税钱”。在文明古国印度人的眼中，郑和宝船亦属番船。

胡椒属热带雨林名贵经济作物，不易随便移植。所以尽管历史上可能有过多次移植引种活动（如前所述），但都未能延续传承下来，未成气候。现代以来，中国最早于1947年引入海南岛琼海县栽培，现仅存一株；1951—1954年，又多次从马来西亚、印尼等地引入海南岛，并开始较大面积种植，获得一定成功[③]。1956年后广东的湛江、汕头及云南广西福建等地陆续试种[④]。1986年全国栽培面积约16.5万亩，总产量6300多吨[⑤]。主要产地为海南岛和雷州半岛一带。而近年世界胡椒栽培面积约18.7万公顷，年总产约18.2万吨，主产地为印度、印度尼西亚、马来西亚、巴西、越南等。胡椒系中国饮食文化和烹调技术中的主角之一。胡椒入华后也成为传统中药之一，《唐本草》认为它主下气、温中、祛痰、除脏腑中风冷；《日华子本草》称它调五脏，止霍乱、心腹冷痛、壮肾气、主冷痢，杀一切鱼、肉、鳖、草毒；明初洪武年成书的《回回药方》在若干方剂中都用到胡椒。例如，“古阿里失突论只方”（义为佛手柑化食丹[⑥]），其配伍为：橙子皮（干者三两），丁香、肉豆蔻、荜拨、胡椒、缩砂、肉桂、良姜、干姜（各一钱），麝香（西番者一分半）。言明该方“能消散风，尅化饮食，并香口气。……以上药与制过净蜜相和，每服二钱”[⑦]。等等。文艺作品中甚至描写了胡椒武器的故事：游击队把胡椒面装入炮仗扔进日本鬼子炮楼炸响当作催泪催

---

① （清）徐松辑：《宋会要辑稿》第八册《番夷四》，中华书局，1957年，第7746页。

② （元）汪大渊：《岛夷志略》，中华书局，1981年校释本，第159、267、325页。

③ 参《中国农业百科全书・农作物卷上》，农业出版社，1993年，第235—236页“胡椒”条，张籍香文。

④ 参邬华松、杨建峰、林丽云《中国胡椒研究综述》，载《中国农业科学》2009年第7期，第2469—2480页。

⑤ 参《中国大百科全书・农业卷上》，中国大百科全书出版社，1990年，第386—387页“胡椒”条，张籍香文。

⑥ 参宋岘《回回药方考释》，中华书局，2000年，第335页。

⑦ （明）佚名：《回回药方》卷一二，中华书局，2000年影印本，第176—177页。

咳瓦斯，迫使伪军缴械投降[①]。胡椒的作用在中国被发挥到极致。

二、药材烹饪两用香料：肉桂

肉桂(*Cinnamomum cassia* L.)，亦称玉桂、牡桂、箘桂等。樟树科热带常绿乔木，树高10余米。叶子长椭圆形，有三条叶脉，开白色小花。树皮剥去干燥后成为桂皮，系重要的药材和名贵香料。叶、枝和树皮磨碎后均可蒸制桂油，香味极为馥郁。

肉桂原产于印度南部海岸的马拉巴尔和锡兰岛(斯里兰卡)。这一带自古以来就将肉桂用作药材和香料。早在公元前2000年左右肉桂桂皮就传到了埃及[②]。肉桂桂皮在公元前5世纪以前就由古阿拉伯的萨比人(サバ人)传入阿拉伯半岛南部，进而在公元前5世纪传入西方的希腊罗马[③]。据《旧约圣经》记述，这一香料在近东各地很受青睐。《旧约·诗篇》就赞美国王"你的衣袍都有没药、沉香、肉桂的香气，象牙宫中有丝弦乐器的声音，使你欢喜"(Psalm 45:8)。古希腊希罗多德《历史》以为，肉桂树生长于阿拉伯地区，与没药、半日花脂(labdanum)香料作物在一起，由有翼飞蛇守护着，不死鸟(phoenix)就在肉桂树上筑巢栖息。希腊人用桂皮连同苦艾给葡萄酒调味提香[④]。公元1世纪罗马的老普林尼在《自然史》中记述了经营早期香料贸易的商人和商队在航渡红海时使用了一种"没有帆和桨的木筏"，这表明他们利用了信风。普林尼还提到罗马人也用桂皮给葡萄酒调味(cf.Ibid.)。罗马时代著名的考玛锦油膏/护肤脂(Commagenum)，便产于今日土耳其东部的考玛锦(Commagene)，系用鹅脂、桂皮油和甘松油[⑤]提香后制成。这表明人们已能榨取蒸馏利用桂油了[⑥]。长期以来，埃及的亚历山大是地中海地区桂皮贸易的船运港(cf.Ibid.)。10世纪中叶法蒂玛王朝占领埃及兴建开罗城为都[⑦]，从此开罗取代了亚历山大港城。

在古代和中世纪早期，国际市场和亚欧商路上是以马拉巴尔出产的肉桂为主力和大宗；随着马拉巴尔的肉桂逐渐减少，12—13世纪以降，渐渐变为以锡兰出产的肉桂为主力和大宗[⑧]。孟加拉和缅甸也出产肉桂。由于阿拉伯人一直对肉桂产地保密，欧洲人因

---

① 见电视连续剧《向着炮火前进》第18—19集，山西卫视2014年1月晚11点—12点半播出。

② cf.集体："Cinnamon · History"，*Wikipedia*，*the free encyclopedia*，(Jan.2014).

③ 参[日]星川清亲《栽培植物の起原と伝播》，第140页。

④ cf.集体："Cinnamon · History"，*Wikipedia*，*the free encyclopedia*，(Jan.2014).

⑤ 一种原产中国的药用香料用草本植物。

⑥ cf.集体："Cinnamon · History"，*Wikipedia*，*the free encyclopedia*，(Jan.2014).

⑦ 参邵献图等《外国地名语源词典》，上海辞书出版社，1983年，第31—32页。

⑧ 参[日]星川清亲《栽培植物の起原と伝播》，第141页。

而对此搞不清楚。法国编年史家焦因维列(1224—1317)[①]偏听偏信,以为肉桂皮是从世界尽头的尼罗河上游河里采集网捞而来的[②]。欧洲人从13世纪下半叶以来才知晓肉桂的真实产地在南亚斯里兰卡一带[③]。千百年来,印尼的马来人用木筏把肉桂从摩鹿加群岛经"肉桂之路"海运到东非,阿拉伯人走陆路又把肉桂运到亚历山大港城,威尼斯人接着又用船把肉桂跨地中海贩到欧洲。中世纪后期马木路克苏丹和奥斯曼土耳其崛起,遮断了传统的香料之路。各种因素促成欧洲人从各个方向探索开辟新航路东来。据说,当达·伽马于1498年到达印度时,才第一次见到生长着的肉桂树(参同上)。葡萄牙人赓续于1505年占领了锡兰岛,并于1518年建起了一个要塞,独掌了肉桂主产地。一个半世纪后,荷兰人于1658年赶走了葡萄牙人,占领了锡兰岛,并开始实行肉桂的专卖制度(参同上)。荷兰东印度公司一面继葡萄牙人之后继续革新采割野生肉桂树皮的方法和技术,一面开始人工种植肉桂树。1767年,英国东印度公司的布朗爵士(Lord Brown)在印度南部喀拉拉邦坎纳诺尔地区安甲拉坎蒂(Anjarakkandy)附近创办肉桂种植园,后来发展成亚洲最大的肉桂林场[④]。又过了近一个半世纪,英国人于1795年占领锡兰岛,从荷兰人手中夺走了肉桂的专卖权[⑤]。1825年,肉桂开始在荷属印尼爪哇栽培,1851年在马六甲开始栽培。此后,逐步传入婆罗洲(加里曼丹)、菲律宾、塞舌尔群岛、巴西、西印度群岛、法属圭亚那、毛里求斯等地进行种植(参同上)。在日本,肉桂很早以前就被人们知晓,但因日本气候较寒冷没法大田种植,全赖进口。

在中国,肉桂自古以来就是重要的药材和香料。肉桂中含有丰富的营养成分,具有很强的保健功效,历来就是中医药学家用来治疗疾病的药引子之一。相传,在春秋时期中国古代四大美女之一的西施就曾服用肉桂治好咽喉病。古代中国的桂皮均靠进口。元代《马可·波罗游记》提到:印度马拉巴(尔)"国出产大量的胡椒、姜、肉桂皮和印度坚果,……来自蛮子省(指中国南方)的船载着铜作为压船的重物。此外,还装运金线织成的锦缎、丝、薄绸、金银块和马拉巴(尔)所不产的许多种药材,他们用这些货物换取此处的商品"[⑥]。明洪武年的《回回药方》不仅多处记有肉桂入药,而且有肉桂制成药膏的记载。如"诸剌必撒答方"[⑦],义为肉桂膏。"剌必"是阿拉伯语词果酱、果膏(Rubb)的音译,"撒答"(Sādaj)是肉桂的音译[⑧]。而且有可能至迟于元明时期,肉桂引种移植于中国。明

① cf.集体:"Jean de Joinville",*Wikipedia,the free encyclopedia*,(Jan.2014).

② cf.集体:"Cinnamon·History",*Wikipedia,the free encyclopedia*,(Jan.2014).

③ 参[日]星川清亲《栽培植物の起原と伝播》,第141页。

④ cf.集体:"Cinnamon·History",*Wikipedia,the free encyclopedia*,(Jan.2014).

⑤ 参[日]星川清亲《栽培植物の起原と伝播》,第141页。

⑥ 《马可·波罗游记》卷三《马拉巴》,梁生智译,中国文史出版社,1998年,第261页。

⑦ (明)佚名:《回回药方》卷之三六,第111页。

⑧ 参宋岘《回回药方考释》,第127页。

代李时珍《本草纲目》对肉桂的方方面面有详细的梳理辨析。“北方重此，每食辄须（需）之。盖《礼》所云姜、桂以为芬芳也”。“今岭表（南）所出，则有筒桂、肉桂、桂心、官桂、板桂之名。而医家用之罕有分别”。“其木俱高三四丈，多生深山蛮洞中，人间园圃亦有种者”。[①] “今人所栽岩桂，亦是箘桂之类而稍异”[②]。清代肉桂种植在中国渐渐传开。1915年，肉桂被日本人引入中国台湾栽培[③]。新中国成立后肉桂种植有较大发展，现分布于福建、台湾、海南、广东、广西、云南等地的热带及亚热带地区，其中尤以广西栽培为多，大多为人工纯林。拥有“中国肉桂之乡”称号的县市有广东省高要市、广东省罗定市、广东郁南县、广西梧州市藤县、广西防城港市等。20 世纪 80 年代初，世界桂皮总产量约 3 万吨，其中中国约产 1.2 万吨[④]。中国已成最大的肉桂消费国和主要生产国之一。

三、最容易被混淆的香料：丁香

首先需要辨析在汉语中名称一样都叫丁香却是完全不同的两种植物（作物）。一种是落叶灌木或小乔木，叶子卵圆形或肾脏形，花紫色或白色，有香味，花冠长筒状。供观赏；这种植物的花，也叫丁香花或紫丁香[⑤]。其英语名为 lilac，学名为 *Syringa vulgaris* L.，简言之它属于观赏植物（或作物）。为了行文方便和以资区别，我们暂且称其为丁香花[⑥]。关于丁香花的发展历史，已有学者做过论述[⑦]。另一种便是属于经济作物、我们要论述其发展历史的丁香了。我们暂且称其为丁香树[⑧]。

丁香（树）（学名 *Eugenia caryophyllata* L.，英语名 clove），又名“丁子香”“鸡舌香”。桃金娘科蒲桃属的一种热带常绿乔木，树高 8—12 米。叶对生，卵状长椭圆形，夏季开花，花淡紫色，也很美丽。果实长倒圆形或至椭圆形，称“母丁香”。干燥花蕾入药，称“公丁香”。由花蕾所得的丁香油为重要香料。

丁香（树）原产于印度尼西亚的摩鹿加（今马鲁古）群岛，在古代就滋蔓至毗邻的菲律宾民答那峨岛（棉兰老岛）南部[⑨]。此后一直到 18 世纪，丁香都只是摩鹿加群岛及其周边地区的特产。早在公元前许多年，从印度到罗马都已知晓把丁香用作香料。现代考古

---

① （明）李时珍：《本草纲目》木部卷三四箘桂》，华夏出版社，2002 年，第 1293 页。

② （明）李时珍：《本草纲目》木部卷三四《箘桂》，第 1298 页。

③ 参[日]星川清亲《栽培植物の起原と伝播》，第 141 页。

④ 参《中国农业百科全书・农作物卷》上，第 461—462 页“肉桂”条，丁慎言文。

⑤ 参《现代汉语词典》，第 293 页。

⑥ 这属于不得已。因既然是小乔木，也可称丁香树。

⑦ 参赵一凡《浅论丁香的历史文化、栽培技术与利用》，载《内蒙古林业调查设计》2008 年第 31 卷第 4 期，第 72—73 页。

⑧ 这也较勉强。因丁香树也开花，亦可供观赏。

⑨ 参[日]星川清亲《栽培植物の起原と伝播》，第 136 页。

学者在叙利亚曾发现一个盛有丁香果实和花蕾的陶瓶和其他文物，经测年在公元前1721年左右[①]。但7世纪以后，阿拉伯人长期独占东方丁香贸易市场，对其产地却秘而不宣[②]。丁香贸易被中世纪阿拉伯旅行家伊本·巴图塔（1304—1377）在其游记中提及；阿拉伯文学名著、故事集《天方夜谭》（8—16世纪成书）中的主人公、海员辛巴德也买卖丁香[③]。中世纪初的七八世纪，欧洲的贵族们就非常喜欢使用丁香。13世纪末马可·波罗回国时很可能见到了生长着的丁香树。到14世纪丁香应用在欧洲趋于大众化。至15世纪中叶，西欧才确切知道丁香的主产地在摩鹿加群岛一带[④]。随即进入了大航海时代。葡萄牙人于16世纪逐步控制了摩鹿加的丁香生产。1519—1522年麦哲伦率西班牙船队首次环球航行，直接目的之一就是要与葡萄牙人争夺摩鹿加群岛——"香料群岛"（Острова пряности）[⑤]。1606年摩鹿加的葡萄牙人被逐走，该地区沦为荷兰人的殖民地[⑥]。作为一种特殊的专卖商品，荷兰人强行把它的种植限制在安汶岛（Ambon）和特尔纳特（Ternate）岛，并拔除其他岛上的丁香树，以便减产、垄断、赢大利。这一苛政曾激起当地居民的反抗和起义，因为这不仅损害了他们的经济利益，也伤害了他们的习俗和感情。摩鹿加的居民很久以来便有每生下一个婴儿就要种下一棵丁香树的传统。那棵树的生命和那个孩子的生命在心理上就直接绑缚起来，他们认为如果树木有什么不好，便是那个孩子的凶兆。所以当地居民仇视荷兰人的毁树行动[⑦]。但荷兰人的垄断只维持了一个半世纪。1770年，法国人珀易乌勒（Poivre）从特尔纳特岛上的一棵丁香树上悄悄采得种子，走私出去，把丁香种植传开。这棵叫"阿福"（Afo）的树，至今仍枝繁叶茂，已高寿三四百岁了[⑧]。丁香树1772年移植到法属留尼汪岛，进而扩展到非洲东部的肯尼亚，打破了荷兰人的垄断和丁香产区的局限；英国人也不甘落后，18世纪末在马来西亚槟榔屿、1823年在印尼苏门答腊进行丁香树种植，1789年将其传入西印度群岛。阿拉伯人也想分一杯羹，18世纪末将丁香传入东非坦桑尼亚沿海的桑给巴尔岛、又由此传入附近的奔巴岛。19世纪初奔巴岛的丁香种植业十分兴盛。日本气候较冷，基本没有大田栽培。日本古代使用的丁香是经中国输入的。这可从建于8世纪的奈良东大寺正仓院保存的天皇御用物品（756）中推测出来。[⑨]

---

① cf.集体："Clove · History"，*Wikipedia*，*the free encyclopedia*，(Feb，2014).

② 参［日］星川清亲《栽培植物の起原と伝播》，第136页。

③ cf.集体："Clove · History"，*Wikipedia*，*the free encyclopedia*，(Feb，2014).

④ ［日］星川清亲：《栽培植物の起原と伝播》，第136页。

⑤ см. И. П. Магидович：《Очерки по Истории Географических Открытий》，Москва，Просвещение，1983，Том 2，Стр.126.

⑥ 参［日］星川清亲《栽培植物の起原と伝播》，第136页。

⑦ cf.佚名："History of cloves"，http://www.indepthinfo.com/cloves/story.shtml，2014.02.

⑧ cf.集体："Clove · History"，*Wikipedia*，*the free encyclopedia*，(Feb，2014).

⑨ ［日］星川清亲：《栽培植物の起原と伝播》，第137页。

西方的“深度资料库·丁香树史”称，公元前3世纪二三十年代的秦朝，大臣向皇帝启奏时，就要提前口含丁香咀嚼，以除口臭发散香气[①]。这一丁香传入时代在中国网上多嬗变为汉朝。北宋沈括《梦溪笔谈·药议》：“（唐代）《日华子》云‘鸡舌香，治口气’。所以三省故事：郎官日含鸡舌香，欲其奏事对答，其气芬芳。此正谓丁香治口气。”可见此说有所来历。《齐民要术》中已提到“丁子香”。唐代丁香从印度尼西亚进口，用于烹调和入酒，也用于制取丁香油。宋代东南亚国家同中国朝贡贸易中的货物就有丁香。例如，“太宗太平兴国二年（977）二月，（占城国）其王遣其使……奉方物：越诺布四段，龙脑二斤，杂香药千斤，丁香五十斤，煎香二十五斤来贡”[②]。又如，“太宗淳化三年（992）八月，明州言，阇婆国（今印尼爪哇或苏门答腊或包含该两岛）遣使乘大船求贡方物。……（其中各种香料有）檀香四千四百二十三斤，丁香十斤，白龙脑五斤”[③]。从上述两次进贡中不同香料的数量对比（杂香药1000斤∶丁香50斤；檀香4423斤∶丁香10斤。注：1斤等于500克），我们可以感觉到丁香的名贵和稀罕。元初马可·波罗从中国返回意大利，经过印度尼西亚。他在《游记》中记下：大爪哇岛（加里曼丹）“这个国家的物产极其丰富。像胡椒、肉豆蔻、生姜、丁香和其他所有值钱的香料和药物，都是岛上的特产。因此有许多商船满载货物前来交换，使双方都能获得巨大的利润”[④]。这里说的外来买香料的商船中应该有中国商船。郑和下西洋时马欢等记下了东南亚南亚等国家和地区所产的各种香料，但没有提到丁香。可见整个中世纪丁香的产地都局限于摩鹿加群岛和周围有限地区。毛泽东曾指出：“中医药学是一个伟大的宝库。”中国古代的医药学家们对接触到的各种植（作）物几乎都要研究其药理，尽量发掘其药性。丁香也不例外。明初洪武年的《回回药方》就有“马准三哈郎”方，义为抗毒素舐剂[⑤]。该药方中就有丁香和丁皮（丁香树树皮，clovetree bark）这两味药[⑥]。《回回药方》还记载了丁香油（古代多为母丁香所榨出之油），在“修合诸般贴药方”中曰：“丁香油一同上火化开，同调药末搅匀为度。丁香油斟酌而用，此药遇患傅贴。”[⑦]这隐含着中国当时（元末明初）可能已能榨丁香油的信息。明代李时珍对丁香做了详细的梳理。如“丁香生东海及昆仑国（指印尼马来人地区）。二月、三月花开，紫白色。至七月方始成实，小者为丁香，大者（如巴豆）为母丁香”[⑧]。据此描述，可推测有中国人已见过丁香树。在中医药界，不仅果实和花蕾入药，丁皮（树皮）、

---

① cf.佚名：“History of cloves”.

② （清）徐松辑：《宋会要辑稿》，第八册《番夷四》，第7745页。

③ （清）徐松辑：《宋会要辑稿》，第八册《番夷四》，第7762页。

④ 《马可·波罗游记》，梁生智译，第233页。

⑤ 宋岘：《回回药方考释》，第411页。

⑥ （明）佚名：《回回药方》卷三〇，第366页。

⑦ （明）佚名：《回回药方》卷三〇，第329页。

⑧ （明）李时珍：《本草纲目》卷三四《木部·丁香》，第1304页。

枝、根也可入药,分治齿痛、心腹胀满、风热毒肿等。真是物尽其用。

丁香的果实、花蕾及从花蕾和茎蒸制的丁香油广泛用作烹饪、添香剂和调味品。其香气雅致,味道辛辣。丁香的花,还形成了中国食品中的"五香"系列,如五香胡豆(蚕豆)、五香花生、五香瓜子、五香鱼肉、五香茶叶蛋等等。"五香"便指花椒、八角、肉桂皮、丁香花蕾、茴香子五种调味的香料。中国由于气候原因,20 世纪 60 年代末才在海南、广东等地少量栽培丁香树,能开花结果。当代印尼、马来西亚、东非为主产区,其丁香产量已占世界总产量的大部分。今日印度、巴基斯坦、斯里兰卡等南亚国家也种植丁香。1982 年世界干丁香总产量约 3 万吨。①

四、蔬菜、药材、调味多用途香料:生姜

前面我们简述了三种原产于南亚东南亚的重要香料作物的发展传播史,下面我们论述一种可能原产于中国的香料作物——姜。关于姜的原产地尚在探讨中。西方的《维基百科全书》只简单地说"姜的栽培始于南亚"②。日本的星川清亲直言"……姜也可能原产于印度,但现在仍不清楚姜的真正野生地"③。《辞海》说姜原产于印度尼西亚④。《中国农业百科全书》称,"近年来有人推测中国是栽培姜的起源地"⑤。彭世奖先生认为,姜"很可能起源于中国的长江流域和云贵高原"⑥。《苏联大百科全书》20 世纪 50 年代第二版"姜"条述及,"姜栽培于亚洲(中国南部、日本、东印度)、西非和澳大利亚,还未发现有野生种类姜"⑦。该大百科全书 70 年代第三版"姜"条没提其源地问题⑧。没有野生姜,何来人工驯化和栽培。我推测姜也可能在印度、印尼、中国等地各自独立起源。

姜(*Zingiber officinale* L.),别名生姜、白姜、川姜。姜科姜属植物,多年生草本。开黄绿色花并有刺激性香味的根茎。供食用的部分是肥大的根茎。可一种二收,早秋收嫩姜,深秋收老姜。根茎鲜品或干品是一种极为重要的调味品。姜与葱、蒜并称为日常烹饪的"三大作料"。姜一般较少作为蔬菜单独食用。它还是一味重要的中药材,具清热解毒的功效,有促生头发的作用,也是心血管系统的有益保健品。

---

① 参《中国农业百科全书·农作物卷》上,第 129 页"丁香条",丁慎言文。

② cf.集体:"Ginger",*Wikipedia*, *the free encyclopedia*,(Jan,2014).

③ [日]星川清亲:《栽培植物の起原と伝播》,第 150 页。

④ 《辞海》1999 年版缩印本第 2315 页,"姜"条。

⑤ 《中国农业百科全书·农业历史卷》,第 156 页"姜栽培史"条,叶静渊文。

⑥ 彭世奖:《中国作物栽培简史》,中国农业出版社,2012 年,第 195 页。

⑦ см.《Большая Советская Энциклопедия》, Москва,1950 годые,второе издание, Т.17 , С. 556,имбирь.

⑧ см.《Большая Советская Энциклопедия》, Москва,1970 годые,третье издание, Т.8, С. 143,имбирь.

公元前2世纪，古希腊和罗马已有人知道这种植物，以后作为贵重的烹调香料在欧洲各地得到重视。中世纪时姜被国际商贾辗转运送到欧洲，作为烹调用香料和药物使用。欧洲人尤其把服用姜汤视为预防鼠疫的药剂之一[①]。因为中世纪的欧洲和地中海地区，鼠疫(黑死病)肆虐，人们束手无策。11世纪以前英国人也对姜已有所了解。据说在13—14世纪时，一磅生姜和一只羊可以等价交换[②]。不过这些都是从亚洲输入的干姜，当时欧洲没有植物体栽培。商贾们述说，姜生长在极其遥远的野蛮人的地区，他们警惕地看守着姜田(防止偷窃)。商人以此说法在外贸中大肆抬高姜根或姜种的价钱，以保持优势地位和高额利润[③]。13世纪的旅行家马可·波罗是第一个见到姜植物体的欧洲人。他在其《游记》中记载，姜产于印度、中国、苏门答腊等地。例如，爪哇大岛(加里曼丹)"此岛甚富，出产黑胡椒、肉豆蔻、高良姜(按，另外一种姜科植物)、生姜、丁香及其他种种香料。……黄金之多，无人能信"[④]。15世纪初郑和下西洋时，随行马欢提到产姜的国家和地区较多，计有占城(今越南南部)、满剌加(今马来西亚马六甲)、苏门答剌(腊，今印尼)、古里(今印度卡利卡特)、榜葛剌(今孟加拉)[⑤]，且都将姜归入蔬菜类。这显示古代中世纪时中国、东南亚、南亚都产姜，都可能是栽培姜的独立起源地。地理大发现开始后，16世纪初姜从亚洲传入西印度群岛、墨西哥等美洲地区。1585年圣多明各岛(今多米尼加)已能向外出口姜。现在牙买加是姜的著名主要产地之一。近代传入西非洲的姜也源于亚洲热带地区。[⑥] 姜在古代便传入日本，3世纪成书的《三国志》中已有日本(倭国)产姜的记载："……其竹篠簳、桃支。有姜(薑)、橘、椒、蘘荷，不知以为滋味。"[⑦]古时日本人称其为"吴国山椒"(クレノハジカミ)[⑧]，可见日本之姜来自于中国南方[⑨]。

前面提过，中国可能也是姜的起源地之一，故自古以来在南方就普遍栽培、食用。先秦时期，四川已是著名的生姜产区。迨至唐代，扬州广陵郡(今江苏江都)、杭州余杭郡(今余杭县)、台州临海郡(今浙江临海)所产的姜制品蜜姜、干姜等都是贡品[⑩]。种植生

---

① 俄语搜索引擎，Яндекс，集体："Имбирь аптечный"，из Википедии-свободной энциклопедии，2014-01-01.

② [日]星川清亲：《栽培植物の起原と伝播》，第150页。

③ 俄语搜索引擎，Яндекс，集体："Имбирь аптечный"，из Википедии-свободной энциклопедии，2014-01-01.

④ 《马可·波罗行纪》下册，冯承钧译，法沙海昂注，第647页。

⑤ 参(明)马欢《瀛涯胜览》，冯承钧校注，商务印书馆1935年版，上述占城、满剌加、苏门答剌、古里、榜葛剌五国。

⑥ [日]星川清亲：《栽培植物の起原と伝播》，第151页。

⑦ 《三国志》卷三〇《魏书·东夷传·倭》，中华书局，2006年，第510页。

⑧ 按，吴国一般指东吴。

⑨ [日]星川清亲：《栽培植物の起原と伝播》，第151页。

⑩ 参《中国农业百科全书·农业历史卷》第156页"姜栽培史"条，叶静渊文。

姜的经济效益历来较高,《史记》卷一百二十九《货殖列传》有“千畦姜、韭,此其人皆与千户侯等”之喻。元代王祯曾在《农桑通诀》里记载说:“四月,竹篳爬开根土,取姜母货之,不亏无本。”据此,民谚有“养羊种姜,子利相当”之说。加之姜比较耐贮运,因此到了清代,随着商品经济的发展,逐步形成了不少姜的商品性生产基地,如湖南攸县、江西于都、浙江嘉兴、河南鲁山等。汉代崔寔《四民月令》已记有姜的栽培方法:认为三月清明“节后十日封生姜(按,即催芽)。至立夏后芽出,可种之”。北魏《齐民要术·种姜》对姜田的选择、施肥、耕耙、下种方法、株行距、姜苗保护等均有论述。其后历代农书对种姜技术的发展都有所记录。在药用方面,明洪武年《回回药方》中的许多方剂都用到了干姜,如治左瘫右痪方、马准三哈郎方(抗毒素舐剂)、大哈必沙亦他刺只方(大血根草丸剂)、上方的又一方、小哈必沙亦他剌只方(小血根草丸剂)等,均有干姜[①]。南朝陶弘景谓:“凡作干姜法:水淹三日,去皮置流水中六日,更乱去皮,然后晒干,置瓷缸中酿三日,乃成。”可见干姜是传统的正宗中药材。明代李时珍则对姜的药用予以集大成介绍:“凡中风、中暑、中气、中恶、干霍乱、一切卒暴之病,用姜汁与童尿服,立可解散。盖姜能开痰下气,童尿降火也。”[②]

现代以来,姜还能加工成姜干、姜粉、姜糖、酱汁姜等,用途更广。在中国民间,喝红糖姜汤是驱寒、御冷、抗感冒和妇女坐月子的常用热饮料,具有温经养气活血的功效。一般家庭都有泡菜姜。此外,与姜相关的常用俗语“姜还是老的辣”,表示资历老的人厉害,多用于赞扬年长者办法多、手段高。所以,姜在中国人的日常生活中比一般烹调用香料扮演了更为重要和独特的角色。

原产于南亚、东南亚和中国的各种香料特别是其中的烹调用香料,与其他东方特产一起,曾吸引西欧人从各个方向远航而来,促成了世界历史的巨变。今天,它们在经济生产和日常饮食生活中继续扮演着特殊的角色,是东方饮食文化和烹调艺术中不可或缺的重要调料。

作者简介:

张箭,1955年生于成都市,四川大学历史文化学院教授、历史学博士、博士生导师。

---

① (明)佚名:《回回药方》卷一二,第128页;卷三〇,第366、372、334页。该书用干姜的方剂很多,难以枚举。

② (明)李时珍:《本草纲目》卷二六《菜部·生姜》,第1089页。

墓志铭映印下的唐朝河北粟特人“地著化”问题[①]

——以米文辩墓志为核心

李鸿宾

[提要]本文选择《米文辩墓志》作案例，通过考察该家族自西向东迁转的路线步入河北魏博镇的事件，旨在说明这个家族政治的发展和演变，以此揭示其族性与文化转型的特点，即裹挟在唐朝后期河北地方抗衡朝廷的政治行为中是以军队成员“地著化”为方式实现的。易言之，该家族任职仕宦的地著化政治性活动覆盖了族性、文化的变迁，这是河北粟特人及其后裔的一种衍变线路。而地著化之后的河北“本土”民众，在唐朝解体以后的五代、北宋新政治体的形成中，又扮演了南部汴梁都城支撑作用的角色和呈现了北部穿梭于辽、宋对峙下的“中间状态”的样例。

[关键词]《米文辩墓志》考释；河北藩镇；粟特人及后裔；“地著化”现象

《文物》2004年第2期发表的孙继民先生等撰写的《新出唐米文辩墓志铭试释》（以下简称《试释》）一文曾引起我的注意，[②]但因诸事缠身，一时未暇顾及。近日重读该方墓志，并联系相关墓志资料和今人的研究成果，感觉此方墓志所揭示的粟特人及其后裔迁转河朔（河北）地域之后其生活旨向，以及此旨向蕴示的文化、族性之转轨与消逝，对所谓粟特族裔（包括其群体）与当地其他族群之互动关系的理解，实具有解剖麻雀而观察一般

---

① 本文系“国家社科基金项目《墓志所见唐朝的民族关系与文化认同问题》09BZS038”成果之一，曾在本刊第9辑发表，由于出现较大疏漏，经与作者协商，于此重刊，兹以说明。

② 该文又收录于孙继民主编的《河北新发现石刻题记与隋唐史研究》，河北人民出版社，2006年，第57—69页。

的作用。此问题亦为我近年考察唐朝境内诸族关系的组成部分，故本文专此就其定居并“地著化”及相关问题试做讨论，[①]以就教于同行诸君。

一

《米文辩墓志铭》的价值首先表现在它的出土来历比较清楚。根据《试释》的揭示，该墓志出土于河北大名县铺上乡田水村（即当时贵乡县通济乡窦村），墓室虽已被毁，结构、规模、型制不得而知，但存留的墓志则完好无损。较之近年前后所出唐代包括粟特族裔在内者多无来历且不乏偷盗甚至作假的那些墓志，[②]《米文辩墓志》真实性之可靠，应属无疑。这份墓志铭的刊布首见于此，旋后又收录于《全唐文补遗》第九辑。[③]《试释》一文对魏博镇军人集团的民族构成和军队组织体制两个方面的若干具体问题进行了讨论，读者可自行参考。这份墓志铭引起我的兴趣的，主要是米文辩代表的进入河北地区的粟特人及其后裔如何生活、终老于当地并最终衍化成本地人的具体过程，即本地土著化之中其族属及文化随之变迁的问题，采用汉地社会主流的话语，就是所谓的“汉化”[④]。为此，

---

① 本文所谓的“地著化”是指迁入某地之后的人群，经过长期生活而与所在地区形成密切关系，从而衍化成为坐地户。我将这类人群的生活取向称为“地著化”。

② 例如我曾参与整理的由胡戟、荣新江教授主编的《大唐西市博物馆藏墓志》（北京大学出版社，2012 年）所收的 500 余方墓志，多系收购获得，其出土发掘等考古学基本程序均已无知，对墓志的识别与研究造成障碍，须经细致考辨，方可确认真实与否。虽经专家前后反复认定，真品远逾赝品，但其“来路不明”的缺陷依旧无法避免。类似的情形在近年墓志的发掘、收集中绝非个案而有一定程度的普遍性，但这也不能成为凡收集墓志多系假造之通病而予回绝，从不同角度认证与辨别，看来是我们利用这些资料的较佳选项。我利用大唐西市博物馆藏的《是云偘墓志》《贺拔定妃墓志》《贺拔亮墓志》和《贺拔亮夫人张氏墓志》等 4 方志文，就其相互关联的内容进行考察，感觉其真实性远大于伪造性。详情可参见《唐贺拔亮家族汉化取径之研究——〈唐贺拔亮墓志〉诸问题》，（《唐研究》第 17 卷，北京大学出版社，2011 年，第 455—480 页）、《北周是云偘及夫人贺拔定妃墓志考释》（载吕建中、胡戟主编《大唐西市博物馆藏墓志研究续一》上册，陕西师范大学出版，2013 年，第 39—53 页）、《唐贺拔亮张氏联姻反映的文化认同与士族相貌——以〈唐贺拔君夫人张氏墓志〉为中心》（载李鸿宾主编《中古墓志胡汉问题研究》，宁夏人民出版社，2013 年，第 130—145 页）、《唐贺拔亮家族文化转型的旨向——以墓志铭资料为核心》（载东岳书院编《礼与中国文化：第五届“东岳论坛”礼仪中国学术研讨会论文集》，中国社会科学出版社，2012 年，第 70—80 页）。

③ 《大唐魏博节度故步军左厢都知兵马使兼节度押衙银青光禄大夫检校太子宾客兼侍御史米公（文辩）墓志铭并序》，载吴钢主编《全唐文补遗》第九辑，三秦出版社，2007 年，第 408—409 页。根据日本学者气贺泽保规教授的统计，这份墓志铭仅有上述两种录文。见氏编《新版唐代墓志所在总合目录》（增订版），东京：汲古书院，2009 年，第 251—252 页。另森部丰《ソグド系突厥の東遷と河朔三鎮の動静——特に魏博を中心として——》（《関西大学東西学術研究所紀要》第 41 辑，2008 年 4 月，第 137—188 页）和氏著《ソグド人の東方活動と東ユーラシア世界の歴史的展開》（日本吹田：関西大学出版部，2010 年，第 319—321 页）亦附有墓志铭全文。

④ 这一问题甚复杂，详见后文。

我先摘引几句相关的内容如下：

> 米氏源流，裔分三水，因官食菜，胤起河东，为王为侯，轩盖不绝，至于王父品秩，家谍备诸……大父讳梓，皇宁远将军、河东中军将、上柱国……烈考讳珍宝，皇魏博节度诸使、马军都知兵马使兼将、银青光禄大夫、检校国子祭酒、兼御史大夫、右散骑常侍、食邑三百户……（公）长庆初祀，署排衙将……大和中，授节度衙前虞候……迁贝州临清镇遏都虞候兼将……转武城镇遏都虞候兼将，路当要津，美誉使闻，追署左前冲副兵马使兼将……授左前冲都知兵马使……署左亲事、马步厢虞候，兼节度押衙，又营在府西坊征马及驼坊骡坊事……大中元年领步军左厢都知兵马使，兼节度押衙，累奏至银青光禄大夫、检校太子宾客、监察御史、加殿中侍御史，又迁侍御史。

上文中的第一句涉及的是米氏家族入华之后的迁转路线，《试释》一文亦有论述。按出自中亚的米氏家族，其族源话语“米氏源流，裔分三水，因官食菜，胤起河东，为王为侯，轩盖不绝”已采用汉地家系叙述的通行套路，与唐人林宝《元和姓纂》、宋人邓名世《古今姓氏书辩证》的描述颇为近似。[①] 文中的“三水”与“河东”应是其家族迁徙路径与发展旨向的标识。前者在邠（豳）州之内，如《元和郡县图志》称：“本汉旧县，有铁官，属安定郡，以县界有罗川谷，三泉并流，故以为名。魏改三水县为西川县，亦属安定。后魏于今县理西二十八里重置三水县，取汉旧名，属新平。隋开皇三年罢郡，以县属邠州。皇朝因之。”[②]三水县位于长安城西北不远处，墓志“裔分三水”的描述证实这个家族曾定居于此。但仅此一语似表明其家族之地位远非显赫，与据此北上的高平史道德家族相比尚有距离[③]，更

---

① 按今本《元和姓纂》卷六（〔唐〕林宝撰，岑仲勉校记，中华书局，1994年标点本）有米姓条目，但内容系今人岑仲勉补入，称“出西域米国”（见该书第2册，第963页）；（宋）邓名世撰《古今姓氏书辩证》（王力平点校，江西人民出版社，2006年标点本）卷二四米姓条目中亦有“西域米国胡人入中国者，因以为姓”云云（见该书第368页），可证米姓的外来身份。但我这里所说《米文辩墓志》对其家世源流的叙述已与汉人传统的套路融合在一起，至少从墓志撰写的格式上汉地化了。这种书写格式对其族性与文化的转型所起的作用不容忽视，因此问题甚巨，我拟另文撰述，相关的论述可参阅闵道安（Achim Mittag）、叶敏《帝国的边缘——汉以后的史学》，王荣译，[德]穆启乐、闵道安主编《构想帝国：古代中国与古罗马比较研究》，复旦大学出版社，2013年，第320—336页。

② （唐）李吉甫撰：《元和郡县图志》卷三《关内道三·邠州》，贺次君点校，中华书局，1983年标点本，第62页。

③ 参见李鸿宾《史道德族属及中国境内的昭武九姓》，《中央民族学院学报》1992年3期；《史道德族属问题再考察》，载论文集编委会编《庆祝王锺翰先生八十寿辰学术论文集》，辽宁大学出版社，1993年，第358—365页。对该家族墓葬进行全面揭示并研究的，可参阅罗丰《固原南郊隋唐墓地》，文物出版社，1996年。

非同于定居长安城的粟特贵族安菩[①]。“裔分三水”的意义在于，这个家系的族属历史依此而成，此前的痕迹则全部消失。[②]“胤起河东，为王为侯”则说明该家族的发迹始于此，亦即墓志的“煊赫”所在。如此看来，米文辩家族之迁转路线系由三水东向河东，再转往河北魏博。河东之成为家族的迁转地，当与文辩之祖父米梓仕任河东中军将有关，而迁转至魏博则是其父米珍宝充职该节度诸使、马军都知兵马使的缘故。这条线路也与学界近年研究、整理的入华粟特人及后裔迁徙的路径吻合。[③] 一般而言，粟特人从中亚河中地区进入塔里木盆地之后，沿其周边向东部经河西走廊进入汉地，以长安为中心，向北部进入鄂尔多斯，著名的六胡州是其典型（该地胡人可能多由北部草原南徙而来）；[④]向东则步入洛阳，由此向东继续推进，直达东北部营州（治柳城，今辽宁朝阳），也有部分粟特后裔再继续向南方发展。[⑤]

作为粟特人及其后裔，米文辩家族的迁转从其祖父那一代开始留下记载，说明其曾祖及以前诸辈无从追溯，易言之，“三水”是这个家族东迁途中一个具有象征意义的地名符号。按此推测，三水以西的河西走廊及西域诸地对这个家族而言，已成过眼云烟，而河

---

① 参见沈睿文《重读安菩墓》，《故宫博物院院刊》2009年第4期；李鸿宾《安菩墓志铭再考——一个胡人家族入居内地的案例分析》，《唐史论丛》第12辑，三秦出版社，2010年，第160—181页。

② 米姓源自粟特之明显无需多论，米文辩家族此前的痕迹全无踪影，似乎表明其身份不显，即使如此，这个家族为什么东迁步入汉地？是什么诱因促使他们舍弃原住地而迁往十分陌生的异国他乡？或者该家族本身就已进入粟特人及后裔定居的河西走廊之某地呢？这本来是了解该家族进入内地的重要背景，可惜这些信息均已丧失，我们无从确切追溯，甚为遗憾。

③ 有关中亚粟特人东向迁徙步入汉地的路线方向与途径，可参看荣新江《西域粟特移民聚落考》《北朝隋唐粟特人之迁徙及其聚落》，此据氏著《中古中国与外来文明》，三联书店，2001年，第19—168页。

④ 参见[日]小野川秀美《河曲六州胡の沿革》，《東亞人文學報》卷1第4号，1942年，第193—226页；Edwin G. Pulleyblank,“A Sogdian Colony in Inner Mongolia,”*T'oung Pao*, vol.41, 1952, pp.317-356；张广达《唐代六胡州等地的昭武九姓》，此据氏著《西域史地丛稿初编》，上海古籍出版社，1995年，第249—280页。

⑤ 关于南向发展的粟特人及其后裔的研究可参见姚崇新《中古时期西南地区的粟特、波斯人踪迹》，载中山大学人类学系等编《边疆民族考古与民族考古学集刊》第1集，文物出版社，2009年，第104—125页。胡耀飞《吴、南唐政权境内沙陀人考》，《唐史论丛》第14辑，陕西师范大学出版社，2012年，第391—410页；《五代蜀地粟特系沙陀人考》，第八届北京大学史学论坛会议论文，2012年3月。

西走廊诸地成为粟特人东迁途中的族地(郡望)象征,早已为史料特别是墓志记载所证实。[①] 值得指出的是,《大唐故公士安君墓志铭并序》反映的粟特人安令节,“先武威姑臧人,出自安息国,王子入侍于汉,因而家焉。历后魏、周、隋,仕于京洛,故今为豳州宜禄人也”[②]。安令节家族从中亚东迁进入河西走廊,定居武威姑臧,再由此步入内地,姑臧就成为其家族的地望或籍贯,这是仿照汉地郡(族)望的惯例。作为魏晋郡望籍贯彰显身份地位的手段,外来的胡人进入他们原本不熟悉的社会之后,对主流价值与认同的追求,就成为他们安身立命的根系所在,[③]粟特人选择他们进入内地必经的河西走廊有代表性的地区以郡望或籍贯的方式表述,当是他们因应汉地社会诉求的反映。类似的现象不是一个两个,而具有普遍性。另一个值得指出的案例则是上文述及的史道德家族。按其志文:“其先建康飞桥人氏……远祖因宦来徙平高,其后子孙家焉,故为今县人也。”[④]这里的建康地处陇右道之甘州,亦在河西走廊之内,[⑤]其家族迁徙路线与安令节家族相似,均沿河西走廊东向发展,进入内地后再分流。安令节家族选择邠州宜禄县,与本文讨论的米文辩家族几近相同,后者的三水与宜禄同属邠州且相互毗邻,史道德家族则顺沿西北至原州高平。可见,这几个粟特及后裔家族选择长安西北地域的某个具体地点定居安置,其经历具有相似性。这既与学界讨论粟特人步入内地分布聚集的情形相符,又使这种分布情形更加具体化和细致化了。

如果我们再将视野推向更北部的六胡州,其情形就另当别论了。如上所述,六胡州

---

① 如康敬本一族,“康居人也。元封内迁家张掖郡”(《大唐故康敬本君墓志铭》,载周绍良主编《唐代墓志汇编》上册,上海古籍出版社,1992 年,第 530 页);安神俨一族“肇迹姑臧,因土分枝”(《唐故安君墓志铭并序》,载周绍良主编《唐代墓志汇编》上册,第 669 页);何摩诃家族“因官遂居姑臧太平之乡”(《唐故何君墓志铭并序》,载周绍良主编《唐代墓志汇编》上册,第 670 页);康留买,“本西州之茂族,后因锡命,遂为河南人焉”(《大唐故游击将军守左清道率频阳府长上果毅康府君墓志铭并序》,载周绍良主编《唐代墓志汇编》上册,第 694 页);石崇俊家族,“至自西域,寄家于秦,今为张掖郡人也”(《唐故张掖郡石府君墓志铭并序》,载周绍良主编《唐代墓志汇编》下册,第 1892 页)。

② 周绍良主编《唐代墓志汇编》上册,第 1045 页。

③ 这是一种普遍存在且难以做出令人信服解释的现象。抽象地说,当粟特人进入主体族群(例如汉人)分布较少的地区(尤以河西走廊为突出),而他们又保持着族群聚集的状态之时,其民族文化与族性认同的整体尚能维系,具体的例证犹如[日]池田温研究的敦煌从化乡(氏著《八世纪中叶敦煌的粟特人聚落》,辛德勇译,载刘俊文主编《日本学者研究中国史论著选译》第 9 卷《民族交通》,中华书局,1993 年,第 140—220 页);但若步入汉人主体汉文化的汪洋大海之中,其文化与族性在聚集状态拆散的情形下,保持整体非但不易,即使存有自身文化的任何努力,恐怕也枉费心思了。荣新江的研究揭示出,汉人社会对粟特胡人的整体排斥,使得处于自保的他们尝试放弃自身文化属性转而融入主流社会,这在强力冲击之下未尝不是选项,虽然并非每个人都很情愿。见氏著《安史之乱后粟特人的动向》,《暨南史学》第 2 辑,暨南大学出版社,2003 年,第 102—123 页。

④ 固原博物馆:《宁夏固原唐史道德墓清理简报》,《文物》1985 年第 11 期。

⑤ 李鸿宾:《史道德族属及中国境内的昭武九姓》,《中央民族学院学报》1992 年第 3 期。

粟特人的情况为中外学界所关注。这个地方聚集的胡人以粟特为主,人数众多,所谓鲁、丽、含、塞、依、契6个州置的行政划定,足以证之。[①] 六胡州位于鄂尔多斯南部,受唐朝控制,但这里接近草原,也是游牧势力活动的区域。根据《安菩墓志》所记:"其先安国大首领,破匈奴衙帐,百姓归中国。"这件事反映的是安菩(先人)率领本部落从草原突厥处转往唐朝,他因此被赠封定远将军、同京官五品,同时充任六胡州首领。安菩一身二职,即一方面在长安城充任朝廷官员,一方面则担任北部六胡州首领。[②] 他之南下归属唐朝,应是贞观四年(630)唐廷征服东突厥事件的一个结果;而六胡州亦应属唐朝安置突厥降户于灵州(治回乐,今宁夏吴忠西)至幽州(治蓟县,今北京城西南)之间的长城沿线以羁縻府州的方式纳入到朝廷管属体系之内的举措之一;到高宗调露元年(679),朝廷再度采取措施以唐人充任刺史替代粟特本族首领。[③] 这些都说明,六胡州之粟特人多系北方草原突厥属下转归者,与米文辩等自河西走廊进入内地的粟特人不是一个路径,其性质亦与此有别,朝廷采取的安置方法也非同一。如果说六胡州粟特人以群体方式进入唐朝,那么米文辩家族很可能是以个体家支的方式步入的。族团进入者多呈聚族而居之形式,零散东迁者则呈散居状且多系普通人属。[④]

二

从上面的讨论我们可以初步推测:米文辩家族进入内地的路径,是从河西走廊东迁,辗转达到长安西北不远处的邠州三水县,遂落居于此,吸收汉人习俗,以此为籍贯。三水以前的家族素无记载,表明其家族地位不彰,应排除在西域米国王子、贵族行列之外,似属于池田温研究的敦煌地区从化乡中聚集的粟特平民之列。[⑤]

---

① 入居内地的粟特人尽管引起学界的关注,并曾揭示出遍居各地尤以北方为集中的现象,但其人数的精确统计无法进行。即使目前揭示的远远超出前人,但也只能是就所掌握的情况而论,粟特人的精确统计实际上做不到,但粗略地估计,按吴松弟的说法,六胡州的胡人在玄宗开元九年(721)之前的总人数已达到10万人;安史之乱前居住在中原和沿边的包括粟特在内的西域人及后裔应有四五十万人之多。见氏著《中国移民史》第3卷《隋唐五代时期》,福建人民出版社,1997年,第101页。

② 参见李鸿宾《安菩墓志铭再考——一个胡人家族入居内地的案例分析》,《唐史论丛》第12辑,第160—181页。

③ 张广达:《唐代六胡州等地的昭武九姓》,《西域史地丛稿初编》,第249—280页。

④ 粟特人内迁的途径,吴松弟总结有丝绸之路(即本文中的河西走廊)、海路和漠北草原三条,见氏著《中国移民史·隋唐五代时期》,第18—94页。有关入居粟特人及后裔的身份,可参见陈海涛、刘惠琴《来自文明十字路口的民族——唐代入华粟特人研究》,商务印书馆,2006年,第76—90页。

⑤ [日]池田温:《八世纪中叶敦煌的粟特人聚落》,辛德勇译,载刘俊文主编《日本学者研究中国史论著选译》第9卷《民族交通》,第140—220页。

这个家族之成为“气候”者，应始于米文辩的祖父米梓。他的职务是宁远将军(武散官)、河东中军将(职事官)、上柱国(勋官)，尤其实际职能的河东中军将，说明此时他已身在河东，即如志文“胤起河东，为王为侯，轩盖不绝”，应是该家族仕宦彰显之始。按米文辩卒于宣宗大中二年(848)，时年虚岁55，他应生于德宗贞元十年(794)。若以25年为一代计算，其祖父米梓生年应为玄宗天宝三载(744)前后，他经历了玄宗以后的中唐时期，“河东中军将”一职证明他隶属河东节度使。按严耕望曾引证《□部将军功德记》之□部珣其人任职天兵中军副使，“聚徒天兵重镇，实佐中军”。[①] 这是严先生所见中军使的最早记载，时为中宗神龙二年(706)。他又引证《武陵郡王马钺碑》(实为《武陵郡王马公神道碑》)记述马氏监理太原中军兵马，其文记为：“故公自初命四迁，至于太子左赞善大夫，历光禄少卿、左骁卫将军、从祖司徒，节制太原，奏统中军兵马，拜左卫将军、武陵王……复将中军。”[②]这两段与“中军”有关的记载，前者天兵军隶属河东节度使，是其建置初始阶段下辖的四个军之一，[③]这位叫做□部珣的人充任天兵中军副使，“实佐中军”当指中军使。后者所记的“中军兵马”应指河东节度使直辖的中军兵马使。如此看，河东节度使军队如同学者指出的那样，节度使体系通常包括直辖的牙(衙)军、属下各支州(支郡)驻军和州下各县军镇三个层次，[④]这三个层次至少前二者都有中军的配置。□部珣的天兵军副使表明他担任节度使属下某一军的中军副使，马钺的“统中军兵马”“复将中军”则表明他充任的是节度使直辖的中军，按严耕望的推测，这里的“中军兵马”即“中军兵马使”，应当与都知兵马使等同，属于节度使下的要职，主治兵和作战。[⑤] 节度使直辖的衙兵亦有左右厢与中军之分，[⑥]中军显然更紧要。中军使或中军兵马使当是节度使属下之最重要的武职，如同魏博史宪诚之任中军都知兵马使一般，[⑦]米梓的“河东中军将”亦属于此系统。但他的这个职务不是中军兵马使或副使，而是其系统的一个将领，如果他充任正使或副使，墓志显然不应忽略。据张国刚研究，节度使属下武职按高低分别有都知兵马使(都头)、兵马使、副兵马使、十将、副将等职级，[⑧]米梓的中军将当属“十将”之列。不管怎样，米梓成为河东节度使直辖之中军的一员，说明他还是受节度使的器重，这个家族亦从此走上仕途的显达之路。另外，这份墓志铭的出土也为严耕望前文的讨论提

① 严耕望：《唐代方镇使府僚佐考》，《唐史研究丛稿》，香港新亚研究所，1969年，第216页。

② 熊执易：《武陵郡王马公神道碑》，《全唐文》卷六二三，上海古籍出版社，1990年，第2786页。

③ 《资治通鉴》卷二一五唐玄宗天宝元年(742)正月条，中华书局，1956年，第6849页。

④ 张国刚：《唐代藩镇的军事体制》，此据氏著《唐代藩镇研究》(增订版)，中国人民大学出版社，2010年，第83—89页。

⑤ 严耕望：《唐代方镇使府僚佐考》，《唐史研究丛稿》，第235页。

⑥ 张国刚：《唐代藩镇军将职级》，《唐代藩镇研究》(增订版)，第96页。

⑦ 《旧唐书》卷一八一《史宪诚传》，中华书局，1975年，第4686页。

⑧ 张国刚：《唐代藩镇军将职级》，《唐代藩镇研究》(增订版)，第94页。

供了一份新资料。

米文辩的父亲米珍宝，任“皇魏博节度诸使、马军都知兵马使兼将、银青光禄大夫、检校国子祭酒、兼御史大夫、右散骑常侍、食邑三百户”，其实际职务是魏博节度使属下之马军都知兵马使兼将。按此“兼将”之意与“中军将”相近，都不是兵马使或中军使自身。“兼将”按《试释》一文的理解，是兵马使之外再兼任一个具体的将领名号，因前者有阶官化倾向，后者是实际职务。根据墓志文意，米珍宝同时担任马军都知兵马使和兼将两个职任，这个都知兵马使是节度使直辖军队中的马军部分的头领，此外还有步军系统，所以上句志文中的节度使与马军都知兵马使二者不是并列而是隶属，那个顿号应当删除。

这样说来，米文辩家族从米珍宝这一代开始，又从河东节度使属下转向了河北的魏博镇。虽然墓志没有提供确切的时间，但从其父亲米梓活动于安史乱后的时段推测，米珍宝（脱离河东）前往魏博，显然也是在人们熟知的河朔自成一体的时段之内。这个期间，粟特人流向河朔地域的现象绝非个别，按照森部丰的解释，流向河北的粟特人分成三个时期，即安史之乱前及乱中、建中至贞元年间和元和年间，他着眼的是河曲六胡州地区的粟特及其后裔的迁转，①米文辩家族显然不在这个范围，然而这个案例却提供了流向河朔的粟特人并非限于河曲的事实。问题是，米文辩家族流向河北与六胡州的那些人是否有性质的差别呢？

作为粟特人集中定居的六胡州，与朝廷的关系始终处于若即若离的状态，这里曾经发生过康待宾等人率领的大规模反叛，②安史叛乱时他们又是叛军争取的力量，这里的胡人亦多有参与叛乱者，③虽然也有弃暗投明即先陷入叛军后转附朝廷者，④但六胡州与朝廷的疏远是明显的，⑤这些人之流向河北，应当是他们与朝廷这种关系的具体反映。作为唐朝与复辟帝国的后突厥之间的缓冲地，六胡州夹处于二者之间，他们受到的政治拉力使他们反复不定，特别是安史叛乱造成的冲击，以及唐廷因受吐蕃的压力重新部署

---

① ［日］森部丰：《唐后期至五代的粟特武人》，温晋根译，《粟特人在中国：历史、考古、语言的新探索》（《法国汉学》第10辑），中华书局，2005年，第232页。

② 参见袁澍《康待宾起义初探》，《宁夏大学学报》1984年第1期；周伟洲《唐代六胡州与“康待宾之乱”》，《民族研究》1988年第3期；李鸿宾《唐朝朔方军研究——兼论唐廷与西北诸族的关系及其演变》，吉林人民出版社，2000年，第107—115页。

③ 《资治通鉴》卷二一八唐肃宗至德元载（756）七月、九月条，第6986、6997页。

④ 如出身六胡州之含州河曲的曹润国，“于天宝载，遇（安）禄山作孽，（史）思明袭祸，公陷从其中……二凶殄丧，皇威再曜，公归顺本朝，不削官品”。曹润国跟随安史叛乱又改弦更张归顺朝廷的行为可谓典型，而此例亦非多见。见《唐故试光禄卿曹府君墓志并序》，载周绍良主编《唐代墓志汇编》上册，第1787页。

⑤ 我曾撰写《唐朝境内粟特人文化认同与地域之关联——以两条线索为中心》一文，以步入长安为代表的粟特人和居处边地的六胡州者为例，讨论二者与唐朝主流社会的关系，后者因诸种条件制约，与朝廷关系不是越来越近而是相反。此文可作为本文论述之参照。该文待刊。

长安北部关内道的防御，可能都是促成六胡州胡人脱离该地的动因。[①] 但这些情形能否解释米珍宝家族转移魏博之行为？按墓志在列举珍宝上述职务之后旋即说他“位过中司，荣逾独坐，力扶王室，声振大名，累酢战劳，以崇班秩，家积庆幸，是钟于公”。之后对米文辩的描写与此对应，丝毫看不到其他迹象，米珍宝鞠躬尽瘁于朝廷的犬马之劳受到了回报而家世彰显，遂有米文辩功绩的接续。我们不清楚这样的记载是否有回护该家族的“劣迹”成分而蓄意隐匿，但就志文表述及其行文格式的祖孙三代的承续而论，尤其该家族与六胡州之胡人行为的脱离，种种迹象都使我们倾向于认定这个家族非但等同于六胡州粟特人之脱轨，而且可能正是因为他们跟从朝廷，才有米梓入官进而抬升家族地位的转折。正如我在分析入居长安的安菩家族晋升朝廷要员而与唐朝共荣、六胡州走向脱离唐朝之趋向那样，[②]米文辩家族选择的是前者而非后者，即他们跟随朝廷走上了安菩家族式的发展道路。他们之如此行为，应当与他们原本散户而非抱持某种抗衡性的“聚落”有联系，但选择官员的道路应是更本质的动因。

三

米珍宝值得我们关注的还有一事，那就是至少根据墓志记载，从他开始，这个家族从河东转向了魏博。魏博在河朔三镇中尤以吸收粟特人甚至发展到了专门存在其武人集团的程度而著称，据森部丰研究，魏博镇马军成员匮乏，而擅长骑射的河曲胡人应其召而多入其境。[③] 依此而言，米珍宝、米文辩父子出仕魏博镇将，与招兵买马进入的趋势相合，但如上文所说，这个家族与河曲六胡州胡人的选择河北还是颇有差异的。是什么原因导致他们脱离河东而选择魏博呢？墓志没有提供细节。如果我们认可学术界早已流

---

① 《资治通鉴》卷二三二唐德宗贞元二年(786)十二月条记云：“又命马燧以河东军击吐蕃。(马)燧至石州，河曲六胡州皆降，迁于云、朔之间。”(第7477页)这里明确提到六胡州粟特人在唐与吐蕃交战中被迫离开故地而迁往东部代北之地。看来六胡州胡人脱离其地，是诸种因素促成的。有关吐蕃北上与唐之周旋，以及唐朝针对吐蕃采取防御措施替代原有的军事格局，参阅李鸿宾《唐朝朔方军研究》，第217—253页。

② 李鸿宾：《唐朝境内粟特人文化认同与地域之关联——以两条线索为中心》，待刊。

③ [日]森部丰：《唐后期至五代的粟特武人》，《粟特人在中国：历史、考古、语言的新探索》，第231页。魏博招兵买马早在田承嗣时就已开始。《新唐书》卷二一〇《藩镇魏博传》说他“既得志……使老弱耕，壮者在军，不数年，有众十万。又择趫秀强力者万人，号牙兵”。(中华书局，1975年，第5924页)

行的安史乱后河朔三镇背离朝廷轨道而自成一统的说法，[①]进入河北那些与朝庭抗衡的藩镇里，似乎有助纣为虐之嫌，至少他们的那些行为不是朝廷希望看到的。墓志没有透露出这类信息，不排除其撰写有回护"违背"之意图，然而若将这种场景构成我们理解河朔三镇真如学者们构拟的入其部伍即有抗衡之志，可能也太过简单。我对米文辩家族进入魏博行为的理解与此稍有差异。

我们虽然不能确切知晓米珍宝进入魏博镇的时间，但从米文辩的记述中能够清楚他活动的时代。墓志说他"长庆初祀，署排衙将"，表明他进入仕途是在穆宗初年，这也是宪宗解决骄藩之后朝局势盛之际。文宗至宣宗之间，他先后充任节度衙前虞候、贝州临清镇遏都虞候兼将、武城镇遏都虞候兼将、左前冲副兵马使兼将、左前冲都知兵马使、左亲事、马步厢虞候、兼节度押衙、领步军左厢都知兵马使、兼节度押衙、银青光禄大夫、检校太子宾客、监察御史、加殿中侍御史、侍御史等职。墓志说他"又营在府西坊征马及驼坊骡坊事"倒很符合上文森部丰所谓魏博招兵买马的条件。从这些职务的罗列我们看出，米文辩活动的年代正是在穆宗以后的文宗至宣宗之间，这段时期魏博节度使分别是田布（穆宗长庆元年即821年至二年）、史宪诚（长庆二年至文宗太和三年即829年）、何进滔（文宗太和三年至文宗开成五年即840年）与何重顺（弘敬）（开成五年至懿宗咸通七年即866年）等人。[②] 这几个节度使自史宪诚开始，即告别了田氏主掌、开启胡人专政的新时代。[③] 米文辩入仕始于田布，但田布旋被史宪诚篡权，所以米文辩活跃在史宪诚及其以

---

① 这种说法以陈寅恪为代表。他说："唐代中国疆土之内，自安史乱后，除拥护李氏皇室之区域，即以东南财富及汉化文化维持长安为中心之集团外，尚别有一河北藩镇独立之团体，其政治、军事、财政等与长安中央政府实际上固无隶属之关系，其民间社会亦未深受汉族文化之影响，即不以长安、洛阳之周孔名教及科举仕进为其文化安身立命之归宿。"（《唐代政治史述论稿》，上海古籍出版社，1982年，第25—26页）实际上，这样的说法早在宋就已出现，《新唐书》卷二一〇《藩镇魏博传》就颇为典型地描述道："安、史乱天下，至肃宗大难略平，君臣皆幸安，故瓜分河北地，付授叛将，护养孽萌，以成祸根。乱人乘之，遂擅署吏，以赋税自私，不朝献于廷。效战国，肱髀相依，以土地传子孙，胁百姓，加据其颈，利怵逆行，遂使其人自视由羌狄然。一寇死，一贼生，讫唐亡百余年，卒不为王土。"（第5921页）

② 吴廷燮：《唐方镇年表》卷四《魏博》，中华书局，1980年，第608—615页；王寿南：《唐代藩镇与中央关系之研究》，台湾大化书局，1978年，第714—715页；[日]堀敏一：《藩镇亲卫军的权力结构·唐代魏博藩帅交替表》，索介然译，载刘俊文主编《日本学者研究中国史论著选译》第4卷《六朝隋唐》，第598—599页。

③ 按主流说法，史宪诚充任节度亦开始了依赖本地农民为主的牙军支配的时代。见《旧唐书》卷一八一《罗弘信传》，第4690—4691页。

后时代。按史宪诚之族属，两《唐书》均记载为奚人，[①]森部丰以为即使如此，其家族与河套突厥化的粟特人关系十分密切，不妨视为同路人。[②]

史宪诚这个人在文献中是以对上（指朝廷）“素怀向背”、对下“不能以忠诚感激其众”而获得恶名的，[③]按照司马光的说法，他取代田布继任魏博节度使之时，就将怀有“遵河北故事”的想法通告了部众，[④]与此态度相近的大有人在，这显然是穆宗上台后河朔再叛事件的连锁反应。终其一生，史宪诚对朝廷都持首鼠两端、叛服无常的态度，他之所以如此，就是力求在朝廷的控制内自保独立，而此种地位经宪宗的削藩大为减损，而穆宗当政以后朝廷政策的失误使得河朔诸镇获得重新喘息的机会，所以他“阴结幽、镇，依以自固”[⑤]，这才是史宪诚的真正追求。史宪诚之后的何进滔与何弘敬父子是粟特人或其后裔[⑥]，他们在任期间的表现，从《资治通鉴》看，除了父死子继、参与征讨昭义节镇及加官进爵诸事，没有更多的记载，[⑦]何进滔的传记称他“为魏帅十余年，大得民情”，[⑧]何弘敬的

① 《旧唐书》卷一八一《史宪诚传》，第4685页；《新唐书》卷二一〇《藩镇魏博·史宪诚传》，第5935页。关于史宪诚的族属问题，学界有奚人、粟特人甚至北部突厥、回纥（鹘）等说法，参见罗丰《固原南郊隋唐墓地》，文物出版社，1996年，第196—198页；荣新江《安史之乱后粟特胡人的动向》，《暨南史学》第2辑，第102—123页；郭茂育、赵振华《唐〈史孝章墓志〉研究》，《中国边疆史地研究》2007年第4期；尹勇《唐魏博节度使史宪诚族属再研究——兼论“泛粟特”问题》，《首都师范大学学报》2010年第4期。

② 《唐后期至五代的粟特武人》，《粟特人在中国：历史、考古、语言的新探索》，第229—230页；《ソグド人の東方活動と東ユーラシア世界の歴史的展開》，第154—156页。按《旧唐书·史宪诚传》记他任职后受命征讨自称宣武节度留后李㝏的叛乱，得知李㝏失败后，他向朝廷使者示好时自称“宪诚蕃人，犹狗也。唯能识主，虽被棒打，终不忍离”云云（第4686页）。这里的“蕃人”，《新唐书·史宪诚传》作“奚”人（第5936页），《资治通鉴》则为“胡人”（卷二四二唐穆宗长庆二年九月条，第7822页）。按三部文献中《旧唐书》向以采纳档案文献著称（参见赵翼《廿二史札记》卷一六《旧唐书前半全用实录国史旧本》，中华书局，1963年，第312—315页），故此“蕃人”似乎更多地保存了较原始的说法，奚与契丹向来被唐人称作“两蕃”，这已为人所熟知。故史宪诚之奚人身份似更有道理。如此看上述三书，至少就此而言，《旧唐书》更多地保留原貌；《新唐书》则有更改，径直称他奚人，亦不为过；《资治通鉴》的“胡人”倒契合森部丰有关史宪诚多生活北方与粟特关系密切的论述，但“胡人”一词距“粟特”近而与“奚人”远也是事实。

③ 《旧唐书·史宪诚传》，第4686页。

④ 《资治通鉴》卷二四二唐穆宗长庆二年（822）正月条，第7807页。

⑤ 《新唐书·史宪诚传》，第5935页。

⑥ 《资治通鉴》卷二四四唐文宗太和七年（833）八月条引杜牧语，第7889页。

⑦ 《资治通鉴》卷二四四唐文宗太和三年（829）六月条至卷二五〇唐懿宗咸通七年（866）六月条，第7864—8114页。

⑧ 《旧唐书·何进滔传》，第4687页。参见《新唐书·何进滔传》，第5937页。

墓志铭更赞誉“河朔三十年无桴鼓之音，翳何之力”[①]。这里的30年大体上就是这何氏父子二代统辖魏博镇的时期，说明文献与墓志所记该镇已脱离了反复无常的状态，至少让朝廷不再过分担心了。

何弘敬墓志的表述是以一个忠于朝廷的节度使姿态显示的，米文辩的墓志同样如此。米梓的“中权之寄，垂裕后昆”，米珍宝的“力扶王室，声振大名”与米文辩的“心存节义，德惟深厚”“使于四方，无失君命”“奉天明命，剪除凶丑”以及“匡君为国，巨显输诚”都无不足以显示墓志主人家系对朝廷的忠诚。然而宋人编纂的《新唐书》却不这么看，该传描写的何弘敬是一个像史宪诚那类周旋于应命朝廷与自保实力之间的两面派，尤其在朝廷征讨昭义刘稹一事上的表现。短短的传记“倚（刘）稹相唇齿，无深入意”“不奉诏”“不得已，乃出师”这类词句的充斥，[②]足以构成对其墓志有关何氏忠君形象描述的颠覆。如此看，至少本文讨论的魏博节镇的掌权者粟特后裔何氏家族，他们主政的魏博虽非同早期那般“不得尺寸，人望之若回鹘、吐蕃，无敢窥者”[③]，但亦非忠诚有加足以让朝廷放心的藩属。杜牧在《战论》篇章曾论“河北视天下，犹珠玑也；天下视河北，犹四支也”[④]，这让我们想起了唐太宗与李大亮等人有关汉人根本、夷人枝叶的论述，[⑤]将河北推置到与长安、洛阳腹地颉颃的地步，亦昭示出了朝廷的焦虑。然而河北藩镇亦不能完全脱离朝廷而独立，也诚如李德裕所谓“河朔兵力虽强，不能自立，须藉朝廷官爵威命以安军情”[⑥]那样，河朔三镇军事上的强悍代替不了其合法性的确立，而这一核心要素仍操纵在朝廷之手。河朔诸镇与朝廷若即若离的关系本质上即受制于此。[⑦] 经过宪宗削藩以及文宗以后的努力，河朔诸镇对朝廷明目张胆的抗衡虽有消泯，但也极力争取自立。这种交织状态就是魏博节度使虽屡经换人而仍首鼠两端的展现。明乎于此，当史宪诚与朝廷争衡出轨之时，遂有其子史孝章为之“备陈逆顺之理”[⑧]，魏博镇内势力的制衡，使其终究不能逾轨过甚达到不可收拾之地步而保持在自我维系的状态中。

米文辩父子上述忠诚朝廷的举动，至少就墓志提供给我们的信息而言，应当放置在这个背景中理解才能较切合实际。我们必须确定，米文辩父子的任职关涉到长安唐廷与

---

① 《唐故魏博节度开府仪同三司检校太尉兼中书令魏州大都督府长史充魏博观察处置等使上柱国楚国公食邑三千户食实封一百户赠太师庐江何公（弘敬）墓志》，载吴钢主编《全唐文补遗》第五辑，三秦出版社，1998年，第40页。

② 《新唐书·何弘敬传》，第5937页。

③ 《资治通鉴》卷二四四唐文宗太和七年（833）八月条引杜牧语，第7887页。

④ 《资治通鉴》卷二四四唐文宗太和七年（833）八月条引杜牧语，第7889页。

⑤ （唐）吴兢撰，谢保成集校《贞观政要集校》卷九《议安边第三十六》，中华书局，2003年，第500、503—504页。

⑥ 《资治通鉴》卷二四八唐武宗会昌四年（844）八月条，第8010页。

⑦ 参阅王寿南《唐代藩镇与中央关系之研究》，第331—357页。

⑧ 《旧唐书》卷一八一《史孝章传》，第4687页。

魏博节镇两个不同权力的博弈和较量。从理论上讲，他们都是朝廷的命官，但问题的关键则是他们出仕的魏博镇事实上又脱离朝廷的羁控甚至与朝廷对抗，他们的职务不能不受此影响而与朝廷有某种程度的脱节。他们身上的这种两重性是我们理解这类地方武职的关键所在。当这两类势力重合之时，即魏博纳入长安的控属之下，二者的张力就会消解；但魏博以抗衡朝廷的姿态出现之际，米氏父子的职务就让他们处于为难的境地：听从朝廷的旨意固是其职责所系，但这会冒犯节度使甚至有去职丧命的危险；反之，若完全附从或死心塌地侍奉节度使也会失去朝廷的信赖。二者之权衡考量，一直是他们的心结所系。对这些军人而言，节镇是他们身家性命的依托，近水楼台先得月，它的重要性远胜于千里之外的朝廷。[①] 按照文献的记载，受制于河朔节镇“遂擅署吏”之下的米氏父子，[②] 其职务出自节度使而非朝廷的任命。[③] 从米文辩职务的连续升迁，尤其是他担负的节度使之核心军职，我们看到，他颇受何进滔、何弘敬的青睐与信任，属于节度使直辖的亲卫军将领。[④] 这些将领跟随、效力于节度使并与之同命运共生死，似乎远甚于他们与朝廷的关联。然而墓志对米氏倾心唐廷、忠诚君主的描述又贯通全文，如“时潞镇不庭，今相国盖代威名，奉天明命，剪除凶丑。公利战行权，授左前冲都知兵马使，匡君为国，巨显输诚”云云，似又是朝廷系属之下忠诚与志向的展现，不但本墓志如此表述，就是何弘敬那3700余字的墓志铭同样充斥的是他忠君献诚的举措，但从文献记载可知，何弘敬与朝廷的博弈及维护自身利益的行为绝非墓志描写的那样，这足以证明墓志有对其行为的隐匿与回护。就此而言，米文辩在节镇与朝廷之间的选择、忠诚与效力，亦足以表明魏博镇的地位与朝廷在他的心目中的倾重应是前者胜于后者，他尽忠朝廷的表述除撰写者为死者回护这层因素外，还有节镇脱离不了朝廷，如上所述其合法权源自朝廷的那层关系。如此说来，作为节度使属下军将的米珍宝、米文辩父子，他们职守效力节度使之时，其朝廷命官的身份决定了他们行为法理根系的所在和道德意识的依托，当节镇受命于朝廷之时，他们的忠诚除了体现于节镇，更与朝廷连接；反之，当节镇抗命朝廷之际，他们遭受的磨难徒然增大，面临抉择。对米文辩忠诚的描述正逢何弘敬顺随唐廷之时，尽管何有自

---

① 这种忠诚的限度另外的样例，可参阅 Holmgren, Jennifer, “The Making of an Elite: Local Politics and Social Relations in Northeastern China During the Fifth Century AD,” *Papers on Far Eastern History*, No.30, 1984, pp.1-79。

② 《新唐书》卷二一〇《藩镇魏博传》，第 5921 页。

③ 但他们的任职从程序上讲是需要朝廷的认可即报批，一如节度使职务一样，尤其是散官、勋官和爵位实封等，节度使自身不具有封赐之资格。正因为如此，节度使自我任命亦需要朝廷的追认才能合法，然而朝廷并不是每一次都能满足其要求，由此出现双方兵戎相见的事例颇多，可见节度使系统的法理所系终在朝廷。这也能够解释节度使即使权势再大也难以突破王朝框架而自成新型政治体之因由。

④ 参见[日]堀敏一《藩镇亲卫军的权力结构》，《日本学者研究中国史论著选译》第 4 卷《六朝隋唐》，第 585—648 页。

己的打算而非倾心尽力，但毕竟没有撕破脸皮与长安公然对抗，这就是墓志里忠诚、孝君之类词语出现的背后语境。

四

如同标题所记，本文关怀的核心是墓志主人米文辩家族定居之后的土著化问题。

岑仲勉所著《隋唐史》在涉及藩镇军士叛乱时曾说过一段话："李泌尝论士兵之善，以为顾恋田园，恐累宗族，不敢生乱，又云：'兵不土著，又无宗族，不自重惜，亡身徇利，祸乱遂生。'(《通鉴》二三二)由前观之，殆不其然。三镇之祸，非师不土著之患，正师率土著之为患也。"[①]这是岑氏否认唐人李泌有关河朔三镇军士叛乱与其土著无关的言辞。所谓"土著"(本文亦称"地著化")，就是对节镇辖属士兵是否已成为本地人的界定。河北藩镇叛乱之因多种多样，但参与的主体军士成员之向背，是节度使叛服或与朝廷纵横捭阖的主要依托，易言之，没有他们的参与，节度使就无能为力。唐朝后期节镇的核心力量——军士阶层之构成，尤其他们是否地著化，关涉到节镇军队之稳定、与朝廷要价之依凭，乃至节镇内部社会之维系等等，非同小可。具体到魏博，《旧唐书·罗威传》云：

> 魏之牙中军者，自至德中，田承嗣盗据相、魏、澶、博、卫、贝等六州，召募军中子弟署之部下，遂以为号。皆丰给厚赐，不胜娇宠。年代浸远，父子相袭，亲属胶固。其凶戾者，强买豪夺，逾法犯令，长吏不能禁。易变主帅，有同儿戏，如史宪诚、何进滔、韩君雄、乐彦祯，皆为其所立，优奖小不如意，则举族被害。[②]

这一段描写典型地反映了节镇军士本土地著化的情形。作为河朔三镇中最有影响力且居处边地藩镇与朝廷直控地区的连接点，其战略地位之重要，[③]足以表明魏博镇军士地

① 岑促勉：《隋唐史》，中华书局，1982年，第279页。

② 《旧唐书》卷一八一《罗威传》，第4692页。

③ 关于魏博镇在三镇中的特殊性，就我目力所及，学界关注似乎不多而尤其聚焦于该镇的内部关系上面，如渡边孝《魏博と成德——河朔三鎮の權力構造についての再檢討——》(《東洋史研究》第54卷第2號，1995年9月)、堀敏一《魏博天雄军の歷史——唐五代武人勢力の一形態》(《歷史教育》第6卷，1958年第6号，第65—72页)以及李碧妍《危机与重构——唐帝国及其地方诸侯》(博士学位论文，复旦大学历史地理研究中心，2011年，第229—247页)等即是显例。毛汉光从核心区与核心集团的角度论述一个特定地区在王朝运行中的战略作用，他以云代、关中与魏博汴梁为中心，概括了北魏至北宋建国600年间核心区的转移及其蕴含的意义。他说："自安史乱起，河北河东河南等地之职业军人成为北中国各地藩镇的统治集团，统一而成为各王朝之核心集团，而魏博汴梁一带成为核心区，至北宋建国，亦约略二百年。"氏著：《中古核心区核心集团之转移——陈寅恪先生"关陇"理论之拓展》，《中国中古政治史论》，上海书店出版社，2002年，第22页。

著化对整体节镇的典范性。从性质上讲，地著化应始于节度使军镇成立之时。此前唐朝的军队构建最具典型意义的行军，以聚集分离而著称，即战争初起临时召集，战后即行解散，[①]节度使的驻军由此衍变而成，这已为众多研究所证实。[②] 唐朝的边防由临时征集旨在征讨叛乱的活动性军队，到驻扎特定地区长期防守的固定性军队的转变告诉我们，这是唐廷因应边地外族势力的形势变化而采取的针对性措置。[③] 长期驻防的结果有两个倾向值得关注，一是军队组成人员的职业化和世袭化，二就是军士的本土地著化。这二者虽互为因果，但若追究其本，应是前者导致地著化的出现，易言之，地著化就是军队成员与所在地区形成了密切关系而不再分离的现象，这往往是以仕军长期化与世袭化为前提的。我们看到，就在本文的主人公米文辩出仕时期的唐穆宗上台之后，穆宗采取措施导致“河朔再叛”的直接诱因，就是所谓的“消兵”之策。这个政策的目的就是乘宪宗镇服藩镇叛乱之机进一步削弱其军事基础，从而恢复朝廷对藩镇的控制能力。但事与愿违，被裁减的军士们“皆聚山泽为盗”[④]，反被那些心存不满的藩镇所利用。主张消兵的朝臣们忽略了这样的事实：这些以充兵为职业的青壮男子，一旦离开部伍就缺少生活技能而丧失了生存能力。他们的生存权一旦被剥夺，作乱或造反可能就成为“唯一”的选择。文献材料并没有告诉我们朝廷是否考虑过这个问题，不过，穆宗的颟顸和懵懂无知，文臣们的缺乏远见，倒是这个时段内文献记载的主要内容，暗示出朝廷缺乏战略眼光，应对此负责。[⑤]

不过，我们不必纠缠于此。士兵脱离军队丧失生存能力本身就意味着此时的节镇成员与本土连接之密切早已成为事实。数年前在河北宣化出土的一个墓葬地显示的 6 方墓志，其中杨釰、苏子矜与夫人王氏、张庆宗 4 方系正式挖掘所得，杨少愷墓志系发掘杨釰之墓时征集，苏全绍墓志为收购所获。他们均系幽州雄武军成员（及家属），死后被族人安葬在一个相对集中的墓区。[⑥] 这几方墓志出土的意义就在于，同在雄武军的将士们

---

① 参见孙继民《唐代行军制度研究》，台湾文津出版社，1995 年，第 5—9 页。

② 参见唐长孺《魏晋南北朝隋唐史三论》，中华书局，2011 年，第 390—441 页；孟彦弘《唐前期的兵制与边防》，《唐研究》第 1 卷，北京大学出版社，1995 年，第 245—276 页。

③ 参见雷家骥《从战略发展看唐朝节度使体制的创建》，此据《唐代研究论集》第 4 辑，台湾新文丰出版股份有限公司，1992 年，第 253—318 页。

④ 《资治通鉴》卷二四二唐穆宗长庆二年(822)二月条，第 7808 页。

⑤ 在司马光等人的语调中，穆宗向以不谙政务的君主面世。《资治通鉴》卷二四一唐穆宗长庆元年(821)六月条的记载说他“酣宴，不留意天下之务，崔植、杜元颖无远略，不知安危大体”(第 7792 页)；同书卷二四二唐穆宗长庆二年(822)二月条又云：“上之初即位也，两河略定，萧俛、段文昌以为‘天下已太平，渐宜消兵，请密诏天下，军镇有兵处，每岁百人之中限八人逃、死。’上方荒宴，不以国事为意，遂可其奏。军士落籍者众，皆聚山泽为盗；及朱克融、王庭凑作乱，一呼而亡卒皆集。”(第 7808 页)

⑥ 张家口市宣化区文物保管所：《河北宣化纪年唐墓发掘简报》，《文物》2008 年第 7 期。

死后亦同葬在他们所服役和生活的地区，说明节镇军士生活与服役已结为一体，相互聚合、长期厮守，成为节镇的基本民众。这样的人员一旦聚集在一块，就会形成当地社会势力的核心，节度使本人若不依靠他们为自己张力，其权势的形成也就无从谈起。类似的现象很普遍，不论传世文献，还是诸多墓志的记载，唐朝中期以后尤其晚唐社会的节镇军士地著化无不渗透于各类描写之中。谭凯(Nicolas Tackett)特别分析了他所收集的墓志资料，对内中的文武精英成员的构成、变化等诸种情况做了系统的整理和分析，①从他的研究中可以看出这些人员随其任职而与转迁地区之间形成了密切的关联，这也是促成他们地著化的重要因素。从森部丰等学者的研究亦可看出，河朔三镇(以魏博镇为突出)的粟特成员，倘若以来自河套六胡州地区为主的话，这些入居河北诸镇的粟特及其后裔，最后也多安葬其地而融入到本土，最终成为本地社会的组成人员即所谓地著化了。本文的主人公米文辩家族，从其充军入侍节度使核心属员，到死后本土安葬，颇与上文所列雄武军6方墓志主人相仿，而且他们所处的时代亦多重叠，②可视为地著化的同类。然而米文辩家族与其有别的是后者系汉人，米氏为粟特人或其后裔，他们地著化的同时也伴随着其族性与文化要素的转移，虽然粟特男性在尽可能的条件下多娶同族女性为妻，但米文辩扶风马氏夫人的出身，昭示了文辩聘娶汉人女性行为所蕴含的对汉化的追求与确认，亦足以揭示出与本土化、地著化同时的汉文化接收所呈现出的一体性或同步性的特质。③ 墓志进一步表明，文辩与马氏夫人生的四个儿子中，至少第三子米存实、第四子米存贤“皆学习礼经，以期乡秀”，成为地道的汉文化熏陶的青年才俊了。④

论述至此，我们不得不提出这样的问题：既然米文辩家族从军魏博镇而地著化并伴随着汉化，他们步入魏博的途径又有异于六胡州与河套那些人，如墓志所述，这个家族从仕任河东的米珍宝一代进入魏博，那么，他们进入该镇的具体动机与过程如何？这一答案的具体细节目前还无法辨析，不过，荣新江教授提出，安史乱后唐朝控制区出现的对包

---

① Nicolas Tackett,"Great Clansmen, Bureaucrats, and Local Magnates: The Structure and Circulation of the Elites in Late-Tang China,"*Asia Major*,3rd ser. 21.2(2008), pp. 101-152.*The Transformation of Medieval Chinese Elites*, Ph. D. diss. New York:Columbia University,2006.

② 这几位雄武军要员的墓葬年代早者为宪宗元和九年(814)，晚者至僖宗乾符四年(877)。见《河北宣化纪年唐墓发掘简报》，《文物》2008年第7期。

③ 粟特男性婚娶同族女性的事例，在他们步入汉地之初尤其聚集区内，是一普遍的现象。但随着时间的流逝，他们(尤其散居者)婚娶同族女性之几率就会下降，汉人或其他民族的异性进入男性粟特或其后裔者婚姻之范围，则逐步成为趋势。至少现存的文献与墓志铭的记载足以使我们获得这样的推测。从上文看，似散居的米文辩家族之男性选择汉女作为聘娶的夫人，应属于这种现象，但其中本族女性难觅的无奈似亦不可忽视，但这些因素不会出现在墓志铭的记叙之中。

④ 根据毛汉光依据墓志选择4926个实例的研究，唐人在军队系统任职参佐者有50%以上属于父子官职性质相同的，余下的应当就是差异者了(氏著:《唐代统治阶层父子间官职类别之变动》，《中正大学学报》(台湾嘉义)第4卷第1期，1993年，第37—55页)。米文辩的4个儿子中，既有与他仕任武职相同者，也有差异者，看来应是当地文化风气对其家庭的不同影响所致。

括粟特人在内的胡人的不信任甚至排斥的整体风气，可能是他们走向河朔的一个背景性因素。[①] 从整个社会对外族人及其文化的态度上看，唐朝经历了前期的包容到后期排斥的转变，其转折点就是安史之乱。[②] 就此理解，安史之乱对唐朝内地社会的冲击，表现在胡汉关系上，就是汉地社会弥漫着对胡人的不信任，如同朝廷不再信任武人那样，[③]内地粟特人受此风之压力，他们选择的道路，要么就是尽可能抹除自身外族身份的痕迹而混同于汉人；要么就是被迫离开汉人所在的地区而转往对他们不那么排斥的地方。河朔就是一个较理想的场所，如同陈寅恪描绘的那般，河朔男子只知骑马射箭而不识周公孔子，俨如化外之地，[④]粟特等胡人在此地似乎更能发挥作用，米文辩家族的进入，应当就是在这样的背景下实现的。至于其家族具体的细节，要等待更多相近的个案性研究成熟之后似可论述。

五

本文依据孙继民先生等撰写的《新出唐米文辩墓志铭试释》一文，就粟特人米文辩家族迁徙至魏博镇及其入侍节度使军职反映的本土或地著化问题进行了讨论。以下的几点想法作为本文的总结，以供今后继续讨论，我认为是值得指出的：

第一，本文认为，米文辩家族地位之擢升，始于文辩之祖父米梓一代，自此才有墓志的写实呈现；至米珍宝一辈，其家族转往河东镇，定居于此；旋后又转入魏博，米文辩即活动于此。该家族祖孙三代充任的职务，就节度使系统的实职而言，似乎呈上升趋势（见附《米文辩家族三代仕任表》），这与毛汉光统计的中下层官职子较父为低或同级的趋势适

---

① 荣新江：《安史之乱后粟特胡人的动向》，《暨南史学》第2辑，第102—123页。

② 参见傅乐成《唐代夷夏观念之演变》，《汉唐史论集》，台湾联经出版事业有限公司，1995年，第209—226页。

③ 李鸿宾：《唐朝朔方军研究》，第157—184页。

④ 陈寅恪：《唐代政治史述论稿》，上海古籍出版社，1982年，第25—27页。陈氏的这个表述，是从全国的局势论河北，若进一步细究，河北之内其文化习俗亦多有差异，根据毛汉光的研究，安史乱后的河北地区，镇州暨滹沱河一线应是划分当地社会文化的标识，其地以北多尚武，儒学淡漠；其南的文化与中原近似。毛氏立论主要依凭大族势力，从此侧面揭示出河北南北之差异。见氏著《论安史乱后河北地区之社会与文化——举在籍大士族为例》，载淡江大学中文系主编《晚唐的社会与文化》，台湾学生书局，1990年，第99—111页。

呈反比,[1]似乎蕴示着这个家族在魏博仕途的光明前景。他们之迁往魏博,与河套六胡州粟特人迁徙魏博的方向一致,但具体途径完全不同。六胡州粟特人与唐廷关系微妙,并不被朝廷视为可依托的对象,相反,反叛朝廷的势力(尤其安禄山、史思明等)多与他们明里暗里沟通,他们亦首鼠两端,辗转于河北、长城沿线,与河北三镇(以魏博镇为典型)、晚唐河东沙陀李克用势力连结,粟特人因此而转移并与迁往地形成了密切而固结的联系。虽然米文辩家族迁往魏博的动机、成因与六胡州同族人有诸多差异,但他们一旦步入河朔,其土著化与粟特文化、族性的丧失便汇合一统,[2]逐渐融进河朔、代北沙陀的社会之中。这是本文依据墓志铭文所作的描述和推测,属于史事澄清的问题。

第二,虽然我们不能确知米文辩家族进入魏博镇的具体细节和动因,但其家族进入河北藩镇则是事实。而河北藩镇作为安史叛乱结束后与唐廷对抗性鼎峙的状态,不论是文献记载还是今人的研究,都足以使我们确信这个地区呈现了与长安朝廷迥然有别的局面。考虑到这一点,我们对米文辩墓志的理解,就不啻局促在这个家族自身,而在很大程度上呼应了构筑唐朝后期社会整体走向(或转向)中的趋势,即河北的粟特人及其后裔转向地著化的一般性途径是否存在?如果存在,那么这个地著化对当地乃至整个唐朝后期直至此后的社会是否产生了持续性的影响?

军队驻扎某一特定地区长期化的结果之一就是军人的本地化,唐朝后期军队成员的本地化则是以节度使军队驻地的固定化为前提的。此前的朝廷军队除了驻扎在都城的禁军之外,早期的府兵轮番宿卫,特别是行军的战时征集出发、战后即行解散的军队组成,都与所在地区不产生依赖关系,其背后隐藏的则是朝廷指挥和控制能力强化的事实。

---

① 从米梓的河东中军将,到米珍宝的魏博节度诸使、马军都知兵马使兼将,再到米文辩的排衙将、节度衙前虞候、贝州临清镇遏都虞候兼将、武城镇遏都虞候兼将、左前冲副兵马使兼将、左前冲都知兵马使、左亲事、马步厢虞候、兼节度押衙、步军左厢都知兵马使、兼节度押衙,其职务呈递进趋势。但若从其他的文武散官而论,似乎以米珍宝的为高,米梓、米文辩似不如。然而考虑到后期职事阶官化的倾向,特别是节度使系统内被授予的这些职官其实际职能早已丧失之情形,其品级高低似不足以断定实际地位,因此这个系统的官品不是我们据以判定他们地位高低的主要依凭。有关唐人任职家族(如父子数代)递续的情况,毛汉光曾依据3500余片唐人墓志进行统计,发现6222个实例中父子间的官品,儿子高于父亲者、与父亲同级和低于父亲者分别为20%、50%和30%。中低品之官员,儿子职位上升者较少(氏著:《唐代统治阶层下降变动之研究》,《人文及社会科学》(台北)第3卷第1期,1993年,第16—27页)。米文辩家族呈现的趋势应当属于较少的上升之列。

② 这只能算是大概的说法。具体的融入过程充满了趋同性的个例差异,有关民族文化、族性的转移,一直是人类学者和历史学者们关注的焦点,然而充满鲜活而生动的个案,在中古史的研究领域里,也往往因文献、材料的缺佚而无从获得。我想,来自不同地区和社会阶层的粟特人及其后裔,在河朔融入当地主流社会的环节中亦呈现多样化而个案性的特征,如果墓志石刻新出资料进一步增多,这样的细节之刻画,也并非没有可能,较好而新近的分析案例,可参阅仇鹿鸣《从〈罗让碑〉看唐末魏博的政治与社会》,《历史研究》2012年第2期。

节度使系统的存在则打破了朝廷掌握的局面，军队与驻地形成了彼此依赖的关系，这亦使其成员脱离军队的羁限而与驻地连接在一体，从而推进了军队与地区利益的结合，这是节度使据以存续的基础。随着节度使体系的遍布，军人的地著化开始成为普遍的趋势，这种趋势始于中期，遍于后期和晚唐。河北作为比较特立独行的行政单位，因其节镇抗衡朝廷自立之凸显，其地著化的行为与忠诚于长安地区的同类行为相比，则被包裹在他们的抗衡性的活动中。如同上文史事层面讨论的那样，米文辩家族的地著化，就是随同河北军队地著化而变成了本土成员了。在这个过程中，墓志铭的表述不管是墓主本身对其族性与文化的忽略，还是撰述者出自墓志程序的惯例，提供给我们的主要信息就是这个家族任官仕职、融汇于本地社会的生动写照，我想，这是否至少在某种程度上表明米文辩家族粟特人属性的传承已经退居到政治活动的支配下而被忽视或隐藏了？其原因如同前文讨论的那样，即后期的唐朝社会弥漫着对胡人的拒斥心理。这方墓志的样例还提醒我们不能忽视的是，唐朝后期的河北即使其自身看来也非铁板一块，其中如学者讨论的“文”的一面在当地仕武的胡风盛行的同时也有自身的展现与发展的那般，[①]其内部存在着诸多的差异，米文辩墓志的意义就在于，它为我们了解河北（特别是魏博）武人走上本土地著化的趋势提供了个性的案例。这是我对上面第一个问题的回答。

军人地著化既然并非个别而是普遍存在的现象，那么，它在朝代更替所蕴示的社会转型中具有的意义，也超出了地著化自身的限定。如果从较长的时段考虑，像米文辩这类源自非上层社会的群体，他们地著化的普遍存在，不仅宣示了六朝以来传统的大族政治和社会结构的崩解，同时也宣告北朝以来形成的以关陇集团为典型的尚武精神的军功贵族阶层的消泯，取而代之的则是中下群体通过各种方式走向权力支配中心进而左右社会的新兴势力。基层军人与所驻地的结合，无疑使他们衍生成为地方的新势力，就河北而言，这里军队地著化所形成的地方民众，在南向的唐、五代、北宋的政治体转换中，他们与新朝廷的结合、尤其是与新都城（汴梁）的构建所结成的密切关系，彰显了他们这些来自基层势力的支撑作用；[②]与此形成对照的北向发展，夹处在唐朝解体后历经五代而至北宋与较早建立政权的契丹势力之间的河朔北部地区的“土著”族群，他们在两个王朝间

① 参见陆扬《论冯道的生涯——兼谈中古晚期政治文化中的边缘与核心》，《唐研究》第19卷，北京大学出版社，2013年，第287—329页。

② 参见谭凯《晚唐河北人对宋初文化的影响——以丧葬文化、语音以及新兴精英风貌为例》，《唐研究》第19卷，第285页。

的选择、进退、踌躇和犹豫，这些如同学者研究的穿越彼此“国界”步入对方的行为，①亦成为此时这些群体的“活动”了。看来，居于不同政治体之间的群体在中后期以降地著化之后，又受制于新的政治关系的支配了。

附：《米文辩家族三代仕任表》②

姓　名	任　职
米梓(祖)	宁远将军(武散官，正五品下)、河东中军将、上柱国(勋官，正二品)
米珍宝(父)	魏博节度诸使、马军都知兵马使兼将、银青光禄大夫(文散官，从三品)、检校国子祭酒(职事官，从三品)、兼御史大夫(职事官，御史大夫，从三品)、右散骑常侍(职事官，正三品)、食邑三百户
米文辩(子)	排衙将、节度衙前虞候、贝州临清镇遏都虞候兼将、武城镇遏都虞候兼将、左前冲副兵马使兼将、左前冲都知兵马使、左亲事、马步厢虞候、兼节度押衙、步军左厢都知兵马使、兼节度押衙、银青光禄大夫(文散官，从三品)、检校太子宾客(职事官，正三品)、监察御史(职事官，正八品上)、殿中侍御史(职事官，从七品上)、侍御史(职事官，从六品下)

作者简介：

李鸿宾，中央民族大学历史文化学院教授。

① Naomi Standen 撰写的《Unbounded Loyalty: Frontier Crossing in Liao China》一书(Honolulu: University of Hawaii Press, 2007)，虽然研究的是北宋几个进入辽朝并入仕其职的案例，但她所勾画的夹处辽与北宋之间的这类中间区的情状，有助于我们分析这个地带人群的动向及对该地区本质属性的进一步挖掘。10世纪河北的北部因在双重或多重政治体的包裹中彼此互动，形成多种性格，这样的地带与生活其中的民众之选择和博弈，是个饶有兴味的话题，可惜这类研究仍不多见。

② 以上品级的对应主要依据《旧唐书》卷四二《职官志一》。

淮西镇在唐代藩镇中的角色与地位

杨文春

[**提要**]淮西镇是唐后期十分活跃的一个藩镇，其角色与地位一直为学界所忽视。安史之乱期间，淮西镇在协助朝廷平乱方面发挥了积极作用；代宗一朝，淮西镇是朝廷十分依赖的藩镇力量，可谓恭顺型或防遏型藩镇的典型代表；建中之乱时，淮西镇正式走上叛逆割据之路，其叛逆性胜于传统所认为的割据藩镇代表——河朔三镇。这一割据特性在贞元、元和年间一直都有充分的体现，晚唐时期的淮西地域社会对此亦有承继。

[**关键词**]淮西镇；中晚唐；割据；河朔三镇；地位

淮西镇是唐后期十分重要的藩镇之一。参照与中央之关系，在时间不长的60余年里，淮西镇有一条从恭顺到跋扈，再至叛逆割据的鲜明演变脉络。全面考察其发展演变轨迹，能够从整体上对淮西镇在唐后期藩镇中的角色与地位有一个基本的把握，这也是探究唐后期政治秩序构建一个切入点。学界对淮西镇的关注已有一定的积累，主要集中在割据时期，其中又以元和淮西战争为重点①，而对割据之前的关注则明显不足。

一部中晚唐史，从某种意义上讲就是中央与割据藩镇的斗争史。对于河朔三镇来说，这个斗争主要集中在中唐时期②。因为自长庆年间(821—824)起，唐廷基本上已失

---

① 杨文春：《元和淮西战争研究述评》，《中国史研究动态》2014年第3期，第43—49页。

② 本文将中唐与晚唐的时间界限定在穆宗长庆四年(824)。历史分期虽多为后人强加，却也是学术研究所需，勿将其人为割裂即可。

去对河朔三镇的控制，只能将其“置之度外”[①]，接受“卒不为王土”[②]的事实。[③] 而中唐诸帝，从代宗算起，无不欲削平河朔叛镇。建中、元和削藩则是规模最大的两次平藩战争，即使在整个中晚唐150年里也是规模最大的两次。作为后起的割据藩镇，淮西在这两次战争中扮演关键性角色。本文将以淮西与这两次战争的关系为考察重点，并结合其在割据时期的整体表现，对淮西镇在中唐时期应有的历史地位做一揭示。希冀对中唐时期藩镇割据格局有更加全面的认识。

一、崭露头角：安史之乱时期

唐代的皇位继承很不固定。对于肃宗而言，不仅身为皇太子时皇位继承权不固定[④]，而且在趁安禄山叛乱之际北上灵武自即帝位后，与玄宗之间关于最高权力的政治斗争继续上演，永王璘事件就是直接写照[⑤]。拥兵江淮的永王璘是玄宗在这场政治斗争最有分量的筹码；肃宗则采用安插亲信、策动和利用地方势力等手段来应对李璘[⑥]，设置淮南西道节度使便是措施之一[⑦]。不过，淮西镇并没有在这次斗争中发挥实质作用，首任节度使来瑱仅是与淮南节度使高适、江东节度使韦陟在安州“齐盟质信，以示四方，令（李璘）知三帅协心，万里同力”[⑧]而已，尚未采取进一步行动，永王璘已在至德二载（757）二月溃败身亡。

淮西镇初领之五郡皆处淮河上游流域，分别是申州（义阳郡）、光州（弋阳郡）、许州（颍川郡）、郑州（荥阳郡）、蔡州（汝南郡），治许州。安史之乱期间，不能将淮西镇仅看作是玄宗与肃宗二人政治斗争的产物，它还承担着更重要的使命——阻挡安史叛军南下江汉。

安禄山由河北南下后，主要进攻方向有三个：西向长安；东南向江淮；南向江汉。河

---

① 《资治通鉴》卷二四七唐纪·武宗会昌三年四月条，第7980页。

② 《新唐书》卷二一〇《藩镇传·序》，第5921页。

③ 从河朔藩镇角度看，长庆元年（821）再叛以后，河北诸镇的注意力似乎都集中于内部统治秩序的维持或是权力的争夺，基本无暇他顾。见张天虹《唐代河北藩镇研究的最新进展——冯金忠〈唐代河北藩镇研究〉评介》，《兴大历史学报》2013年第26期，第135页。

④ 参见陈寅恪《唐代政治史述论稿》，三联书店，2009年，第236、255页。

⑤ 学界对永王璘事件的性质尚有争议，如邓小军《永王璘案真相——并释〈永王东巡歌十一首〉》（《文学遗产》2010年第5期，第56页）认为所谓永王璘“叛逆”案纯属肃宗制造的冤案。

⑥ 参见贾二强《唐永王李璘起兵事发微》，《陕西师大学报》1991年第1期，第87页。

⑦ 《资治通鉴》卷二一九唐纪·肃宗至德元载十二月条载（第7007—7008页）：“十二月，置淮南节度使，领广陵等十二郡，以（高）适为之；置淮南西道节度使，领汝南等五郡，以来瑱为之，使与江东节度使韦陟共图（李）璘。”

⑧ 《旧唐书》卷九二《韦安石附韦陟传》，第2960页。

北、河南分别成为主要战场后，唐廷所能依赖的财赋之地只有江淮。又因战争初期“东都、河南并陷贼，漕运路绝”[①]，江汉水路就成为这一时期唐廷的生命线。唐廷为此而采取的保护措施之一就是在这一地区增设藩镇，淮西镇即其中之一[②]。淮西镇的地理位置对于保护江汉水路的战略意义显而易见，蔡、申、光等州乃控扼淮汉、河南等地的重要屏障[③]。淮西镇另外两州的地理位置在控扼东都、制衡南北上的战略意义上更为明显：郑州紧邻洛阳，其地位无须过多说明；处于河南中心地带的许州在控扼洛阳、保护江汉和江淮上具有同等重要地位：

> （许）州西控汝、洛，东引淮、泗，舟车辐集，转输易通……说者曰：“自天下而言河南为适中之地，自河南而言许州又适中之地也。”北限大河曾无溃溢之患，西控虎牢不乏山谿之阻，南通蔡、邓，实包淮、汉之防，许亦形胜之区矣。[④]

此时洛阳、长安虽已沦陷，从淮西镇的设置倒也能看出肃宗欲早日收复两京以巩固帝位的迫切心情。此外，出任淮西节度使之前，来瑱一直在许州、南阳等地抵抗安史叛军对江汉的侵扰[⑤]。从对来瑱的任命也可以看出肃宗对淮西镇在抵抗叛军上发挥重要作用的期望。

可知，肃宗设置淮西镇的初衷并不仅仅是为图扼永王璘，同时还寄有保护江汉水路乃至协助收复两京的期待。由于永王璘的溃败，淮西镇肩负的使命就主要是后者。在协助朝廷的平叛战争中，淮西镇的作用主要表现在两个方面，一是在淮西本地抵抗叛军，二是参与朝廷统一的平叛行动。先说第一个方面，在淮西镇设立之前，安史叛军与朝廷军队已在当地展开争夺，来瑱即参与其中。《旧唐书》卷一百一十四《来瑱传》：

> 安禄山反，……（来瑱）改颍川太守。贼攻之。城中积粟素多，瑱缮修有备。贼继至城下，瑱亲射之，无不应弦而毙……前后杀贼颇众，咸呼瑱为“来嚼铁”。

随着郑州、蔡州、许州的相继失守，来瑱在协助鲁炅保卫南阳的同时，还要收复失陷的城池，治所许州就是其中之一。田承嗣、武令珣是叛军进攻江汉地区的主要将领，他们与来

---

① 《旧唐书》卷一三八《韦伦传》，第 3781 页。

② 潘孝伟：《唐王朝阻遏安史南下江淮和江汉获胜的原因》，《安庆师范学院学报》1988 年第 2 期，第 102 页。

③ 顾祖禹：《读史方舆纪要》卷五〇《河南府・汝宁府》（贺次君、施和金点校，中华书局，2005 年）对蔡、申、光三州的重要军事战略地位都有详尽说明，兹不赘述。

④ 顾祖禹：《读史方舆纪要》卷四七《河南二》，贺次君、施和金点校，第 2183 页。

⑤ 《旧唐书》卷一一四《来瑱传》，第 3365 页。

瑱、鲁炅一直在淮西及周边地区展开城池争夺战。至德二载十月，朝廷收复两京，叛军遭受重大挫折。田承嗣一度向与其争夺许州的来瑱投降，旋即复叛，与武令珣一起北走河北[①]。淮西镇遭沦陷的州郡不久都回到了唐廷怀抱，江汉水路此后再未受到大的威胁。

史思明逆乱称帝后，自范阳分兵四路南下，向唐廷大举反扑。上元元年(760)年底，田承嗣率兵五千攻打淮西。肃宗元年(762)建卯月(二月)，"淮西节度使王仲昇与史朝义将谢钦让战于申州城下，为贼所虏。淮西震骇"[②]。这是目前史书所见淮西镇与安史叛军的最后一次正面交锋。亦可看出，在安史之乱后期，叛军仍在试图实现夺取江汉水路的战略目标，而他们依旧能够到达淮河上游，表明淮西镇在这段时间继续承担阻击叛军的使命。

再说第二个方面。安史之乱期间，淮西镇并不是一个因客观地理位置而仅局限于充当阻止叛军南下江汉的角色，还在唐廷的平叛大计中发挥重要作用。自至德二载十一月至乾元二年(759)四月是政府收复京都和接近平息叛乱的阶段[③]，淮西镇在此期间都有重要表现。

至德二载十一月，张镐帅鲁炅、来瑱、吴王祗、李嗣业、李奂五节度徇河南、河东等地，皆下之。淮西前两任节度使来瑱、鲁炅皆分别率军参与其中。

乾元元年(758)九月，"庚寅，大举讨安庆绪于相州。命朔方节度郭子仪……淮西襄阳节度鲁炅……等九节度之师，步骑二十万，以开府鱼朝恩为观军容使"[④]。这次声势浩大的讨伐行动，在第二年三月以"王师不利，九节度兵溃"的惨败收场。未久，节度使鲁炅饮药自杀。继而在这一时期河南地区军政格局的调整中，淮西镇建制被暂时取消。

宝应元年(762)，史朝义穷途末路。代宗准备进行最后一击："冬十月辛酉，诏天下兵马元帅雍王统河东、朔方及诸道行营、回纥等兵十余万讨史朝义，会军于陕州……戊辰，元帅雍王率诸军进发，……壬申，王师次洛阳北郊。"[⑤]新任淮西镇节度使李忠臣也"会元帅诸军收复东都"[⑥]。淮西镇随之完成了协助朝廷平定安史之乱的使命。

由上可知，淮西镇在阻止安史叛军南下江汉方面发挥了积极作用。从几次参与朝廷大规模的平叛军事行动来看，淮西是朝廷所依靠的一支较为重要的藩镇力量，为在代宗朝能继续发挥重要作用奠定了基础。

---

① 《资治通鉴》卷二二〇唐纪·肃宗至德二载十月条，第7042页。

② 《资治通鉴》卷二二二唐纪·肃宗宝应元年二月条，第7120页。

③ [英]崔瑞德(Denis Twitchett)编《剑桥中国隋唐史》，中国社会科学院历史研究所、西方汉学研究课题组译，中国社会科学出版社，2007年，第430页。

④ 《旧唐书》卷一〇《肃宗纪》，第253页。

⑤ 《旧唐书》卷一一《代宗纪》，第270页。

⑥ 《旧唐书》卷一四五《李忠臣传》，第3941页。

二、累著勋庸:李忠臣节度时期

张国刚认为,在安史之乱平定前后,唐王朝政治矛盾的焦点和军事斗争的重心都已发生新的转移。唐廷与安史叛乱势力的矛盾已相对地让位于它与反叛势力——新起军阀和宦官势力的矛盾;唐廷与叛乱势力的军事斗争中心地区也相对地让位于在唐王朝的肘腋之地——京西京北地区与吐蕃势力的武装抗争。[①] 西北吐蕃与河北诸镇是代宗在新时期必须直面的内忧外患之困境,淮西镇则适时地充当"排忧解难"的角色,日益成为代宗倚重的地方军事力量。

安史之乱平定前后,吐蕃屡屡兴兵侵掠,"数年间,西北数十州相继沦没,自凤翔以西,邠州以北,皆为左衽矣"[②]。不仅如此,都城长安还一度被其侵占。代宗朝前期,唐廷之所以在西北军事上狼狈不堪,除吐蕃强盛和西北防御薄弱外,关东诸镇协助不力也是重要原因。《旧唐书》卷一百一十《李光弼传》:

> 广德初(763),吐蕃入寇京畿,代宗诏征天下兵。光弼与程元振不协,迁延不至。十月,西戎犯京师,代宗幸陕。[③]

永泰元年(765),仆固怀恩勾结吐蕃、吐谷浑、党项等外族数十万众入寇,代宗再征天下兵,多数军镇仍不积极,淮西镇则不然。《旧唐书》卷一百四十五《李忠臣传》即可见一斑:

> 永泰元年(765),吐蕃犯西陲,京师戒严,代宗命中使追兵,诸道多不时赴难;使至淮西,忠臣方会鞠,即令整师饰驾。监军、大将固请曰:"军行须择吉日。"忠臣奋臂于众曰:"焉有父母遇寇难,待拣好日方救患乎!"即日进发。自此方隅有警,忠臣必先期而至。由是代宗嘉其忠节,加本道观察使,宠赐颇厚。

面对吐蕃等族咄咄逼人的军事威胁,代宗采取一系列防御措施,防秋制度就是其中之一。颇受代宗赏识和重用的淮西镇自然也是防秋的一支重要力量。《资治通鉴》卷二百二十四代宗大历六年八月:

---

① 张国刚:《肃代之际的政治军事形势与藩镇割据局面形成的关系》,《南开学报》1982年第6期,第42页,收入氏著《唐代藩镇研究》(增订版),中国人民大学出版社,2010年,第25页。

② 《资治通鉴》卷二二三唐纪·代宗广德元年七月条,第7146—7147页。

③ 此次不肯出兵勤王者不止李光弼一人,《资治通鉴》卷二二三唐纪·代宗广德元年十月条载:"上发诏征诸道兵,李光弼等皆忌(程)元振居中,莫有至者。"(第7155页)

丁卯，淮西节度使李忠臣将兵两千屯奉天防秋。

大历九年(774)，代宗下《命郭子仪等备边敕》：

马璘以西域前庭……下蔡之徭，凡三万众，……忠臣以卢龙柳城，洎右北平，汉东诸镇，江黄申息之师，凡三万众，屯于回中，张大军之援。[①]

“江黄申息”乃代指淮西镇。此后，代宗朝受到吐蕃的侵扰明显减少。淮西镇作为防秋的常规参与者，一直延续到吴少诚割据前。西北得到相对安定后，唐廷得以将注意力集中到处理河北藩镇的割据问题上来，属于中原防遏型藩镇的淮西镇其作用愈加凸显。

安史之乱结束后，“(李宝臣)与薛嵩、田承嗣、李正己、梁崇义等连结姻娅，互为表里，意在以土地传付子孙，不禀朝旨，自补官吏，不输王赋”[②]。大难初平，西北局势连连吃紧，国力不济，唐廷不得不对河北等镇多行“姑息之政”[③]。随着边疆形势的缓和、国力的逐渐恢复，朝廷的对藩政策发生很大的变化，即由过去的姑息、迁就为主改变为限制、打击为主[④]。与此同时，河北诸镇也在不断地缮兵修甲、扩充军备，与朝廷呈分庭抗礼之势，双方的冲突不可避免。在大历后期中央与地方叛镇之间的几次冲突中，淮西镇都是代宗所依赖的主要平乱力量。《旧唐书》卷十一《代宗纪》：

(大历十年正月)己酉，昭义牙将裴志清逐其帅薛萼。薛萼奔洺州，上章待罪。志清率众归田承嗣……戊申，遣使慰谕田承嗣，令各守封疆，承嗣不奉诏。

时田承嗣尽盗入相、卫所管四州之地，自署长吏。

(四月)乙丑，制：魏博节度使……田承嗣可贬永州刺史。仍诏河东、镇冀、幽州、淄青、淮西、滑亳、汴宋、泽潞、河阳道出师进讨。

是年五月，“李忠臣统永平、河阳、怀、泽步骑四万进攻卫州”[⑤]。代宗没有在这次冲突中取得想要的结果，淮西镇却大有收获。这是淮西镇第一次参与平定藩镇之乱，刚崭

① 《命郭子仪等备边敕》，董诰编《全唐文》卷四八，中华书局，1983年，第534页。此次参与防秋之淮西兵由马璘统制，参见《旧唐书》卷二〇〇下《朱泚传》，第5386页。

② 《旧唐书》卷一四二《李宝臣传》，第3866页。

③ 《新唐书》卷五〇《兵志》，第1329页。

④ 樊文礼：《安史之乱后的藩镇形势和唐代宗朝的藩镇政策》，《烟台师范学院学报》1995年第4期，第43页。

⑤ 《资治通鉴》卷二二五唐纪·代宗大历十年五月条，第7231页。

露头角便承担重要职责，可见代宗对其很是倚重。淮西镇在协助朝廷平乱方面扮演的重要角色很快又得到进一步彰显。《旧唐书》卷十一《代宗纪》：

(大历十一年)八月，李灵耀据汴州叛。甲申，命淮西李忠臣、滑州李勉、河阳马燧三镇兵讨之。

冬十月乙酉，忠臣等军破贼于中牟，进军，又败贼于汴州郭外，乃攻之。乙丑，承嗣遣侄悦率兵三万援灵耀。丙午，淮西、河阳之师合击田悦营，其众大败，悦脱身北走。灵耀闻悦之败，弃城遁走。汴州平。

汴州"当天下之要，总舟车之繁，控河朔之咽喉，通淮湖之运漕"[①]，李忠臣趁势强占之。这可视为淮西镇从恭顺走向跋扈乃至割据的标志性事件[②]。代宗不得不接受既成事实，并加李忠臣检校司空平章事、汴州刺史。至此，淮西镇所辖十一州纵连长江、淮河、黄河三大水系，其战略地位之重要性可见一斑。与同时期朝廷所倚重的其他中原地区藩镇相比，淮西镇所辖州数明显多于汴宋、滑亳、昭义等节度使所辖州数[③]。

依此看来，李忠臣时期的淮西镇可谓"累著勋庸"，其地位、作用丝毫不逊于汴宋、泽潞、滑亳、河阳等中原地区藩镇，甚至有过之而无不及。"控扼河朔，屏障关中，沟通江淮"[④]等中原型藩镇的特点在淮西镇都有体现。淮西镇虽是以割据叛逆著称于唐代，但在李忠臣节度的大部分时期，应将其归入"中原防遏型"或"恭顺型"藩镇[⑤]。"恭顺"是针对与中央关系而言，在淮西镇内部，李忠臣的表现完全是另一个样子——贪暴不法、横征暴敛：

(李忠臣)虽无跋扈之志，而多割剥之暴。至于士民工商，连樯如云，必将沿于斯，溺于斯。主守者乃高其门闳，厉其威容，恣奸吏巧诬，听部伍强丐。误差毫厘，诱入罪地，输其缗钱、鱼盐、丹漆、羽毛，小则半取之，大则竭索之。愁痛之声，雷动宇内。小人君子，咸谓为蛮貊之域。[⑥]

---

① (唐)刘宽夫:《汴州纠曹厅壁记》,《全唐文》卷七四〇,第7649页。

② 李碧妍:《危机与重构——唐帝国及其诸侯》将此视为河南新兴藩镇之一淮西显露出自立化倾向的最突出表现。所指类似。(复旦大学博士论文,2011年,第46页。该论文将于2015年由北京师范大学出版社出版。)

③ 汴宋、滑亳、昭义等节度使这一时期所辖州数,分别参见吴廷燮《唐方镇年表》卷二,中华书局,1980年,第189、216页;卷四,第475页。

④ 张国刚:《唐代藩镇研究》(增订版),第50页。

⑤ 今对藩镇类型的划分主要基于藩镇与中央之关系及其地理区位。至于其与中央之关系需分期而论,不可一概而定。

⑥ 符载《土洑镇保宁记》,李昉等编《文苑英华》卷八三〇,中华书局,1966年,第4381页。

饿封长江与淮西。封境厥帅董秦多俾腹心为其津戍，拉商旅，断中流。[①]

更多的时候，李忠臣是利用淮西处于交通要道的战略位置，“设防戍以税商贾，又纵兵士剽劫，行人殆绝”，尽行“贪暴不奉法”[②]之事，也从不放过在外掠夺的机会。《资治通鉴》卷二百二十五有载：

（大历二年正月），淮西节度使李忠臣入朝，以收华州为名，帅所部兵大掠，自潼关至赤水，二百里间，财畜殆尽，官吏有衣纸或数日不食者。

（大历十年）三月，甲午，陕州军乱，……军士大掠库物。会淮西节度使李忠臣入朝，过陕，上命忠臣按之，将士畏忠臣兵威，不敢动。忠臣设棘围，令军士匿名投库物，一日获万缗，尽以给其从兵为赏。

能否取得兵士的支持是藩镇将帅的地位能否稳固的关键所在[③]。李忠臣就善于以利养军士，在他入主淮西之前已有“前科”。乾元二年(759)二月，“诸军溃归，忠臣亦退。至荥阳，贼将敬釭来袭官船，忠臣大破之，获米二百余艘，以资汴州军士”[④]。综上引史料可看出，不仅李忠臣，整个淮西军都是剽掠成性，鲜有顾忌，俨然可以称之为骄兵悍帅。李忠臣治汴州不足三年，当地军士已深受浸染：“汴自李忠臣以来，士卒骄，不能自还。”[⑤]李忠臣节度淮西镇17年，影响最深的是逐渐形成了一个有特定利益要求的地方军事势力团体——河北利益集团。它以效仿河朔故事为旨归，以维护、扩大割据利益为目标，李希烈正是在此基础之上将淮西镇正式推向叛逆割据之路。以强占汴州为分界线，淮西镇开始由中原防遏型向割据型藩镇过渡。[⑥]

淮西镇的嬗变，代宗并非没有察觉。大历十四年，李忠臣被部将赶出淮西，代宗趁机将战略重镇汴州收回，诏“加(李)勉汴宋节度使，移理汴州”[⑦]，淮西镇回治蔡州。上文提及唐廷已在大历后期采取日益严厉的藩镇政策，对淮西倚重又防范即是体现。日趋严厉的藩镇政策在德宗继位后得到了沿袭和强化。

---

① 《秘书监致仕穆元堂志》，《文苑英华》卷九四三，第4961页。

② 《旧唐书》卷一五五《穆宁传》，第4114页。

③ 王赛时：《论唐朝藩镇军队的三级构成》，《人文杂志》1986年4期，第125页。

④ 《旧唐书》卷一四五《李忠臣传》，第3940—3941页。

⑤ 《新唐书》卷二一四《刘玄佐传》，第6000页。[日]日野開三郎《東洋史学論集·支那中世の軍閥》认为汴州并入淮西是其此后跋扈叛逆的原因之一。（东京：三一書房，1980年，第95页）

⑥ 拙稿《唐代淮西镇割据势力的演变及其对元和淮西战争的影响》，初刊于《天中学刊》2012年第3期，此据修改稿(待刊)。

⑦ 《旧唐书》卷一三一《李勉传》，第3635页。

三、尾大不掉:李希烈逆乱

德宗即位后,“总万机,励精治道”[①],很快就进行一系列“刷新政制”的改革,试图恢复“唐王朝中央政府的主动性、权威和力量”[②]。削平河朔等地的割据藩镇是德宗的主要目标之一,淮西镇则依旧是中央政府“以方镇御方镇”[③]之藩镇政策的重要依靠力量。德宗初期,淮西镇受到朝廷的一贯重视与嘉奖。《旧唐书》卷一百四十五《李希烈传》:

德宗即位后月余,加(李希烈)御史大夫,充淮西节度支度营田观察使,又改淮西节度使为淮宁军以宠之。建中元年(780),又加检校礼部尚书。

这些加封更应该被视为是安抚之用。包括德宗在内的整个朝廷都已注意到淮西镇的内部嬗变,以杨炎、李承最有此识见:

属梁崇义叛换,德宗欲以淮西节度使李希烈统诸军讨之。(杨)炎谏曰:“希烈始与李忠臣为子,亲任无双,竟逐忠臣而取其位,背本若此,岂可信也!居常无尺寸功,犹强不奉法,异日平贼后,恃功邀上,陛下何以驭之?”[④]

(李)承自(淮西)黜陟回,因奏之曰:“希烈将兵讨伐,必有微勋,但恐立功之后,纵恣跋扈,不禀朝宪,必劳王师问罪。”[⑤]

但急于解决藩镇割据问题的德宗并没有充分意识到淮西这一转变的严重性,仅是以阎寀为申州刺史,希望他能迁善跋扈之淮将。此举效果微乎其微,不久阎寀因之受贬[⑥]。

建中二年(781),成德李宝臣、平卢李正己相继死去,德宗欲“改变对藩镇之姑息态度,断绝自行继袭风气”[⑦],先后拒绝李惟岳、李纳的继袭之请,准备发动“一场全面的对藩镇的战争,要从根本上彻底解决藩镇问题”[⑧]。由于大部分兵力被牵制在河北战场,唐

① 《旧唐书》卷一三《德宗纪下》,第400页。
② 崔瑞德编《剑桥中国隋唐史》,第530页。
③ (宋)王谠撰,周勋初校证:《唐语林校证》卷八《补遗》,中华书局,1987年,第695页。
④ 《旧唐书》卷一一八《杨炎传》,第3424页。
⑤ 《旧唐书》卷一一五《李承传》,第3379页。
⑥ (唐)董侹:《阎贞范先生碑》,《全唐文》卷六八四,第7003页。
⑦ 王吉林:《唐代宰相与政治》,台湾文津出版社,1999年,第254页。
⑧ 孟彦弘:《藩镇与中唐政治》,首都师范大学博士学位论文,1994年,第149页。

廷只能依仗淮西镇来讨伐与两河强藩呈“辅车之势”[①]的襄州梁崇义。从地理位置上看，屡建平叛制乱功勋、表面尚无“不顺之迹”的淮西镇亦是用兵襄阳之首选。实际上，李希烈早就觊觎襄州之地：

> 时梁崇义纵恣倨慢，朝廷将加讨伐。李希烈揣知之，上表数崇义过恶，请率先诛讨。[②]

平定梁崇义，德宗与李希烈似乎是各取所需。仅就结果而言，对淮西镇的影响更大。在平乱过程中，李希烈不仅完全展现出跋扈难制的一面，而且滋生叛逆之心。日野開三郎有过分析：“李希烈素以勇猛闻名于世，很早就怀有扩张势力违反的野心，一接到朝廷要求他讨伐襄阳的命令，马上意识到机会来了，立即出兵讨伐梁崇义，取得大胜并逼迫梁崇义自杀。”[③]诛梁崇义后，李希烈效仿776年李忠臣强占汴州之故事，擅自拥兵襄州，据有其地。“以强明自任”[④]的德宗却不效代宗，仅录希烈功而不以襄州与之。建中二年九月，“加李希烈同中书门下章事”，但不与之襄州，而“以晋绛观察使李承为襄州刺史，山南东道节度观察等使”[⑤]。此时，李希烈虽未公然反抗朝廷，却已渐露“不顺之迹”。不能强屈朝命襄州刺史李承，李希烈“遂剽虏阖境所有而去，襄、汉为之空”，不得已归蔡州后，“留将校等于襄州守当时所掠得财帛什物等”[⑥]。强占襄州事件是李希烈与唐廷之间一次不见兵刃的直接交锋。这场争斗产生两个结果：一是唐廷将被梁崇义霸占近二十年的山南东道收回；二是滋长李希烈的叛逆之心，正所谓“屠襄阳，获全物而动兽心”[⑦]。无疑，第二个后果的影响极其严重。此后，李希烈“恃功虐政，将肆凶威”[⑧]。淮西镇已完成由跋扈向叛逆割据的角色转变，只待时机成熟就会彻底暴露出来。

建中三年，河北战场风云突变。四月，“朱滔、王武俊与田悦合纵而叛”[⑨]，“自安史之乱后，河北的几支主力第一次组成区域联合战线”[⑩]。王师败于魏州后，唐廷与河朔叛镇

---

① 《旧唐书》卷一二一《梁崇义传》，第3490页。

② 《旧唐书》卷一一五《李承传》，第3379页。

③ ［日］日野開三郎：《東洋史学論集》第1卷《唐代藩鎮の支配体制》，第325页。

④ 《新唐书》卷七《德宗、顺宗、宪宗纪》“赞曰”，第219页。

⑤ 《旧唐书》卷一二《德宗纪上》，第330页。

⑥ 《旧唐书》卷一一五《李承传》，第3379页。

⑦ 周绍良主编：《唐代墓志汇编》贞元一三〇《唐故中散大夫使持节台州诸军事守台州刺史上柱国赐紫金鱼袋颍川陈公墓志铭并序》，上海古籍出版社，1992年，第1933页。

⑧ 周绍良主编：《唐代墓志汇编》贞元一〇一《唐故兴元元从云麾将军右神威军将军知军事兼御史中丞上柱国顺政郡王食邑三千户实封五十户赠夔州都督李公墓志铭并序》，第1910页。

⑨ 《旧唐书》卷一二《德宗纪上》，第332页。

⑩ 崔瑞德编：《剑桥中国隋唐史》，第458页。

陷入长期对峙的局面。在这种胶着的战争形势下,双方都想争取李希烈,淮西镇的军事力量及其所处的战略位置都是战争双方不能忽视的。为讨伐李纳之叛,虽知李希烈有"不顺之迹",德宗却也只能继续依仗淮西。"(建中)三年秋,加希烈检校司空,兼淄青兖郓登莱齐等州节度支度营田、新罗渤海两蕃使,令讨袭正己(应为李纳)。"①同时,诸叛镇也在拉拢李希烈,"希望李希烈公开反唐,以缓解河北的压力"②。

如王寿南所言,当藩镇拥有强大之武力后,如果藩镇个人有更大之权力野心,或有利于违抗中央之环境,则必然表现出其跋扈叛逆之态度③。在河北利益集团统治下的淮西镇自德宗正式削藩后就一直在等待时机。建中之乱发生后,朝廷主要精力都放在北方战场,无暇南顾。受命讨伐李纳后,已坚固反叛之心的李希烈遂借讨伐之名潜行逆乱之实。《旧唐书》卷一四五《李希烈传》:

> 希烈遂率所部三万人移居许州,声言遣使往青州招谕李纳,其实潜与交通,又移牒汴州令备供拟,将与纳同为乱。……日遣使交通河北诸贼帅等。

李希烈与两河诸叛镇已然沆瀣一气,相互利用,共同行逆。十一月,"朱滔、田悦、王武俊于魏县军垒各相推奖,僭称王号。……又劝李纳称齐王"④,又"各遣使劝诱蔡州李希烈同僭位号"⑤。李希烈在自我野心膨胀和河北诸叛逆的鼓动下,"自称天下都元帅、太尉、建兴王,与朱滔等四盗胶固为逆"⑥,淮西镇正式走上叛逆之路。这是淮西镇历史的根本转折点,此后,淮西对中央的态度由拥护转为对抗,由唐廷重要的依靠力量嬗变为需时时提防的"腹心之疾"。这个角色置换客观上将淮西镇推向了历史前台。

然而,两河"四盗"自立为王并非是要取唐廷而代之,"主要是想在自己的藩镇内为自己取得某种可接受的合法性……这并不意味着河北的这些节度使名副其实地要称孤道寡……他们宁愿在帝国内追求更正规的地位"⑦。他们拉拢李希烈是企图减轻朝廷对自身的军事压力,此意图成功后,又积极怂恿李希烈行叛逆之至举——立国称帝,以期借此将唐廷的主要精力由河北转移至淮西。史载:

> 时朱滔等与官军相拒累月,官军有度支馈粮,诸道益兵,而滔与王武俊孤军深

---

① 《旧唐书》卷一四五《李希烈传》,第 3943 页。
② 孟彦弘:《藩镇与中唐政治》,第 151 页。
③ 王寿南:《唐代藩镇与中央关系之研究》,台湾大化书局,1978 年,第 146 页。
④ 《旧唐书》卷一二《德宗纪上》,第 335 页。
⑤ 《旧唐书》卷一四二《王武俊传》,第 3873—3874 页。
⑥ 《旧唐书》卷一二《德宗纪上》,第 335 页。
⑦ 崔瑞德编《剑桥中国隋唐史》,第 459 页。

入，专仰给于田悦，客主日益困弊。闻李希烈军势甚盛，颇怨望，乃相与谋遣使诣许州，劝希烈称帝。

朱滔、王武俊、田悦、李纳各遣使诣希烈，上表称臣、劝进，使者拜舞于希烈前，说希烈曰："朝廷诛灭功臣，失信天下，都统英武自天，功烈盖世，已为朝廷所猜忌，将有韩、白之祸，愿亟称尊号，使四海臣民知有所归。"[①]

李希烈的野心进一步膨胀，随着建中四年在军事上的节节胜利，称帝野心更是不可抑制。

两河叛镇利用淮西镇主要是想分化来自朝廷方面的压力。目的达到后，河北鲜有再与淮西在政治、军事等方面的联系，双方基本上都是各自为战。"(李希烈)除偶尔参加攻打运河外，他与他在河北的叛乱同伙似乎没有作出过任何政策方面的协调。"[②]李希烈叛乱的目标是极力向外军事扩张，满足地方割据势力的利益需要。这与河北叛镇[③]有所不同，他们"主要是在威胁中央，使中央因畏惧该镇之兵力而承认其政治地位"[④]。一旦朝廷满足其政治利益，他们的立场很快就会发生改变。避难奉天的德宗先是"使人说田悦、王武俊、李纳，赦其罪，厚赂以官爵，悦等皆密归款"[⑤]，再是于兴元元年(784)正月下《罪己诏》，承认诸叛镇先前的地位，"一切并与洗涤，各复爵位，待之如初"[⑥]。魏博、成德和淄青三镇"见赦令，皆去王号，上表谢罪"，淄青后来甚至出兵淮西，协助朝廷平叛。"自恃兵强财富"[⑦]的李希烈一意孤行，企图实现个人的更大野心。是月，李希烈在汴州"僭即皇帝位，国号楚，建元武成"[⑧]。至此，淮西镇达到叛逆割据的顶峰。

通过对德宗朝前期相关史实的考察，可以看到，淮西镇虽晚于两河叛镇约 20 年才正式走上与中央对抗之路，但是淮西镇自割据开始就表现出强烈的叛逆性，这一点是两河藩镇所不能比拟的。德宗在与两河强藩达成妥协之后曾一再招抚淮西，李希烈等人不为所动，继续与朝廷分庭抗礼，直至 786 年 4 月陈仙奇酖杀李希烈并举镇归降。建中之乱结束后，朝廷与两河藩镇大抵相安无事，在宪宗削藩之前，双方没有爆发激烈的冲突。反观淮西镇则不然，陈仙奇归降朝廷不久，以吴少诚为首的割据势力重新取得控制权，与中央继续保持对抗状态。

---

① 分见《资治通鉴》卷二二七唐纪·德宗建中三年条，第 7337 页；卷二二八德宗建中四年，第 7340 页。

② 崔瑞德编《剑桥中国隋唐史》，第 459 页。

③ 自朱泚僭位称帝、以朱滔为皇太弟后，幽州与魏博、成德、淄青在政治利益要求等方面已发生变化，不能归为同一阵营。

④ 王寿南：《唐代藩镇与中央关系之研究》，第 353 页。

⑤ 《资治通鉴》卷二二九唐纪·德宗建中四年条，第 7386 页。

⑥ 《陆贽集》卷一《奉天改元大赦制》，王素点校，中华书局，2006 年，第 7 页。

⑦ 《资治通鉴》二二九唐纪·德宗兴元元年条，第 7393 页。

⑧ 《新唐书》卷二二五中《逆臣中·李希烈传》，第 6439 页。

四、腹心之疾:吴氏割据

饱受削藩失败之痛的德宗,自786年开始"把注意力集中在由皇帝直接控制的国家权力和资源的部分。这样,他的主要目的是加强与君权有最直接关系的基础——它的腹心要地、保卫要地的军队和朝廷财政——以及加强他的个人控制"[①]。对于地方藩镇,则"由建中年间的以武力控制为主转变为以政治控制为主"[②]。这是贞元年间朝廷与割据藩镇之间基本上能相安无事的重要原因,然而淮西镇不满足于此。吴少诚在陈仙奇归降朝廷两个月后就将其杀死并取而代之,这表明割据势力在淮西镇依旧占据统治性地位。经过逾十年的休养调整、"缮兵完城"[③]后,吴少诚开始寻找时机以扩大割据利益。贞元十五年(799),吴少诚与宣武节度使刘全谅勾结,企图利用陈许节度使曲环病危之机"谋袭陈许",扩充势力范围。不过,这个谋划最终因刘全谅之死而未能成行。已"谋逆渐甚"[④]的吴少诚,见此计不成,干脆直接出兵,先攻掠临颍,再寇西华、围许州[⑤]。与此同时,德宗在对割据藩镇逾十年的沉寂之后,意欲有所作为。看到吴少诚公然武力挑衅朝廷,德宗马上做出反应:削夺吴少诚官爵,分遣十六道兵马进讨。这是建中之乱后德宗唯一一次用兵藩镇,但这场历时两年的战争没有胜利者,吴少诚被迫遁归蔡州,死守蔡申光三州之地;德宗也未能实现铲除吴少诚的目标,中央权威再受打击。朝廷不得不继续对吴少诚妥协:下诏洗雪,复其官爵,累加检校仆射。顺宗即位,加之同中书门下平章事[⑥]。这样反而使同样受挫的吴少诚并未收敛,对朝廷则一贯强硬,甚至还一度干预皇位继承:

> 及公任刑部外郎,当宪宗皇帝初即位,太上皇在南宫。吴少诚藉淮西强,频表,语不逊,朝廷病之。[⑦]

---

① 崔瑞德编《剑桥中国隋唐史》,第466页。

② 孟彦弘:《藩镇与中唐政治》,第219页。

③ 《资治通鉴》卷二三二唐纪·德宗贞元三年五月条,第7485页。

④ 《旧唐书》卷一三《德宗纪下》,第391页。

⑤ 胡平:《未完成的中兴:中唐前期政治史研究》认为吴少诚此举的目的"是要恢复前淮西节度使李希烈曾经拥有的领土"。此说过于勉强,并没有任何材料证明吴少诚有此"宏大目标",他仅是寻机做扩充势力范围的尝试,并且淮西自身实力其时已不能与李希烈时期相比,实战结果亦已证明。(北京师范大学博士论文,2010年,第226页)

⑥ 《旧唐书》卷一四五《吴少诚传》,第3947页。

⑦ 《唐故中散大夫守太子宾客上柱国赐紫金鱼袋赠工部尚书河东薛府君夫人陇西县君李氏墓志铭》,录文据赵会军、郭宏涛《河南偃师三座唐墓发掘简报》,《中原文物》2009年第5期,第16页。

陆扬对吴少诚此举的解释是，他很可能感觉帝位交替给他带来不利，或者想利用这种情况胁尚未确立权威的宪宗，为淮西的镇兵获得钱财等方面的实际好处①。不管目的为何，从吴少诚频频上表来看，淮西已能通过非武力手段对朝廷施加政治影响力来维持其割据地位。与单纯地依赖军事力量割据相比，这既是淮西割据策略的丰富，也是其影响力扩大的表现。吴少诚的继任者吴少阳采取军事与政治双管齐下的策略，一边扩充军事实力，一边不忘与朝廷搞好关系。《旧唐书》卷一百四十五《吴少阳传》：

少阳据蔡州凡五年，不朝覲。……时夺掠寿州茶山之利，内则数匿亡命，以富实其军。又屡以牧马来献，诏因善之。

贞元及元和前期，相比于淮西镇的活跃，两河藩镇显得比较沉寂，不仅内乱少，与朝廷之间也鲜有直接冲突②。出现这一局面的主要原因是两河藩镇作为建中之乱的既得利益者，在贞元年间一直享用着他们与朝廷之间的"政治游戏规则"，而在元和之初，他们尚未意识到宪宗正在与此政治游戏规则决裂③。淮西的情况则不同，它一直处于"国家州县"包围之中，时刻有覆卵之危，需要用包括武力与非武力的各种手段来维护割据利益，这是在贞元、元和前期淮西割据叛逆的表现要强于两河藩镇的直接原因。易言之，在这一时期，作为割据藩镇，形势之下的淮西镇体现出来的特性之强甚至在河朔诸镇之上。

淮西在割据藩镇之中的重要地位在元和削藩期间得到进一步的体现，特别是在河朔叛镇之首——魏博④归顺朝廷后，淮西割据事业的成败对于宪宗削藩和其它叛镇的命运都有决定性的影响。正如裴度所识：

自讨淮西，王师屡败。论者以杀伤滋甚，转输不逮，拟议密疏，纷纭交进。度以腹心之疾，不时去之，终为大患，不然，两河之盗，亦将视此为高下，遂坚请讨伐，上深委信，故听之不疑。⑤

---

① 陆扬：《从新出墓志再论 9 世纪初剑南西川刘辟事件及其相关问题》，《唐研究》第 17 卷，2011 年，第 340 页。

② 参见王寿南《唐代藩镇与中央关系之研究・玄宗以后兵乱表》，第 207—210 页；张国刚《唐代藩镇研究・唐代藩镇动乱年表》(增订版)，第 195—198 页。

③ 有关宪宗对自德宗以来中央与藩镇之间"游戏规则"改变的分析，参见陆扬《从西川和浙西事件论元和政治格局的形成》，《唐研究》第 8 卷，2002 年，第 245—247 页。该文同时收入周质平、Willard J. Peterson 主编《国史浮海开新录：余英时教授荣退论文集》，联经出版事业股份有限公司，2002 年，第 121—158 页。

④ 毛汉光：《魏博二百年史论》，收入氏著《中国中古政治史论》，上海书店出版社，2002 年，第 360 页。

⑤ 《旧唐书》卷一七〇《裴度传》，第 4418 页。

在此之前，李逢吉等人就多次上言："宜并力先取淮西，俟淮西平，乘其胜势，回取恒冀，如拾芥耳。"[①]这个识见在中央取得历时三年之久的淮西战争的胜利后得到验证。其他叛镇，甚至包括一些跋扈之镇，在淮西割据被平定后或不堪一击，或表示要归顺朝廷。此前两次抵抗住宪宗用兵的成德王承宗最先屈服。《资治通鉴》卷二百四十有载：

裴度之在淮西也，布衣柏耆以策干韩愈曰："吴元济既就擒，王承宗破胆矣，愿得奉丞相书往说之，可不烦兵而服。"愈白度，为书遣之。承宗惧，求哀于田弘正，请以二子为质，及献德、棣二州，输租税，请官吏。弘正为之奏请，上初不许，弘正上表相继，上重违弘正意，乃许之。(818 年)夏，四月，甲寅朔，魏博遣使送承宗子知感、知信及德、棣二州图印至京师。[②]

幽州镇的情况与成德类似，刘总在元和十三年(818)四月归顺朝廷。淄青镇则略显复杂，虽然"及淮西平，(李)师道忧惧，不知所为"，在朝廷遣使张宿和部将的劝说下，也曾欲"纳质献地以自赎"，然而师道"懦暗不自决"，中途反悔，意欲以武力对抗中央。十三年七月，"诏削夺淄青节度使李师道在身官爵，仍令宣武、魏博、义成、武宁、横海等五镇之师，分路进讨"[③]。宪宗以"旧所遣讨蔡之将，讨蔡之兵，悉遣之讨李师道"[④]。在淮西战争中得到检验、锻炼的诸镇军队到了淄青战场几乎连战连捷，所向披靡。不过半年，李师道之叛逆即被平定。其他受淮西被平定的影响而归附朝廷的强镇还有横海、宣武等。《旧唐书》卷一百四十三《程日华附程执恭传》：

(元和)十三年，淮西贼平，藩方惕息。权(程执恭)以父子世袭如三镇事例，心不自安，乃请入朝。

《资治通鉴》卷二百四十宪宗元和十三年：

吴元济既平，韩弘惧。九月，自将兵击李师道，围曹州。

由此看来，平定作为割据旗帜的淮西镇，直接影响到其他叛镇强藩的命运，正所谓："自吴

① 《资治通鉴》卷二四〇唐纪·宪宗元和十二年五月条，第 7734 页。

② 《资治通鉴》卷二四〇唐纪·宪宗元和十三年二月条，第 7748—7749 页，又可见《旧唐书》卷一七〇《裴度传》，第 4420 页。

③ 《旧唐书》卷十五《宪宗纪下》，第 463 页。

④ 《资治通鉴》卷二四〇唐纪·宪宗元和十三年九月胡注，第 7752 页。

元济诛，强藩悍将皆欲悔过而效顺。”①

五、余论

毫无疑问，在中晚唐150年的时间里，河朔三镇是藩镇割据之旗帜，具有不可取代的历史地位，从唐人对“河朔故事”的认知就可见一斑。这是自中唐以来就有的共识，一直延续至今。如果我们将这150年分作中唐和晚唐两个时期来考察，就会发现事实并非完全如此，至少在中唐时期，重要割据藩镇除安史之乱结束后就自立一方的河朔诸镇外，还有在德宗朝早期呈后来居上之势的淮西镇。德、宪两朝，淮西镇在叛逆程度上、与中央直接对抗的次数和时间上都要超过传统认为的割据藩镇代表——河朔三镇。与之相比，淮西镇的叛逆、割据性有过之而无不及。故仅就这一时期而言，淮西镇的割据特性展现得淋漓尽致，与老牌割据藩镇——河朔诸镇相比毫不逊色。这里并不是要说淮西镇在唐代割据藩镇中与河朔诸镇一样具有代表性，因为“代表性”是一个需要质疑的命题，在一定程度上就是一个伪命题。每个藩镇、地区都有区别于他者的根本性特质，淮西镇只能代表淮西镇，河朔藩镇也不能一概而论。正如长安只能代表长安，而不能代表唐帝国内的其他地区。

平定吴元济逆乱刚过半年，宪宗正式撤销淮西镇建制，企图彻底解决淮西割据问题。不过，割据给淮西带来的影响不是通过简单的行政手段就可以消弭。以民风为例，在李希烈、“三吴”（吴少诚、吴少阳、吴元济）的割据统治下，淮西“人心过于夷貊”“壮者安于毒暴而恬于搏噬”②。淮西风俗在撤镇后不仅没有得到消弭，反而愈加蔓延。所谓“人心犹未知礼。军虽散而多藏刃于私家，农虽耕而少安业于垅亩。往往群聚望军门以嘘戏，叹旌旂之不见，窃语念乱，负气而骄”③。民风尚武、民心思乱，这是淮西地区在晚唐依旧不安分的地域性因素④，而江贼、私贩能够猖獗于此也就不难理解了。一旦出现适宜的机会，他们马上就会再次爆发叛乱，重新走向历史前台。60年后的僖宗朝，先是为王仙芝、黄巢暴乱提供重要的生存空间和战场；而后秦宗权的叛逆称帝将其推向逆乱的最高潮。这些动乱无疑与业已形成的淮西风俗有千丝万缕的关联。反观于长庆元年（821）再叛以后的河朔老牌割据势力，在群雄四起的晚唐，并没有如其先辈们一样真正地应声而起并

① 《新唐书》卷七“赞曰”，第219页。

② 《旧唐书》卷一四五《吴少诚传》，第3951页。

③ 周绍良、赵超主编：《唐代墓志汇编续集》大和〇三八《唐故中散大夫守尉卿上柱国赐紫金鱼袋赠左散骑常侍魏郡柏公墓志铭》，上海古籍出版社，2001年，第911页。

④ 淮西地区犷戾尚武之风俗并非始于藩镇割据，而是形成于南北朝战乱期间。唐后期的淮西镇割据及秦宗权逆乱则为此风俗之释放、爆发提供了平台。见拙稿《汉唐时期蔡州（汝南郡）社会文化的变迁——淮河上游地域社会研究之一》，《兰州学刊》2015年第4期，第52—58页。

成为唐末历史舞台的主角之一，而是沦为朱温、李克用两大政治军事集团争斗的“配角”或“背景”。

综上所述，唐肃宗设立淮西镇既是为图扼永王璘，也有阻遏安史叛军南下的意图。安史之乱期间，淮西镇不仅在本地抵抗叛军的攻掠，还积极参与朝廷统一组织的反攻叛军的重大军事行动。李忠臣任节度使后，淮西镇扮演比以前更为重要的角色，如协助朝廷抵御外敌、平定内乱等，是代宗十分倚重的地方军事力量，因而淮西镇在这一时期应归属于恭顺类或中原防遏型藩镇。随着地位上升和以李忠臣为首的河北利益集团的野心的膨胀，淮西镇开始出现跋扈的倾向。李希烈不仅跋扈难制，而且行叛逆之举，淮西镇的历史至此发生根本转折，彻底走上叛逆割据之路。最需明了的是，在李希烈、吴少诚等人统治的时期，淮西镇的割据叛逆性已超过两河藩镇，这一点在德宗、宪宗两朝已得到验证，尤其是元和淮西战争期间。因而可以说，虽然中晚唐时期割据藩镇首推河朔诸镇，若仅就中唐时期而言，淮西镇展现出来的割据特性在程度上不亚于其他任何一个割据藩镇。这是我们对唐代（割据）藩镇应增加的一些新认识。

作者简介：

杨文春，安徽太湖人，历史学博士，南开大学历史学院助理研究员、博士后，研究方向为隋唐史、环境史。

唐肃宗年间“大食波斯同寇广州”考

刘　宝　张小贵

[提要]唐肃宗乾元元年(758)九月,大食与波斯两国兵众洗劫了广州城,并从海路逃走。本文考证此事件系为地方势力控制下的海南岛海盗所为。缘因海南岛的地方势力强大,他们经常洗劫海行船舶,并控制着庞大的波斯人村落。而且,大食和波斯兵众“浮海而去”的时间不符合远航阿拉伯的季风规律,因而他们航海的终点应在不远的海南岛。此外,文章还分析了此事件带来的影响,即在一定程度上促进了交州的重新崛起。

[关键词]广州;大食;波斯;海南岛;季风

广州自秦汉以来,就一直是中国对外贸易的重要港口。随着海外贸易的发展,唐时已开辟了从广州出发,经南海到达波斯湾的“广州通海夷道”,大批大食、波斯人前来中国进行朝贡、经商。他们的到来,使广州变得更加繁荣。但唐肃宗乾元元年(758)九月,大食和波斯两国兵众洗劫了广州城,并从海上逃走。事件的发生使广州的海外贸易短期内趋于停滞。而对于这一事件中洗劫广州城的“大食与波斯兵众”何所指,学界众说纷纭,本文拟在前人研究基础上,对这一问题重作考察,并敬祈方家指正。

一、问题的提出

安史之乱爆发后,唐王朝面临严重的统治危机。为平定叛乱,唐朝曾向大食借兵,《旧唐书・大食传》有载:“至德(756—758)初,遣使朝贡。代宗时为元帅(即阿拔斯王朝第二任哈里发阿蒲恭拂 Abu'l Jafar,亦称作曼苏尔 al-Mansur,754—775 年),亦用其国兵收两京。”[①]《新唐书·大食传》亦云:“代宗取其兵平两京。”[②]苏丹国学者加法尔·卡拉尔·阿赫默德(Gaafar Karrar Ahmed)结合中西方资料归纳道:安禄山攻陷两京后,唐朝统治者确实曾向大食哈里发阿蒲恭拂求援,而大食也派了一支军队来帮助平叛。[③] 援军的帮助,对安史之乱的平定起了一定的作用。阿拉伯史专家郭应德评价道:“大食劳师远征,援唐平乱,在中阿关系史上具有重要意义。”[④]但在这不久之后的乾元元年(758),广州方面上奏朝廷:“波斯与大食同寇广州,劫仓库,焚庐舍,浮海而去。”[⑤]关于这一事件的具体时间和当事人,《旧唐书·肃宗纪》有更为详细的记载,即“九月癸巳,广州奏大食国、波斯国兵众攻城,刺史韦利见弃城而遁”[⑥]。有关同寇广州中大食与波斯的关系,《新唐书·波斯传》提供了更明确的记载:“乾元初,(波斯)从大食袭广州,焚仓库庐舍,浮海去。”[⑦]另,《资治通鉴》所记与前引诸书同,“乾元元年九月,癸巳,广州奏:大食、波斯围州城,刺史韦利见踰走,二国兵掠仓库,焚庐舍,浮海而去。”[⑧]

乾元元年事件中,洗劫广州的“大食和波斯兵众”,究竟为何指?学界对此问题的认识并未达成一致,以笔者所见,主要有三种不同的观点:其一认为是广州的大食波斯商人;其二认为是援唐平叛的大食军队;其三则认为是地方势力控制下的海南岛海盗。现为方便讨论,兹罗列各家观点如下:

第一,洗劫广州是居住在广州的大食、波斯商人所为。关于事件发生的缘由,吕思勉曾进行推测:“彼为通商而来,何事如此?疑必有激之使然者矣。”[⑨]王赓武进一步论道:“(广州官吏)不义的行为一定很严重,以致这两帮商贾铤而走险,置自己的生命、财产以及这类事业的未来利益于不顾。”[⑩]从以上所引论述可知,他们都认为此事为大食波斯商

---

① 《旧唐书》卷一九八《大食传》,中华书局,1975年,第5316页。

② 《新唐书》卷二二一《大食传》,中华书局,1975年,第6263页。

③ Gaafar Karrar Ahmed,“Sino-Arab Relations during Tang Dynasty 618-907A.D.”,载荣新江主编《唐研究》第5卷,北京大学出版社,1999年,第336页。

④ 江淳、郭应德:《中阿关系史》,经济日报出版社,2001年,第50页。

⑤ 《旧唐书》卷一九八《波斯传》,第5313页。

⑥ 《旧唐书》卷一〇《肃宗纪》,第253页。

⑦ 《新唐书》卷二二一《波斯传》,第6259页。

⑧ 《资治通鉴》卷二二〇《唐纪三十六》,中华书局,2007年,第2717页。

⑨ 吕思勉:《隋唐五代史》(下),中华书局,1959年,第910页。

⑩ 王赓武:《南海贸易与南洋华人》,姚楠编译,香港中华书局,1988年,第113页。

人所为。此外,岑仲勉[①]、邓端本[②]、关履权[③]、薛平拴[④]、荣新江[⑤]、张绪山[⑥]也认同洗劫广州的"大食波斯兵众"是来广州贸易的蕃商。罗香林则怀疑此非"为二国在广州护卫其商旅之士兵,抑即为二国持有武装之商旅"[⑦]。曾华满则认为此事件是大食与波斯的商人、水手、奴隶和海盗等的合力所为。[⑧]

第二,洗劫广州的是援唐平定安史之乱的大食军队。18 世纪法国汉学家德金(Joseph de Guignes)首先提出"洗劫广州事件乃阿拉伯的援军所为"[⑨]。其观点为 19 世纪英国汉学家裕尔(Henry Yule)等所采纳,"人们似乎发现这些援军桀骜不驯,难以驾驭。东都洛阳遭到他们的抢劫,我们已看到记载说,这时发生的广州遭劫掠事件,也是这些援军启程西归途中所为"[⑩]。1910 年,英国传教士海思波(Marshall Broomhall)刊布了《伊斯兰教在中国》一书,朱杰勤翻译了其中的一部分,其中引述道:"彼等(阿拉伯援军)在洛阳时,越轨行动,乃遣之取道广州,而回阿拉伯。惟在广州,有人讥其在作战时间已食猪肉,因不堪本国人之讥,乃与阿拉伯及波斯人共同掠劫其城。广州都督避于城上。"[⑪]1915 年,日本学者中村久四郎在《唐代的广东》一文中也有相同的论述:"由于安禄山史思明之乱,唐室已非常贫困,肃宗的至德二年(757),大食的哈里发阿蒲恭拂派遣军队,援助唐室。郭子仪等凭藉大食及回纥的外国援军,平定了安史之乱。可是唐廷对待这些外国人不适当,以致回纥人掠夺了东都洛阳。上述肃宗乾元元年的大食人、波斯人等在广东的暴行,也是由于不满唐朝廷的所为,要以暴力劫走他们西归留下的土产。"[⑫]中国著名伊斯兰史学者白寿彝[⑬]则根据其中的"兵众"认为,这绝不是居住在广州的大食商人所为,而是援唐的大食军队所为。他推测这时西域可能有特殊情形,大食兵在陆路

---

① 岑仲勉:《隋唐史》下册,高等教育出版社,1957 年,第 569 页。

② 邓端本:《广州港史(古代部分)》,海洋出版社,1983 年,第 55 页。

③ 关履权:《宋代广州的海外贸易》,广东人民出版社,1994 年,第 46 页。

④ 薛平拴:《论唐代的胡商》,《唐都学刊》1994 年第 3 期,第 12 页。

⑤ 荣新江:《波斯与中国:两种文化在唐朝的交融》,《中国学术》2002 年第 4 期,第 64 页。

⑥ 张绪山:《中国与拜占庭帝国关系研究》,中华书局,2012 年,第 288 页。

⑦ 罗香林:《唐宋时代广州之回教》,《清华学报》1965 年新 5 卷 1 期,第 10 页。

⑧ 曾华满:《唐代岭南发展的核心性》,香港中文大学出版社,1973 年,第 71 页。

⑨ Joseph de Guignes, *Histoire générale des Huns, des Mongoles, des Turcs et des autres Tartares occidentaux*, Chez Desaint & Saillant, 1757. 转引自[英]裕尔著,[法]考迪埃修订《东域纪程录丛》,张绪山译,中华书局,2008 年,第 70 页。

⑩ [英]裕尔著,[法]考迪埃修订:《东域纪程录丛》,张绪山译,第 72 页。

⑪ [英]海思波(M.Broomhall):《中国与阿拉伯人关系之研究》,朱杰勤译,《史学专刊》1935 年第 1 期,第 297 页;另载于朱杰勤译《中外关系史译丛》,海洋出版社,1984 年,第 24 页。

⑫ [日]中村久四郎:《唐代的广东》(上),朱耀廷译,《岭南文史》,1983 年第 1 期,第 43 页。

⑬ 白寿彝:《从怛罗斯战役说到中国伊斯兰教之最早的华文记录》,《禹贡》第 5 卷,1936 年第 11 期。另收录于氏著《中国伊斯兰史存稿》,宁夏人民出版社,1983 年,第 91—92 页。

上的归途发生障碍,因而改由海道归国。加之,大食帮助唐王朝收复两京后,唐王朝并未应允当初的承诺,于是在回国途中,他们洗劫了广州城。至于波斯与大食两国兵众合在一起,则是因为波斯此时早已被大食所灭,他们或是受大食人所支配的。

第三,洗劫广州是地方势力控制下的海南岛海盗所为。此说最早由美国汉学家谢弗(Edward H.Schafer)在《唐代的外来文明》[①]中提出:在肃宗乾元元年,一帮大食和波斯人驱逐了广州都督,他们抢劫了店邸,焚烧住房,然后从海上离去。这些海盗很可能就住在海南岛上。谢弗根据这帮人里有波斯人,而且他们是乘船离开广州的这一事实,遂倾向于认为他们是由海南岛的海盗大首领冯若芳控制的一批海盗,因为冯若芳曾经俘虏了大批波斯人,并将他们安置在了海南的奴隶村落中。谢弗的这一说法,得到了法国汉学家谢和耐(Jacques Gernet)[②]和法籍学者张日铭[③]等的认同。

综合上述观点,各家论述皆有理有据,但他们的论述重点都不在此事件,只是略为提及,因而未能窥知事件的全貌。第一种观点认为是大食和波斯商人所为。唐代的广州确实存在大量的大食、波斯蕃客,如天宝初年,鉴真到达广州后,看到"江中有婆罗门、波斯、昆仑等舶,不知其数……师子国、大石国、骨唐国、白蛮、赤蛮等往来居住,种类极多"[④]。其中的"波斯舶""大石(食)国"中,肯定就有不少波斯、大食蕃客。但史书记载为"兵众",恐亦不会没有根据。再则,王赓武等认为是政府的不义行为激怒蕃商,但却没有提供解释这种说法的史料,因而所论证据并不充分。第二种观点认为,洗劫事件是援唐的大食士兵所为。此说虽存在一定可能性,但疑问也颇多。首先,为何他们由海道逃走,而且何来之船供数量足以洗劫广州城的大食波斯兵众远航回国?其次,从事件发生后中国与大食、波斯的关系看,双方似乎并不曾发生过大的冲突。如:波斯方面有,"乾元二年(759)八月,波斯进物使李摩日夜等来朝"[⑤];宝应元年(762)六月和九月,波斯两次遣使朝贡。[⑥]大食方面则有,"乾元元年(758)十二月,黑衣跋陁国使伏谢多还蕃,宴赐有差"[⑦];"上元元年(760)十二月,白衣使婆谒使等十八人于延英殿会"[⑧];"宝应元年(762)五月戊申和十二月,黑衣大食的两次遣使朝贡"[⑨]。双方频繁地交往,似可从一个侧面反证广州被洗

① [美]谢弗:《唐代的外来文明》,吴玉贵译,中国社会科学出版社,1995年,第17、28、68、75页。

② [法]谢和耐:《中国社会史》,黄建华、黄迅余译,人民出版社,2010年,第253页。

③ [法]张日铭:《唐代中国与大食穆斯林》,姚继德、沙德珍译,青海人民出版社,2002年,第118页。

④ [日]真人元开:《唐大和上东征传》,汪向荣校注,中华书局,1979年,第74页。

⑤ (宋)王钦若等编《册府元龟》卷九七六《外臣部·褒异三》,中华书局,1960年,第11461页。

⑥ (宋)王钦若等编《册府元龟》卷九七二《外臣部·朝贡五》,第11415页。

⑦ (宋)王钦若等编《册府元龟》卷九七六《外臣部·褒异三》,第11460页。

⑧ (宋)王钦若等编《册府元龟》卷九七一《外臣部·朝贡四》,第11414页

⑨ (宋)王钦若等编《册府元龟》卷九七二《外臣部·朝贡五》,第11415页。

劫事件并非大食军队所为。最后,洗劫者逃跑时间为“九月癸巳”,似乎不适宜长途行船回大食,因为此时冬季季风还远未到来。虽可认为是“被动”之逃跑,但仍显牵强。由于前两种观点存疑颇多,下文将着重围绕第三种观点展开论述。

二、海南岛的波斯人聚居区

海南岛因地处大陆之外,自汉至唐,中央政权对其控制相对较弱。独特的地理位置,使海南成为中国与阿拉伯地区海上交通的必经之地。尤其是西域陆上交通之路受阻后,海南岛的地位更显得无可替代。大量的波斯、大食人经由海道来到广州、扬州等地。而途中的海南岛,至迟在唐玄宗天宝七年(748)时就存在一个巨大的波斯人聚居区。[①] 它的存在,或有助于廓清乾元元年劫寇广州的“大食、波斯兵众”究竟何所指。那么,海南的波斯人聚居区是如何形成和发展起来的呢?

海南岛波斯人村落的存在,应追溯自冯氏割据岭南。冯氏,是隋唐时期岭南的大族,其祖先来自北方十六国政权中的北燕。北魏统一北方后,冯氏迁徙到岭南。梁武帝时期,冯氏的高凉太守冯宝与俚族冼氏的冼夫人通婚,冯冼两氏的结合,使冯氏在岭南的势力变得更加强大。冯氏势力范围主要以高凉郡(大体包括今天广东省的茂名、阳江、湛江的部分地区)为中心,北抵苍梧(今梧州一带),东抵番禺(今广州一带),并逐步扩展到珠崖郡(即海南岛)。隋统一后,冼夫人曾率领岭南民众归附中央政权,她也被隋朝册封为“谯国夫人”。隋末动乱,冼夫人孙冯盎平定了岭南的叛乱,“遂有番禺、苍梧、朱崖地,自号总管”[②]。唐朝初立,政基不稳,有人曾劝冯盎自立南越,但冯盎说:“吾居越五世矣,牧伯唯吾一姓,子女玉帛吾有也! 人生富贵,如吾希也,常恐忝先业,尚自王哉?”[③]虽不主张独立,但其表现的傲慢态度昭然若揭,而其族人冯子猷更是有过之而无不及,“贞观中,入朝,载金一舸自随。高宗时,遣御史许瓘视其赀。瓘至洞,子猷不出迎,后率子弟数十人,击铜鼓。蒙排,执瓘而奏其罪。帝驰遣御史杨璟验讯,璟至,卑辞以诘之,委罪于瓘。子猷喜,遗金二百两,银五百两,璟不受。子猷曰:‘君不取此,且留,不得归!’璟受之。还,奏其状,帝命纳焉。”[④]冯氏敢于公然展现自家财富,连皇帝派来的御史也敢处置,并重金贿赂特使,这些都可反映出冯氏财力的雄厚及独霸一方的实力,虽然其名义上臣属唐朝,但实际上却难免“时叛时从”。日本学者河源正博亦曾归纳道:“唐代,在岭南地方,当时有称为酋领、酋帅或蛮酋者。他们多方割据并扩张自己的势力,虽说已在中央政权

① Geoege F.Hourani,*Arab Seafaring In the Indian Ocean in Ancient and Early Medieval Times*. Princeton University Press, 1995,p.62.

② 《新唐书》卷一一〇《冯盎传》,第 4112 页。

③ 《新唐书》卷一一〇《冯盎传》,第 4112 页。

④ 《新唐书》卷一一〇《冯子猷》,第 4114 页。

统辖之下，可是却时常反叛，并不顺从，而且始终保持着本族的势力，实际上介于中央和岭南统治结构之间。”[①]冯盎死后，唐朝加强了对岭南的控制，拆分冯氏主要根据地高州，分冯氏子弟为各州刺史，此举的目的无疑乃在分割冯氏势力，虽冯盎子侄辈（如冯子猷）仍极其富贵，但到了孙辈，高凉旧地的冯家势力已逐步走向衰落。

当唐朝政府对岭南控制强化，高凉旧地的冯氏势力范围被拆分之时，地处僻远海南岛的冯氏继承了冯氏在高凉旧地的势力，并割据海南岛。根据《唐大和上东征传》记载，鉴真到达海南岛后见到的振州别驾冯崇债、万安州大酋领冯若芳无疑就是冯氏在海南岛的势力[②]。冯氏开发海南岛，始自冼夫人时期。而冼夫人经营海南，则可上溯自其未嫁入冯氏之前，《隋书》载：“越人之俗，好相攻击。夫人兄南梁州刺史挺恃其富强，侵掠旁郡，领表苦之。夫人多所规谏，由是怨隙止息，海南儋耳归附者千余洞。”[③]此中之南梁州，谭其骧以为“高以形近讹为南，凉以音近讹为梁”[④]，殆为高凉州之讹。冼夫人以其仁义，使海南儋耳，即今海南岛归附。待冯冼二氏结合后，广州以西俚族中最大酋帅便由冯氏接替了冼氏。冼夫人不遗余力地对海南岛进行经营，以至其终老前，隋文帝曾赐“临振县汤沐邑一千五百户”，其中的临振县就在今海南岛。

由于海南岛正处于阿拉伯地区与中国海上交通的必经之地，经由海南岛前往广州、泉州、扬州进行贸易的外国商船应该不少，尤其自波斯舶取代昆仑舶在南海中的地位后，波斯船应为其中的主体。而“（万安州大酋领）冯若芳每年常劫波斯舶二三艘，取物为己货，掳人为奴婢。其奴婢居处，南北三日行，东西五日行，村村相次，总是若芳奴婢之住处”[⑤]。汪向荣对这里出现的波斯注释道：并不指特定的国家或地区，而是泛指阿拉伯国家。可以看出，海南岛确实存在大量的波斯人。冯若芳会客中，“常用乳头香为灯烛，一烧一百余斤”[⑥]，这其中的乳头香，“即乳香也，本名薰陆。以其滴下如乳头者，谓之乳头香”[⑦]。它“出大食之麻啰拔、施曷、奴发三国深山穷谷中”[⑧]。因而，从乳头香产自大食可推知，唐代的海南岛应和阿拉伯地区有来往。或许被劫持的波斯舶里除波斯人外，尚有不少大食人，而这也印证了广州被寇事件中同时出现大食、波斯人的情形。海南岛盘踞的劫掠波斯船舶的海盗，并非只是冯若芳一家，《太平广记》另有记载：

---

① ［日］河原正博：《隋唐时期岭南酋领冯氏与南海贸易》，王晓秋译，载《中外关系史译丛》第2辑，上海译文出版社，1985年，第250页。

② 王兴瑞：《冼夫人与冯氏家族》，中华书局，1984年，第53页。

③ 《隋书》卷八〇《谯国夫人传》，中华书局，1973年，第1801页。

④ 谭其骧：《自汉至唐海南岛历史政治地理——附论梁隋间高凉冼夫人功业及隋唐高凉冯氏地方势力》，《历史研究》1988年第5期，第19—20页。

⑤ ［日］真人元开：《唐大和上东征传》，汪向荣校注，第68页。

⑥ ［日］真人元开：《唐大和上东征传》，汪向荣校注，第68页。

⑦ （宋）沈括：《新校正梦溪笔谈》，胡道静校注，香港中华书局，1975年，第270页。

⑧ （宋）赵汝适：《诸蕃志校释》，杨博文校释，中华书局，1996年，第163页。

唐振州民陈武振者，家累万金，为海中大豪，犀象玳瑁仓库数百。先是，西域贾漂舶溺至者，因而有焉。海中人善咒术，俗谓“得牟法”。凡贾舶经海路，与海中五郡绝远，不幸风漂失路，入振州境内，振民即登山披发以咒诅，起风扬波，舶不能去，必漂于所咒之地而止。武振由是而富。①

地方官员亦同这些海盗勾结，海南五州招讨使韦公干“以兄事武振”，采取所谓“得牟法”，使海上过往贾船自动飘到行咒的地方，由此进行劫掠而发财，成为一方豪强，这实际上就是抢劫经过海南岛的船舶。虽其中所谓的魔法诅咒不可信，但却在一定程度上反映了海南岛此时盘踞着强大的海盗集团。

当时海南岛存有波斯人聚居区，尚有考古资料可资证明。1983 年，广东省政协和广东民族研究学会联合调查组，首先揭开了海南岛三亚市和陵水县沿海海滩上埋有伊斯兰古墓群的秘密。② 其中的四处墓葬群（梅山墓葬群、番岭坡墓葬群、土福湾墓葬群、干教坡墓葬群），均分布在唐代振州和万安州所辖的范围内。据李居礼、王克荣的研究，墓葬的时代跨度较大，而上限可追溯至唐代。③ 再结合文献的记载可知，唐代海南的三亚市、陵水县一带已有阿拉伯及波斯人居留于此。

综上所述，海南岛有波斯人聚居区，盘踞海南岛的海盗时常抢劫过往海舶，因而，洗劫广州的“波斯大食兵众”或许正是冯氏势力控制下的海南岛海盗。

三、“浮海而去”的时间

此外，大食波斯同寇广州后“浮海而去”的时间，并非从中土远航东南亚、阿拉伯地区所应择取的传统时间。

根据文献记载，往来于广州之船舶一般都“去以十一月、十二月，就北风，来以五月、六月，就南风”④。如《岭外代答》记载广州去往大食诸国之一麻离拔国的情况为：“广州自中冬以后，发船乘北风行，约四十日到地名蓝里，博买苏木、白锡、长白藤。住至次冬，再乘东北风六十日顺风方到。”⑤到达东南亚之阇婆国（今爪哇）亦为“广州自十一月、十

① （宋）李昉等编：《太平广记》卷二八六《陈武振》，中华书局，1961 年，第 2282 页。

② 中元秀：《海南岛伊斯兰古墓群考察简记》，《民族研究动态》1984 年第 4 期。

③ 李居礼、王克荣：《从陵水三亚发现的穆斯林墓葬看古代穆斯林在海南岛的活动》，《海南自治州民族博物馆馆刊》1987 年第 1 期；姜樾：《海南伊斯兰文化》，中山大学出版社，1992 年，第 83—93 页。

④ （宋）朱彧：《萍洲可谈》，李伟国点校，中华书局，2007 年，第 133 页。

⑤ （宋）周去非：《岭外代答校注》，杨武泉校注，中华书局，1999 年，第 99 页。

二月发舶，顺风连昏旦，一月可到。”[①]这些记载都说明南海航行的进行须在东北季风出现后的冬季。著名历史学家章巽先生在《我国古代的海上交通》一书中，对古代航海的时间规律做过如下总结：

亚洲东南方的海上，冬春二季盛行东北信风，夏秋二季多吹西南信风，这对古代航海是非常重要的，因为古代海上航行，主要靠风力来推进。所以当时由日本西航至中国及由中国向西南航行至南洋及印度各地，总在冬春之间出航；反之，夏秋之间，则是由印度及南洋各地向东北航行至中国，及由中国东航至日本的季节。[②]

而上文所讨论洗劫广州的大食、波斯人“浮海而去”的时间为九月，显然不符合南海西航的时间规律。

有唐一代，泛舟海外的人们显然非常熟悉这一季风规律。如著名的求法高僧义净，在其名著《大唐西域求法高僧传》中记载：

（净）于时咸亨二年（671），坐夏杨府。初秋，忽遇龚州使君冯孝诠，随至广府，与波斯舶主期会南行。……至十一月，遂乃面翼轸（按：翼，翼宿；轸，轸宿，俱为南方星宿，此处指向南行进），背番禺，指鹿园（按：佛教圣迹）而遐想，望鸡峰（按：佛教圣地）而太息。于时广莫初飙（按：广莫指北风；“飙”同“飘”，谓北风初起），向朱方（按：西南方）而百丈（按：船上的纤缆）双挂；离箕（按：箕，箕宿；“离”通“丽”，附丽之意；谓其时风起）创节（按：创逢节气，即冬至），弃玄朔（按：北方）而五两单飞（按：五两，古代候风器，古代船上置五两以候风，这里指孤船行进）。长截洪溟，似山之涛横海；斜通巨壑，如云之浪滔天。未隔两旬，果之佛逝。[③]

义净的另一部名著《南海寄归内法传》同样记载了自己首次的南航时间，即“遂以咸亨二年十一月，附舶广州，举帆南海，缘历诸国，震锡西天”[④]。从中不难发现，义净之南航，并非说走就走，即使初秋之后不久就已到广州，但他还是要等待冬季季风到来才起航。而从义净“期会”波斯舶主可知，波斯舶起航也是很慎重的，而非像乾元元年那样仓促“浮海而去”。永昌元年（689）七月二十日，义净曾回到广州，但他此次归来，是“商人风

① （宋）周去非：《岭外代答校注》，杨武泉校注，第 88 页。

② 章巽：《我国古代的海上交通》，新知识出版社，1956 年，第 27 页。

③ （唐）义净：《大唐西域求法高僧传校注》，王邦维校注，中华书局，1988 年，第 152 页。按：此段括号中的说明均采自王邦维的校注。

④ （唐）义净：《南海寄归内法传校注》，王邦维校注，中华书局，1995 年，第 239 页。（以下此书版本信息均从此省略）

便，举帆高张。遂被载来”[①]的结果，而且“所将三藏五十余万颂，并在佛逝国，事须覆往”[②]，因而他需要重回佛逝国取回。于是义净住在广州的制旨寺(今光孝寺)，一面招募助手准备再赴南海，更为重要的原因是等待商舶南航所需要的冬季季风。经过三个多月后，终于“以其年十一月一日附商舶，去番禺。望占波而陵帆，指佛逝以长驱”[③]。与义净一样，南航求法的还有智弘律师，“至合浦昇舶，长泛沧溟。风便不通，漂居匕景。覆向交州，住经一夏。既至冬末，复往海滨神湾，随舶南游，到室利佛逝国”[④]。由上可知，他们都是等十一、十二月季风到来后才向南海航行的。另外，“开元三大士”之一的不空大师南行，明确提到需要等到信舶的到来，“至天宝初，到南海郡，信舶未至，探访刘巨鳞三请大师，哀求灌顶”[⑤]。此信舶者，即顺信风行驶之船。[⑥] 最后，不空大师于“开元二十九年(741)十二月附昆仑舶离南海至诃陵界，遇黑风，……既达师子国，王遣使迎之”[⑦]。以上事例，表明南海航行中季风的重要性。

正是由于南海航行中季风的重要性，当时的港口泉州、广州等地颇盛行“祈风”活动。“祈风”是我国古代为商船能顺利出海及安全归来而祈求神灵保佑的一种仪典。随着古代航海活动的展开，先民们逐步认识了风的吹向是呈季节性的。将季风运用于航海，可以解决远洋航行的动力问题。虽然人们对季风的规律性有所认识，可并不能完全掌握天气的变化，于是只好寄希望于神灵，认为“舶之至，时与不时者，风也，而能使风之从律而不想愆者，神也。是以国有典祀”[⑧]。因此他们祈求神灵保佑船舶航行时顺风。然而将“祈风”活动升格为一种祀典，则是随着海上通商和对外贸易的发展而形成的。有宋一代，西北通往西方的陆路被阻断，东南沿海诸港得到空前的发展，“(太祖开宝)四年(971)，置市舶司于广州，后又于杭、明州置司”[⑨]。市舶司的设置，是促进海外贸易空前发展的重要举措。随着远洋航行的增加，季风的利用愈加重要，市舶司开始参与主持“祈风”仪典。仪典分别在夏、冬两季进行。夏季祈求南风，商船从南海各国返航。冬季祈求

---

① (唐)义净:《南海寄归内法传校注》，王邦维校注，第214页。

② (唐)义净:《南海寄归内法传校注》，王邦维校注，第214页。

③ (唐)义净:《南海寄归内法传校注》，王邦维校注，第215页。

④ (唐)义净:《南海寄归内法传校注》，王邦维校注，第175页。

⑤ (唐)赵迁:《大唐故大德赠司空大辨正广智不空三藏行状》，载大藏经刊行会编《大正新修大藏经》第五十册《史传部2》，台北财团法人佛陀教育基金会，1994年，第292页。

⑥ 何方耀:《晋唐南海道佛僧与商人关系试探》，载林中泽《华夏文明与西方世界》，香港博士苑出版社，2003年，第52页。另见氏著《晋唐时期南海求法高僧群体研究》，宗教文化出版社，2008年，第84页。

⑦ (宋)赞宁:《宋高僧传》(上)，范祥雍点校，中华书局，1987年，第7页。

⑧ (宋)真德秀:《祈风文》，见《西山先生真文忠公文集》卷五〇，商务印书馆，1937年，第965页。

⑨ 《宋史》卷一八六《互市舶法》，第4558页。

北风，商船顺风南下。根据方豪统计的十次泉州"祈风"中：四月者四次；十月而未说明日期者一次；十一月者三次，中旬一次，下旬两次；闰十一月下旬一次；十二月上旬一次。[①]十次中，在初夏的有四次，在冬季的有六次，十次虽非全备之"祈风"资料，却可反映出上、下半年各有"祈风"活动。而冬季的"祈风"活动，应主要在十一月、十二月间。"祈风"之后，南海航行才开始进行。如从泉州去往东南亚的阇婆，"率以冬月发船，盖藉北风之便，顺风昼夜月余可到"[②]。广州与泉州相差无几。因而出发前往东南亚、西亚的船只一般应在十一、十二月起航。

由此可见，大食波斯兵众于"九月癸巳"浮海而去，显然有悖南海航行的传统季风规律，而没有信风的航行，其终点应在不远处。结合上文讨论的海南海盗曾大规模劫掠波斯船舶的事实，可推断洗劫广州的大食波斯人应为海南岛地方势力控制下的海盗，而非来自阿拉伯地区的援唐军队。

四、余论：事件引发的影响

乾元元年大食波斯同寇广州事件发生后，广州对外贸易急剧衰落。而作为进入中国南方的另一门户交州（后改为安南），则依赖相对特殊的地理位置和更为稳定的局势，一时间超越广州，成为各国商舶聚集地。正是在这种背景下，岭南节度使上奏曰："近日海舶珍异，多就安南市易，欲遣判官就安南收市，乞命中使一人与俱。"[③]岭南节度使希望借助朝廷的干预，恢复广州的大港地位，但唐德宗朝宰相陆贽却反对此举，"远国商贩，惟利是求，缓之斯来，扰之则去。广州素为众舶所凑，今忽改就安南，若非侵刻过深，则必招携失所。曾不内讼，更荡上心。况岭南、安南，莫非王土，中使、外使，悉是王臣，岂必信岭南而绝安南。重中使以轻外使，所奏望寝不行。"[④]陆氏分析个中原因：一方面，外国商人不来岭南而去安南，是广州地方官"侵刻过深""招携失所"的结果；另一方面，岭南和安南同是王土，应一视同仁，同等对待，让两港之间自由竞争。德宗朝对这一事件的处理未见史乘记载，但事件本身却反映了广州的海外贸易急剧衰退，交州港乘势崛起的事实。

其实，交州地区的繁荣可上溯自汉武帝时期，"交州都护制诸蛮。其海南诸国，大抵在交州南及西南，居大海中洲上，相去或三五百里，三五千里，远者三五万里。乘舶举帆，道里不可详知。自汉武已来朝贡，必由交趾之道"[⑤]。南朝时期，交州、广州都异常富足，

---

① 方豪：《宋泉州等地之祈风》，载《宋史研究集》（第一辑），中华丛书编审委员会出版，1980年，第34—35页；另，载于《方豪六十自定稿》，台湾学生书局，1969年，第1210页。

② （宋）赵汝适：《诸蕃志校释》，杨博文校释，第54页。

③ 《资治通鉴》卷二三四《唐纪五十》，第2889页。

④ 《资治通鉴》卷二三四《唐纪五十》，第2889页。

⑤ 《旧唐书》卷四一《地理志四》，第1750页。

"商舶远届，委输南州，故交、广富实，牣积王府"[①]。隋代，广州和交州同为南方对外贸易的大都会。《隋书·地理志》云："南海、交趾，各一都会也，并所处近海，多犀象、瑇瑁、珠玑，奇异珍玮，故商贾至者，多取富焉。"[②]但到了唐代前期，"广州通海夷道"的兴盛，更加突出了广州的南方都会地位；而同广州竞争的交州，则走向衰落。但随着乾元元年广州被寇事件的发生，再加上地方官吏收税过重，"南海舶，外国船也。每岁至安南、广州"[③]，交州一时成为外国船舶聚集之地，并重回与广州相当的港口地位。

交州港崛起的原因，还与舶来品的内地市场有关。"广州通海夷道"兴盛后，广州成为各国商品云集的城市。为了应对"海外诸国，日以通商"的大势，张九龄开凿大庾岭路，而大庾岭路之开通，"羽毛齿革之殷，鱼盐蜃蛤之利，上足以备府库之用，下足以赡江淮之求"[④]。其中所谓"江淮之求"，即指以扬州为中心的大运河地区，尤其是扬州市场的需求。但安史之乱后，江淮地区为叛军所掠劫，还出现了杀害大食、波斯商人的事件，《新唐书·邓景山传》载："神功兵至扬州，大掠居人，发冢墓，大食、波斯贾胡死者数千人。"[⑤]大庾岭路后方一重要市场的坍塌，无疑会削弱广州的地位。而交州道，则有"安南通桂州路"，此路并非以桂州为终点，而是至桂州后，再沿秦汉以来岭南与中原联系的交通干线桂州路，北上长安、洛阳。其中，"北至上都六千四百四十五里，水路六千六百四十里，北至东都五千七百八十五里，水路六千三百八十里"[⑥]。虽然北上两京的里程不算最近，但只要灵渠通畅，全程都可水路航行，这是其他路所达不到的。桂州路作为安南及岭南西部地区北上中原的重要一路，具有无可替代的作用。安南沿袭交州自汉至唐作为外贸港市的传统，并让前来的海外诸国由此北上长安进行朝贡贸易。因而，在特殊的环境下，交州暂时取代广州，重新成为南方对外贸易的重要港口。

作者简介：

刘宝，暨南大学中外关系研究所硕士研究生；张小贵，暨南大学历史系副教授。

① 《南齐书》卷五八《东南夷传》，中华书局，1972年，第1018页。

② 《隋书》卷三一《地理志下》，第887—888页。

③ （唐）李肇：《唐国史补》，上海古籍出版社，1957年，第63页。

④ （唐）张九龄：《曲江集》卷一七《开凿大庾岭路序》，台湾商务印书馆，1973年，第180页。

⑤ 《新唐书》卷一四一《邓景山传》，第4655页。

⑥ （唐）李吉甫：《元和郡县图志》卷三八《岭南道五》，中华书局，1983年，第956页。

辽上京真寂寺新发现石刻人物图像研究

辛　蔚

［提要］辽代真寂寺石窟是辽代上京城及其近畿地区保存最好的石窟寺遗址。新近发现的石刻人物图像由苏赫喇嘛和辛慧廷先生共同发现，图像位于联系石窟和山门之间古道沿线的一处岩石之上，整体呈一端坐的契丹人物形象，具有明显的契丹艺术风格。根据图像的基本特征，其内容和性质尚有三种不同的释读方案，分别是：弥勒信仰中的布袋和尚图像系统，阿尔泰式摔跤运动中的摔跤手图像系统，金刚力士信仰中的新式赤裸形金刚力士图像系统等。

［关键词］辽代上京城址；真寂寺石窟；人物图像；布袋和尚；摔跤手；金刚力士

前　言

辽代上京城是东胡族系的契丹民族在大兴安岭南麓兴建的第一座都城，她的营建标志着中古草原都市文明的正式诞生。辽代上京城及其近畿地区作为一个完整的城市系统，拥有宫城、皇城、汉城、卫城、市场、寺院、村落、田园、牧场、林泽等众多附属设施，其南郊和北郊分布着洞山和昭庙两大著名的石窟寺群，后者的真寂寺石窟则是辽代上京城及其近畿地区保存最为完好的石窟寺遗址。

20 世纪以来，中外学者，诸如闵宣化先生（M.Joseph）、伯希和先生（P.Pelliot）、鸟居龙藏先生、岛田正郎先生、马真吾先生、李逸友先生、金永田先生、王未想先生、藤原崇人先生等，虽然对于辽代真寂寺石窟的研究，取得了丰硕的成果，但是大多聚焦于佛教石窟艺术的本身，对于石窟寺的整体认知，特别是石窟周边史迹的系统调查，尚缺乏足够的关注①。新近发现的石刻人物图像，即是在辽代真寂寺石窟的外围，继山门两侧的石刻力士图像之后的第三幅石刻人物图像，这幅全新的图像资料的发现，对于契丹帝国时代的草原丝绸之路上的艺术史与美术考古研究具有非常重要的价值与意义。

新近发现的石刻人物图像，最早是由现在巴林左旗后昭庙驻锡的——善福寺住持苏赫喇嘛在青年时发现的。2006 年 6 月 1 日，巴林左旗纪检监察局辛慧廷先生在后昭庙摄影采风，经由苏赫喇嘛介绍和导引，再次找到了图像所在的岩石。辛慧廷先生曾经长期从事巴林左旗的文史宣教工作，对当地的文物古迹非常熟悉，进而准确地判断其为一幅辽代石刻人物图像，随即拍摄并保存了数幅珍贵的照片（图一）。2012 年 7 月 29 日和 2014 年 2 月 13 日，在辛慧廷先生和苏赫住持的导引下，我们分夏、冬两季，对此图像进行了两次实地考察②。

图一　辽上京真寂寺新发现石刻人物图像

下面，我们将图像的地理位置、保存状况及其性质和内容的释读诸问题，报告如下：

辽代真寂寺遗址位于上京城南郊平顶山北麓的花岗岩山谷之中，山谷呈箕形，开口朝向西北方，由正南侧的别楞山、东北侧的圣水山、西北侧的灵岩山共同组成。真寂寺石

① 有关辽代真寂寺石窟的研究概况，参见辛蔚《辽代真寂寺石窟历史与考古研究》（待刊）。

② 需要特别指出的是：目前，关于这幅图像资料的研究，学界并没有给予其足够的重视，新近出版的《巴林左旗第三次全国文物普查工作报告》没有相应的介绍内容，仅在《内蒙古通史·辽西夏金时期的内蒙古地区》附录一帧局部照片。参见巴林左旗第三次全国文物普查工作报告编纂委员会《巴林左旗第三次全国文物普查工作报告（2007—2011 年）》，林东恒远印刷厂编印，2011 年；任爱军主编《辽西夏金时期的内蒙古地区》第 2 卷，郝维民、齐木德道尔吉总主编《内蒙古通史》，人民出版社，2011 年，卷首彩色扉页。

窟即开凿于灵岩山的余脉——桃石山的脚下，桃石山和与其相向而立的慈航山形成天然的山门，两山垂壁之上，即为两幅著名的大型辽代金刚力士浮雕造像。

新近发现的辽代石刻人物图像则位于山门内侧，即桃石山与慈航山上两幅金刚力士浮雕造像的连线之间，在联系山门与石窟寺的古道沿线中央，一处独立的岩石之上。图像所在岩石呈鹅卵形，红褐色，附着在岩石上的风化了的苔藓残痕，呈现出红、绿、蓝、白、褐等颜色，这对图像的辨识造成一定程度的障碍，需要涂洒清水，调整光线和观察角度，图像才能够完整地显现出来。图像利用岩石的自然球面，略经人工平整，阴刻于朝向东南方的一面，使得图像的朝向与石窟的朝向大体保持一致。图像通高约 70 厘米，宽约 50 厘米，整体呈一端坐的人物形象：人物头部向左倾斜，双目向左下顾视，秃发无冠，高额丰颐，圆脸大耳，蒜头鼻，口带笑意。上身赤裸，袒胸露腹，形体肥硕。左臂弯曲，左手拇指单分，向内按压于左股之上。右臂亦弯曲，右手扶于腰际。下身着长裤，且挽至及膝长靴之内。腹下有重叠的褶皱，或为裙裤，或为覆盖所坐胡床之巾覆。双足着方头高筒长靴，八字外分，其坐姿与著名的《契丹出猎图》描绘的契丹贵族的坐姿非常近似（图二）[①]。图像构图生动简洁、清晰流畅，刻线较深，保存完好，惟右上方风化较为严重，然线条完整，尚无残损。此外，岩石的正前方不远处，另有一岩石与之相对，其朝向天空的台面之上，亦有一幅小型石刻人物图像，然图像漫湮严重，不甚清晰，惟可辨识人物站立的双腿。目前，两幅图像的关系尚不能够确定，似应为相互关联的一组图像。从新发现的人物图像的艺术风格和保存状况来判断，虽然其年代确属辽代无疑，但是其与山门两侧的浮雕力士图像的雕塑方式完全不同，应当不是官修作品而是民间创作，这就为深入探索契丹帝国石窟艺术中的宗教与世俗之关系，提供了重要的文物资料。

关于辽代真寂寺新近发现石刻人物图像的性质和内容的释读问题，由于中国辽金契丹女真史学界对于契丹帝国时代的艺术史与美术考古的研究尚处于方兴未艾的阶段，因此基于现有的文物考古资料，尚存有“弥勒”“蒲古”“皮室”等三种完全不同的逻辑思路与释读方案，是故本文结合契丹帝国宗教文化的时代背景以及中外关系史研究的相关成果，对三种释读方案，分述如下：

上 弥勒：契丹帝国的弥勒信仰与图像系统

弥勒，又作“弭勒”“迷底履”“弥帝礼”“梅呾利耶”“末怛唎耶”等，契丹小字作

① 《沈从文全集》第 32 卷《物质文化史·中国古代服饰研究》，北岳文艺出版社，2002 年，图版第 122，第 394 页。

图二 《契丹出猎图》局部

"**[契丹小字]**",契丹语拟音"mili*",[①]契丹语源自汉语"弥勒",汉语"弥勒"系吐火罗语"Metrak"的音译,吐火罗语源自梵语"Maitreya",汉意"慈氏"。

中亚佛教美术中的乌托邦世界的象征是将印度佛教中的"涅槃"与"弥勒"相互结合,进而形成中亚佛教美术特有的弥勒大佛图像系统。中亚佛教美术中的弥勒图像系统,改变了古印度佛教弥勒最初的婆罗门形象,确立了弥勒菩萨兜率天世界之主的全新造型,并且将"涅槃"与"弥勒"两种并无关联的图像系统相互结合,进而表现"佛灭意识"和"救济思想",从而展现佛教哲学的"死"与"生"的核心意义。[②] 中古中国的十六国时期,弥勒信仰[③]与弥勒图像[④]业已在中原地区普遍流行。北魏帝国时期,中国的弥勒信仰逐渐与

---

① 关于"弥勒"的契丹小字形式的考释和拟音,前者据刘凤翥先生《契丹小字〈萧奋勿腻·图古辞墓志铭〉考释》和《辽上京地区出土的辽代碑刻汇辑·已经释读的契丹小字语词》确定,后者系笔者据清格尔泰先生《契丹小字釋読問題》对契丹小字原字的拟音而拟定。参见刘凤翥、梁振晶《契丹小字〈萧奋勿腻·图古辞墓志铭〉考释》,《文史》2008年第1期;刘凤翥、唐彩兰、青格勒《辽上京地区出土的辽代碑刻汇辑》附录3《已经释读的契丹小字语词》,中国社会科学院编《中国社会科学院老年学者文库》,社会科学文献出版社,第480页;清格尔泰、吴英喆《契丹小字釋読問題》,东京:东京外国语大学国立亚非语言文化研究所,2002年。

② 参见[日]宫治昭《涅槃与弥勒的图像学——从印度到中亚》,李萍、张清涛译,文物出版社,2009年,第515—523页。

③ 参见韩秉芳《从庄严未来佛到布袋和尚——一个佛教中国化的典型》,何劲松主编《布袋和尚与弥勒文化》上篇《布袋和尚与弥勒文化研究》第7章,宗教文化出版社,2003年,第50—61页。

④ 参见赵超《略谈佛教造像中弥勒形象的演变》,何劲松主编《布袋和尚与弥勒文化》,上篇《布袋和尚与弥勒文化研究》第6章,第38—49页。

王权政治相互结合[①]，而弥勒图像亦逐渐呈现出两种发展态势：一种为头戴宝冠、着菩萨衣、交脚而坐，呈说法相或思考相的"菩萨装弥勒造像"；一种为头多发髻、着佛衣、双脚站立或交脚而坐，施转法轮印或无畏印的"佛装弥勒造像"[②]。北齐时期，方才出现了双脚结善跏座的佛装弥勒图像，如日本仓敷市大原美术馆收藏的北齐天保三年（552）的一铺完整的弥勒造像组合，这种弥勒图像及其组合形式逐渐定型，遂发展成为中古中国隋唐帝国时代的主流艺术形式[③]。

第二次南北朝时代，契丹帝国的弥勒信仰与图像系统，大体在此基础上，同时存在三个子系统：

（一）契丹帝国的唐式弥勒信仰与图像系统

唐式弥勒信仰中的弥勒具有未来佛的形象，唐式弥勒信仰与图像系统是中古中国与东亚世界弥勒信仰与图像系统的主流形式。中古中国第一次南北朝时代至隋唐帝国时代以来，王权政治中的佛王传统[④]和民间社会中的佛名传统[⑤]即是唐式弥勒信仰的具体体现。唐式弥勒图像，则以如前述日本仓敷市大原美术馆收藏的北齐天保三年（552）的弥勒造像组合最为典型：主尊弥勒端坐中央，着佛衣、施无畏印、双脚自然下垂，足踏莲花；两侧为二菩萨和二弟子；背衬则是由菩提树、佛塔和飞天联合组成的装饰图案。

契丹帝国的中古三华教，尤其是其中的佛教是在隋唐帝国时代佛教之基础上的顺势

---

① ［新加坡］古正美：《从〈大慈如来告疏〉说起——北魏孝文帝的云冈弥勒佛王造像》，云冈石窟研究院编《二〇〇五年云冈国际学术研讨会论文集·研究卷》，文物出版社，2005 年，第 7—40 页。古正美：《梁武帝的弥勒佛王形象》，上海社会科学院编《传统中国研究集刊》第 2 辑，上海人民出版社，2006 年，第 28—47 页。

② 参见赵超《略谈佛教造像中弥勒形象的演变》，何劲松主编《布袋和尚与弥勒文化》上篇《布袋和尚与弥勒文化研究》第 6 章，第 38—49 页。

③ 参见赵超《略谈佛教造像中弥勒形象的演变》，何劲松主编《布袋和尚与弥勒文化》上篇《布袋和尚与弥勒文化研究》第 6 章，第 38—49 页。

④ 有关中古中国的佛王传统的研究，参见古正美《从天王传统到佛王传统——中国中世佛教治国意识形态研究》，台湾商周出版社，2003 年；古正美《从〈大慈如来告疏〉说起——北魏孝文帝的云冈弥勒佛王造像》，云冈石窟研究院编《二〇〇五年云冈国际学术研讨会论文集·研究卷》，第 7—40 页；古正美《梁武帝的弥勒佛王形象》，上海社会科学院编《传统中国研究集刊》第 2 辑，第 28—47 页。

⑤ 有关隋唐帝国的弥勒佛名的研究，参见庄申《长安时代——唐人生活史》第 1 篇《语言文字》第 1 章《唐人以佛教辞汇作为名字》，香港大学美术博物馆，2008 年，第 12—22 页；陈怀宇《景风梵声：中古宗教之诸相》第 15 篇《中古时期士民之佛教名字再探》，宗教文化出版社，2012 年，第 256—293 页。

发展[①],并没有受到中原地区灭佛运动的冲击和影响,依然保持着强劲的宗教文化势力。虽然契丹帝国的唐式弥勒信仰与图像系统受到隋唐帝国佛教文化的深刻影响,但是依然形成了本民族的文化特色。契丹帝国的佛教,非常重视"三世佛"的说教,往往将释迦牟尼佛之后的佛教,统称为"慈氏之教",如:《重修云居寺碑记》曰"释迦佛所宣教法,及诸菩萨所演述论,鸠集部别,藏在其中,期以永固。待及慈氏,东方震旦,燕城西南十余维那至云居寺"[②],《萧堂妻耶律骨欲迷已墓志》曰"或往生于慈氏天宫,或托质于弥陀佛国"[③],《张景运为亡祖造陀罗尼经幢记》曰"善礼慈氏,崇敬三宝"[④]等。契丹帝国的法王传统则具有多元化特征,虽然契丹帝国的法王信仰强调"帝系"与"佛系"(过去佛、现在佛和未来佛)的统一[⑤],但是契丹帝国的"弥勒"与"法王"的关联性却并不惟一和强烈。契丹帝国的弥勒信仰在佛教经典的发明、著述和刊行上,同样标新立异,其全盛时代——圣宗朝和兴宗朝,蜚声中外的燕京悯忠寺诠明法师,曾著有《弥勒上生经汇通古今钞》四卷及《科》一卷、《大科》一卷,现存三种刻本或抄本,分别发现于敦煌藏经洞、应县佛宫寺木塔出土的《辽藏》、赵城县广胜寺保存的《金藏》之中[⑥]。此后的道宗朝,通理法师又在燕京云居寺造办秘藏石经,其中另有《弥勒菩萨所问经论》五卷[⑦]。

契丹帝国的弥勒信仰与图像系统,实是建立在契丹佛教文化的雄厚基础之上的。契丹帝国的贵族和平民之中,无论蕃汉,皆常见"弥勒"与"慈氏"之名,诸如:穆宗时期,齐王赵德均孙慈氏留[⑧];圣宗时期,中台省右大相耶律元宁子慈氏奴[⑨];兴宗时期,西北路招讨使萧慈氏奴[⑩],北府宰相萧鉏不里党弥勒奴[⑪];道宗时期,因八公主与驸马萧参之女弥勒

---

① 参见蔡美彪《辽金元史考索》第1编《辽金史考索》第9篇《略论辽朝文化的构成》,中华书局,2012年,第146—148页。

② 向南:《辽代石刻文编·重修云居寺碑记》,河北教育出版社,1995年,第117—118页。

③ 向南、张国庆、李宇峰:《辽代石刻文续编·萧堂妻耶律骨欲迷已墓志》,辽宁人民出版社,2010年,第126—128页。

④ 向南:《辽代石刻文编·张景运为亡祖造陀罗尼经幢记》,第390—391页。

⑤ 有关契丹帝国的佛王传统的研究,参见辛蔚《契丹帝国的王权与政治秩序研究》第4章《契丹帝国的王权与政治形态》第4节《宗教文化秩序:法王与佛教转轮圣王的双王模式》,暨南大学博士学位论文,2013年,第124—132页。

⑥ 陈述、张子方:《辽会要》卷一七《艺文》,上海古籍出版社,2009年,第827页。

⑦ 向南:《辽代石刻文编·云居寺续秘藏石经塔记》,第670—673页。

⑧ 向南:《辽代石刻文编·赵德均妻钟氏墓志》,第21—26页。

⑨ 向南、张国庆、李宇峰:《辽代石刻文续编·耶律元宁墓志》,第58—59页。

⑩ (元)脱脱:《辽史》卷九三《萧慈氏奴传》,中华书局,1974年,第1376页。

⑪ (元)脱脱:《辽史》卷一八《兴宗纪》景福元年十月癸未条,第212页。(宋)叶隆礼《契丹国志》卷一三《圣宗萧皇后传》作"弥勒大师""观音大师",贾敬颜、林荣贵点校,上海古籍出版社,1985年,第144页。

女[①],殿□公主与驸马萧图古辞之女弥勒女[②],显州北赵太保寨白山院邑众大乘慈氏、慈氏奴[③],沈州西北丰稔村无垢净光舍利塔邑众慈氏奴[④];天祚帝时期,萧拱妻女弟耶律弥勒[⑤]等。此外,契丹帝国的佛教邑社,亦常见以“弥勒”与“慈氏”命名者,如道宗时期燕京归义寺的弥勒邑[⑥]和时代、寺院暂不可考的慈氏院等[⑦]。契丹帝国的唐式弥勒信仰的典型图像资料,则见诸西京道西京城华严寺薄伽教藏殿的彩绘塑像组合,虽然有“横三世佛”“纵三世佛”“三身佛”等多种解读方案,但是其中“纵三世佛”的解读方案最为完美和流行:中央主尊为现在佛——释迦牟尼佛,左侧为弟子、左中为文殊菩萨、左前为胁侍菩萨,右侧为弟子、右中为普贤菩萨、右前为胁侍菩萨;北方主尊为过去佛——燃灯佛,左后为天王、左侧为弟子、左中为胁侍菩萨、左前为观音菩萨、左上为天王,右侧为弟子、右中为胁侍菩萨、右前为胁侍菩萨,前中为两童子,正前为小坐佛;南方主尊为未来佛——弥勒佛,左侧为胁侍菩萨、左中为胁侍菩萨、左前为胁侍菩萨,右后为天王、右侧为胁侍菩萨、右中为胁侍菩萨、右前为地藏菩萨、右上为天王,前中为两童子,正前为小坐佛[⑧]。这种阵容庞大、配置繁复的组合方式,具有独特的契丹佛教文化特色,虽然弥勒佛在艺术形象上与释迦牟尼佛和燃灯佛并无本质的差异和区别,但是为了突出其未来佛的特殊身份,其侍从皆为菩萨(而无弟子),堪称契丹帝国唐式弥勒信仰与图像系统的大成之作(图三)。

(二)契丹帝国的回鹘式弥勒信仰与图像系统

回鹘式弥勒信仰与图像系统大多保存在回鹘文学作品和戏剧文化之中。中国新疆曾发现多种吐火罗文和回鹘文的《弥勒会见记》,记述弥勒受波婆梨的委托,赴中印度摩揭陀国婆萨纳迦山会见释迦牟尼佛的故事。《弥勒会见记》系小乘佛教一切有部毗婆娑派的戏剧文学作品,最初由圣月大师据印度文本改编为吐火罗语,再由智护大师据之翻译为突厥语,回鹘文原名作《Maitrisimit》[⑨]。回鹘式弥勒信仰与中古三夷教,特别是回鹘

---

① 魏奎阁:《耶律弘益妻萧氏墓志铭新探》,《北方文物》1990年第1期。

② 刘凤翥、梁振晶:《契丹小字〈萧奋勿腻·图古辞墓志铭〉考释》,《文史》2005年第1辑。

③ 向南:《辽代石刻文编·显州北赵太保寨白山院舍利塔石函记》,第288—293页。

④ 向南:《辽代石刻文编·沈阳塔湾无垢净光舍利塔石函记》,第352—358页。

⑤ 萧拱仕金为礼部侍郎,耶律弥勒后为海陵王柔妃,参见(元)脱脱《金史》卷六三《海陵王柔妃传》,中华书局,1975年,第1511—1512页。

⑥ 向南:《辽代石刻文编·弥勒邑特建起院碑》,第325—326页。

⑦ 向南、张国庆、李宇峰:《辽代石刻文续编·□□禅院首座碑》,第328页。

⑧ 参见张丽《大同华严寺辽代彩色泥塑赏析》,《文物世界》2009年第4期。

⑨ 参见耿世民《回鹘文哈密本〈弥勒会见记〉研究》,中央民族大学出版社,2008年,第1—11页。

图三　辽西京道西京城华严寺薄伽教藏殿弥勒彩绘塑像组合

汗国的国教——摩尼教的结合最为紧密①，进而形成以婆罗门或摩尼的形象为基础的全新的弥勒信仰与图像系统（图四）。

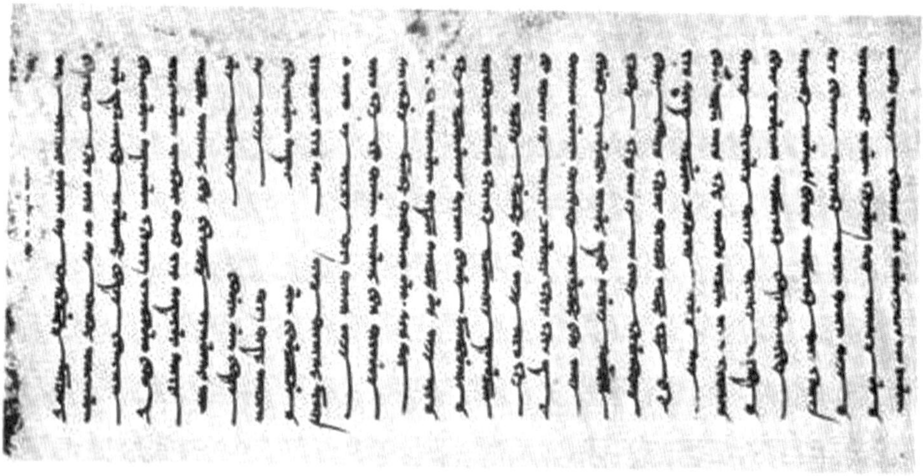

图四　高昌回鹘汗国时代回鹘文哈密本《弥勒会见记》书影

契丹帝国与西徙亚洲内陆的回鹘诸汗国，尤其是其中的喀喇汗王朝和甘州回鹘汗

① 参见芮传明《东方摩尼教研究》下编《文化交流探讨》第 2 章《弥勒信仰与摩尼教之关系探讨》，上海人民出版社，2009 年，第 284—328 页。

国，通过"陆上丝绸之路"，始终保持着直接而密切的联系，并且通过西夏实现民族文化的双向交流①。新兴的契丹帝国，对于甘州回鹘汗国——回鹘汗国在西域地区的正统王朝——非常重视②，双边的密切联系，有利于双方建构和维系"远交近攻、制衡中原"的共同战略利益。回鹘诸汗国直接或间接向契丹帝国进贡回鹘僧、梵僧、名医，金铜造像、贝多叶佛经和《梵觉经》等佛教文物③。契丹帝国的佛教文献亦在西域地区广为流传，敦煌、吐鲁番和黑水城皆有大量的契丹帝国佛教文献出土④。

契丹帝国的回鹘式弥勒信仰与图像系统，与契丹帝国的中古三夷教的联系非常密切，早在太祖平定诸弟之乱时，诸弟阵营之中即有一位名为"弥里"的政治人物在明王楼的近郊狼河畔为太祖俘获。"弥里"与"弥勒"的契丹语音形式相同，因而他很有可能是一位参与诸弟之乱的明教领袖，从而招致太祖以"生埋之铜河南轨下"的非常手段被处死⑤。圣宗时期，燕京有头陀澄赞上人，尝谓僧众曰"若后摩尼殿，就慈氏像圆，用此奇珍，以严相好"⑥，表明摩尼与弥勒存在特定的关联。虽然在契丹帝国的中古三华教与戏

---

① 参见陈爱峰、杨富学《西夏与辽金间的佛教关系》，杜建录主编《西夏学》第1辑，宁夏人民出版社，2006年，第31—35页。

② 有关契丹帝国与甘州回鹘汗国之间的关系史研究，参见朱悦梅、杨富学《甘州回鹘史》，中国社会科学出版社，2013年。

③ 参见(元)脱脱《辽史》卷一四《圣宗纪》统和十九年正月辛巳条，第156页；卷二二《道宗纪》咸雍三年十一月壬辰条，第267页；卷二六《道宗纪》寿昌元年十一月甲辰条，第308页。此外，需要特别指出的是：关于《梵觉经》是否为佛经名称的问题，戴维斯查理先生(M.G.Devéria)认为是"回鹘僧人所著题名为《金佛梵觉经》的典籍"，聂鸿音先生则认为是"梵文佛经"。笔者认为在双方没有直接证据的前提下，还应保留其作为一部未知的佛经的名称的理解为妥。参见[法]M.G.Devéria，"L'écriture du Royaume de Si-hia ou Tangout"，dans *Mémoires Présentés* par Divers Savants à Académie des Inscriptions，1 Série，vol.Ⅺ，1，1898；聂鸿音《十九、二十世纪之交英、法两国的西夏研究》，《世界民族》2005年第1期。

④ 如敦煌藏经洞出土的《金刚般若经依天亲菩萨论赞略释秦本义记》《妙法莲花经玄赞科文》《大方广佛华严经》抄本，吐鲁番出土的《龙龛手镜》刻本残页，黑水城出土的《续一切经音义》刻本残页、《释摩诃衍论赞玄疏》抄本、辽刻本《契丹藏》中的《增一阿含经》和《佛说长阿含经》等。参见毕素娟《辽代名僧铨明著作在敦煌藏经洞出现及有关问题——敦煌写经卷子P2159经背1研究》，《一九九〇年敦煌国际研讨会文集·石窟考古编》，辽宁美术出版社，1994年，第165—177页；毕素娟《辽代佛教与敦煌》，《辽金史论集》(第6辑)，社会科学文献出版社，2001年，第194—200页；秦桦林《德藏吐鲁番文献〈龙龛手镜·禾部〉残页小考》，《文献》2011年第3期；聂鸿音《黑城所出〈续一切经音义〉残片考》，《北方文物》2001年第1期；宗舜《〈俄藏黑水城文献〉汉文佛教文献拟题考辨》，《敦煌研究》2001年第1期；[日]竺沙雅章《黒水城出土の遼刊本について》，《汲古》第43号，2003年。

⑤ 参见辛蔚《契丹帝国的王权与政治秩序研究》第4章《契丹帝国的王权与政治形态》第4节《宗教文化秩序：法王与佛教转轮圣王的双王模式》，第126页。

⑥ 向南：《辽代石刻文编·澄赞上人塔记》，第165—166页。

剧艺术关系史料之中，仅见儒教[①]和道教[②]：前者在圣宗时期，宫廷戏剧中曾有儒生的扮相和角色，后者在兴宗时期，宫廷戏剧中则见道士的扮相和角色，唯独缺少佛教的相关信息。但是鉴于契丹帝国与回鹘诸汗国在宗教和戏剧文化上的密切联系，回鹘式弥勒信仰与图像在松漠之间实现流布，似应该是可以肯定的。因此契丹帝国的回鹘式弥勒信仰与图像系统，似应该是通过“陆上丝绸之路”传入契丹帝国境域的。契丹帝国的回鹘式弥勒信仰的典型图像资料，目前暂未发现内容和性质判断明确者，有待从现有的资料中作进一步的甄别。

（三）契丹帝国的江南式弥勒信仰与图像系统

江南式弥勒信仰具有华化佛教弥勒信仰中弥勒的布袋和尚形象，江南式弥勒信仰与图像系统大多出现在江浙地区的佛教寺院和民间宗教的记忆之中。隋唐帝国时代的末期，吴越地区明州奉化岳林寺高僧长汀子布袋师契此曾被视为弥勒的化身，根据《宋高僧传·唐明州奉化县契此传》的记载，契此和尚形裁腲脮、蹙额皤腹、言语无恒、寝卧随处、常以杖荷布囊，其事迹和画像在第二次南北朝时代的吴越和南唐广为流传[③]。布袋和尚的出现，颠覆了弥勒妙相庄严的佛或菩萨的形象，转而形成以不修边幅的罗汉的形象为基础的全新的弥勒信仰与图像系统[④]。

契丹帝国与中原南方的十国集团，尤其是其中的南唐和吴越，通过“海上丝绸之路”，始终保持着直接而密切的联系，并且通过东丹国实现民族文化的双向交流[⑤]。新兴的契丹帝国，对于南唐和吴越——前者作为隋唐帝国在中原地区的正统王朝，后者作为隋唐帝国在海东地区的宗主王朝——非常重视[⑥]，双边关系的密切，有利于双方建构和维系“远交近攻、制衡中原”的共同战略利益。南唐和吴越直接或间接向契丹帝国进贡宫嫔、白龟、珊瑚、珠玑、犀角、犀甲、茶药、罗纨、琛宝、重币以及占城和大食盛产的猛火油，契丹

---

① (宋)李焘:《续资治通鉴长编》卷一〇五天圣五年十二月已丑条，上海师范大学古籍整理研究所、华东师范大学古籍整理研究所点校，中华书局，2004 年，第 2457 页。

② (宋)叶隆礼:《契丹国志》卷八《兴宗文成皇帝》，贾敬颜、林荣贵点校，上海古籍出版社，1985 年，第 83 页。

③ (宋)释赞宁:《宋高僧传》卷二一《唐明州奉化县契此传》，范祥雍点校，中华书局，1987 年，第 552—553 页。

④ 参见常青《从飞来峰看十世纪以后中国佛教信仰与艺术的转型》，北京大学燕京研究院编《燕京学报》新 21 期，北京大学出版社，2006 年，第 189—226 页。

⑤ (宋)陆游:《南唐书》卷一八《契丹传》，见傅璇琮等主编《五代史书汇编·丙编》，杭州出版社，2004 年，第 5604—5607 页。

⑥ 有关契丹帝国与南唐和吴越之间的关系史研究，参见彭艳芬《五代时期契丹辽朝与吴越、南唐的交聘研究》，河北大学硕士学位论文，2006 年。

帝国亦以数量庞大的马、羊和珍贵的狐白裘、青毡帐等回赐南唐和吴越[①]。契丹帝国境内还曾出土大量的南唐和吴越的货币[②]，而在南唐和吴越境内亦曾发现契丹式陶瓷器，如南通出土的绿釉皮囊壶[③]和扬州出土的黄釉皮囊壶[④]等。契丹帝国与中原南方的十国集团，尤其是其中的南唐和吴越的文物交流频繁而深刻：契丹帝国东丹国左相耶律羽之墓出土的团窠卷草对凤纹织金锦[⑤]中的"团窠对凤纹"与北京故宫博物院收藏的南唐画院待诏顾闳中的大作《韩熙载夜宴图卷》中见诸侍女服饰的"团窠对凤纹"完全相同，而在契丹帝国中京道兴中府地区的契丹贵族大墓中[⑥]亦曾出土南唐和吴越地区盛产的棕榈草席；契丹帝国与南唐和吴越地区的绘画艺术，尤其是在花鸟画、人物画、山水画等领域，则拥有共通的艺术风格和文化底蕴[⑦]。此外，南朝兼并南唐后，元宗李璟有女先后流寓汴京、武强，圣宗南伐纳之为芳仪[⑧]，圣宗皇帝与李芳仪在北朝育有赛哥金乡公主，统和年间下嫁在西域战功赫赫的萧图玉[⑨]。

契丹帝国的江南式弥勒信仰与图像系统，与契丹帝国的中古三华教的联系非常密切。第二次南北朝时代，以明州为中心的江浙地区，在中古中国与东亚世界的佛教美术交流中具有特殊的地位。佛教题材的各式画卷，从明州传播至环中国海的广阔地域[⑩]，而在彼时，南唐和吴越境域兴起的布袋和尚的画像，则有如前述业已在江浙地区普遍流行[⑪]，其画卷势必在泛海之列。与此同时，契丹帝国与南方十国集团的外交活动——"真容绘像"的交换始终是重要的外交内容和交聘礼仪[⑫]，而契丹帝国派遣南方十国集团的

---

① 相关统计资料，参见彭艳芬《五代时期契丹辽朝与吴越、南唐的交聘研究》。

② 参见蒙衍《契丹境内发现南唐钱币——简析两国贡使往来及贸易》，《内蒙古金融研究·钱币文集》2003年第1期。

③ 南通博物馆：《江苏南通市发现辽瓷皮囊壶》，《文物》1974年第2期。

④ 扬州博物馆、扬州文物商店：《扬州古陶瓷》图版96，文物出版社，1996年。

⑤ 赵丰、齐晓光：《耶律羽之墓丝绸中的团窠和团花图案》，《文物》1996年第1期。

⑥ 靳枫毅：《辽阳朝阳前窗户村辽墓》，《文物》1980年第12期。

⑦ 有关契丹帝国的绘画艺术与南唐、吴越地区的绘画艺术之关系的研究，参见陈葆真《李后主和他的时代——南唐艺术与历史》第5章《南唐绘画的特色与相关问题的探讨》，北京大学出版社，2009年，第239—230页。

⑧ 参见蒋祖怡、张涤云《全辽诗话·芳仪曲》，岳麓书社，1992年，第167—170页。

⑨ （元）脱脱：《辽史》卷六五《公主表》，第1007页。

⑩ 有关中古中国与东亚世界的第二次南北朝时代的日本列岛与中国南方十国集团和北宋的佛教美术交流，参见[日]百桥明穗《东瀛西域：百桥明穗美术史论文集》第1编《佛教绘画编》第8篇《十六罗汉图之源流及其谱系》，上海书画出版社，2013年，第159—172页；第10篇《关于高僧肖像画的制作地缘》，第187—195页。

⑪ （宋）释赞宁：《宋高僧传》卷二一《唐明州奉化县契此传》，范祥雍点校，第552—553页。

⑫ 如南唐元宗李璟时期，南唐公乘镕泛海出使契丹，应契丹帝国的请求，"先欲识唐皇帝面"，遂携带南唐"御真"觐见，且"如旧仪"。参见（宋）陆游《南唐书》卷一八《契丹传》，见傅璇琮等主编《五代史书汇编·丙编》，第5604—5607页。

使节亦有可能直接从市肆中交易获取佛教题材的各式画卷[1]，因此契丹帝国的江南式弥勒信仰与图像系统，似应该通过"海上丝绸之路"传入契丹帝国境域的。契丹帝国的江南式弥勒信仰的典型图像资料，则见诸上京道上京城及其近畿地区出土的布袋和尚形象的青铜护符[2]（图五）。

图五　辽上京道上京城附近出土的布袋和尚青铜护符

要之，对于中古中国与东亚世界的弥勒信仰与图像系统的研究，虽然中外佛教史学界取得了丰硕的成果，但是对于契丹帝国的弥勒信仰与图像系统的渊源与演变，以及上述三种弥勒信仰与图像系统之间的区别与联系等问题，依然缺乏系统深入的研究[3]。从辽代真寂寺新发现石刻人物图像的特征来判断，其造型与辽代上京城及其近畿地区出土的布袋和尚青铜护身符的造型近似，只是契丹帝国的江南式弥勒并没有"布袋"随身，似乎是南唐和吴越时期江浙地区流行的布袋和尚的初始形态。因为，第二次南北朝的政治格局正式形成以后，南北两朝的佛教文化方才初现不同的发展轨迹：北朝的江南式弥勒形象可能延续了南唐和吴越时期的"旧样"（弥勒没有"布袋"随身），南朝的江南式弥勒形象则出现了有如《宋高僧传》叙述的"新样"（弥勒有"布袋"随身），类似南朝杭州飞来峰造

① 如南唐烈祖李昇时期，太宗和东丹王各遣使出使南唐，烈祖允许其市肆交易。参见（宋）陆游《南唐书》卷一八《契丹传》，见傅璇琮等主编《五代史书汇编·丙编》，第5604—5607页。

② 王青煜：《契丹护身符》，万卷出版社，2005年，第106页。

③ 有关中古中国与东亚世界的弥勒信仰与图像系统的研究综述与论著目录，参见王惠民《弥勒信仰与弥勒图像研究论著目录》，《敦煌学辑刊》2006年第4期；王雪梅《弥勒信仰研究综述》，《世界宗教文化》2010年第3期。

像的布袋和尚的艺术形象[①]，亦广泛出现在西域地区的西夏[②]和海东地区的高丽[③]，进而成为中古中国与东亚世界在第二次南北朝时代的主流艺术形式。

中　蒲古：契丹帝国的摔跤运动与图像系统

蒲古，又作“袍古”“铺姑”“蒲姑”“普古”“朴”等，契丹小字作“**个余**”，契丹语拟音“pugu*”，汉意“摔跤手”[④]。

中国古代戏曲艺术的起源，肇始于炎帝和黄帝时代的“大傩舞”和“角抵舞”：前者又称“方相氏舞”，方相氏头戴四目假面，着黑色玄衣朱赤裙，手执长戈和盾牌，另有十二兽神相随，冲击四方，系表现人与兽之间相互争斗的艺术形式；后者又称“蚩尤氏舞”，蚩尤氏头戴牛角，耳鬓如剑，与轩辕氏等九人三两相向而斗，系表现人与人之间相互争斗的艺术形式[⑤]。夏、商、周三代的角抵，由于其兼具文艺活动和军事竞技的双重性质，因而被纳入到“周礼”。《礼记·月令》曰：天子“孟冬之月”，“命将帅讲武，习射御，角力”[⑥]。秦并天下，分为三十六郡。郡县兵器聚之咸阳，销为钟鐻。讲武之礼，罢为角抵[⑦]。始皇帝

---

① 杭州市历史博物馆、杭州市文物保护管理所、杭州市文物考古研究所：《飞来峰造像》，文物出版社，2002年，第111页。

② 有关西夏的弥勒信仰与图像系统的研究，参见杨福学、樊丽沙《西夏弥勒信仰及相关问题》，《内蒙古社会科学》2013年第5期；内蒙古珍宝编辑委员会编《内蒙古珍宝·陶瓷器》，内蒙古大学出版社，2007年，第138页。

③ 有关高丽的弥勒信仰与图像系统的研究，参见[日]百桥明穗《高麗の彌勒下生經變相圖について》，《大和文華》第66号，1980年；[日]田村圓澄《古代朝鮮の彌勒信仰》，《朝鮮學報》第102号，1982年；[韩]金三龍《韓國彌勒信仰の研究》，東京：教育出版センター，1985年。

④ 关于“蒲古”的契丹小字形式的考释和拟音，前者据刘凤翥先生《辽上京地区出土的辽代碑刻汇辑·已经释读的契丹小字语词》确定，后者根据孙伯君、聂鸿音先生《契丹语研究》对汉字音写的契丹语的拟音而拟定。参见刘凤翥、唐彩兰、青格勒《辽上京地区出土的辽代碑刻汇辑》附录3《已经释读的契丹小字语词》，中国社会科学院编《中国社会科学院老年学者文库》，第482页；孙伯君、聂鸿音《契丹语研究》，中国社会科学出版社，2008年，第94页。

⑤ 参见常任侠著，郭淑芬等编《常任侠文集》第1卷《中国舞蹈史话》，安徽教育出版社，2002年，第315—318页。

⑥ （汉）郑玄注，（唐）孔颖正义：《礼记正义》卷一七，（清）阮元校刻《十三经注疏》（世界书局缩印阮元校刻本），中华书局，1997年，第1383页中。

⑦ （元）马端临：《文献通考》（影印清乾隆十二年武英殿本）卷一四九《兵考》第一，浙江古籍出版社，1988年，第1307页中。

遂以秦武王之制，实现对六国角抵的统一[①]，使得"角抵"逐渐成为一项独立的文艺活动，突破了陈旧的"周礼"的限制，融入到新兴的"百戏"之中，进而为其在上古中国与东亚世界的广泛传播奠定了基础。汉武帝时期，由于阿尔泰语系民族与国家，如匈奴帝国，同样拥有类似中原角抵的摔跤运动[②]，为了彰显秦汉帝国的强炽，角抵逐渐被纳入正式的外交礼仪之中，用以招待四方使节[③]。张衡的《西京赋》和潘岳的《西征赋》皆描述了角抵的空前盛况。隋唐帝国时代，隋朝京师正月十五日起，每作角抵百戏，用以招待宾客，结欢百姓，终月而罢[④]。武周圣历二年(699)，欲以季冬讲武，又延入孟春，麟台监王方庆上疏正之以《礼记·月令》，遂至孟冬教习，以顺天道[⑤]，至此孟冬角抵即成为唐朝帝国军队的必修课目。唐朝宫廷之中，角抵相扑和马球击鞠则是最为流行的两项体育活动[⑥]。隋唐帝国时代的"角抵"，逐渐从"百戏"之中独立出来，艺术形式渐趋臻善[⑦]，无论是西域地区

---

① 参见李季芳《中国古代摔跤史略》第1篇《远古至秦汉时期》，《成都体育学院院刊》1978年第1期；第2篇《魏晋南北朝时期》，《成都体育学院院刊》1978年第2期；第3篇《隋唐五代时期》，《成都体育学院学报》1979年第1期；第4篇《两宋时期》，《成都体育学院学报》1979年第2期；第5篇《辽金元时期》，《成都体育学院学报》1983年第4期；第6篇《明清时期》，《成都体育学院学报》1984年第2期。

② 如著名的陕西长安县客省庄K140号匈奴贵族大墓出土的青铜透雕牌饰中的角抵图像，参见中国社会科学院考古研究所《沣西发掘报告》，文物出版社，1962年，第138—140页。

③ 参见金启孮《中国式摔跤源出契丹蒙古考》，初刊《中国蒙古史学会成立大会纪念文集》，《内蒙古大学学报》1979年第3、4期合刊，修订本参见金启孮、凯和《中国摔跤史——摔跤的源流和演变 中华民族对体育的贡献》第1章《秦汉时代的摔跤——角抵》，内蒙古人民出版社，2006年，第10—11页；王颋《古代文化史论集》第1篇《秦宫夸戏：汉唐代"角抵"考》，上海古籍出版社编《暨南史学丛书》，上海古籍出版社，2007年，第1—18页。

④ (唐)魏徵：《隋书》卷六二《柳彧传》，中华书局，1973年，第1481—1484页。

⑤ (宋)王溥：《唐会要》卷二六《讲武》，上海古籍出版社，1991年，第584—587页。

⑥ 参见李季芳《中国古代摔跤史略》，第1篇《远古至秦汉时期》，《成都体育学院院刊》1978年第1期；第2篇《魏晋南北朝时期》，《成都体育学院院刊》1978年第2期；第3篇《隋唐五代时期》，《成都体育学院学报》1979年第1期；第4篇《两宋时期》，《成都体育学院学报》1979年第2期；第5篇《辽金元时期》，《成都体育学院学报》1983年第4期；第6篇《明清时期》，《成都体育学院学报》1984年第2期。

⑦ 参见李季芳《中国古代摔跤史略》，第1篇《远古至秦汉时期》，《成都体育学院院刊》1978年第1期；第2篇《魏晋南北朝时期》，《成都体育学院院刊》1978年第2期；第3篇《隋唐五代时期》，《成都体育学院学报》1979年第1期；第4篇《两宋时期》，《成都体育学院学报》1979年第2期；第5篇《辽金元时期》，《成都体育学院学报》1983年第4期；第6篇《明清时期》，《成都体育学院学报》1984年第2期。

的敦煌[①]，还是海东地区的日本[②]，甚或隋唐帝国解体以后的五代和十国[③]，唐式摔跤运动和图像系统都是中古中国和东亚世界的主流艺术形式。

第二次南北朝时代，契丹帝国的摔跤运动与图像系统，大体在此基础之上，同时存在三个子系统：

（一）契丹帝国的唐式摔跤运动与图像系统

唐式摔跤运动与图像系统，是中古中国与东亚世界摔跤运动与图像系统的主流形式。唐代的角抵，如果不考虑人员和场地的配置以及比赛规则和仲裁程序等因素，其基本特征为：壮士裸袒相搏而角胜负，左右军擂大鼓而引之[④]——角力之士裸体并配有军乐。唐式摔跤运动与图像的典型，见诸敦煌藏经洞发现的 P·2002 号文书，即初唐时期的精写本《天上金玄上妙道德玄经》经背白描画稿中保存的角抵图像[⑤]：角力之士留“杏叶”形发式，着“丁”字形兜裆，全身赤裸，手脚配合，躯体前倾，腿脚蜷曲，双方扭抱在一起，表现立决胜负的一瞬。角抵所配乐舞，则见诸俄藏敦煌文献 ДX·02822 号文书，即西夏时期的通俗字书《杂集时要用字·音乐部》，其中的第九篇保存有“相扑”的词条[⑥]，其作为乐舞名目的出现，实是保留前朝隋唐帝国时代的形式。

唐式摔跤运动在宋辽南北两朝有着共同的基础，由于皆是在隋唐帝国时代的摔跤运动与图像系统之基础上的顺势发展，因此二者具有同源关系（而非隶属或传播关系），是故具有相似性和可比性。南朝的摔跤运动，存在“官相扑”和“私相扑”的区别[⑦]。前者的

① 参见李金梅、李重申、路志峻《敦煌古代百戏考述》，《敦煌研究》2008 年第 1 期。

② 参见[日]横山健堂《日本相撲史》，东京：富山房，1942 年。

③ 有关隋唐帝国解体以后的五代和十国的角抵运动的研究，参见李季芳《中国古代摔跤史略》第 1 篇《远古至秦汉时期》，《成都体育学院院刊》1978 年第 1 期；第 2 篇《魏晋南北朝时期》，《成都体育学院院刊》1978 年第 2 期；第 3 篇《隋唐五代时期》，《成都体育学院学报》1979 年第 1 期；第 4 篇《两宋时期》，《成都体育学院学报》1979 年第 2 期；第 5 篇《辽金元时期》，《成都体育学院学报》1983 年第 4 期；第 6 篇《明清时期》，《成都体育学院学报》1984 年第 2 期。金启孮《中国式摔跤源出契丹蒙古考》，初刊《中国蒙古史学会成立大会纪念文集》，《内蒙古大学学报》1979 年第 3、4 期合刊，修订本参见金启孮、凯和《中国摔跤史——摔跤的源流和演变　中华民族对体育的贡献》第 4 章《五代十国时期的摔跤——相扑》，第 41—52 页。

④ （元）马端临：《文献通考》卷一四七《乐考》二十“散乐百戏”条，上海师范大学古籍研究所、华东师范大学古籍研究所点校，中华书局，2011 年，第 4421 页。

⑤ 《饶宗颐二十世纪学术文集》卷 8《敦煌学（上）》第 3 种《敦煌白画·敦煌卷轴画中之白画》，中国人民大学出版社，2009 年，第 437—438 页。

⑥ 参见郝招《敦煌“相扑”之管见》，《敦煌研究》2004 年第 1 期。

⑦ 参见金启孮《中国式摔跤源出契丹蒙古考》，初刊于《中国蒙古史学会成立大会纪念文集》，《内蒙古大学学报》1979 年第 3、4 期合刊，修订本参见金启孮、凯和《中国摔跤史——摔跤的源流和演变　中华民族对体育的贡献》第 5 章《宋代的摔跤——相扑》，第 53—70 页。

官方色彩显著，成员多从军中选拔，具有一定的官职，赛事多见诸国家举办的大型礼仪性活动。南朝每遇重大节庆或外交宴会，作为国家礼仪的重要组成部分，皆会安排高等级的相扑表演和比赛[①]。参与比赛的相扑力士统称“内等子”，于殿步诸军选膂力者充应名额，上、中、下三等，凡三十六人，隶属“御前忠佐军头引见司”[②]。后者的民间色彩显著，除却市肆和相扑社中的职业选手之外，成员多系临时参与的民众[③]，赛事多见诸京师或重要城市的“瓦肆”，具有浓郁的商业性质。北宋东京城共有六处市肆，这些市肆基本会有相扑表演或比赛[④]，而南宋临安城的护国寺南高峰露台争交，则须诸道州郡膂力高强者方可参会，具有全国擂台赛的意义[⑤]。南朝的唐式摔跤运动与图像系统，无论是“官相扑”，还是“私相扑”，其基本特征皆为裸体。如：陈袭在《葆光录》曾记述郎中孟粲在南朝招待北朝使节的宴会上目睹宫廷相扑之制，相扑力士赛前虽“尽被银画衫子”，然至“殿前对座”皆“裸身相打”[⑥]；司马光在《论上元令妇人相扑状》中，亦曾记述南朝上元节圣驾御宣德门观民间女相扑，以为“妇人裸戏于前”非“隆礼法示四方”之体[⑦]。以上皆与隋唐帝国时代的裸身角抵相似，具有明显的渊源关系。

契丹帝国的唐式摔跤运动与图像系统，虽然继承了隋唐帝国时代角抵的基本特征，但是仅在民间社会的“私相扑”中广泛存在，官方举办的“官相扑”则使用有如下文所述的阿尔泰民族传统的摔跤样式。早在唐僖宗朝，著名的宫中角抵高手蒙万赢，其数百从教弟子之中，即有来自有幽云地区者[⑧]，隋唐帝国解体以后，蒙氏子弟逐渐流散至中原诸藩镇，乃至辽海松漠之间，进而促使“官相扑”向“私相扑”的转变。契丹帝国的上京城，由于其设计者康默记为中亚粟特族裔与昭武九姓胡人，因而具有明显的中亚粟特城市的特

---

① （元）脱脱：《宋史》卷一四二《乐志》十七“教坊”条，第3348页。

② （宋）吴自牧：《梦粱录》卷二〇《角抵》，傅林祥注，山东友谊出版社，2001年，第291—292页。

③ 参见李季芳《中国古代摔跤史略》，第1篇《远古至秦汉时期》，《成都体育学院院刊》1978年第1期；第2篇《魏晋南北朝时期》，《成都体育学院院刊》1978年第2期；第3篇《隋唐五代时期》，《成都体育学院学报》1979年第1期；第4篇《两宋时期》，《成都体育学院学报》1979年第2期；第5篇《辽金元时期》，《成都体育学院学报》1983年第4期；第6篇《明清时期》，《成都体育学院学报》1984年第2期。

④ 分别是：内城潘楼街桑家瓦肆，外城梁门外州西瓦肆、旧曹门外朱家桥瓦肆、旧封丘门外新门瓦肆、新门外新门瓦肆、保康门外保康门瓦肆等。参见田银生《走向开放的城市——宋代东京街市研究》，三联书店，2011年，第97—100页。

⑤ （宋）吴自牧：《梦粱录》卷二〇《角抵》，傅林祥注，第291—292页。

⑥ （宋）陈袭：《葆光录》卷二，冉旭点校，见傅璇琮等主编《五代史书汇编·丙编》，第6300页。

⑦ 《司马文正公传家集》卷二三《章奏》第六《论上元令妇人相扑状》，见王云五主编《万有文库》第二集第四百五十四种，商务印书馆，1937年，第332页。

⑧ （宋）调露子：《角力记校注》卷三《考古》之“蒙万赢”条，翁世勋校注，人民体育出版社，1990年，第77—83页。

征——更加重视商业空间的规划与布局,在设计之初即在"汉城"中心设置"市楼",这一理念与实践要远远早于北宋东京城[①]。汉城"南当横街,各有楼对峙,下列井肆"[②],其中"有结绫锦诸工作、宦者、翰林、伎术、教坊、角抵、儒、僧尼、道士。中国人并、汾、幽、蓟为多"[③],是故辽代上京城市肆中的"角抵",大体上继承了隋唐帝国时代幽云地区角抵的形式,进而形成契丹帝国具有商业性质的"私相扑"。契丹帝国的唐式摔跤运动的典型图像资料,则见诸中京道兴中府城和武安州城附近的两处遗迹之上,前者系朝阳县南双庙乡石匠山摩崖石刻发现的角抵图像[④],后者系敖汉旗金厂沟梁镇娘娘庙村发现墓葬壁画发现的角抵图像[⑤],虽然两处图像保存得并不非常理想,但是尚可辨识其角抵力士裸身相扑的基本特征(图六)。

图六 辽中京道兴中府城与武安州城发现的角抵图像

(二)契丹帝国的阿尔泰式摔跤运动与图像系统

阿尔泰式摔跤运动与图像系统,是中古中国阿尔泰语系民族与国家摔跤运动与图像系统的主流形式。阿尔泰式摔跤运动,如果不考虑人员和场地的配置以及比赛规则和仲裁程序等因素,其基本特征为:壮士着衣相搏而角胜负——角力之士并非裸体,常配有无袖短衣、裙裤及筒靴。阿尔泰式摔跤运动与图像的典型,见诸西安客省庄104号匈奴贵族大墓出土的青铜牌饰中保存的角抵图像[⑥]:角力之士留匈奴发辫,上身似为赤裸,腰缠

① 参见辛蔚《辽代康默记粟特族属考论》,文章2014年6月提交美国哈佛大学费正清研究中心主办的"九至十五世纪的中国学术研讨会"(Conference on Middle Period China 800—1400),并在第32场论坛"族群认同与多样性"(Ethnic Identities and Diversities)交流与讨论,全文在线发表于会议网站:http://middleperiodchina2014.org。

② (元)脱脱:《辽史》卷三七《地理志》第一《上京道》,第441页。

③ (元)脱脱:《辽史》卷三七《地理志》第一《上京道》,第441页。

④ 华玉冰、万欣:《朝阳南双庙辽代石刻崖画调查清理简报》,《辽海文物学刊》1987年第2期。辽宁省文物考古研究所、朝阳市博物馆、朝阳县文物管理所:《辽宁朝阳县石匠山辽金元时期的摩崖石刻》,《考古》2004年第11期。

⑤ 邵国田:《敖汉旗娘娘庙辽代壁画墓》,《内蒙古文物考古》1994年第1期。

⑥ 参见中国社会科学院考古研究所《沣西发掘报告》,第138—140页。

束带，下身着长裤、鞋袜，躯体前倾，腿脚蜷曲，双方扭抱在一起，其后为各自配有鞍鞯辔头的骏马，背衬枝叶繁茂的阔叶树木。由于这件青铜牌饰出土于中原内地，因此不能排除其为特殊定制的可能，是故其纹饰可能存在中原内地与北方阿尔泰民族地区相互交流的文化现象，然而角力之士并非完全裸体这一特征，则与中原地区的摔跤运动与图像系统判然而别。

阿尔泰式摔跤运动在东胡族系民族与国家之中有着完整的发展脉络。北魏盛乐时代，初现角力之士着短衣短裤竞技的全新模式，典型图像见诸盛乐城遗址出土的孩童摔跤纹瓦当[①]。孝文帝前后发生新的变化：北魏平城时代，在服饰上出现了长衣长裤的形式，如平城永宁寺遗址出土的石雕方砚上的摔跤图像[②]；北魏洛阳时代，在竞技上出现了与武术结合的现象，如嵩山少林寺稠禅师的“角力腾趠”之戏[③]，显然双方皆是以着衣为基本特征的。根据《续高僧传》的记载，洛阳永宁寺天竺僧勒那漫提与玄武馆柔然客使相友善，时綦毋怀文谏之曰：北狄之人其所知者惟角技与赌马耳[④]，说明摔跤与赛马是东胡族系民族与国家最负盛名的两项体育活动。关于阿尔泰式摔跤运动的基本竞技形式，《魏书·奚康生传》有着详细的描述：正光二年(1521)三月，肃宗朝灵太后于西林园，文武侍坐，酒酣迭舞。次至康生，乃为力士舞，及于折旋，每顾视太后，举手、蹈足、瞋目、颔首为杀缚之势[⑤]。虽然目前暂时不能确定阿尔泰式摔跤运动在突厥、东胡、通古斯族系内部的共时性演变规律，但是从已知的历时性材料分析，大概在北魏时期应当同时存在新旧两种形式：前者类似鲜卑所操持的上身非赤裸、下身着短裤或长裤相互竞技的模式；后者类似匈奴所操持的上身赤裸、下身着短裤或长裤相互竞技的模式。契丹帝国正处于承上启下的关键环节，有如下述。蒙元帝国时代，根据《克拉维约东使记》[⑥]和《水浒传》[⑦]的记载，帖木儿帝国宫廷力士即采用新式摔跤，上身皆着无袖之皮褡裢，下身想必另有长裤和皮靴，而泰安州擂台与燕青对垒的任原则采用旧式摔跤，上身赤裸须脱去棉袄，下身着腰带、衬裤、护膝和踢鞋。这两种形式大体一直延续至清代，如乾隆时期纪实绘画《塞宴

---

① 王大方、刘刚：《活泼有趣的北魏“孩童摔跤游戏瓦当”》，《内蒙古文物考古》2006年第1期。王大方：《内蒙古出土北魏童子角抵瓦当》，《中国历史文物》2006年第5期。

② 解廷琦：《大同市郊出土北魏石雕方砚》，《文物》1979年第7期。

③ (唐)张鷟：《朝野佥载》卷二：“北齐稠禅师，邺人也。幼落发为沙弥。时辈甚众，每休暇，常角力腾趠为戏。”赵守俨点校，中华书局编《唐宋史料笔记丛刊》，中华书局，1979年，第39—40页。

④ (唐)释道宣：《续高僧传》卷二六《感通》上《魏洛京永宁寺天竺僧勒那漫提传》，郭绍林点校，中华书局编《中国佛教典籍选刊》，中华书局，2014年，第977—979页。

⑤ (北齐)魏收：《魏书》卷七三《奚康生传》，中华书局，1974年，第1629—1633页。

⑥ [土耳其]奥玛·李查(ö.R.Dorul)：《克拉维约东使记》第13章《撒马尔罕(二)》，杨兆钧译，商务印书馆编《汉译世界学术名著丛书》，商务印书馆，1985年，第142页。

⑦ (明)施耐庵：《水浒传》第七十四回《燕青智扑擎天柱　李逵寿张乔坐衙》，人民文学出版社编《中国古典文学读本丛书》，人民文学出版社，1975年，第1020页。

四事图》即分为甲乙两组:前者上身穿紧身半袖衣,腰束围巾,下身穿长裤且挽至长靴之内,足不赤裸且着高筒长靴;后者上身赤裸,腰不束围巾,下身穿长裤且挽至膝盖之上,足亦赤裸且不着靴①。

契丹帝国的阿尔泰式摔跤运动与图像系统,在第二次南北朝时代的文化背景之下,逐渐被纳入到最高国家礼仪系统之中,进而成为"官相扑"的主流形式。契丹帝国的"正月朔日朝贺礼"②中,"角抵"在"元会"与"宴会"之间,起到重要的间歇作用。在对内性质的礼仪之中,如"皇帝纳后仪"③"册皇后仪"④"皇帝生辰仪"⑤等,为强调草原传统,特别将"角抵"与"戏马"从"百戏"中独立出来⑥以固本色;在对外性质的礼仪之中,如"曲宴诸国使仪"⑦"曲宴宋国使仪"⑧等,为彰显国力,北朝特别将"角抵"安排在"歌曲破""酒九行"之后⑨(较前者多行酒两重⑩)以示礼遇。以上北朝最高国家礼仪系统中的摔跤运动皆为阿尔泰式,这与南朝使节张舜民在《画墁录》中的记述完全吻合,其在北朝招待南朝使节宴会上所目睹之宫廷相扑之制,即为上身着短衣的阿尔泰式摔跤⑪。契丹帝国的民间,阿尔泰式摔跤多在契丹人中流行,而唐式摔跤多在汉人中流行。兴宗皇帝即曾在皇子胡庐斡诞生日时,于驸马撒八宁府第,命契丹卫士与汉人家臣角抵以助兴⑫,这是一次著名

---

① 邵文良:《中国古代体育文物图集》,香港人民体育出版社,1986年,第90—92页。

② (元)脱脱:《辽史》卷五四《乐志》之《国乐》之"正月朔日朝贺",第882页。

③ (元)脱脱:《辽史》卷五二《礼志》之《嘉仪(上)》之"皇帝纳后之仪",第863—864页。

④ (元)脱脱:《辽史》卷五四《乐志》之《散乐》之"册皇后仪",第891页。

⑤ (元)脱脱:《辽史》卷五四《乐志》之《散乐》之"皇帝生辰乐次"条,第891—892页。

⑥ 如"皇帝纳后仪"与"册皇后仪"等。

⑦ 元修《辽史》虽然并无"曲宴诸国使仪",但是本文根据太宗《本纪》天显四年(929)正月壬申朔"宴群臣及诸国使,观俳优角抵戏"和七年(932)六月庚辰"观角抵戏"两条文献推定应该是存在的,参见(元)脱脱《辽史》卷三《太宗本纪》上,第30、34页。

⑧ (元)脱脱:《辽史》卷五四《乐志》之《散乐》之"曲宴宋国使乐次",第892—893页。

⑨ 如"曲宴宋国使仪"等。

⑩ 如"皇帝生辰仪"等。

⑪ (宋)张舜民:《画墁录》,台湾商务印书馆编《文渊阁四库全书》子部小说家类第1037册,台湾商务印书馆,1982—1986年,第158页下。

⑫ (元)脱脱:《辽史》卷一九《兴宗本纪》重熙十年(1041)十月辛卯条,第226页。

的阿尔泰式摔跤运动与唐式摔跤运动的直接对垒和双向交流活动[①]。契丹贵族和平民常见“摔跤手”之名，诸如：太祖时期，奚王舍利袍古[②]；穆宗时期，朝唤鹿人铺姑[③]；圣宗时期，元帅耶律斜轸麾下判官蒲姑[④]、北府宰相萧朴（又作普古）[⑤]、惕隐耶律蒲古[⑥]；兴宗时期，乌古节度使耶律普古[⑦]；天祚帝时期，梁国王高祖萧普古[⑧]等。另有，世系暂不可考的横帐普古大王[⑨]。契丹帝国的阿尔泰式摔跤运动的典型图像资料，见诸东京道东京城附近出土的八角形白釉陶瓷罐，这件器物上的图像表现了完整的着短衣短裤竞技的阿尔泰新式摔跤运动的全过程，对此鸟居龙藏先生[⑩]和金启孮先生[⑪]等均有精彩的论著（图十）。

此外，契丹帝国的阿尔泰新式摔跤运动与下文详述的粟特式摔跤运动，亦存在一定程度的交流，例如罗马帝国时代，由于女士经常着男装假扮裁判混迹于决斗现场，并将象征胜利的花环颁发给心仪的斗士，因此特别规定裁判必须赤身裸体端坐在花环后面，以杜绝此现象[⑫]，而契丹帝国东京道发现的这件角抵图像同样出现了端坐在鲜花后面的半赤裸的裁判，只是将象征胜利的花环由“棕榈”改换为“荷花”。

---

① 需要特别指出的是：虽然金启孮、凯和先生对此次对垒在中国摔跤史上的意义给予高度评价，但是针对对垒双方的人选问题，本文有不同的理解。兴宗皇帝命卫士与汉人角抵，其中的“卫士”自然是随行的契丹侍卫，而“汉人”则应当是驸马撒八宁府第的汉人家臣，不一定是金启孮、凯和先生所推定的从上京城市肆请来的角抵高手，因为根据《本纪》的记载，兴宗皇帝在皇子胡庐斡诞生日的前后，分别在马盂山和中京城附近活动，是故驸马撒八宁府当在中京境域而不在上京境域。当然，中京城内亦有市肆角抵则需另当别论。参见金启孮《中国式摔跤源出契丹蒙古考》，初刊《中国蒙古史学会成立大会纪念文集》，《内蒙古大学学报》1979年第3、4期合刊，修订本参见金启孮、凯和《中国摔跤史——摔跤的源流和演变　中华民族对体育的贡献》第6章《辽金的摔跤——拔里速戏》，第71—85页。

② 向南、张国庆、李宇峰：《辽代石刻文续编·大王记结亲事碑》，第1—2页。

③ （元）脱脱：《辽史》卷七《穆宗本纪》应历十八年（968）九月己亥条，第86页。

④ （元）脱脱：《辽史》卷一一《圣宗本纪》统和四年（986）五月癸未条，第122页。

⑤ （元）脱脱：《辽史》卷一七《圣宗本纪》太平五年（1025）十二月戊辰条，第198页；又，卷八〇《萧朴传》，第1280—1281页。

⑥ （元）脱脱：《辽史》卷八七《耶律蒲古传》，第1336页。

⑦ （元）脱脱：《辽史》卷六六《皇族表》之《季父房不知世次》，第1020页；又，卷一〇五《耶律铎鲁斡传》，第1463—1464页。

⑧ 参见韩世明、吉本智惠子《梁国王墓志铭文初释》，《民族研究》2007年2期。

⑨ （元）脱脱：《辽史》卷三七《地理志（一）·上京道·松山州》，第450页。

⑩ 参见［日］鸟居龙藏《契丹的角抵》，《燕京学报》1941年第29期。

⑪ 参见金启孮《中国式摔跤源出契丹蒙古考》，初刊《中国蒙古史学会成立大会纪念文集》，《内蒙古大学学报》1979年第3、4期合刊，修订本参见金启孮、凯和《中国摔跤史——摔跤的源流和演变　中华民族对体育的贡献》第6章《辽金的摔跤——拔里速戏》，第71—85页。

⑫ 参见［英］约翰·基甸·米林根（J.G.Millingen）著《西方决斗史》第1卷第2章《古代的决斗》，荀峥译，中央编译出版社，2012年，第8页。

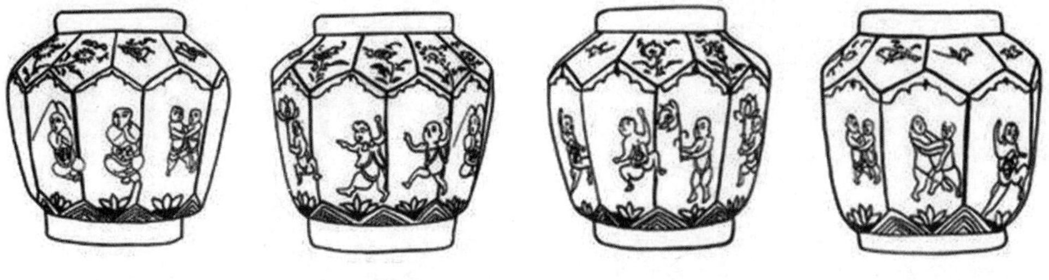
第一面　第二面　第三面　第四面

图七　辽东京道东京城发现的角抵图像

(三)契丹帝国的粟特式摔跤运动与图像系统

粟特式摔跤运动与图像系统,是中古中国与东亚世界外来摔跤运动与图像系统的主流形式。粟特式摔跤运动,如果不考虑人员和场地的配置以及比赛规则和仲裁程序等因素,其基本特征为:壮士着常服相搏而角胜负——双方角斗色彩浓郁且常致对手于死地。由于中古时期的中亚粟特人将西方世界的角斗运动传播至东方世界,因此本文泛称其为粟特式摔跤运动。粟特式摔跤运动与图像的典型,见诸敦煌莫高窟第61窟西壁壁画上的角抵图像[①]:角力之士配"Ψ"形发饰,上身着及膝长衣,开领右衽、圆袂广袖、束腰博带,下身着没足长裤,基本与隋唐以来的常服类似。敦煌莫高窟第61窟实为归义军节度使粟特曹氏集团修建,兼具回鹘王室和于阗王室的供养背景[②],尽管石窟的整体风貌与中原五台山佛教艺术息息相关[③],然而角力之士既非赤身裸体,亦无特制衣裤,而是着中原常服这一特征,则与前述唐式摔跤运动与图像系统和阿尔泰式摔跤运动与图像系统完全不同(图八)。

粟特式摔跤运动大体有三个渊源:其一,欧洲大陆上的角斗式摔跤运动。6世纪初,勃艮第国王贡多巴德(Gundobd)确立了"神裁法"[④],进而使得武力角斗合法化。虽然粟特"胡律"中的"神裁法"暂不明晰,但是根据《旧唐书·刑法志》的记载其似乎是存在的,时京兆府云阳县人张莅欠羽林官骑康宪钱米,宪征之不得,莅承醉拉宪,气息将绝,宪男

① 李重申:《敦煌古代体育文化》第3章《敦煌体育文化的内容》,甘肃人民出版社,2000年,第29—34页。

② 参见荣新江《于阗王国与瓜沙曹氏》,初刊《敦煌研究》1994年第2期,收入荣新江、朱丽双《于阗与敦煌》第5章《于阗与沙洲归义军的交往》,见敦煌讲座书系编委会编《敦煌讲座书系丛书》,甘肃教育出版社,2013年,第107—150页。

③ 参见张惠明《敦煌〈五台山化现图〉早期底本的图像及其来源》,《敦煌研究》2000年第4期。

④ 参见[英]约翰·基甸·米林根(J.G.Millingen)著《西方决斗史》第1卷第3章《决斗的起源》,荀峥译,第16—28页。

图八　敦煌莫高窟第61窟归义军时期彩绘壁画上的角抵图像

买得年十四，将救其父，以莅角抵过人，遂以木击莅致伤乃死[①]。虽然根据唐律杀人当死待无异议，但是根据"神裁法"角斗致死当不负责任，因其救父心切，且未使用兵器，故穆宗皇帝特赦曰：买得尚在童年，能知子道，虽杀人当死，而为父可哀。若从沉命之科，恐失原情之义，宜付法司，减死罪一等[②]。这一案例即反映了隋唐帝国的"律令法"与粟特"胡律"之间的冲突与调适，同时亦说明粟特式摔跤运动具有明显的角斗色彩且不能使用兵器。其二，印度次大陆上的天竺式摔跤运动。《法苑珠林》注引《兴起行经》，时刹帝利抱婆罗门，右手捺颈，左手捉跨，两足蹵之，挫折其脊，如折甘蔗，撑之三旋，使众人见，然后扑地死[③]。虽然佛教与角抵因佛传故事中"角力议婚"的情节而有着天然的联系[④]，且五代时期江南地区的唐式摔跤健将大多参禅[⑤]，但是天竺式摔跤运动的角力致死并不符合佛教的意识形态，因而其技法大多为粟特式摔跤运动所吸纳。其三，中央欧亚大陆上的斯基泰式摔跤运动。乌克兰草原斯基泰墓葬曾出土一件黄金牌饰[⑥]，角抵力士交颈角力，左臂捉对方腰，右臂扼对方颈，身体前驱，双腿前后各呈弓步，双方腰间皆配有短剑，着长衣长裤且有绑腿。虽然这件斯基泰黄金牌饰与前述匈奴青铜牌饰中的角抵姿势非

① (后晋)刘昫:《旧唐书》卷五〇《刑法志》,中华书局,1975年,第2155页。

② (后晋)刘昫:《旧唐书》卷五〇《刑法志》,第2155页。

③ (唐)释道世:《法苑珠林校注》卷五九《谋谤篇·宿障部·佛患背痛缘》,周叔伽、苏晋仁校注,中华书局编《中国佛教典籍选刊丛书》,中华书局,2003年,第1757页。

④ 樊锦诗、马世长:《莫高窟第290窟佛传故事画》,《敦煌研究》1983年全一期。

⑤ 参见金启孮《中国式摔跤源出契丹蒙古考》,初刊《中国蒙古史学会成立大会纪念文集》,《内蒙古大学学报》1979年第3、4期合刊,修订本参见金启孮、凯和《中国摔跤史——摔跤的源流和演变　中华民族对体育的贡献》第4章《五代十国时期的摔跤——相扑》,第41—52页。

⑥ 马健:《草原霸主:欧亚草原早期游牧民族的兴衰史》第2章《斯基泰人的生活习俗》,商务印书馆编《丝瓷之路博览丛书》,商务印书馆,2014年,第61—62页。

常近似，但是斯基泰式摔跤运动的常服配剑并不符合阿尔泰民族的竞技原则，因而其技法大多为粟特式摔跤运动所吸纳。因此，粟特式摔跤运动，实是在欧洲角斗性质的“神裁法”的支配下，混同了天竺式摔跤运动与斯基泰式摔跤运动的若干技法，着常服竞技，虽然可以杀人致死，但是不允许携带兵器。粟特式摔跤运动在中古中国与东亚世界，经由从汉武帝至窝阔台的长期推行，逐渐成为与唐式摔跤运动、阿尔泰式摔跤运动并列的形式，诸如：汉武帝时期，金日磾角杀何罗①；晋武帝时期，庾东角杀西域健胡②；北齐后主时期，何猥萨角杀高绰③；唐穆宗时期，张莅角杀康宪④；唐武宗时期，宰相李绅命冯五千备捕杀西胡丑夷⑤；前蜀王衍时期，石彦能角败释述⑥；窝阔台时期，亦曾钦命波斯力士与蒙古力士角抵⑦，这是一次著名的粟特式摔跤运动与阿尔泰式摔跤运动的直接对垒和双向交流活动⑧。同时，由于粟特式摔跤运动可以杀人致死，因此往往成为高层政治人物之间权力斗争乃至政治谋杀的通行手段。此外，隋唐帝国时代，粟特式摔跤运动亦被纳入国家最高宗教系统之中，实是“毗沙门天王”祭祀活动的重要组成部分，如长庆三年(823)，穆宗皇帝先是于十一月御通化门，观作毗沙门神⑨，又于十二月御望仙门，特赐章敬寺毗沙门神额曰毗沙门天王，导以幡幢，遂举乐、杂戏、角抵，极欢而罢⑩。

契丹帝国的粟特式摔跤运动与图像系统，与契丹帝国的中古三夷教的联系非常密切。太祖在平定诸弟之乱时，虽然《辽史》极力宣扬太祖的宽宏和隐忍，但是实际上皆为宗教裁判。譬如处理昆弟集团党魁于越耶律辖底、迭剌部夷离堇迭里特父子，有司处以

---

① (汉)班固：《汉书》卷六八《金日磾传》，(唐)颜师古注，中华书局，1962年，第2959—2963页。

② (唐)房玄龄：《晋书》卷九二《庾阐传》，中华书局，1974年，第2384—2386页。

③ (唐)李百药：《北齐书》卷一二《南阳王绰传》，中华书局，1972年，第159—160页。

④ (后晋)刘昫：《旧唐书》卷五〇《刑法志》，中华书局，1975年，第2155页。

⑤ (宋)王谠：《唐语林校证》卷四《豪爽》，周勋初校证，见中华书局编《唐宋史料笔记丛刊》，第337—432页；(宋)李昉：《太平广记》卷二六九《酷暴(三)》，汪绍楹点校，中华书局，1961年，第2111—2112页。

⑥ (宋)薛居正：《旧五代史》卷一三六《王衍传》，中华书局，1976年，第1819—1822页。

⑦ [瑞典]多桑(C.D.Ohsson)：《多桑蒙古史》第2卷第1章，冯承钧译，中华书局编《中外关系史名著译丛》，中华书局，2004年，第231—232页。

⑧ 关于此次对垒与交流在中国摔跤史上的意义的评价，参见金启孮《中国式摔跤源出契丹蒙古考》，初刊《中国蒙古史学会成立大会纪念文集》，《内蒙古大学学报》1979年第3、4期合刊，修订本参见金启孮、凯和《中国摔跤史——摔跤的源流和演变　中华民族对体育的贡献》第7章《元代的摔跤——蒙古式角力》，第86—104页。

⑨ (后晋)刘昫：《旧唐书》卷一六《穆宗本纪》，第503页。

⑩ (宋)王钦若：《册府元龟》(影印明崇祯刻本)卷五二《帝王部·崇释氏(二)》，台湾“中华书局”股份有限公司、宗青图书馆出版有限公司，1996年，第580页上。

绞缢，临刑，太祖不忍屠戮，问之以国是，因陈析迭剌部之策[①]，遂命自投崖死[②]；再如处理昆弟党羽三百余人，以人命至重、死不复生，特赐宴一日，随其平生所好，或酒酣歌舞、或戏射角抵，各极其意，翌日以轻重论刑[③]。根据祆教经典《阿维斯塔》的记载，将谎言者和毁约者"跌落死亡的谷底"实是处罚罪异的极端形式[④]，而具有明显角斗色彩的"粟特式摔跤运动"则恰好是政治谋杀的通行手段。太祖将于越耶律辖底、迭剌部夷离堇迭里特父子由"绞缢"改为"自投崖死"，在政治上顾及了昆弟集团的情面，而在宗教上则使之永世不得翻身，对于其党羽则通过"粟特式摔跤运动"实现"神裁"，剪除其罪大恶极的爪牙。契丹帝国的粟特式摔跤运动与图像资料，目前暂未发现内容和性质判断明确者，有待从现有的资料中作进一步的甄别。

要之，对于中古中国与东亚世界的摔跤运动与图像系统的研究，虽然中国辽金契丹女真史学界取得了丰硕的成果，但是对于契丹帝国的摔跤运动与图像系统的渊源与演变，以及上述三种摔跤运动与图像系统之间的区别与联系等问题，依然缺乏系统深入的研究[⑤]。从辽代真寂寺新发现石刻人物图像的特征来判断，由于其造型为上身赤裸，下身着短裤和皮靴，既非唐式摔跤运动与图像系统的完全赤裸，亦非粟特式摔跤运动与图像系统的普通常服，显然属于阿尔泰式摔跤运动与图像系统，只是由于阿尔泰式摔跤运动与图像系统的内部，亦可分为着特制制服的"新式"摔跤和上身赤裸的"旧式"摔跤两种，因此图像在性质上应当属于契丹帝国的阿尔泰式摔跤运动与图像系统中的"旧式"摔

---

① (元)脱脱：《辽史》卷一二〇《耶律辖底传》，第1498—1499页。

② (元)脱脱：《辽史》卷一《太祖本纪》，开国七年(913)六月，"以夷离堇涅里衮附诸弟为叛，不忍显戮，命自投崖而死"，第8页。

③ (元)脱脱：《辽史》卷一《太祖本纪》，开国八年(914)正月，"有司所拘逆党三百余人，狱既具，上以人命至重，死不复生，赐宴一日，随其平生之好，使为之。酒酣，或歌、或舞、或戏射、角抵，各极其意。明日，乃以轻重论刑"，第9页。

④ 参见[伊朗]贾利尔·杜斯特哈赫(J.Doostkhah)选编《阿维斯塔：琐罗亚斯德教圣书》第1卷《萨迦》第1篇《阿胡纳瓦德·伽萨》第30章《亚斯纳》第4节，"世界末日到来之时，真诚、善良者将在天国享受阿胡拉的恩典和光辉，虚伪、邪恶之徒将跌落阿赫里曼黑暗的地狱"；又，第3卷《亚什特》第10篇《梅赫尔·亚什特》第9章第41节，"假如领有辽阔原野的梅赫尔已恼羞成怒，而人们仍不尽力博得他的欢心，那么梅赫尔将从正面出击，(使谎言者和毁约者)胆战心惊；拉申将从背面出击，(使他们)恐惧万分；纯洁的索鲁什与其他的护卫神一起，将从四面出击，摧毁他们的阵营，使之跌落死亡的谷底"，元文琪译，商务印书馆，2005年，第12、176—177页。

⑤ 有关契丹帝国的摔跤运动与图像系统的研究，参见金启孮《中国式摔跤源出契丹蒙古考》，初刊《中国蒙古史学会成立大会纪念文集》，《内蒙古大学学报》1979年第3、4期合刊，修订本参见金启孮、凯和《中国摔跤史——摔跤的源流和演变　中华民族对体育的贡献》；冯继钦《契丹人的几项体育活动》，《求是学刊》1991年第4期；郭康松《辽代娱乐文化之研究》，《北方文物》1995年第1期；张松柏《辽代的摔跤运动——从敖汉旗娘娘庙辽墓摔跤壁画谈起》，《内蒙古文物考古》1997年第1期。

跤殆无异议。阿尔泰式摔跤运动在东胡族系民族与国家之中，特别是其在鲜卑—契丹—蒙古的发展序列中，大概从北魏盛乐时代伊始，着特制制服的“新式”摔跤运动似乎成为主流形式，上身赤裸的“旧式”摔跤运动则退居其次，较为罕见，从这一角度而言，辽代真寂寺新发现石刻人物图像则起到承上启下的关键作用。因为在契丹帝国的阿尔泰式摔跤运动与图像系统之中，仅在前述东京道出土的陶瓷器皿上发现了“新式”摔跤运动的图像，而“旧式”摔跤运动的图像则暂未发现。此外，需要特别指出的是：关于中古中国与东亚世界的“摔跤”与“手搏”的关系问题，本文对此默认“摔跤”与“武术”为两个平行概念，在广义的“角抵”泛称“百戏”的特定阶段，“手搏”与狭义的“角抵”当有着共同的起源，而在少林武术兴起之后，“角抵”与“手搏”则不应视为同一种竞技运动①。

下　皮室：契丹帝国的金刚力士信仰与图像系统

皮室，又作“比室”，契丹小字形式暂不明确，契丹语拟音“biši*”②，本意“坚固”，引申意“御帐亲军”，汉意“金刚力士”。太祖应天皇后居守之际，摘组蕃汉精锐为属珊军，太宗益选天下精甲，置诸爪牙为皮室军③。佛教意义的“金刚力士”，契丹小字作“”④，契丹语拟音“kimkaŋ*”⑤，契丹语源自汉语“金刚”，汉语“金刚”系梵语“Vajra”之意译，即“金中最刚”者。契丹帝国的御帐亲军称“皮室军”，意取“金刚力士”，即暗示着契丹帝国佛王传统的长期存在，然而契丹帝国佛教美术上的金刚力士图像，则多见诸佛塔艺术，而石窟艺术则较为多见。

中古中国与东亚世界的金刚力士图像在石窟艺术中，大体经历了三次较为显著的变化：其一，北魏平城时代，以云冈石窟第8、9、10窟为代表，呈现出头戴冠，上身穿衣着甲，

---

① 关于少林武术兴起之前的“角抵”与“手搏”的关系的研究，参见马明达《“手搏”初探》，初刊《中华武术论丛》第1辑，1987年，修订本收入马明达《说剑丛稿》(增订本)第1卷第5篇《“手搏”初探》，中华书局，2007年。

② 孙伯君、聂鸿音：《契丹语研究》，第91页。

③ (元)脱脱：《辽史》卷三五《兵卫志》，第401页。

④ 参见盖之庸、齐晓光、刘凤翥《契丹小字〈耶律副部署墓志〉考释》，《内蒙古文物考古》2008年第1期。

⑤ 关于“金刚”的契丹小字形式的考释和拟音，前者据盖志庸、齐晓光、刘凤翥先生《契丹小字〈耶律副部署墓志铭〉考释》和《辽上京地区出土的辽代碑刻汇辑・已经释读的契丹小字语词》确定，后者系笔者据清格尔泰先生《契丹小字釋読問題》对契丹小字原字的拟音而拟定。参见盖志庸、齐晓光、刘凤翥先生《契丹小字〈耶律副部署墓志铭〉考释》，《内蒙古文物考古》2008年第1期；刘凤翥、唐彩兰、青格勒《辽上京地区出土的辽代碑刻汇辑》附录3《已经释读的契丹小字语词》，中国社会科学院编《中国社会科学院老年学者文库》，第486页；清格尔泰、吴英喆《契丹小字釋読問題》。

下身着短裙，一手持金刚杵，一手持三股叉的形象，进而摆脱了释迦、菩萨、金刚力士三联尊的基本态势，逐渐开始成双出现，遂发展成为石窟或寺院的守护神。其二，北魏洛阳时代，以龙门石窟宾阳中洞和火烧洞为代表，呈现出头戴冠、上身赤裸，披"X"形帔帛，下身着短裙，一手持金刚杵，一手展掌或握拳撑于胸前的形象。金刚力士脱去甲衣之后，穿着甲衣的四大天王造像逐渐兴起。其三，隋唐帝国时代，以龙门石窟静善寺窟和奉先寺窟为代表，呈现出头戴冠、上身赤裸，或饰璎珞，下身着短裙，双手空持拳势，面目狰狞，肌肉健硕，这种形式逐渐成为风靡东亚世界的典型形象[①]。

契丹帝国大兴安岭南麓的佛教石窟艺术，实是北魏平城中央京畿地区的佛教石窟艺术在松漠之间的自然延续与顺势发展。6世纪前后，北魏中央京畿地区的石窟艺术以平城为中心，逐渐向丝绸之路的东西两翼拓展，进而影响到西域和海东：一方面，西域地区敦煌石窟的金刚力士造像在6世纪的前后经历了深刻的变化。6世纪之前，敦煌石窟的金刚力士主要受龟兹克孜尔石窟的影响，呈现出单一出现的菩萨形金刚力士和武士形金刚力士两种形态，前者以第254窟为代表，后者以第257窟为代表，且都流行于同一时期，不存在时间上的变化关系。6世纪之后，敦煌石窟的金刚力士主要受内地云冈石窟和龙门石窟的影响，菩萨形和武士形金刚力士变化为成双出现的上身着"X"式天衣，下身着短裙的赤裸形金刚力士形象[②]；一方面，辽海地区万佛堂石窟的金刚力士造像与敦煌石窟的情况相仿。6世纪之前，万佛堂石窟的金刚力士受云冈石窟的影响，以西区第1窟为代表，出现了成双出现的武士形金刚力士形象。6世纪之后，万佛堂石窟的金刚力士造像受龙门石窟的影响，以东区第6窟为代表，出现了成双出现的上身着"X"式天衣，下身着短裙的赤裸形金刚力士形象[③]。关于辽代真寂寺石窟的具体创建年代问题，尽管中国辽金契丹女真史学界对此暂无定论，然而笔者推定应当在兴宗皇帝重熙年间：一方面，根据真寂寺石窟窟顶"真寂之寺"的寺额石刻，其中"真"字阙笔，"真"字中的三横仅为两横，实是避兴宗皇帝"耶律宗真"之讳；一方面，根据真寂寺寺院"真寂之寺"的寺名涵意，其中"真寂"蕴涵着契丹佛教"灭法重生"的思想，其节点即在兴宗皇帝重熙二十一年(1052)。辽代真寂寺石窟受北魏万佛堂石窟的影响，其主窟两侧的附窟和山门之上皆有成双出现的金刚力士造像，并且呈新旧两种图像并存的态势。出现这种情况的根本原

---

① 关于中古中国与东亚世界金刚力士造像在石窟艺术中的断代分期与变化特征的研究，参见李柏华《佛教造像中的力士像与天王像》，《文博》2000年第5期；[韩]林爱玲《敦煌石窟北魏时期金刚力士的"汉化"过程》，《中华文化论坛》2008年第4期。

② 6世纪前后，北魏中央京畿地域的石窟艺术在西域地区，尤其是敦煌石窟的传播与变化的状态，最早是由林爱玲先生发现和阐释的，参见[韩]林爱玲《敦煌石窟北魏时期金刚力士的"汉化"过程》，《中华文化论坛》2008年第4期。

③ 6世纪前后，北魏中央京畿地域的石窟艺术在海东地区，尤其是万佛堂石窟的传播与变化的状态，则是笔者在林爱玲先生的理论的基础上，进一步发现和阐释的。

因,实是契丹佛教艺术在借鉴北魏佛教艺术的过程中,将万佛堂石窟新旧两种图像的历时性关系,转化为真寂寺石窟新旧两种图像的共时性关系而已。由于辽代真寂寺石窟为上京城近畿地区保存最完好的石窟寺遗址,因此其在契丹帝国的佛教美术史上具有极其重要的特殊性和典型性[①]。

是故,第二次南北朝时代,契丹帝国的金刚力士信仰与图像系统,大体在此基础上,同时存在两个子系统:

(一)契丹帝国的旧式金刚力士图像系统

契丹帝国的旧式金刚力士图像系统,以武士形象为基本特征,根据其所披甲胄的形态,大体复分为两种形式:一种为着唐式甲胄的武士形象,一种为着契丹式甲胄的武士形象。前者所披明光甲华美繁缛,大多单手仗剑,剑锋向上指天,周身有当风飘带,风格写意;后者所披明光甲简约实用,大多双手扶仪刀,刀锋向下接地,周身无当风飘带,风格写实。这两种金刚力士图像的形式,实是处于长期并存的流行状态。

辽上京真寂寺石窟主窟两侧的附窟的金刚力士造像即为着契丹式甲胄武士形象:力士昂首,束发免冠,上身披明光甲,下身着短裙,双手扶仪刀接地,腰间左侧系马刀,腰间右侧系胡禄,足着皮靴,体态呈"C"字形前倾。类似的图像,亦见诸兴中府延昌寺塔(朝阳北塔)出土的石雕造像[②]。虽然前者没有后者的头盔,后者没有前者的胡禄和马刀,但是双方皆着简约实用的契丹式明光甲,双手扶仪刀接地,体态呈"C"字形前倾等基本特征则是相同的,说明双方应当拥有共同的系统渊源和流行时段(图九)。

兴中府延昌寺塔(朝阳北塔)出土的金刚力士造像,并不是天宫或地宫正式安奉的法物,实是在佛塔内部的一个涵洞内发现的,显然是在修葺过程中淘汰的既有文物,而在天宫和地宫正式安奉的法物,如天宫石函门和木胎包银舍利函[③]上的金刚力士图像则皆着唐式甲胄。这种情况说明:契丹帝国的旧式金刚力士图像系统,大体在兴宗朝重熙十三年(1044)前后,实现由着契丹式甲胄的金刚力士形象向着唐式甲胄的金刚力士形象的转换,当然这种变化仅仅是图像流行意义的主流形态和非主流形态的区别而已。

从契丹帝国的旧式金刚力士图像系统中两种形式图像的关系角度来考察,兴宗朝时期的契丹佛教艺术,尤其是石窟和佛塔中的金刚力士,明显可以分为两个时段:兴宗朝前期,主要流行着契丹式甲胄的金刚力士,如上京真寂寺石窟主窟两侧的附窟造像和兴中府延昌寺塔(朝阳北塔)的出土石雕等;兴宗朝后期,主要流行着唐式甲胄的金刚力士,如

---

① 参见辛蔚《辽代真寂寺石窟历史与考古研究》(待刊)。

② 辽宁省文物考古研究所、朝阳市北塔博物馆:《朝阳北塔:考古发掘与维修工程报告》,文物出版社,2007年,彩色图版76。

③ 辽宁省文物考古研究所、朝阳市北塔博物馆:《朝阳北塔:考古发掘与维修工程报告》,彩色图版47。

图九 辽兴中府延昌寺塔和上京真寂寺的旧式金刚力士对比图

兴中府延昌寺塔(朝阳北塔)天宫石函门[①]和庆州释迦佛舍利塔(庆州白塔)影门[②]等。道宗朝以来,两种形式图像则呈现明显的相互交融的状态,尽管成双的金刚力士大多着唐式甲胄,然而却出现了一人持剑指天,一人持剑指地(由仪刀接地的姿势变化而来)的组合形式,并由佛教艺术拓展至墓葬艺术,如库伦一号墓壁画[③]和叶茂台十六号墓(萧义墓)壁画[④]等。

(二)契丹帝国的新式金刚力士图像系统

契丹帝国的新式金刚力士图像系统,以壮士形象为基本特征,根据其所着服饰的形态,大体复分为两种形式:一种为上身披云肩的唐式非赤裸壮士形象,一种为上身赤裸的契丹式赤裸壮士形象。前者所披明云肩华美繁缛,大多单手持金刚杵,人物成双出现时,一人杵锋向上指天,一人杵锋向下指地,常现天王仪态;后者则赤裸上身无披云肩,大多单手持金刚杵,人物成双出现时,杵锋皆向上指天,常现力士仪态;同样,这两种金刚力士图像的形式,实是处于长期并存的流行状态。

辽上京真寂寺山门两侧的金刚力士造像即为上身赤裸的契丹式壮士形象:力士端

---

① 辽宁省文物考古研究所、朝阳市北塔博物馆:《朝阳北塔:考古发掘与维修工程报告》,第65页。

② 张汉君:《辽庆州释迦佛舍利塔营造历史及其建筑构制》,《文物》1994年第12期。

③ 王健群、陈相伟:《库伦辽代壁画墓》,文物出版社,第17—18页。

④ 温丽和:《辽宁法库县叶茂台辽萧义墓》,《考古》1989年第4期。

首，束发免冠，上身赤裸，下身着倒“山”字形短裙，左手持金刚杵杵锋指天，右手曲于腹前空持拳势，腰系束带，外围捍腰，足着皮靴，体态呈“A”字形立定。类似的图像，亦见诸蓟州独乐寺山门两侧的彩塑①，虽然前者没有后者的璎珞和当风飘带，后者没有前者的皮靴，但是双方上身皆为赤裸，左手持金刚杵杵锋指天，右手曲折于腹前空持拳势，体态呈“A”字形立定等基本特征则是相同的，说明双方应当拥有共同的系统渊源和流行时段（图十）。

图十　辽蓟州独乐寺山门和上京真寂寺山门的新式金刚力士对比图

根据前述契丹帝国的旧式金刚力士图像系统，大体在兴宗朝重熙十三年（1044）前后，出现由着契丹式甲胄的金刚力士形象向着唐式甲胄的金刚力士形象转换的现象。本文推定，契丹帝国的新式金刚力士图像系统，应当同样存在一个时间节点，大体在兴宗朝重熙十三年（1044）前后，实现由契丹式赤裸形金刚力士形象向唐式非赤裸形金刚力士形象的转换，由于现存契丹帝国的寺院和石窟的山门资料极罕见，这个时间节点只能期待未来文物考古资料丰富后再做验证。

从契丹帝国的新式金刚力士图像系统中两种形式图像的关系角度来考察，兴宗朝时期的契丹佛教艺术，尤其是石窟和佛塔中的金刚力士，明显可以分为两个时段：兴宗朝前期，主要流行契丹式赤裸形金刚力士，如蓟州独乐寺山门彩塑和上京真寂寺山门造像等；兴宗朝后期，主要流行唐式非赤裸形金刚力士，如兴中京感圣寺塔（大明塔）东南隅面②和丰州宣教寺塔（万部华严经塔）影门③等。道宗朝以来，两种形式的图像似乎并没有出

① 中国文物研究所、天津市文物管理中心、天津市蓟县文物保管所：《蓟县独乐寺》，文物出版社，2007年，第388—389页。

② 陈术石、佟强：《宁城大明塔的佛像》，《中国文化遗产》2011年第6期。

③ 《张驭寰文集》第15卷《内蒙古古建筑》，中国文史出版社，2008年，第176页。

现相互交融的状态，同时亦没有发现其由佛教艺术拓展至墓葬艺术的现象。由于南京天王寺塔（天宁寺塔）影门的金刚力士损毁严重，暂时无法判明双方手持金刚杵杵锋的上下关系[①]，但是其属于契丹式赤裸形金刚力士则是完全可以肯定的，惟一明显的变化在于出现了"山"字形的冠，使得造像的整体形态呈现类似天王的仪态而非金刚力士的仪态，此外，南京出土的天祚帝朝石棺上的"释迦牟尼涅槃"图像[②]，则另见不持金刚杵的金刚力士形象，更需引起特别的关注。[③]

要之，对于中古中国与东亚世界的金刚力士信仰与图像系统的研究，虽然中国辽金契丹女真史学界取得了丰硕的研究成果，但是对于契丹帝国的金刚力士信仰与图像系统的渊源与演变，以及上述两种金刚力士信仰与图像系统之间的区别与联系等问题，依然缺乏系统深入的研究。[④] 从辽代真寂寺新发现石刻人物图像的特征来判断，由于其造型为上身赤裸，不持兵器或金刚杵，显然属于新式金刚力士信仰与图像系统中较为晚近的特殊形式。此外，需要特别指出的是：从兴宗朝前期的上京真寂寺石窟、兴宗朝中期的兴中府延昌寺塔（朝阳北塔）天宫木胎包银舍利函、以及兴宗朝以后（天祚帝朝）的南京石棺等三幅表现契丹帝国的"释迦牟尼涅槃"信仰与图像系统的资料来考察，图像表现的中心与主体皆为"释迦牟尼佛"的"涅槃"与"升天"，此外的"三身佛组合：应身佛＋报身佛＋法身佛"[⑤]"弥勒说法组合：弥勒＋迦叶阿难＋帝后"[⑥]和"毗卢舍那如来说法组合：毗卢舍那佛＋骑狮文殊＋骑象普贤"[⑦]等则是构成整个图像系统的附属部分。由于"四大天王"与"金刚力士"，无论是在主体图像，还是在附属图像之中，皆是以护法身份出现的，因此在

---

① 李乾朗：《北京天宁寺塔》，《紫禁城》2010 年第 11 期。

② 金申：《辽代舍利石棺上的涅槃图》，《中原文物》2004 年第 1 期。

③ 李静杰先生亦曾明确指出辽代南京出土的舍利石棺上的金刚力士不持金刚杵的现象，但是并没有注意到契丹帝国的金刚力士所持金刚杵杵锋的变化关系。参见李静杰《中原北方宋辽金时期涅槃图像考察》，《故宫博物院院刊》2008 年第 3 期。

④ 有关中古中国与东亚世界的金刚力士信仰与图像系统的研究，参见李柏华《佛教造像中的力士像与天王像》，《文博》2000 年第 5 期；阎文儒《云冈石窟研究》附录《密迹金刚力士与地夜叉》，广西师范大学出版社，第 291—304 页；[日]八木春生《中国仏教美術と漢民族化——北魏時代後期を中心として》第 1 章《中國南北朝時代における金剛力士像についての考察》，東京：法藏館，2004 年，第 8—40 页；[韩]林爱玲《敦煌石窟北魏时期金刚力士的"汉化"过程》，《中华文化论坛》2008 年第 4 期；[韩]林爱玲《克孜尔石窟金刚力士的特征及其意义》，中山大学艺术史研究中心编《艺术史研究》第 8 辑，中山大学出版社，2006 年，第 251—268 页；李崇峰《佛教考古：从印度到中国》第 5 章《史料遗迹：中印佛教交流之透视》第 5 篇《金刚力士钩稽》，上海古籍出版社，2014 年，第 799—808 页。

⑤ 如辽上京真寂寺中央主窟、兴中府延昌寺塔（朝阳北塔）天宫出土木胎包银舍利函等。

⑥ 如兴中府延昌寺塔（朝阳北塔）天宫出土木胎包银舍利函等。

⑦ 如辽上京真寂寺中央主窟两侧的附窟等。

整个图像系统中，对其具体的数量配置和组合关系则并没有特定的要求。[①]

结 语

中古中国与东亚世界的第二次南北朝时代，以辽代上京城为中心的草原丝绸之路上的中外文化交流空前繁荣，其在空间上的广度与时间上的深度，多维度的层次性和多元化的复杂性，都要远远超出中外辽金契丹女真史学界对其的想象与预期。关于契丹帝国草原丝绸之路上的艺术史与美术考古的研究，近些年来，虽然业已取得了丰硕的研究成果，但是无论是在宏观的方法论与基础理论，还是在微观的概念运用与问题阐释，甚或在关联“渊源”与“流变”“抽象”与“具象”“同化”与“异化”之间的拟构与分析之上，则罕见原创性的探索与思考，这种情势，必须引起我们的认真反思。

从辽上京真寂寺石窟新发现的石刻人物图像资料所表现出来的基本特征来看，上述“弥勒”“蒲古”与“皮室”等三种不同的逻辑思路与释读方案，在契丹帝国草原丝绸之路上的艺术史与美术考古的研究背景之下，都是有可能成立的。本文之所以在行文中完整地阐述和保持了前述三种不同的图像系统的论述，其初衷与目的即是在于——通过图像“单元”的个案研究，进而复原图像“谱系”的整体研究——所做的尝试性的探索，希冀藉此为学界提供一个更为开放的探索平台。

由于在契丹帝国的“弥勒”“蒲古”与“皮室”三种图像系统之中，仅有“弥勒”图像是经常独立出现的，而“蒲古”图像和“皮室”图像则多是成双或成组出现，因此我们暂时倾向于第一种释读方案。如果辽代真寂寺新发现石刻人物图像在性质和内容上，确属契丹帝国的弥勒信仰与图像系统的话，那么其在寺院山门中央的特殊位置和设计实例，就应该给予高度的重视。因为在契丹帝国燕云地区的佛教寺院之中，正殿的前方或后方，往往别建殿堂，用以奉安弥勒的塑像或画像，如：蓟州沽渔山寺“巍巍前殿，释像百宝庄严。掩映后堂，慈氏壁千金缕细”[②]，涿州超化寺“特于正面建慈氏堂一坐，三间四椽”[③]等，西京洎暖汤院的大悲坛亦有“慈氏绘相”和“观音画相”[④]。因此辽上京真寂寺弥勒图像在山门中央的特殊位置和设计实例，在中古佛教寺院布局的变迁之中具有积极的历史意义。

---

① 如辽上京真寂寺中央主窟（涅槃造像）不设置金刚力士，两侧附窟（毗卢舍那如来说法造像）则设置金刚力士；兴中府延昌寺塔（朝阳北塔）天宫出土木胎包银舍利函正面“涅槃图”仅设置一尊天王仪态的金刚力士，背面“三身佛图”不设置金刚力士，左侧面“弥勒说法图”不设置金刚力士，右侧面“天王图”则设有一尊天王仪态的金刚力士；南京出土的舍利石棺正面“涅槃图”设置两尊金刚力士，背面“升天图”则设置四尊金刚力士等。

② 向南：《辽代石刻文编·蓟州沽渔山寺碑铭》，第254—255页。

③ 向南：《辽代石刻文编·涿州超化寺诵法华经沙门法慈修建实录》，第277—278页。

④ 向南：《辽代石刻文编·刘承遂墓志》，第676—677页。

中古中国与东亚世界的弥勒信仰与图像系统，先是从 6 世纪下半叶至 7 世纪上半叶，实现“上生说”向“下生说”的转换[①]，然后从 9 世纪下半叶至 10 世纪上半叶，实现从宗教教条向不立文字的世俗生活之间的转换，而其间每一次变化，都会引发弥勒本体的形象与寺院的布局的相应的变化。至于弥勒信仰与图像系统的第二次变化，与其认为是布袋和尚的出现改变了中古佛教寺院的布局[②]，不如认为是华化弥勒信仰在中古佛教文化与佛教伽蓝的再回归[③]。本文认为：由于佛或菩萨形象的弥勒信仰与图像系统，在第一次南北朝时代曾经一度是佛教造像和寺院布局的中心，因此布袋和尚形象的弥勒信仰与图像系统，在第二次南北朝时代再次出现在寺院山门的中心或正殿的前后，即不是纯粹的偶然的现象。当然，欲对辽上京真寂寺新发现石刻人物图像的内容和性质作出最终的判断，还需分析其与周边史迹的组合关系，遗憾的是迄今为止，学界尚未对辽代真寂寺遗址进行系统的调查和发掘，是故本文暂不做结论。无论哪一种释读方案得以成立，都会对契丹帝国的宗教、历史与考古，特别是契丹帝国草原丝绸之路上的艺术史与美术考古的研究，产生积极的推动作用。

辽上京真寂寺遗址保存的辽代和清代两个时期的文物史迹非常丰富，特别是桃石山与慈航山之间的溪涧谷地两畔，目前业已发现和探明的尚存有两口古井，多条古道，沿线还曾发现大量的古钱币、陶瓷器皿残件、马槽、磨盘、石盆、水槽、石棺残件、石雕佛像残件、石质建筑构件、藏传佛教的擦擦等生产、生活、宗教文化遗迹。关于辽上京真寂寺石窟周边史迹的调查计划，我们业已提上日程，希冀今年暑期的调查活动，能够取得更新、更多的收获。

附记：本文 2012 年度和 2014 年度的考察活动，得到内蒙古辽上京博物馆馆长李建奎先生和内蒙古巴林左旗文物保护管理研究所所长左利军先生的鼎力支持，谨志谢忱！

作者简介：

辛蔚，中山大学人类学系助理研究员，博士后。

---

① 参见王静芬《弥勒信仰与敦煌〈弥勒变〉的起源》，《敦煌研究》1988 年第 2 期。

② 参见赵超《略谈佛教造像中弥勒形象的演变》，何劲松主编《布袋和尚与弥勒文化》上篇《布袋和尚与弥勒文化研究》第 6 章，第 38—49 页。

③ 参见辛蔚《辽代真寂寺石窟历史与考古研究》（待刊）。

解构探底：宋代吉州基层区划的变动与调整

王　旭　郭声波

[提要]宋代吉州基层区划的变动分为三种情况：一为与抚州之间的区划调整；一为“割乡置县”与县际基层区划的调整；一为县内分乡、并乡与乡名的变动。通过案例的分析，可知基层区划的调整如不遵循因地制宜的原则就会造成税收混乱和管理不便等问题；以往认为乡在宋代已经完全“地域化”的观点需要重新审视，宋乡是一个独立的“地域空间单元”，它是维系其他基层区划运作的地理空间基础；乡名的更改并非仅是一种文化现象，它与朝廷推行文治和奉行儒学的思想息息相关。

[关键词]宋代；吉州；基层区划；乡

随着《中国历史地图集》《中国历史地理信息系统》和《中国行政区划通史》《中华人民共和国国家地图集·历史地理图组》的问世和即将问世，中国历史政区地理研究已经达到了一个比较成熟的新高度，对中高层政区的复原与研究进入总结性的阶段，下一阶段的研究内容和主题需要有所转变。今后中国历史政区地理研究的主攻方向，将向三个方面展开或延伸：一是横向的边疆民族政区地理；一是人地关系角度的政区与环境关系；一是纵向的县以下基层政区地理。

前两项的研究启动较早，已经有丰硕的成果。而近年来对基层区划的研究虽然有所深入，但年代偏重于明清及近代，[①]对中古时期的研究不仅数量少，而且方式单一。[②] 周振鹤教授指出："对于行政区划的研究，目前最低一级一般只到县。县以下的区划虽也有一些成果出现，但至今尚未成气候。所以在《中国行政区划通史》里，除了个别情况，不研究县以下的区划。但这并非表示县以下区划的研究不重要，只是因为研究起来有诸多困难，而文献资料的不足是最重要的困难之一。这种困难并不只发生在中古时期，甚至对明代的都图制度，目前学术界的研究也都远不够深入。我们设想，在将来，如果条件成熟，会专门在《中国行政区划通史》里加上最后一卷，研究县以下的区划。"[③]可见，对历史时期基层区划的研究既是历史政区地理研究的薄弱环节，也是迫切任务。本文以宋代江南西路的吉州为区域范围，探讨该州基层区划的变动和调整情况，为县以下的区划研究增加一个个案，不当之处，尚祈方家指正。

一、吉、抚两州之间的基层区划调整

就辖土面积而言，吉州在江南西路仅次于虔（赣）州，比首府洪州（隆兴府）还要大，是一个不折不扣的大州。就所辖县级政区数量而言，初辖七县，后增至八县，也仅次于虔（赣）州，与洪州相当。就地理区位而言，吉州在江南西路中部偏西处，北部与袁州、临江军接壤，南部和西部与南安军、虔州（赣州）交界，西部为荆湖南路衡州茶陵、潭州醴陵等县，西北部毗邻抚州，《舆地纪胜》和《方舆胜览》载吉州"据江上流，而又外与闽之汀、湖南之衡疆界相接""咽喉荆、广""介于吴、楚之间"。[④] 可见，吉州不仅是一个地理区位重要的州，也是一个周边政区环境较为复杂的州。宋代时因为相邻的抚州新建乐安县的缘

---

① 相关论文有徐建平《行政区域整理过程中的边界与插花地——以民国时期潼关划界为例》，《历史地理》第 24 辑，上海人民出版社，2010 年，第 89—110 页；徐建平《政治归属过程中的地缘与血缘——以皖浙边区荆州盆地为例》，《历史地理》第 26 辑，第 348—363 页；满志敏《1542—2001 年青浦县界变迁》，《历史地理》第 25 辑，第 108—123 页；游欢孙《地方自治与近代江南县以下行政区划的演变——兼论商业市镇的政区实体化》，《中国历史地理论丛》2011 年第 2 期；等等。

② 就笔者眼力所及，仅有武伯纶《唐万年、长安县乡里考》，《考古学报》1963 年第 2 期；程义《隋唐长安辖县乡里考新补》，《中国历史地理论丛》2006 年第 4 期；[日]胡崎哲彦《唐京兆府万年县乡里补考》，《中国历史地理论丛》2010 年第 2 期；易立《唐宋时期成都府辖县乡、里考》，《成都考古研究》2013 年，第 424—455 页；鲁西奇《宋代蕲州的乡里区划与组织——基于鄂东所见地券文的考察》，荣新江主编《唐研究》第 11 辑，北京大学出版社，2005 年，第 595—620 页等这些文章主要是对基层区划名称进行考定和地望复原，未涉及基层区划的调整问题。

③ 周振鹤、陈琍：《清代上海县以下区划的空间结构试探——基于上海道契档案的数据处理与分析》，《历史地理》第 25 辑，第 124—148 页。

④ （宋）王象之撰：《舆地纪胜》卷三一《吉州·风俗形胜》引朱晞颜《修城状》，李勇先校点，四川大学出版社，2005 年，第 1437 页；（宋）祝穆撰：《方舆胜览》卷二十《吉州》，祝洙增订，施和金点校，中华书局，2003 年，第 360 页。

故,吉、抚两州之间存在基层区划的调整。弘治《抚州府志》卷一“乡都”条载:

> 宋绍兴十七年三月,转运钧光祖《备崇仁县丞张咏札子》,(六)〔大〕略云:“崇仁、宜黄、永丰、丰城数县自建炎以后,常有盗贼,累诛累聚,盖缘自县治西抵永丰,相去二百余里,南北抵宜黄、丰城,亦百余里,山川险恶,可为盗贼巢穴,其地又近虔化诸县,居民诱引入境,玩习既久,四县远乡顽犷之民见其有得,歆羡从之。良民相聚为山寨以自防,耕牧废弛,租税不辨,今若割崇仁之天授、乐安、忠义三乡及永丰之云盖一乡于中间创立一县,复割临川之惠安、颖秀两乡却隶崇仁,如此则道里均平,斯民渐化,盗贼不生,公私实有利济,请于朝得旨。十九年,拨崇仁之天授、乐安、忠义三乡,并吉州永丰之云盖乡立为县,因乐安乡名以为邑号,天授乃安浦之故地。云盖乃兴平之故地,管乡凡四。”

《宋会要辑稿》方域六之二十六至二十七中也有相似的内容①,按府志的记载,因为崇仁、永丰两县交界地带盗贼出没,耕牧废弛,租税不辨,在绍兴十九年(1149)新建了乐安县,县辖土来源于抚州崇仁县的天授、乐安、忠义三乡及吉州永丰县的云盖乡。原来崇仁、永丰分属抚、吉两州,两县边界明晰,未有辖土的调整,但新建的乐安县从两州辖县划割了乡,打破了原有的政区格局,也正因为这次划割牵涉到两州的利益,后世乐安县的基层区划变动不断。

乐安建县五年后,即绍兴二十四年(1154),因为云盖乡税户张达等“陈本乡不通运漕,负(檐)〔担〕路远,难于输纳”,诏抚州乐安县云盖乡复隶吉州永丰县。② 又六年后,即绍兴三十年(1160)云盖乡又再次划割给了乐安县。康熙《永丰县志》卷一《疆域志》及乾隆《吉安府志》卷二《地理志》都较为详细地记载了这几次变化过程,谓:“绍兴十(八)〔九〕年置乐安县于抚州,割县之云盖乡以属乐安,取吉水之迁莺乡以偿,此民称不便,二十四年尝复其旧,至三十一年又卒如初议。”《乐安县治厅壁题名记》也载:“绍兴十九年,江西路部使者以抚支县崇仁疆境犹大,山薮劫掠之盗难制,遂请诸朝,析其三乡乐安、忠义、(添)〔天〕授,及外析吉州永丰之云盖一乡,别置县,名曰乐安,有令、有丞、有尉,而簿酒税皆丞兼之。未几,以民讼,归云盖于吉。既归,则力辩。越六年(绍兴三十年,1160)而又得之。由置县至今。”③虽一为绍兴三十一年,一为绍兴三十年,但记载的是同一件事,即云盖乡最终又回到了乐安县。此后永丰、乐安两县所辖的乡再未发生变化,按清雍正《江西通志》卷十五《水利》所载,清代时永丰县管龙云乡、迁莺乡、兴平乡、明德乡、永丰乡。

---

① 唯“永丰县云盖乡”作“吉水县云盖乡”,按当时云盖乡已属永丰县,《宋会要辑稿》的记载有误。

② (清)徐松辑:《宋会要辑稿》方域六之二六、二七,中华书局,1957年,第7418—7419页。

③ (宋)谢谔:《乐安县治厅壁题名记》,摘自同治《乐安县志》卷十《艺文》,同治十年刻本。

乐安县管忠义乡、天授乡、乐安乡、云盖乡。

二、吉州县际基层区划的变动与调整

(一)割乡置县

谭其骧先生曾说过:"一地方至于创建县治,大致即可以表示该地开发已臻成熟;而其设县以前所隶属之县,又大致即为开发此县动力所自来。"[①]北宋中前期,南方地区政治环境较为稳定,加上北人南迁等因素的影响,江西地区的经济得到很大的发展,新设了很多县。[②] 具体到吉州,则新增了两县。一是至和元年(1054)以吉水县的报恩镇置永丰县;一是熙宁二年(1069)(一说熙宁四年,1071)以龙泉县的万安镇置万安县。[③] 其实所谓以镇置县只是说以镇为县治,并非以镇土为县土,新置县的辖土另有来源。

永丰县析自吉水县,按《太平寰宇记》载吉水县宋初辖十一乡,至元丰年辖六乡,减少五乡。而按《元丰九域志》所载,永丰县辖五乡,正好是吉水县减少之乡数。所以我们认为,新县当是通过"割乡置县"的方式建立。万安建县的方式更能说明问题,该县在元丰年间辖三乡[④],这三乡分别来自龙泉、赣、太和三县,《舆地纪胜》卷三十一《吉州·县沿革》引《国朝会要》云:"熙宁二年,始割龙泉、太和、赣县地并改万安镇为万安县。"《大明清类天文分野之书》载割自龙泉的是永兴、和蜀两乡,割自太和的是诚信乡,割自赣县的是龙泉乡。[⑤] 永兴、和蜀两乡后合并为永和乡(下证)。则万安建县的方式也是"割乡建县"。可以说新置县虽然算是县级政区的变动,但实质上却是基层区划——乡的调整。

(二)县际基层区划的变动与调整

周振鹤先生认为"百里之县"的范围相对稳定。[⑥] 所谓相对稳定只是相对与"万里之州"和"千里之郡"而言,当一县建立以后受地方政治、经济、文化等因素及基层势力的影响,也存在微小的基层区划调整。仅就吉州而言有三例,下面将进行分述。

---

① 谭其骧:《浙江省历代行政区划——兼论浙江各地区的开发过程》,《长水集》上册,人民出版社,2009 年,第 416—434 页。

② 许怀林:《江西省行政区划志》,方志出版社,2005 年,第 40 页。

③ (宋)王存撰:《元丰九域志》卷六《江南路》,王文楚、魏嵩山点校,中华书局,1984 年,第 252、257 页;(宋)欧阳忞撰:《舆地广记》卷二五《江南西路·吉州》,李勇先、王小红校注,四川大学出版社,2003 年,第 721—724 页;《方舆胜览》卷二〇《吉州》,第 359 页。

④ 《元丰九域志》卷六《江南路》,第 252 页。

⑤ (明)刘基:《大明清类天文分野之书》卷五《吉安府·建置沿革》,《续修四库全书》本。

⑥ 周振鹤:《中国地方行政制度史》,上海人民出版社,1998 年,第 203—206 页。

1.庐陵县同水乡与吉水县顺化乡的交换

道光《吉水县志》卷二《沿革》载:“元祐七年(1092)以庐陵之一乡易吉之顺化乡。”乾隆《庐陵县志》也提到了这次“换乡”事件,当不误。南宋时,顺化乡也多出现于庐陵县的记载中,如《夫人李氏墓志铭》载:“故承务郎、监淮西江东总领所惠民局胡君泳字季永之夫人,姓李氏,……诸孤将以绍熙改元(1190)五月庚申,葬夫人于庐陵县顺化乡龙回之原。”①《邹月近墓志铭》载:“庐陵南方之上游支水自赣兴国而下曰富川,邹氏族焉。……卜以(乾道)四年(1168)正月葬于顺化乡平安社之原。”②《罗融斋墓志铭》载:“庐陵有隐君曰融斋。……卜以(咸淳)四年(1268)某月某日归于顺化乡三陂周家山之原。”③

县志中说的“吉”当是指吉水县。但史料中只言庐陵顺化乡,不言被换入吉水的是何乡,需要进行考证。因为换乡发生于元祐七年(1092),所以理论上说如果某乡在该年之前出现于吉水县,则不是从庐陵县换入之乡。现对吉水县各乡考证如下:

(1)迁莺乡。康熙《永丰县志》卷一“坊乡”载:“迁莺乡,旧名永安乡。”唐天宝三年(744)因曾氏登科,故改乡名为“迁莺”。④ 宋代有些文献因为抄袭前代材料而未加考订,还称乡为永安,如《太平寰宇记》卷一百零九“吉水县”条载:“吉水,在县东北十里。源出永安乡里北,会于赣水。古老传云此水源出有波文成‘吉’字,亦如巴峡之水屈曲成‘巴’字也。”

(2)中鹄乡。1976年在吉水县出土熙宁八年(1075)《江注府君地券》一块,券文谓:“维南赡部洲大宋国吉州庐陵县城外雍和坊万岁巷,殁故承奉郎、守秘书丞江府君,甲寅降生。先于熙宁甲寅岁仲夏甲子日,卒于江州湖口县官舍之正寝,享年六十岁。实用钱谷币帛珍宝等,就开皇地主处,买得本州吉水县中鹄乡青原山,旧名若坑,今更为祖庆岗,阴地一穴,永为祖主。”

(3)仁寿乡。《宋故王君章墓志铭》载:“元丰元年(1078)戊午九月十八日己丑也,享年四十有二。……葬君于吉水县仁寿乡万安里鹤卵洲。”同卷《王公权墓志铭》载:“王氏世居临川,其后有徙居于庐陵之吉水者。……明年(元丰二年,1079)十一月二十一日乙酉葬君于吉水县仁寿乡万安里安国山王秋之原。”⑤

(4)永昌乡。《通直郎彭君叔度墓志铭》载:“以十二月甲申葬于邑之永昌乡塘原口,距察推墓五十步,今年实嘉泰元年(1201)辛酉。”⑥《灵威庙记》载该庙在“吉(文)〔水〕永

---

① (宋)杨万里:《诚斋集》卷一二九,文津阁《四库全书》本。

② (宋)文天祥:《文山集》卷一六,文津阁《四库全书》本。

③ (宋)文天祥:《文山集》卷一六,文津阁《四库全书》本。

④ (宋)曾大发:《进士题名碑记》,摘自同治《永丰县志》卷三三《艺文志》,同治十三年刻本。

⑤ (宋)刘弇:《龙云集》卷三二,文津阁《四库全书》本。

⑥ (宋)周必大:《文忠集》卷七三,文津阁《四库全书》本。

昌乡凤凰山，下义昌水横陈河口，西会潇泷”[①]。《宝祐四年登科录》载：“第四甲一百三十七人。颜太来，本贯吉州吉水县永昌乡。”[②]永昌乡虽不见元祐七年(1092)之前的记载，但据道光《吉水县志》前所绘县境图，永昌乡(后改名文昌乡)在县东，不与庐陵县接壤，当不会割自庐陵县。

(5)折桂乡。新化《彭氏四修通谱》载：“玗，辅公四子，字叔宝，长兴二年封安定王，葬长沙善化乡集贤里，后迁葬吉水折桂乡二十九都之枫口杰。”[③]该记载出自族谱，可靠性值得怀疑。但据道光《吉水县志》前所绘县境图，折桂乡在县东北处，不与庐陵县接壤，当不会割自庐陵县。

以上考出吉水县所辖五乡，这些乡或元祐七年(1092)以前就已在县内，或不与庐陵接壤，不可能割自庐陵。《元丰九域志》载吉水县辖六乡，则应还有一乡。《宝祐四年登科录》载：“第二甲第四十人。公魁省元彭方回，本贯吉水县同水乡。”[④]所以最后一乡应该为同水乡，而且笔者认为该乡就是元祐七年(1092)后才划割给吉水的乡。原因有二：

(1)宋代关于同水乡的记载很多。如《彭氏太孺人墓志铭》载：“夫人彭氏，吉州庐陵人。……归于吉水李氏……其孤将以是年(绍兴十六年，1146)八月二十二日葬夫人于同水乡臻善里谷平之原。”[⑤]《(附录)杨君文卿墓志铭》载：“自舍法行，三邸有司不逢，则隐吉水之南溪，号南溪居士云。……其孤欲以(隆兴二年，1164)十一月十日，葬公于县之同水乡介山毛夫人之墓域。”[⑥]《岳州史君郭公墓碣铭》载：“公姓郭氏，讳份，字仲质。……公卒以淳熙某年某月某日，葬以九年(1182)正月乙酉，墓在吉水县同水乡赤石潭之原。”[⑦]这些记载虽然能证明吉水县确辖同水乡，但都是元祐七年(1092)以后的情况，这一点与迁莺、中鹄、仁寿三乡不同。

(2)从同水乡所处地理位置看，该乡与庐陵县接壤，存在与顺化乡交换的地理基础。前《彭氏太孺人墓志铭》提到同水乡辖臻善里，《清容居士集》卷二十七《周瑞州神道碑铭》载臻善里下有鹧鸪山之原，《太平寰宇记》卷一百零九“吉水县”载：“鹧鸪洞，在县西北五十里。环山四合，中分南洞、西洞。有田数百亩，多鹧鸪。”《舆地纪胜》卷三十一《吉州·景物下》中有相同的记载。则据所述里程和方位判断，同水乡当在今吉水县西北部的盘

---

① (宋)刘辰翁：《须溪集》卷四，文津阁《四库全书》本。

② (宋)佚名：《南宋登科录两种》，台湾文海出版社，1981年，第200页。

③ 转引自彭秀海、李文君《溪州土司彭士愁来自江西考》，《中南民族学院学报(哲学社会科学版)》1996年第2期。

④ (宋)佚名：《南宋登科录两种》，第127页。

⑤ (宋)刘才邵：《檆溪居士集》卷一二，文津阁《四库全书》本。

⑥ (宋)胡铨：《胡澹庵先生文集》卷二五，《全宋文》本。

⑦ (宋)朱熹：《晦庵集》卷九二，文津阁《四库全书》本。

谷镇、阜田镇、枫江镇一带，正好是与庐陵县接壤处。[①]

2.庐陵县的新嘉里划割给吉水县

王庭珪撰《卢溪文集》卷四十二《故令人刘氏墓志铭》载："前兵部侍郎兼侍读庐陵胡公名铨之夫人刘氏……己卯（绍兴二十九年，1159）七月乙酉，葬夫人于庐陵县中鹄乡于山之原。"又杨万里撰《诚斋集》卷一百二十二《中奉大夫通判洪州杨公墓表》载："六世曰辂，仕南唐，徙家庐陵。……葬以明年（建炎三年，1129）十一年壬申，乡曰中鹄，原曰王阮。"[②]明确提到庐陵县有中鹄乡，而吉水县也有中鹄乡的记载，《卢溪文集》卷四十六《故李夫人墓志铭》载："夫人李氏，世为吉水著姓。……绍兴二十一年（1151）闰四月十七日，以疾终，享年五十有四。后二年四月庚申，葬于吉水县中鹄乡北坑之原。"李光撰《庄简集》卷十八《靖州通判胡公墓志铭》载："绍兴二十二年（1152）十二月癸酉，葬于吉水县中鹄乡山塘之原。"《诚斋集》卷一百三十一《太孺人刘氏墓志铭》载："后二年，其岁庚申（庆元六年，1200），其月仲吕，其日丙申，其县吉水，其乡中鹄，其原（杨）梅，太孺子葬焉。"中鹄乡不仅在同一时期出现于庐陵、吉水两县，甚至在同一文集（《卢溪文集》《诚斋集》）中也出现于两县，那么有没有可能两县都辖中鹄乡呢？答案应当是否定的。因为吉水和庐陵两县接壤，如果两县的辖乡同名极容易造成管理的混乱。笔者认为造成这种"一乡两属"情况的原因是两县之间存在基层区划的调整。道光《吉水县志》卷二《沿革》载："今中鹄乡新嘉里亦自庐陵儒行乡来隶。"虽不言调整的时间，但从前两县在宋代都有记载的情况看，调整当发生于宋代。新嘉里原属庐陵县儒行乡，后割给了吉水县的中鹄乡，由于"路径依赖"[③]思想的作用，当地民众对于县级政区的归属存在混乱，才造成文献记载中的混乱。

3.迁莺乡在吉水县和永丰县之间隶属不定

据前第二节考证，"迁莺乡"在北宋时属吉水县，但绍兴年间，因为新建乐安县，迁莺乡在吉水县和永丰县之间隶属不定。《宋会要辑稿》方域六之二十六至二十七载：

> 绍兴十九年十二月诏于抚州管下地名詹墟置乐安县，割本州（抚州）崇仁县天授、乐安、忠义三乡及吉州吉水县云盖一乡隶属，仍将吉州吉水县迁莺一乡割还永丰县，抚临川县惠安、永秀两乡割还崇仁县，从本路诸司请也。绍兴二十四年十一月五日，诏抚州乐安县云盖乡复隶吉州永丰县，其永丰县迁莺乡依旧拨还吉州吉水县。

---

① 道光《吉水县志》前所绘县境图也将同水乡绘于县西南，与庐陵县接壤。

② 高立人主编《庐陵古碑录》，江西人民出版社，2007年，第127—128页。

③ 所谓路径依赖（Path－Dependence），又译为路径依赖性，它的特定含义是指人类社会中的技术演进或制度变迁均有类似于物理学中的惯性，即一旦进入某一路径（无论是"好"还是"坏"），就可能对这种路径产生依赖。一旦人们做了某种选择，就好比走上了一条不归之路，惯性的力量会使这一选择不断自我强化，并让你轻易走不出去。

文献中对迁莺乡的隶属变化过程进行了详细的说明，即绍兴十九年(1149)，因为永丰县失去云盖乡，将吉水县的迁莺乡作为补偿划割给了永丰县。绍兴二十四年(1154)，因为永丰县又要回了云盖乡，迁莺乡失去了补偿的意义，回到吉水县。但绍兴三十一年(1161)后随着云盖乡的变动，迁莺乡再次被划割给了永丰县，曾大发《进士题名碑记》载："况邑建于至和甲午，而云盖乡之地隶焉；迁莺乡之来属，则又昉于绍兴辛巳(三十一年)。董兴于云盖，曾著于迁莺，如彼其久也；地势离合，如彼其不齐也。"[①]此后直至清代，迁莺乡隶属永丰县未再变动，据清雍正《江西通志》卷十五《水利》所载，清代时永丰县下有迁莺乡。

三、县内区划的变动与调整

(一)分乡与并乡

宋代时县下的分乡和并乡时有发生，如南昌县的嵩安乡分为嵩安东乡、嵩安西乡，新建县的储忠、敦孝两乡并为忠孝乡。[②] 吉州的分乡和并乡主要出现于龙泉县和万安县。

1.龙泉县的分乡与并乡

《太平寰宇记》卷一百零九"吉州"条载："龙泉县，东南一百八十里。元六乡。本吉州太和县龙泉乡什善镇地，伪唐保大元年析龙泉、光化、遂兴、和蜀等四乡置龙泉场，以乡为名，采择材木之故也。显德七年(960)升为县。开宝元年(968)析龙泉等四乡为六乡，在龙泉、怀德、永兴、永乐四乡之地，水源周匝八百里。"分四乡为六乡为开宝元年，当时宋朝虽已立国，但江西地区还属南唐统治，所以这次区划调整应属南唐。宋代人何嗣昌所撰《迁创龙泉县水北城治记》详细记载这次分乡的过程，谓："吴嘉禾四年，改为新兴县。晋太康元年，徙县于上流光化乡，复名为遂兴。迨隋，罢遂兴县，其地附泰和州管辖。立什善镇，在今南乡。唐天祐十六年，杨隆演据江南，伪号吴，改元武义，以什善镇置龙泉场。至南唐元宗李景十八年，升场为县，建县遂水之南，曰龙泉，即我太祖神德皇帝大宋建隆元年也。县境旧所隶四乡，曰遂兴、龙泉、光化、禾蜀。南唐李氏分四乡为六，增怀德、永乐。"[③]所以宋初时县辖遂兴、龙泉、光化、禾蜀、怀德、永乐六乡。

至景祐元年(1034)，六乡合并为五乡，《迁龙泉县城夫役议》载："兹定于南北二乡之中，各公举忠厚正直之人为里正，又须选择才能干练者以为董率。工役浩繁，势难从省。

① (宋)曾大发：《进士题名碑记》，摘自同治《永丰县志》卷三三《艺文志》。

② (清)康熙《南昌郡乘》卷三《舆地志·坊都》，《北京图书馆古籍珍本丛刊》本。

③ (清)乾隆《龙泉县志》卷一，《全宋文》第19册，第420—422页。

五乡通融,均派原有杂变丁口等赋。"[①]《迁创龙泉县水北城治记》更为详细地记载道:"而职方入我本朝,改遂兴为永兴,并龙泉、怀德、永乐三乡为南、北二乡,合光化、永兴、禾蜀为五乡,舆地方百里许。……工始于景祐元年之八月,讫于三年之十月。"[②]县辖光化乡、永兴乡、禾蜀乡、南乡、北乡的格局一直持续到至元十四年(1277),该年改北乡为兴贤,南乡为崇德,(禾)〔和〕蜀为顺政。[③]

2.万安县的并乡

据《大明清类天文分野之书》的记载,万安在熙宁二年(1069)建县时从龙泉、赣、太和三县划割了永兴、和蜀、诚信和龙泉四乡。[④] 但元丰年间(1078—1085)万安县仅辖三乡。[⑤] 中间发生过废乡还是并乡需要进行分析,现对万安县南宋时的辖乡考证如下:

(1)诚信乡。《绍兴十八年同年小录》载:"第五甲第一百一人。萧南式,吉州万安县诚信乡建唐里。"[⑥]

(2)龙泉乡。《宝谟阁待制献简孙公神道碑》载:"公讳逢吉,从之其字也。……(庆元)六年(1200)十一月乙酉,葬公于万安县龙泉乡绵津之原。"[⑦]

诚信、龙泉两乡在南宋都有记载,这两乡当未被废或并,永兴、和蜀却未见相关的记载。值得注意的是万安县出现了一个新的乡,即永和乡。《从仕郎瑞州路高安县尹严君墓志铭》载:"卒之年(至治二年,1322)十月九日,葬万安县永和乡龙丘之原。"[⑧]又《永乐大典》卷八千零九十二引《万安志》载:"遂兴县城,在万安县西北十五里。元属龙泉,今隶万安永和乡。"细心的读者会发现,新乡名的"永""和"二字分别取自永新乡及和蜀乡的第一个字,所以笔者认为永和乡应该是由永新乡及和蜀乡合并而成,相似的例子还出现于抚州的金溪县,《元一统志》卷九《抚州路·建置沿革》载:"金溪县。……宋淳化五年升场为县,割临川县之归德、归政、顺德、顺政四乡隶焉。景德二年又以饶州安仁县延福、白马、永和三乡入金溪,后并永和、白马为一乡。今领六乡。国朝因之,隶抚州路。"据明清方志的记载,永和、白马后合并为"白马永和乡"。

(二)乡名的变动

乡名的变动虽然不涉及辖地的划割,但地名(也包括乡名)是人类在不同时代与自然

---

① (清)乾隆《龙泉县志》卷一,《全宋文》第19册,第419—420页。
② (清)乾隆《龙泉县志》卷一,《全宋文》第19册,第420—422页。
③ (清)同治《遂川县志》卷一《图考》,同治十二年刊本。
④ (明)刘基:《大明清类天文分野之书》卷五《吉安府·建置沿革》,《续修四库全书》本。
⑤ (宋)王存撰:《元丰九域志》卷六《江南路》,王文楚、魏嵩山点校,第252页。
⑥ (宋)佚名:《南宋登科录两种》,第72页。
⑦ (宋)楼钥撰:《楼钥集》,顾大朋点校,杭州:浙江古籍出版社,2010年,第1776—1784页。
⑧ (元)吴澄:《吴文正集》卷八六,文津阁《四库全书》本。

斗争和人类交往之间的产物，它与不同时代自然、社会、人文现象，有十分密切的关系。[①]乡上承府、州、县，下系里、都、保、社、团等单位，是介于行政管理与“乡村自治”之间的基层区划，它的名称不仅反映了乡村民众的需求，也打上了基层统治的烙印。乡名的变动应该是基层区划变动的一个重要方面，宋代吉州乡名的变动共有四例，分述如下：

1.庐陵县文霸乡改名儒林乡

《文忠集》卷七十一《欧阳氏图谱序》载：“屯田府君讳议，字象之。仕南唐，举进士及第，官至屯田郎中。府君之登进士第也，父母皆在乡里，荣之，乃改庐陵之文霸乡安德里为儒林乡欧桂里，其所居履顺坊为具庆坊。”1982年在吉安出土《宋少傅大观文益国公赠太师地券》，“宋少傅”即南宋名臣周必大，《宋史》卷三百九十一有传。券文载：“维皇宋嘉泰四年岁在甲子十一月己未朔十四日壬申吉，孤哀子周纶，伏为先考少傅大观文益国公赠太师，生于靖康丙午(1126)七月十五日，薨于今年十月初一日。卜以是冬十二年丙申而安厝之。龟筮协从。厥州惟吉，厥县庐陵，乡曰儒林，原曰斗岗，以西兖山甲卯向为之宅兆。”[②]地券提到儒林乡，恰可证乡名的更改。

2.庐陵县顺化乡改为淳化乡

前第二节已证在元祐七年(1092)后顺化乡属庐陵县。道光《庐陵县志》卷二“坊都”条载：“淳化乡在县东南境，即宋顺化乡也。”宋代史料中有淳化乡，也有顺化乡的记载。淳化乡见于《文山集》的几篇墓志铭中，《萧明允墓志铭》载：“君初名坚，字子固，后改应新，字明允，庐陵珠川人。……卜以(咸淳)四年(1268)正月八日归于淳化乡王田双园之原。”《刘定伯墓志铭》载：“十世祖德远徙庐陵富川，君之三世曰文焕，子玉邦，贤妣邹氏，娶张氏子男梓女淑容适彭天麟，卜以次年咸淳癸酉(1273)十一月壬辰封于淳化乡扶竹坑枫树塘之原。”《乐庵老人刘氏墓志铭》载：“翁生庆元戊午二月庚午，殁咸淳癸酉(1273)正月丙辰，后二年正月葬于淳化乡皂塘之原。”[③]顺化乡主要见于如下两篇墓志铭中，《钟大明墓志铭》载：“颍川之钟，惟唐越国公为闻人。庆支四衮，其一五季时受吾庐陵顺化乡之乌山之廛。”[④]《罗融斋墓志铭》载：“庐陵有隐君曰融斋。……卜以(咸淳)四年(1268)某月某日归于顺化乡三陂周家山之原。”[⑤]将这些墓志铭以时间顺序排列，则可推定改顺化乡为淳化乡的时间应该在咸淳年间，咸淳四年(1268)还同时出现两乡，此后则仅见淳化乡的记载。

---

① 邹逸麟：《中国地名学源流·序》，摘自华林甫《中国地名学源流》，湖南人民出版社/人民出版社，2010年。

② 陈柏泉：《江西出土墓志选编》，江西教育出版社，1991年，第566—567页；高立人主编《庐陵古碑录》，第9—10页。

③ (宋)文天祥：《文山集》卷一六，文津阁《四库全书》本。

④ (宋)曾丰：《缘督集》卷二十，《全宋文》本。

⑤ (宋)文天祥：《文山集》卷一六，文津阁《四库全书》本。

3.吉水县永昌乡改名文昌乡

《元故秘书萧芳洲先生行状》载:“公讳云龙,字作霖,姓萧氏,系出唐宰相复。复长子俭居长沙,传六氏至居生,遭马氏乱,与兄弟三人始去长沙徙庐陵。居生娶吉水永昌乡之苦富刘,乐其山水,遂家焉。……宋庆历中(1041—1048),以其乡多文士,故又更‘永昌’名‘文昌’,而萧氏遂甲他族矣。”[①]但是似乎地方民众对新乡名并不认可,庆历以后的很多史料仍称乡为永昌,如《通直郎彭君叔度墓志铭》载:“以十二月甲申葬于邑之永昌乡塘原口,距察推墓五十步,今年实嘉泰元年(1201)辛酉。”[②]《宝祐四年登科录》载:“第四甲一百三十七人。颜太来,本贯吉州吉水县永昌乡。”[③]

4.太和县万岁乡改名信实乡

《槎滩、碉石二陂山田记》载:“里之有槎滩、碉石二陂,自余周之先,御史矩公创始也。公本金陵人,避唐末之乱,因子婿杨大中竦守庐陵,卜居泰和之万岁乡。……已乃遂陂近之地,决管导流,析为三十六支,灌溉高行、万岁两乡九都稻田六百顷亩,流逮三派江口汇而入江。”[④]《宋曾氏夫人墓志铭》载:“刘君淳,字处厚。之夫人曾氏,吉州庐陵人也。……卜以其年(大观二年,1108)十一月初三日己酉,葬于州之太和县万岁乡王原之盐堆岗。”[⑤]今人所编《江西通史》认为在大观年间(1107—1110)万岁乡改名信实乡。[⑥] 其说当不误,因为大观年以后太和县已无万岁乡的记载,只有信实乡的记载,如《宋故吴公墓铭》载吴持正葬于信实乡石陂桃源岗。[⑦]

四、关于基层区划变动的若干认识及启示

宋代毕仲游曾经对于政区的调整,有一主张,他认为“为今之策,宜先求建国之大法,要在均一而易治。凡邑之大者,剧其大以补小;邑之小者,增其小以成大,置一县之封必度四面之界,分长乡以补其短,分宽乡以补其狭。县相比,州相较,大者不使如固始之宽,小者不使如仙居之狭。此之谓均户口赋税之籍,徭役狱讼之制大略相等。贤者俯就而有余,不肖者勉强而无累”[⑧]。按照他的设计,各级政区的调整应该因地制宜的“取长补短”、“分宽补狭”,基层区划的调整也必须遵循因地制宜的原则,云盖乡的变动就是鲜明

① (元)刘楚:《槎翁文集》卷一六,《全元文》本。

② (宋)周必大:《文忠集》卷七三。

③ (宋)佚名:《南宋登科录两种》,第200页。

④ 高立人主编《庐陵古碑录》,第222—223页。

⑤ 高立人主编《庐陵古碑录》,第223—224页。

⑥ 许怀林:《江西通史·北宋卷》,江西人民出版社,2008年,第67页。

⑦ 高立人主编《庐陵古碑录》,第224—225页。

⑧ 《历代名称奏议》卷四二,上海古籍出版社,1989年。毕氏语中之固始县,今属河南,仙居县在今浙江,当分别是宋代幅员最大与最小之县。

的例子，本来为了维持吉、抚两州边界的稳定，在崇仁和永丰两县之间新建乐安县是必要的，但由于没有考虑全面，强行将云盖乡从永丰县划出，导致云盖乡税户“负(檐)〔担〕路远，难于输纳”等问题，不利于地方的管理，也正因为这样，云盖乡、迁莺乡的隶属变化不定。今天，政府在进行政区调整和社区化、城镇化建设时，有很多基层区划的调整，如果不能因地制宜，仅凭一纸行政命令就会造成基层管理的混乱。

有学者认为，宋代时乡就已经完全“地域化”，还有些学者认为乡仅具有记载户籍的地名意义。[①] 但是这些结论都有商榷的余地，从吉州的情况看，宋代时多存在分乡和并乡的情况。嘉泰《吴兴志》在记载长兴县基层区划变化时谓：“若淳化后邑境无增损而乡损其半者，必并合尔。”[②]说明户口的增减是并乡和分乡的主要原因，当一地人口减少时，势必会并乡以节约行政成本，而当人口增加时，则会分乡以便乡村管理。所以宋代“乡”职能虽然发生了很大的变化，[③]但其意义并非仅限于地名方面，乡应该是一个独立的“地域空间单元”，是其他基层单位施政的空间地理单元，保甲法增加了都、保、甲、团等基层单位，经界法强化了都、保等基层区划的行政职能，但这些变法非但没有打破乡这个空间单元，甚至强化了乡的地理空间意义。

乡名的更改在吉州共有四例，其中明确说明原因的有两例，文霸乡改名儒林乡是因为“府君之登进士第”，永昌乡改名文昌乡是因为“其乡多文士”。我们都知道宋代是一个极重文教的朝代，正如宋太宗所言“欲兴文教抑武事”[④]。这种政治倾向直接影响到社会生活的各个方面，乡名也不例外，其改名呈现出传输教化的特征，是政府推行文治的一种表现形式或策略。相关的例子不胜枚举，如景祐元年(1034)，永丰县董氏一门五人同时登科，改云盖乡为五桂乡。[⑤] 南宋时建城县因欧阳仪进士及第，改康乐乡为欧桂乡。[⑥]

作者简介：

王旭，男，安徽安庆人，暨南大学历史系2014级博士研究生，主要研究方向为历史政区地理；郭声波，男，四川泸州人，暨南大学历史地理研究中心教授、博士生导师，主要从事历史人文地理研究。

---

① 夏维中：《宋代乡村基层组织衍变的基本趋势——与〈宋代乡里两级制度质疑〉一文商榷》，《历史研究》2003年第4期；鲁西奇：《宋代蕲州的乡里区划与组织——基于鄂东所见地券文的考察》，荣新江主编《唐研究》第11辑，第595—620页。

② (宋)谈钥：嘉泰《吴兴志》卷三《乡里》，《宋元浙江方志丛刊》本。

③ 指从能指示户口的单位转化为不能指示户口的单位。详见谭景玉《宋代乡村组织研究》，山东大学出版社，2010年，第61—81页。

④ 《续资治通鉴长编》卷一八太平兴国二年正月丙寅条，第394页。

⑤ (宋)周必大：《文忠集》卷七二《参议董君昌裔墓志铭》。

⑥ 同治《万载县志》卷四《都图》，同治十一年刻本。

两宋东南漕运格局与淮南地区水利开发[①]

张 勇

[提要]北宋时期，东南地区的物资通过漕运运抵京师贮藏，物资输送进京通过运河四州中转。在北宋东南漕运格局下，运河四州的地位要比淮南地区其他州军突出，政府对运河四州的水利建设重视程度也要明显高于其他州军，这使得北宋淮南地区水利工程布局明显以辅助漕运为主要出发点；南宋定都杭州，东南地区物资输送的方向指向杭州或者总领所指定的位置，在南宋东南漕运格局下，淮南地区在漕运上的地位有所下降，同时也失去了转般、籴买的功能。这种变化使得南宋淮南地区的水利布局不再单一地以漕运为重点进行建设，出现了以漕运、灌溉、防备水患、防敌等功能并立的局面，淮南地区水利工程建设的布局出发点发生了变化。

[关键词]两宋东南漕运格局；淮南地区；运河四州；水利

有宋一代，漕运在财政史上占有重要的位置，物资需求地区和物资生产地区的分离是漕运产生的首要条件，而物资输入地区的巨大需求使得其无法与物资提供地区完全脱离，由于自身物资供给能力的缺乏，漕运的重要性凸显出来。为此，宋代开凿了规模巨大的运河并修治承担运输的河流，运河和那些承担运输的河流之畅通是漕运得以维持的基础，政府也曾多次下大力气整治运河。整治运河也包括建设漕运水利设施。北宋和南宋

① 本文受教育部省属高校人文社会科学重点研究基地河北大学宋史中心“宋代历史之分路研究”(项目号13001)项目资助。

东南地区漕运格局的不同,也对淮南地区[①]的水利产生了比较大的影响。那么,两宋东南漕运格局与淮南地区水利[②]之间有什么样的关联?漕运格局是如何影响淮南的水利布局的?本文试就这一问题展开探讨,以求教于方家。

一、北宋东南漕运格局与淮南地区水利开发

(一)北宋东南漕运格局下的淮南州军

北宋立国,定都于开封,太祖集全国精兵于京师,开封是一个汇集了上百万人口的大城市,这样就需要东南的粮食物资来供给,水运是一个相对比较节省开支的运输方式,包伟民教授认为:"宋代的物资转输有水运与陆运两种形式。陆运成本极高,只能是一种辅助性的形式。水运有条件的限制。当时东南地区财赋征调进京,主要即依靠水运。"[③]北宋统一后,东南地区与京师通过运河联系起来,东南的粮食物资从各州军起运,进入大江,然后在真州汇集,由于受气候影响,冬季运河结冰,且为避免拖船过堰,政府于运河流经的真、扬、楚、泗州设置转般仓[④],粮食物资抵达后入转般仓贮存,因位于扬楚运河首尾的真州和楚州都设置有阻挡河水流失的闸堰,在保持河水流量的同时,也使得六路之舟不需直接入京,可将粮食物资卸下,通过更换它舟运至京师。从总的方向上来看,东南漕运是从东南地区向西北方向的运输。从路线来看,大致从东南各州军起运时就呈现多条

---

① 宋代淮南地区指淮河以南,大江以北,东到大海,西到大别山的这一地区,基本包括今天苏中、皖中地区。北宋时,淮南路除了包括以上范围,还包括淮河以北的亳、宿、泗三州以及寿州的淮河以北土地,同时大别山以西的蕲、黄、光三州也在此路管辖之下;南宋时期,淮河以北的土地没于金,淮南路的范围有所缩小,不过淮南地区基本范围未发生变化。笔者在研究过程中,也部分涉及到淮南路淮河以北的州军。

② 系统研究宋代漕运及淮南地区漕运、水利的研究成果,目前有全汉昇的《唐宋帝国与运河》(商务印书馆1946年版)、王曾瑜的《宋元时代的淮南经济述略》(《隋唐辽宋金元史论丛》,紫禁城出版社2011年版)、高荣盛的《两宋时代江淮地区的水上物资转输》(《江苏社会科学》2003年第1期)、《宋代江苏境内漕运工程考述》(《江苏社会科学》1997年第2期)、袁一堂的《南宋的供漕体制与总领所制度》(《中州学刊》1995年第4期)、柴静《宋代两淮地区的水利和漕运》(《华东冶金学院学报》2000年第2期)、王兴文的《北宋漕运与商品经济的发展》(《学术交流》2004年第7期)、周建明的《论北宋的漕运》(《中国社会经济史研究》2000年第2期)、王鑫义的著作《淮河流域经济开发史》中宋代有关的部分、陈峰的《试论唐宋时期漕运的沿革与变迁》(《中国经济史研究》1999年第3期)、应岳林与巴兆祥的《江淮地区开发探源》中宋代的部分(江西教育出版社1997年版)。

③ 包伟民:《宋代地方财政史研究》,上海古籍出版社,2001年,第229页。

④ (元)脱脱:《宋史》卷一七五《食货上三》,中华书局,1977年,第4252页。

路线[①]，到达真州后，再一直到京师则合并成一条路线。

淮南地区包括光、寿、濠、楚、泗、海、宿、亳、庐、滁、黄、蕲、舒、和、真、扬、泰、通等十八州和无为军一军。就漕运来看，光、寿、濠、海、宿、亳、庐、滁、黄、蕲、舒、和、泰、通等十四州和无为军一军，承担为京师提供粮食物资的职责。沿运河分布有真、扬、楚、泗四州，这四州在功能上与其他州军不同，由于其功用有共同之处，我们可将这四州视作一个整体，称之为"运河四州"。首先，运河四州设置了转般仓，具有了转般物资的功能。具有转般功能的四州，成为京师和东南地区之间物资转输的一个枢纽[②]。其次，这四州又具有和东南地区（包括淮南地区）其他州军同样的上供功能：为京师提供所需的粮食物资。淮南地区除了淮河中上游的光、寿诸州是通过颍水等输送至咸平、太康[③]，宿、亳二州直接通过汴河输送至京师，其他州军皆是通过运河四州实现向中央上供的功能。"……光、寿诸州之粟帛，自石塘惠民河沿流而至，置催纲领之。"[④]其三，政府设置发运司于真、泗二州，发运司在此还经常籴买粮草，存贮于运河四州，以作为上供京师的预备。天圣二年(1024)九月"（方仲荀等）言：舒、庐等十三州军，逐年和籴斛斗，乞只于真、楚、泗州就近收籴之"[⑤]。"政和二年……淮南路转运判官向子諲奏：转般之法，寓平籴之意，江、湖有米，可籴于真。两浙有米，可籴于扬。宿、亳有麦，可籴于泗。"[⑥]这样又使得淮南四州具有了籴买粮食的功能。这样看来，在北宋时期的东南漕运格局中，运河四州的功用显然要比其他淮南州军完备，一旦四州境内运河出现问题，四州功用也会出现问题，整个北宋的漕运都会受到影响。庆历七年(1047)九月二十九日，"发运使柳灏言：淮南……运河久失开陶，颇成堙塞，往来纲运，常苦浅涩。今岁夏中，真、扬两界旋放陂水，仍作坝子，仅能行运……凡所供国赡军者，尽由此河般运，若或仍旧不加濬治，将见多滞纲运……"[⑦]因此，我们也可以认为，在漕运上运河四州的地位要较淮南其他州军突出。北宋东南的漕运不仅年运输量平均达到六百万石，甚至一度达到八百万石[⑧]，其中淮南地区年上供也达到

---

① 每个州物资输送中央都可视同一条路线，淮南十多个州就有十多条路线，到真州汇集集中成为一条路线。

② 柴静的《宋代两淮地区的水利和漕运》一文认为淮扬运河是转漕枢纽。柴静：《宋代两淮地区的水利和漕运》，《华东冶金学院学报》2000年第2期，第56页。

③ （宋）张邦基撰：《墨庄漫录》卷四《发运使建官及职事》，《唐宋史料笔记丛刊》，孔凡礼点校，中华书局，2002年，第117—118页。

④ （清）徐松辑：《宋会要辑稿》食货六二之一，中华书局，1957年，第5949页。

⑤ 《宋会要辑稿》食货五四之三，第5739页。

⑥ 《宋史》卷一七五《食货上三》，第4259页。

⑦ 《宋会要辑稿》食货四二之一八，第5570页。

⑧ 《宋史》卷三三一《孙长卿传》，第10642页。

一百五十万石[①]。集中于京师的粮食物资，不但供给了京师人口，还在西北三路军事吃紧的时候，可解决其不足需求。“今江、淮之米，岁入于汴者六百万石，诚能分给关西，得一二百万石足矣。”[②]同时也可在陕西发生灾害的时候，予以赈济。“元祐三年春，关中小旱，提刑司依法赈民，不以闻朝廷。吕微仲，陕人，忧之过甚。有吴革者，自白波辇运罢还，欲求堂除，因议水陆运米，以济关中之饥。朝廷下户部，且使革领其事。”[③]这样，整个淮南地区在漕运上就形成了这样的一种格局：运河四州具有转般、上供、籴买的功用，其他州军仅具有上供的功用[④]。相较而言，运河四州地位比较突出。

（二）北宋淮南地区水利工程的布局

淮南地区是重要的粮食物资出产地，兴修水利是政府发展淮南经济的重要措施，史籍中留下了许多有关淮南水利兴修的记载。笔者将这些史料收集集中，以数字统计如下表所示：

表 1　北宋淮南地区各州水利设施功能一览表[⑤]

功能 \ 州军	楚州	泗州	真州	扬州	濠州	海州	寿州	光州	蕲州	黄州	舒州	无为军	和州	泰州	通州	亳州	庐州	滁州	宿州	合计	百分比
漕运	10	0	11	5	0	0	0	0	0	0	0	0	1	0	1	0	0	0	2	30	56%
灌溉	1	0	1	4	4	1	1	0	0	0	0	0	0	0	0	0	0	0	1	13	23%
蓄水	0	0	0	2	1	0	1	0	0	0	1	0	0	0	0	0	0	0	0	5	9%
防水	1	0	0	1	0	0	0	0	0	0	2	0	1	1	0	0	0	0	0	6	10%
取田	1	0	0	0	0	0	0	0	0	0	0	0	0	0	0	0	0	0	0	1	2%
合计	13	0	12	12	5	1	2	0	0	0	3	0	2	1	1	0	0	0	3	55	100%
百分比	23%	0	22%	22%	9%	2%	4%	0	0	0	5%	0	4%	2%	2%	0	0	0	5%	100%	

资料来源：《宋史》《续资治通鉴长编》《玉海》《读史方舆纪要》《文献通考》《宋会要辑稿》

① 这一点可参考梁方仲先生的《中国历代户口、田地、田赋统计》，上海人民出版社，1980 年，第 294 页。

② （宋）李焘：《续资治通鉴长编》卷一二九，康定元年十二月乙巳条，中华书局，1992 年，第 3066 页。

③ 《宋会要辑稿》食货四三之四，第 5574 页。

④ 有关运河四州转般仓的功能，详见汪圣铎先生《宋代转般仓研究》，《文史》2011 年第 2 辑。

⑤ 按照功能来划分水利工程时，并不说明一处水利工程就只有一种功能，有的一处工程分别有多个功能，我们在处理时按照多个功能分别进行设定：如楚州一处水利设施分别有灌溉和漕运的功能，我们在漕运上计为 1 处，灌溉上计为另 1 处。有关水利工程比例，采取四舍五入的办法。

等等，限于笔者目力所及，收集可能还有遗漏，不过基本可反映北宋淮南地区按州军配置的水利设施功能比例。[①]

由上表可知，北宋淮南地区水利设施出于漕运目的而设置的占一半以上，在淮南地区全部水利设施中集中于真、扬、楚三州的达到60%以上。可见运河地区水利工程和设施[②]在漕运上的作用是相当突出的，并且就功能数来看，超过了全部水利工程和设施功能合计数的一半以上。水利工程和设施中具有的灌溉功能大约占四分之一，可见为发展农业生产，政府还是下了大力气的。另外，蓄水占了10%，之所以蓄水，可视为以漕运和灌溉为出发点。

将上表中所列水利工程和设施具体到示意图中，如图1所示，可以看到，整个淮南地区的水利工程和设施偏集于东部，并且集中于运河两侧。可以说淮南地区的绝大部分水利工程和设施都分布于运河四州，并且在运河四州还分布有部分为灌溉和蓄水而设的工程和设施。这也很好理解：运河四州的水利工程和设施也并非全部只为漕运而设，也有部分其他设置原因。为灌溉而蓄水是一部分原因，另外，为漕运储备水源是更重要的原因。从具体路州来看，可以说，淮东州军水利工程与设施分布要多于淮西州军。

就具体水利工程和设施的类型来说，可列表如下：

表2　北宋淮南地区水利工程和水利设施类型数量表[③]

类型	堤	堰	河	渠	涧	湖	陂	沟	塘	港	浦	闸	石逮	斗门	涵管	合计
数量	9	40	46	1	1	2	37	4	4	2	1	3	13	29	45	237
百分比	4%	17%	19%	0.4%	0.4%	1%	16%	2%	2%	1%	0.4%	1.3%	5%	12%	19%	100%

运河四州的水利工程和设施按类型分列如下：

① 就上表来看，泗州显然比较特殊，它和其他运河州军具有一样的功能，并且其功能也多于运河四州之外的州军，不过政府并没有在该州设置水利工程和设施。这可能和泗州治所在淮水以北、泗州拥有的淮河以南的运河段较少有关。可能有学者提出运河四州中的泗州无一处水利工程记载，如何能认为泗州也是重要的水利工程密布地区？笔者以为"运河四州"可视为一个整体区域概念，不可拆分以某一州为考察对象。

② 什么是水利工程？它和水利设施有什么区别？水利工程是一个现代词，其指包括利用水力资源和防治水的灾害的工程(《现代汉语词典》，商务印书馆，1978年，第1066页)。水利工程在某些时候和水利设施是可以通用的，水利工程一般指规模较大的水利设施，如人工河流，人工湖泊的修筑，等等，并且偏重于动态，偏重于尚未修筑完工，比如说进行一项工程等。而像斗门、石䃮这样规模较小的则只能称之为水利设施。水利设施则偏重于静态，偏重于已完工。

③ 水利工程和设施的数量比例按照四舍五入的办法计算而得，表3同理。

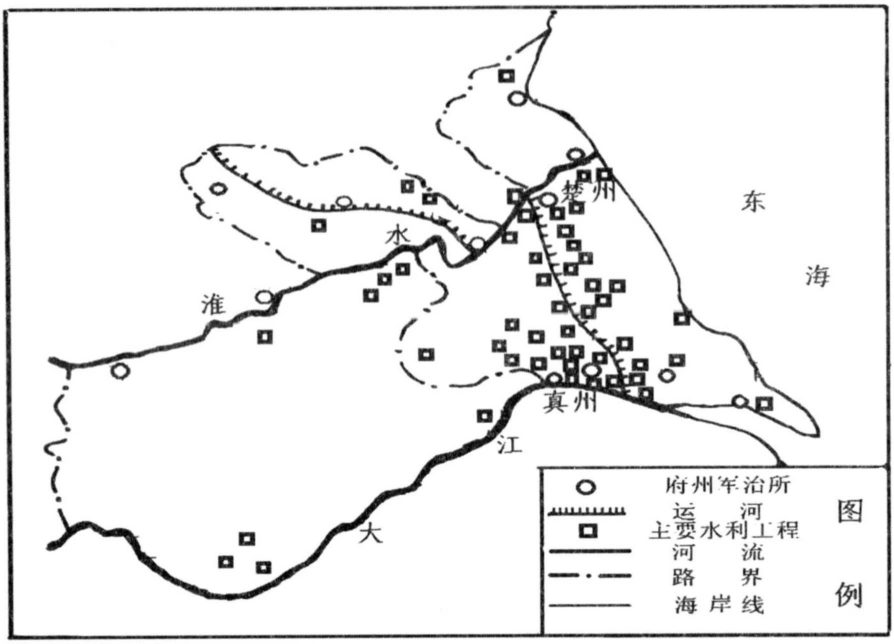

图 1　北宋淮南地区主要水利工程布局示意图(1111 年)[①]

表 3　北宋淮南地区运河四州水利工程和设施类型数量表

类型	堤	堰	河	渠	涧	湖	陂	沟	塘	港	浦	闸	石隶	斗门	涵管	合计
数量	1	6	43	0	1	2	36	4	2	2	1	2	13	27	45	185
百分比	0.5%	3.3%	23.2%	0	0.5%	1%	19.5%	2.2%	1%	1%	0.5%	1%	7%	15%	24.3%	100%

表 2、表 3 资料来源如表 1,按照类型分类,计算比例。

从上表可以看到,整个淮南地区的水利工程和设施以堤、堰、河、陂、石隶、斗门、涵管为主。在运河四州内,则以河、陂、石隶、斗门、涵管为主。河流作为主要工程集中于楚泗之间和楚扬之间,显然都是为辅助漕运,不过这一区域,并非全部出于辅助漕运,使用运河之水保障农田需要也是其主要功能之一,陂也是运河四州内主要的水利工程之一,也负担为运河提供水源之责,天长县境内陂非常集中,不过主要还是为灌溉提供水源[②]。斗门、石隶、涵管等在灌溉上作用较大,斗门也是辅助漕运的重要设施,主要集中于真州、

① 本图参考谭其骧先生主编《中国历史地图集・宋辽金卷》,中国地图出版社,1982 年,图 2 同理。

② 《宋史》卷三四三《蒋之奇传》,第 10916 页。

楚州、泰州、高邮军等地。这些都是运河经过的重要地区。

(三)北宋东南漕运格局与淮南水利工程布局的关系

北宋立国一百多年,形成了辐射全国的漕运网络,东南地区形成了江淮漕运区域[①],北宋东南漕运格局的形成,同时造就了淮南运河四州地位的上升,随着漕运物资数量的增加,运河的重要性凸显,为保证运河的畅通和稳定,政府在运河经过的州军及运河两岸设置了众多的水利工程与设施。这样使得整个淮南地区的水利工程和设施在修筑目的上侧重于协助漕运,并且使这些工程和设施多集中于运河四州。形成了以运河四州水利工程和设施为基础,淮水和大江的沿岸为分布带的淮南地区水利布局。就具体地理位置来看,显然是淮东分布更加密集。如图 1 所示。

二、南宋东南漕运格局与淮南地区水利开发

(一)南宋初期东南漕运格局之混乱与稳定

1127 年,金军南下,攻克开封后席卷淮南,紧接着金军继续追击高宗,高宗先是驻跸淮上,然后渡江,进入浙东,甚至一度逃亡入海,金军所到之处烧杀抢掠,淮南经受了巨大的破坏,转般仓[②]被烧毁殆尽。南宋军队为防备金军南下,将一些辅助漕运的设施破坏,不使资敌。“绍兴初,以金兵蹂践淮南,犹未退师,四年,诏烧毁扬州湾头港口闸、泰州姜堰、通州白莆堰,其余诸堰,并令守臣开决焚毁,务要不通敌船;又诏宣抚司毁拆真、扬堰闸及真州陈公塘,无令走入运河,以资敌用。”[③]南宋建立后,“高宗建炎元年,诏诸路纲米以三分之一输送行在,余输京师。二年,诏二广、湖南北、江东西纲运输送平江府,京畿、淮南、京东西、河北、陕西及三纲输送行在。又诏二广、湖南北纲运如过两浙,许输送平江府;福建纲运过江东、西,亦许输送江宁府。三年,又诏诸路纲运见钱并粮输送建康府户部,其金银、绢帛并输送行在。绍兴初,因地之宜,以两浙之粟供行在,以江东之粟饷淮东,以江西之粟饷淮西,荆湖之粟饷鄂、岳、荆南。量所用之数,责漕臣将输,而归其余于行在,钱帛亦然。”[④]这样看来,漕运路线在两宋之交显得非常混乱,直到绍兴和议后,宋金以淮水为界,方才大致稳定下来。

---

① 陈峰教授认为北宋的漕运区域分成若干部分,形成了以开封为中心的全国性的漕运网络:江淮、京东、京西南、河东陕西等漕运区域。详见陈峰《试论唐宋时期漕运的沿革与变迁》,《中国经济史研究》1999 年第 3 期。

② 有关“转般仓”说法的使用,学界目前还不完全统一,多数学者使用“转般仓”,另有少数学者使用“转搬仓”,如高荣盛《两宋时代江淮地区的水上物资转输》,《江苏社会科学》2003 年第 1 期。

③ 《宋史》卷九七《河渠七》,第 2393 页。

④ 《宋史》卷一七五《食货上三》,第 4260 页。

南宋东南漕运格局[①]和北宋东南漕运格局是不同的，从史料上看，两湖地区大多数粮食物资皆输送于湖北的大军，江东、江西的粮食物资皆输送于淮东和淮西，供应杭州的基本靠两浙。正如汪圣铎先生所说，南宋的漕运呈现分散状布局。[②]

这样看来，南宋东南漕运格局出现了比较大的变化，首先，漕运的目的地和北宋不一样，北宋时仅限于京师及其周边诸县，南宋时，湖南、湖北上供粮食物资送达地点有三处：鄂州、岳州和荆南，这三处都驻扎有南宋的大军，湖南、湖北上供粮食虽然不像北宋那样送达京师，但是将粮食物资送达大军驻扎地，我们亦可视同具有上供中央的性质。这是从南至北方向。而江西、江东送达淮东、淮西则必须通过大江，当然，江东、江西也有物资送达杭州的，这是从西至东的方向，和北宋时期的漕运格局就有很大的不同：目的地不同，漕运路线不同，方向也不同。从漕运物资输出地点来看，荆湖、江南东西、两浙依旧是重要的物资输出地，这和北宋时期大体一致，但是对于淮南，却发生了较大变化，淮南已经不如北宋那样稳定地出产粮食物资，而是受两国军事状况影响较大。如此，则淮南的粮食物资在输送至中央的时候，一部分输送至临安，还有一部分，可以说是主要部分，输送至总领所或者总领所指定位置。最后一部分输送至鄂州[③]。总的来说粮食还是为驻扎于两淮的南宋大军所需。所以我们也可视同具有上供中央的性质。

（二）南宋东南漕运格局下的淮南州军

在南宋东南漕运格局下，楚扬运河已不再如北宋时代那样在漕运上起主导作用，只有出于军事需要，南宋才通过运河将物资输送至前线，淮南的物资通过运河运输至中央的时候经常受军事因素影响而停顿，一般来说，只有当军事影响因素消失后，通过运河转输物资才得以继续。和北宋不同在于：荆湖、江淮的物资输送至中央，大江成为主要路线，楚扬运河的地位已不再如北宋那般突出，虽然政府也在运河上设置漕运工程和设施，但已不如北宋那样规模巨大，倒是大江引起政府的重视，史载："国家驻跸钱塘，纲运粮饷，仰给诸道，所系不轻。水运之程，自大江而下，至镇江则入闸，经行运河，如履平地。川广巨航，直抵都城。"[④]从漕运来看，显然，大江较北宋时期地位更加突出。因此就淮南

---

① 关于南宋东南地区的范围，郭正忠先生认为除四川地区之外的其他南宋领土都属于东南地区，不过南宋东南地区的主体是东南六路。江淮荆浙地区在北宋史称东南六路，南宋时也是国朝重要的物资来源地，李晓教授认为宋朝的淮南路、江南东路、江南西路、两浙路、荆湖南路、荆湖北路，习称东南六路。显然也包括了南宋时期的六路。郭正忠：《南宋中央财政货币岁收考辨》，中国社科院历史研究所宋辽金元史研究室：《宋辽金史论丛》第一辑，中华书局，1985年，第174页。李晓：《宋朝江淮荆浙发运司的政府购买职能》，《中国社会经济史研究》2004年第2期。

② 汪圣铎：《两宋财政史》，中华书局，1995年，第567页。

③ 《宋会要辑稿》食货四〇之五四，第5535页。

④ 《宋史》卷九七《河渠七》，第2406页。

地区来看，最接近大江和江南运河交界处的淮南州军在辅助漕运安全上负有更大的责任，因此和州、扬州、真州在漕运上地位比较突出是可以想见的，如政府在和州、真州、扬州等地设置了若干保护和辅助漕运的设施，在和州设置了姥下河和千秋涧等战备水利①，在滁州设置了滁州堰等战备水利②。设置战备水利固然一方面是出于防敌渡江考虑，另一方面也能保证大江漕运路线的安全，特别是位于和州的大江斜对岸之江南河入口处的安全。泰州、通州等地分别设置了若干水利工程和设施，只不过这些工程和设施都不是出于漕运目的，而是出于灌溉和防备水患。南宋东南漕运格局使得淮南地区的州军较之北宋显然发生了若干变化：首先，漕运不再以运河四州为重点，特别是楚州和泗州（盱眙军）地位的衰落，和州地位相对上升，加之真州、扬州的地位依旧保持，高邮军的地位也较突出，这些都是使淮南地区的州军在漕运上的功能发生变化之影响因素。

（三）南宋淮南地区水利工程的布局

查阅相关史料，《宋会要》《读史方舆纪要》《建炎以来系年要录》《宋史》中将淮南地区水利工程有关史料辑出：

表 4　南宋淮南地区各州水利设施功能一览表

功能＼州军	楚州	盱眙军	真州	扬州	濠州	高邮军	安丰军	光州	蕲州	黄州	安庆军	无为军	和州	泰州	通州	庐州	滁州	合计	百分比
漕运	2	0	2	2	0	1	0	0	0	0	0	0	0	0	0	0	2	9	24%
灌溉	2	0	3	1	0	2	0	0	0	0	0	2	1	0	0	0	1	12	34%
蓄水	0	0	0	0	0	0	0	0	0	0	0	0	0	0	0	0	0	0	0
防水患难	3	0	0	0	0	2	0	0	0	0	0	0	0	2	1	0	0	8	22%
不详	1	0	0	1	0	0	0	0	0	0	0	0	0	0	0	0	0	2	6%
防敌	0	0	2	0	0	0	0	0	0	0	0	0	2	0	0	0	1	5	14%
合计	8	0	7	4	0	5	0	0	0	0	0	2	3	2	1	0	4	36	100%
百分比	22%	0	19%	11%	0	14%	0	0	0	0	0	6%	8%	6%	3%	0	11%	100%	

由上表可知，出于漕运目的而修置的水利工程和设施，它的功能数占全部功能为四分之一左右，出于灌溉目的水利工程和设施的功能数达到三分之一强，防备水患上升到

① 《宋会要辑稿》食货八之二五，第 4947 页。

② （宋）李心传：《建炎以来系年要录》卷二八建炎三年九月庚午条，上海古籍出版社，1992 年，第 429 页。

五分之一强。基本呈现漕运、灌溉、防水三种功能并立的局面。战备水利的比例虽不能和以上三者比,但也达到14%,这在以前是没有的情况。至于具体的分布,楚州、真州、扬州、高邮军依旧是水利工程和设施的重点分布州军,和州、滁州则上升为沿江主要水利工程和设施分布州军。

将以上水利工程和设施落实到示意图上,如下所示:

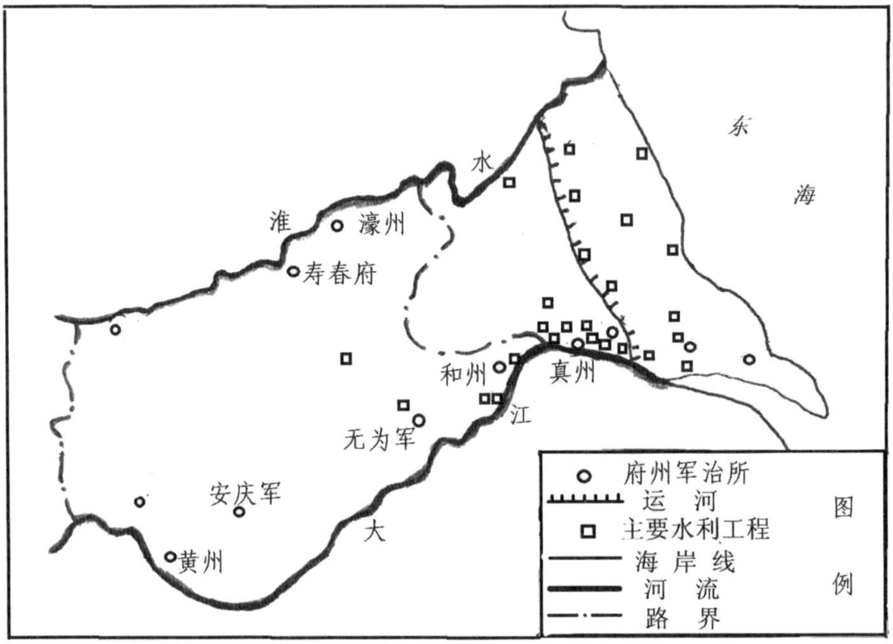

图2 南宋淮南地区主要水利工程布局示意图(1162年)

从上图可知:首先,运河四州的水利工程分布已不再如北宋那样密集,相反,变得非常稀疏,甚至可以说,越接近两国交界越加稀少,越接近真州、和州等地的水利工程越加密集。

表5 南宋淮南地区水利工程和水利设施类型数量表

类型	堰	河	涧	圩	塘	港	石础	斗门	合计
数量	5	6	1	2	3	1	26	8	52
百分比	9.6%	11.5%	2%	4%	5.8%	2%	50%	15.1%	100%

表 6　南宋淮南地区和、扬、真、泰四州水利工程和水利设施类型数量表

类型	堰	河	涧	塘	港	石䃮	斗门	合计
数量	1	4	1	3	1	13	8	31
百分比	3%	13%	3%	10%	3%	42%	26%	100%

南宋时，本区辅助漕运的主要是石䃮，一半左右是为辅助漕运而设，其他则出于灌溉等。南宋时期本区的漕运虽不如北宋，但是出于军事运输和非战时期的物资转输考虑，石䃮依旧起到主要作用。斗门依旧是这一地区主要灌溉设施。并且和北宋时期不同，北宋时期的斗门有一部分为漕运而设，南宋时期本区斗门的功用则彻底转为灌溉服务。水利设施主要集中于以上和、扬、真、泰四州。石䃮、斗门作为主要水利设施，在灌溉上起到主要作用，由于南宋时淮南成为两国交界地区，规模较大的水利工程已不多见，故此一时期，多以较为简易的石䃮、斗门等设施为主。

（四）南宋东南漕运格局与淮南水利工程布局的关系

南宋时期的东南漕运，除荆湖地区多数缴纳于湖北的大军驻地外，其余江南东西路、两浙路都通过大江和其他河流将物资运输到总领所①、池州大军驻扎地和杭州，淮南地区因为战争原因，不再成为南宋主要物资上供地区②。即便如此，大江仍然凸显其运输上的重要性，也是构成南宋东南漕运格局的重要一环，故此，南宋在大江北岸和州、滁州、真州等地设置了为数不少的水利工程和设施，出于战时运输军事物资和平时淮南物资上供考虑，扬州、高邮军、楚州等地依旧设置了一定数量的水利工程和设施，以辅助漕运。这种漕运格局的出现并定型，使得淮南地区的水利工程分布发生了变化，其一，水利工程多设置于大江与运河交汇点附近，又因军事上的考虑，为发挥运河的运输军事物资作用，

① 有关总领所的研究，前人已有不少相应成果，最近的如雷家圣的《从转运使到总领所——两宋制钱谷政策之比较》（《云南大学宋史研究丛书·宋史研究论文集》，云南大学出版社2009年版）、《南宋高宗收兵权与总领所的设置》（《逢甲人文社会学报》，2008年6月第16期》）、《南宋四川总领所地位的演变——以总领所与宣抚司、制置司的关系为中心》（《台湾师大历史学报》2009年第41期），刘云的《南宋高宗时期的财政制度变迁》（《中国社会经济史研究》2007年第2期），较早的有张星久先生《关于南宋户部与总领所的关系——宋代财政体制初探》（《中国史研究》1987年第4期），等等。

② ［日］斯波义信先生认为南宋时期政府对淮南地区不再规定上供祖额，不过南宋的淮南地区依旧是发送上供物资的地区，只不过送至淮南总领所或其指定位置，可将其视为具有上供中央的性质。详见［日］斯波义信《宋代江南经济史研究》，江苏人民出版社2001年，第273页；张勇、曹卫玲《两宋淮南地区物资转输地理格局初探》，《史林》2009年第5期。

扬州、高邮军等处的水利工程和设施为漕运而设置[1]，至于淮南地区的其他地方，则分布较稀，设置的主要因素也多为灌溉、防备水患。这样，就使得淮南地区在南宋的水利工程布局如下：大江与运河交界附近州军分布的水利工程和设施多为漕运和防敌而设，其他地区多为灌溉和防备水患而设[2]（如图 2）。

三、结论

两宋东南漕运格局经历了这样一个变化：北宋时六路上供之舟在真州汇集下卸，运河四州在北宋东南漕运格局中处于一个重要的地位，四州又全部落于淮南地区境内，政府相当重视这四州境内的漕运，在这四州运河经过区域设置了众多的利于漕运的水利工程和设施，这样使得北宋淮南地区的水利工程和设施在运河经过的四州境内以利于漕运的工程为主；沿大江和淮河以及内陆区域以灌溉和防备水患为主。到了南宋，东南漕运格局则呈现分散的状态，大江成为南宋东南漕运格局下淮南地区重要的漕运路线，不过由于此时淮南地区成为宋金两国交界地区，时常受到军事因素的影响，并且在大江南岸、镇江附近就是江南河的入口，这比较靠近淮东总领所和淮西总领所，为确保物资安全顺利运抵总领所及其指定地点，政府在淮南设置的便利漕运的水利工程和设施主要集中于真、扬、和等州。并且在和州还设置有防敌的水利工程和设施。这样，就整个南宋淮南地区的水利工程布局来看，水利工程和设施主要分布于大江与运河交汇地区，其他地区则稀稀落落地分布有为灌溉、防备水患的水利工程与设施。和北宋时期的水利布局相比，两者已经发生了相当大的变化。故我们可以说，正是因为两宋东南漕运格局的变化，使得两宋淮南地区的水利开发也发生了若干变化，这也极大地影响了淮南水利的布局。

作者简介：

张勇，河北大学宋史研究中心兼职研究员，衢州学院中国哲学与文化研究中心助理研究员。

---

① 有关战备水利的问题，因南宋扬楚运河在战争情况下，起到运输军事物资的功用，故设置于运河上的一部分水利设施也是从军事角度去考虑的，这部分水利设施也可视为辅助军事情形下的漕运，故这部分水利工程也可认为是以漕运为出发点而设。

② 南宋时期淮南地区的水利工程设置出发点有运输上供物资和军事物资，虽然运输不同作用的物资，但是就设置方式来看，都受战争影响较重，就时间来看，战争时期，运输上供减少，军事物资的运输增加，和平时期，军事物资运输减少，上供物资增加，这两者的增减方向正好相反。

明代镇守广东总兵设置考[①]

——兼论明代广东陆防与海防重心的时空演变

韩虎泰　吴宏岐

[提要]镇守广东总兵、副总兵的设置与演变是明代广东乃至岭南军事史中的重大问题，厘清其设置及驻地的变迁，对我们探索明代广东陆防与海防重心的时空演变至关重要。然因史籍对其设置时间的记载颇多抵牾，且常将镇守总兵与副总兵混淆谈之，加之对镇守总兵与副总兵驻地的变迁尚未形成清晰的认识，这对我们深入探究广东军事地理的相关问题造成一定的障碍。基于此，笔者细绎文献，对明代镇守广东总兵、副总兵的设置时间与驻地变迁进行系统地考证分析，认为明代镇守广东总兵始设于正统十三年，至嘉靖四十五年前后经历了四次罢置。随着陆防与海防重心的时空演变，其驻地亦先后经历了四次迁移。

[关键词]明代；镇守广东总兵；镇守广东副总兵；驻地变迁；海防；陆防

对明代镇守广东总兵的设置时间、过程等问题，史籍记载颇多抵牾，尚无定谳。作为明代广东军事指挥体系的高层建置，厘清镇守总兵官设置的相关问题，对我们透视明代广东乃至岭南地区陆海军事防御格局的时空演变至关重要。明代镇守广东总兵设置时间，史籍多有不同，且歧异较大，总体而言有洪武初年和嘉靖四十五年两种观点。笔者经过详细的考察，认为此两说俱不可靠，正统十三年才是明代镇守广东总兵始设之确年。受明代岭南地区复杂的军事地缘格局所影响，镇守广东总兵的设置经历了一个复杂的变

① 本文系国家社科基金重大攻关项目“环南海历史地理研究”（编号12&ZD144）子课题相关研究成果。

动过程，至嘉靖四十五年已是镇守广东总兵的第四次设置了。

一、论“洪武初年始设镇守广东总兵”说不能成立

此说见于明黄佐《广东通志》，是书“职官表”列朱亮祖、赵庸为广东总兵官[①]。万历《广东通志》卷十《秩官》记载同[②]。郭棐《粤大记》进一步明确指出：“广州既平永忠遂进兵取广西，命永嘉侯朱亮祖镇广东，总兵官之出镇盖仿于此。”[③]俨然将朱亮祖出镇广东视为广东总兵之始设，更甚者，将此视作明代镇守总兵之肇始。

然而，笔者以为此说难以成立，试证如下：首先，据肖立军先生研究，明代镇守总兵官的设置迟至洪武末年才出现[④]，朱亮祖卒于洪武十三年(1380)，此间尚无镇守总兵之名。查《明史·朱亮祖传》有“洪武十二年(1379)出镇广东”一语[⑤]，但并无总兵官名目。其次，朱亮祖洪武十二年出镇广东，仅一年便因“所为多不法”与其子同被鞭死。同年十二月“以广东阳春诸县盗贼未平，命南雄侯赵庸往镇之。仍训练军马，随机征讨”[⑥]。至洪武十五年(1382)十月，在赵庸的镇压下，广东“群盗”得以平定，旋即“诏庸班师”[⑦]。可见，不论朱亮祖还是赵庸在广东驻扎的目的均为镇压地方动乱，事讫即罢，并不长久驻扎，虽云“镇守”但与本文所论之“镇守”实有质异。况且，明代镇守武臣名目较多，非总兵一家所独有，郭棐、黄佐诸人以“镇守”当作“镇守总兵”之概称，实不足信。复次，笔者检视明代诸种重要史籍，虽然洪武末年乃至永乐、洪熙、宣德间沿边各省、镇镇守总兵设置逐渐增多，但广东并无镇守总兵官设置。此间。广东地区的陆防事宜由广西总兵官兼辖，广东都司卫所处于镇守广西总兵官的节制之下，如建文四年(1402)九月，“命右军都督同知韩观佩征南将军印充总兵官往广西整肃兵备、镇守城池，而节制广西、广东二都司”[⑧]，宣德八年(1433)二月“广东、广西二布政司奏：‘广东贼入石城县，广西贼入陆川县，皆杀人劫财。’敕广西总兵官都督山云出兵，与广东巡捕官军合势剿捕”[⑨]。

由于明代初期，岭南地区军事防御的重心在于镇压广西及粤西地区的“瑶乱”，故广

---

① (明)黄佐：嘉靖《广东通志》卷一〇《职官表下》，岭南美术出版社，2009年，第234页。

② (明)郭棐：万历《广东通志》卷一〇《藩省志十·秩官》，岭南美术出版社，2009年，第252页。

③ (明)郭棐：《粤大记》卷三《纪事类》，《日本藏中国罕见地方志丛刊》，书目文献出版社，1990年，第24页。

④ 肖立军：《明代省镇营兵制与地方秩序》，天津古籍出版社，2010年，第179页。

⑤ 《明史》卷一三二《朱亮祖传》，中华书局，1974年，第3860页。

⑥ 《明太祖实录》卷一三四，洪武十三年十二月丙戌。

⑦ 《明太祖实录》卷一四九，洪武十五年冬十月戊子。

⑧ 《明太宗实录》卷十二，洪武三十五年九月乙未。

⑨ 《明宣宗实录》卷九九，宣德八年二月戊戌。

西总兵兼辖广东尚且力所能及，广东无需另设。但这一时期，沿海地区却时或受海盗、倭寇的侵扰，早在洪武初年便设置巡海总兵、副总兵出海徼巡捕倭，如洪武七年(1374)“诏以靖海侯吴祯为总兵官，都督佥事于显为副总兵官，领江阴、广洋、横海、水军四卫舟师出海巡捕海寇，所统在京各卫及太仓、杭州、温、台、明、福、漳、泉、潮州沿海诸卫官军悉听节制。”①浙直闽粤沿海海防均受巡海总兵官节制，虽然此一时期东南海防形势尚不凸显，但广东相较于其他各省更加边远，如此跨远距离海岸线的巡防势必会造成防守疏略，兵力不足，难以兼顾的情形，永乐四年(1406)征讨安南总兵官成国公朱能就无不担忧地说：“贼已遣人于广东，缘海侦伺，虑其知海道无兵，并力于尔，宜加意慎防，不可忽略。”②随后便于广东设巡海副总兵，以解鞭长莫及之虞，《天下郡国利病书》载：“永乐七年四月，海贼阮嵍劫长塾、林虚二巡司，焚廨舍毁寨栅而去，巡海副总兵李珪(圭)遣雷州卫官军追击，败之。”③可见广东巡海副总兵的设置在永乐四年至永乐七年之间。囿于笔者所见史料，尚无法考知其具体设置年份，至少可以肯定永乐初便已设置。广东巡海副总兵设置之后在明初的海防中取得了良好的效果。《皇明驭倭录》载：“永乐十九年广东巡海副总兵指挥李圭(珪)于潮州靖海遇倭贼与战，杀败贼众，生擒十五人，斩首五级，并所获器械悉送北京。”④隆庆《潮阳县志》卷二《县纪事》记载略同⑤。《天下郡国利病书》载：“永乐七年八月，广东廵海副总兵指挥李珪奏：‘交趾贼船至钦州鱼洪村，劫掠百姓，烧毁房屋，官军追至交阯万宁县，海上遇贼船二十余艘，官军奋击败之，杀贼反溺死者无算。”⑥在永乐间，广东巡海副总兵巡防范围当涉及整个广东沿海地区。

通过上文梳理和考察，我们可以说，明代初期广东地区军事防御的空间格局分为二途：一为镇压粤西地区的“瑶乱”，二为防御沿海地区的海盗和倭寇，但此时防御的重心在于粤西内陆，海防虽时受扰动，但于牵动大局无碍，广西总兵兼制广东陆防尚可，巡海副总兵亦有能力调度巡剿沿海海盗和倭寇，故此时广东无需独设镇守总兵。

二、证明代镇守广东总兵实始设于正统十三年

镇守明代广东总兵始设于嘉靖四十五年(1566)这一观点最为流行，见于诸种重要史

---

① 《明太祖实录》卷八〇，洪武七年春正月甲戌。

② 《明太宗实录》卷五九，永乐四年九月戊午。

③ (清)顾炎武：《天下郡国利病书》第19册《广东下备录·海寇》，《四部丛刊三编·史部》，上海书店，1985年，第113页。

④ (明)王士骐：《皇明驭倭录》卷二，《御倭史料汇编》第2册，全国图书馆文献缩微复制中心，2004年，第124页。

⑤ (明)黄鉴修，林大春纂：隆庆《潮阳县志》卷二《县纪事》，岭南美术出版社，2009年，第27页。

⑥ (清)顾炎武：《天下郡国利病书》第33册《交趾西南夷》，《四部丛刊三编·史部》，第58页。

籍。万历《明会典》载：镇守广东总兵官“旧为征蛮将军两广总兵官，嘉靖四十五年分设，驻扎潮州府，管辖全省军务”①。《明史·职官志》：“镇守广东总兵官一人，旧为征蛮将军两广总兵官。嘉靖四十五年分设，驻潮州府。协守副总兵一人，潮漳副总兵，万历三年添设，驻南澳。”②《续文献通考》《武备志》等书记载略同③。

“嘉靖四十五年”说被诸多史籍认同，看似可以信从，但征诸《明实录》及相关文献，认为嘉靖四十五年实为镇守广东总兵官的第四次设置，而非始置。受广东乃至岭南地区军事防御格局的牵动，镇守广东总兵官的设置在嘉靖四十五年之前则经历了颇为复杂而曲折的变动过程，下文试作梳理。

据《明英宗实录》记载，似乎在正统末年广东便设了总兵官，正统十三年（1448）六月广东清军监察御史刘训言：

> 高州、肇庆两府归化徭人往往被信宜、泷水徭贼诱引四出攻劫。累遣人招抚，虽一时从化，终非经久之计。乞如琼州府例，拘集徭首，推保有能抚管五百户以上者授以副巡检，一千户以上者授以典史，二千户以上者授以主簿，就于流官衙门到任，专抚徭人，或有别项徭贼出没，悉听总兵官调遣，同官军剿杀。④

引文中有“悉听总兵官调遣”一语，但未言明为何处总兵官，引文内容主要是提供处理粤西地区“瑶乱”的措施，而进言者为广东清军监察御史。以常理言之，此“总兵官”应为“广东总兵官”，正所谓责有攸归。但如前述，自永乐至宣德间广东的陆防事宜均由广西总兵兼辖，而且据笔者目力所及，正统十三年以前并未见有镇守广东总兵官设置之记载，故亦有可能指称镇守广西总兵。但随后的记载可以让我们排除后一种假设，正统十四年（1449）八月广东海贼黄萧养率众攻围广州城池时：

> 总兵官安乡伯张安、都指挥佥事王清领兵五千，船二百艘救援，于九月十八日至戙船澳遇贼船三百余艘，安方醉卧舟中，官军不能支。贼至沙角尾，奔水溃散，安遂溺死，清为贼所获。⑤

《明史·景帝纪》正统十四年乙未下亦曰：“总兵官安乡伯张安讨广州贼败死，指挥佥

① 万历《明会典》卷一二七《镇戍二》，中华书局，1989年，第658页。

② 《明史》卷七六《职官五》，第1870页。

③ 《续文献通考》卷六一，第3357页；《武备志》卷二〇〇，海南出版社，2001年，第435页。

④ 《明英宗实录》卷一六七，正统十三年六月壬戌。

⑤ 《明英宗实录》卷一八四，正统十四年九月丙寅。

事王清被执死之。”[1]文中以安乡伯张安为总兵官，但检视《明实录》及相关资料，张安并无广西任职履历，却于正统十三年至正统十四年之间一直镇守广东。《明英宗实录》正统十四年春正月戊子条载：

> 总督备倭广东署都指挥佥事杜信奏：“沿海东、西二路备倭官军累次调入腹里操备。即今福建贼邓茂七余党奔窜海边，劫掠官民。乞将原调官军退回守备。”上命镇守广东安乡伯张安及都布按三司等官从公计议，果系备倭之数即便退还，务要防贼备倭，两不失误。信又言：“潮州等卫所备倭船多被飓风击败，乞敕所司补造，用饬边备。”从之。[2]

明代勋臣出镇常称“总兵官”，前引有“总兵官安乡伯”一语，这里又“镇守广东安乡伯张安”，据此，我们可推知此间为镇压黄萧养叛乱及倭寇侵扰，明廷任命安乡伯张安为广东总兵官，镇守本省。此外，还有另一条记载可忝为强证。正统十四年九月乙未，明廷“赏南京守备，并各处镇守总兵官一百四十八人”，其中赐“安乡伯张安等各银四十两，纻丝二表里”[3]。此间，张安广东在任上，而赏赐之人为“南京守备”和“各处镇守总兵官”，显然，其时张安确为镇守广东总兵官无疑。

从前引相关记载来看，在正统末年，广东总兵官似乎兼辖广东海陆防务事宜，除镇压沿海黄萧养、邓茂七等海寇及防备倭患外，还负责平定内陆地区的山贼及“瑶乱”。换言之，广东已从镇守广西总兵的辖区内分离，形成独立的镇守区域。故清道光《广东通志》称：“正统末，以黄萧养之乱，广东始设镇守总兵官一员。”[4]显而易见，阮元诸人亦将正统十三年张安出镇广东视为镇守广东总兵之始设。

三、镇守广东总兵的设置始末兼证“嘉靖四十五年始设”说之误

前文我们已证实明代镇守广东总兵之始设以正统十三年为确。正统十四年九月镇守广东总兵官张安死后，贼攻广州城益急，于是随即“诏拜（董）兴左副总兵，调江西、两广军往讨”[5]。是后，遂罢镇守广东总兵官，以董兴为左副总兵镇守广东。董兴在镇守广东左副总兵任上一直到景泰三年（1452）召还“分督京营”[6]为止。但也有人将董兴的“广东

---

① 《明史》卷一一《景帝纪》，第 347 页。
② 《明英宗实录》卷一七四，正统十四年春正月戊子。
③ 《明英宗实录》卷一八三，正统十四年九月乙未。
④ （清）道光《广东通志》卷一七三《经政略十六》，上海古籍出版社，1988 年，第 3142 页。
⑤ 《明史》卷一七五《董兴传》，第 4657 页。
⑥ 《明史》卷一七五《董兴传》，第 4657 页

左副总兵"误说成"广东总兵"，如雷礼《国朝列卿纪》："景泰三年，广西蛮寇行劫郡县，至六十二起，延广东地方，俱被其害。广东总兵董兴、广西总兵武毅互相推托，拥兵自卫，该访勘御史王允奏下兵部尚书于谦，举镇守涿州都督陈时代毅，镇守雁门都指挥使翁信代兴。"[①]同样，嘉靖《广东通志》谈及此次事件时谓："高、廉等府俱被其害，事闻，诏下兵部，议得广西贼情紧急，本部累曾具奏行，令广东总兵等官董兴等调兵前来会合抚捕，而董兴公然不肯启发，辗转托词。"[②]然此应系误植。据《明英宗实录》：

景泰三年二月敕广西左副总兵都督佥事武毅，提督军务刑部右侍郎季棠令，得尔奏：梧州府及茂名等县，大藤峡、炭山等处流贼生发，杀伤兵款，烧毁关厢、城楼，劫掠军民、男女、财物，具悉。已敕广东右副总兵都督董兴将官军一千五百人，差官管领，来听尔调，仍命兴今秋统领大军来会尔，腹背夹攻，剿杀前贼。敕至，尔等务在同心协谋，毋或互相矛盾，及玩寇长奸，以贻后悔。[③]

引文反映，景泰三年二月时武毅为广西副总兵，董兴为广东左副总兵。但董兴、武毅各守一方，各自为政，当贼势蔓延时却互相推诿，裹足不前，以致贻误战机。同年七月，于谦言：

(董)兴、(武)毅等各掌三军之权，均为两方之蠹，访得镇守涿州等处署都督佥事陈旺、镇守雁门关署都指挥使翁信，俱谋勇廉介，堪以大受。乞将旺、信召赴京师，各升实授都督佥事充副总兵官，令旺代毅，信代兴，仍将兴、毅及范信俱降为事官，就从旺等立功。又言：广西、广东两处(副)总兵不相统摄，不宜互相应援。乞以安远侯柳溥充总兵官佩印总督两广军马，如溥不可轻动，或令臣谦或太子太保兼户部尚书金濂、太子太保兼左都御史王翱内遣一人往命，旺署都督佥事，翱往任总督之寄。[④]

以陈旺、翁信代替武毅、董兴分别为镇守广西、广东副总兵。是时，"镇守广东左副总兵"止称"镇守广东副总兵"。

此外，引文显示，为解决两地军事防务上"不相统摄"，难以应援的现象，于谦建议设置两广总兵以节制两省镇守副总兵。但景泰年间并未设两广总兵，只是景泰三年以王翱为两广总督以示节制。事实是，王翱亦为临时委命，事罢即归，并非常设。

---

① (明)雷礼：《国朝列卿纪》卷一〇七《两广督抚行实》，《四库全书存目丛书・史部》第94册，齐鲁书社，1996年，第322页。

② (明)黄佐：嘉靖《广东通志》卷四《纪事五》，第166页。

③ 《明英宗实录》卷二一三，景泰三年二月己卯。

④ 《明英宗实录》卷二一八，景泰三年七月乙未。

至成化元年(1465),巡按广东监察御史王朝远奏:"广西流贼越过广东界,十郡强域,残毁过半,田亩荒芜,遗骸遍野,余民无几,道路几无人行,兵力衰微,民情惶惑,今贼徒日益延蔓,过广东者已至江西,在广西者又越湖广,虽两广各有副总兵欧信、范信,巡抚都御史吴祯等官,但地广贼众力不能支。"事下兵部会议,认为宜"推举文武大臣各一员假以总制便宜之权"节制两广,随后"命中军都督同知赵辅佩征夷将军印充总兵官,右都督和勇充游击将军,浙江布政司左参政韩雍升都察院左佥都御史赞理军务,往征两广蛮贼。"① 此所谓"总兵官"是为两广总兵官,镇守广西、广东副总兵俱受两广总兵官节制。

成化二年(1466),广东又一次设置镇守总兵官。是年六月,"敕右都督冯宗充总兵官镇守广东,先是武臣镇守广东者止称副总兵,广东有总兵官自宗始。"②前文已有详细考证,镇守广东总兵官实际始设于正统十三年,此次实为第二次设置。如此一来,岭南地区在两广总兵的统一调度下,东西二省各设总兵官镇守,这一格局持续至成化五年(1469)方有所改变。

成化五年,明廷决定于梧州开设两广总督府,同时两广总兵、两广总镇亦驻扎梧州,并开设府衙,总制两广军政要务。与此同时,革镇守广西总兵,改设镇守副总兵;革镇守广东总兵,以左参将分守高雷廉肇,负责粤西的军事防御。成化七年(1471),总兵府衙建成,两广总兵始有固定驻地。《明宪宗实录》对此事的记载为:

> 命太监陈瑄总镇两广,起复右副都御史韩雍升右都御史总督两广军务兼理巡抚,南宁伯毛荣佩征蛮将军印充总兵官镇守两广。升都指挥夏正署都督佥事充副总兵镇守广西,都指挥同知杨广充左参将分守高雷廉肇,马良代毛荣镇守贵州,冯宗召还。巡抚都御史吴琛等俱令还京,都察院理事兵部尚书白圭等言:"近设总府于梧州,以大臣总督命。臣等会多官议,且举其人,臣等会太保会昌侯孙继宗、吏部尚书姚夔等议:广西浔、庆等处宜立副总兵一人,雷廉高肇宜设参将二人,总兵冯宗、马良宜召还别任,且举副都御史韩雍等,以故有是命。"③

前文述及,冯宗于成化二年六月充总兵官镇守广东,马良于成化四年三月佩征蛮将军印充总兵官镇守广西地方④,至此皆裁去,召还。对此,韩雍《总府开设记》载:"(总督、总镇、总兵)同开总府于梧州,便宜行事,两广副将以下俱听节制,前两广镇守太监,两广

① 《明宪宗实录》卷一三,成化元年春正月甲子。
② 《明宪宗实录》卷三一,成化二年六月丁卯。
③ 《明宪宗实录》卷七三,成化五年十一月己亥。
④ 《明宪宗实录》卷五二,成化四年三月己巳。

总兵、巡抚皆裁去。"[1]雷礼《皇明大政纪》记载同[2]。关于此次作为，绝非偶然，相关文献显示，明廷对此已酝酿多年。据《皇明诏令》，天顺八年(1464)七月二十八日：

敕镇守广东副总兵、都督同知欧信、巡抚右佥都御史叶盛及巡按御史、都司、布政司、按察司，今得给事中孙敬言：先该总兵等官欧信、叶盛等奏：要于两广中路梧州立为帅府，挂印征蛮将军总兵官镇守两广，居中节制，东西各处副总兵、左右参将分守地方，悉听帅府调度，欲便举行。且言于梧州盖立都察院理事，協和总兵、提督应军务，巡抚两广地方。[3]

引文显示，早在天顺八年以前叶盛等人便提出设两广总兵，开府梧州驻扎，居中调度，并且广东、广西各置副总兵，在两广总兵的统一调度下镇守东西二省。但当时明廷对此一直犹豫未决，遂拖至成化五年。然而，实施时却是直接裁去镇守广东总兵官，代之以雷廉高肇左参将，并未置镇守副总兵。

若是将镇守广东副总兵、总兵的设置与演变置于明代广东地区海陆防御格局的时空背景下来考察，成化五年裁去镇守广东副总兵亦事非偶然。成化五年朝廷决定，两广总督、两广总兵、两广镇守同开府梧州，其时广东沿海倭寇未盛，海寇侵扰较少，较为安定。广东军事防御的重点在粤西地区，广西流贼时常窜匿广东，以及粤西内陆山贼、瑶乱等频发不止。然而，两广总兵等坐镇梧州，于粤西极为近便，如臂使指，调度征剿游刃有余，故广东无需再设镇守副总兵、总兵。自此之后，逮及嘉靖四十一年(1562)，广东地区一直未设镇守副总兵、总兵。

嘉靖末年，广东饶平人张琏率众起义，聚数万人，攻劫于赣、闽、粤三省，威震一时。为平定叛乱，明廷设立协守南赣汀漳惠潮副总兵，驻扎于粤闽赣三省边界地区的程乡伸威营，指挥平乱。对此，《明世宗实录》载：

于江西兴宁、程乡、安远、武平四县间建设镇城，赐名曰"伸威"，改南赣参将俞大猷为南赣汀漳惠潮副总兵，升宁国府知府方逢时为广东按察司副使，整饬兵备，俱驻本城备盗。罢南赣参将，改设守备一员，添设把总三员，分驻要害，悉听副总兵、兵备节制。[4]

---

① (明)韩雍：《总府开设记》，《皇明经世文编》卷五五，中华书局，1962年，435—436页。

② (明)雷礼：《皇明大政纪》卷一四，《四库全书存目丛书·史部》第8册，第256页。

③ (明)孔贞运：《皇明诏令》卷一五《立帅府敕》，《续修四库全书·史部》第457册，上海古籍出版社，2002年，第321页。

④ 《明世宗实录》卷五一〇，嘉靖四十一年六月癸丑。

该“南赣汀漳惠潮副总兵”兼辖三省区界之地，但在后来的众多史籍中却将此“副总兵”记为“总兵”，如《苍梧总督军门志》称：“正统末，因黄萧养乱设副总兵（按，据前文考证当为总兵），贼平裁革，后以广东界在江闽多警，议于南赣汀漳惠潮地方复设总兵驻扎程乡、兴宁。”①雍正《广东通志》同②。而事实是，初设确为“副总兵”，随后因俞大猷有功，为时不久便升为“总兵”，清人李清馥《闽中理学渊源考》对此记载颇详：

> 四十年，剧盗张琏聚众数万攻陷江、闽诸州，诏：江、闽、广三省会征之用师二十万，复以为南赣参将督兵进剿。时三省尚属胡宗宪节制，悔前失。一听大猷之所为，连战皆捷，琏就擒。谕：散其党不戮一人，乘胜攻林朝义，杀贼二千级，论功赐金，升副总兵镇守南赣汀漳惠潮，寻进总兵都督同知。③

此外，明人郭应聘在《请重广东总兵官事权疏》中的一条记载可进一步佐证是说，其云：“惠、潮诸处自昔号为盗薮，原设总兵官一员驻扎程乡、平远之伸威营。”④此处所谓“原设总兵官”当指前引之“进总兵都督同知”一事。无独有偶，谭纶《照例添设总兵中军官员以便训练疏》中论及设总兵标兵时曰：“在先年，镇守惠潮伸威营总兵官亦设有中军把总指挥佥事一员，其人陈其可是也。”⑤该处“镇守惠潮伸威营总兵官”即指“南赣汀漳惠潮总兵官”。

南赣汀漳惠潮总兵的辖区为三省交界之地，于广东只管惠潮二府，然笔者在此不厌其烦地考证其设置及变化过程，实因其与我们将要探讨的镇守广东总兵官的第三次设置密迩相关。

从后面的记载来看，嘉靖四十二年（1563）张琏叛乱平定之后遂将“南赣汀漳惠潮总兵”改称为“镇守广东总兵”，止管广东一省。据《皇明法传录嘉隆纪》，嘉靖四十二年倭寇攻陷福建兴化城“欲掳船泛海去，广东总兵俞大猷率兵截平海港，贼不得去”⑥。可见，嘉靖四十二年已改为“广东总兵”，又《明世宗实录》嘉靖四十三年（1564）九月癸亥条载：“命

---

① （明）应槚、刘尧诲：《苍梧总督军门志》卷三八七《兵防一》，台湾学生书局，1970年，第387页。

② 雍正《广东通志》卷二三《兵防》，岭南美术出版社，2009年，第586页。

③ （清）李清馥：《闽中理学渊源考》卷六二《武襄俞虚江先生大猷》，《文津阁四库全书·史部》第157册，商务印书馆，2005年，第369页。

④ （明）郭应聘：《郭襄靖公遗集》卷八《请重广东总兵官事权疏》，《续修四库全书·集部·别集类》第1349册，第193页

⑤ （明）谭纶：《谭襄敏奏议》卷三《照例添设总兵中军官员以便训练疏》，《文津阁四库全书·史部》第147册，第319页。

⑥ （明）高汝栻：《皇明法传录嘉隆纪》卷五，《禁毁四部丛刊补编》第10册，北京出版社，2005年，第594页。

广东总兵俞大猷移住潮州，裁革南赣守备改设参将，以万安守备蔡汝兰充之，从两广守臣请也。”[①]足见其移驻潮州之前已然为“镇守广东总兵”。因此我们可以说，嘉靖四十二年是镇守广东总兵的第三次设置。

嘉靖四十五年(1566)正月，再一次裁革镇守广东总兵，以福建总兵兼管广东惠潮二府。嘉靖四十四年海贼吴平剽掠闽广沿海，镇守广东总兵官俞大猷镇压不力，福建巡按御史陈万言奏：“平初溃围得脱，系大猷等所分信地，及追战又不力，法当重处。”广东巡按御史陈联芳复劾：“大猷在广，数肆民兵相继煽乱，束手无策，宜急择良将代之。”因而，“上乃黜大猷，而命继光兼镇闽广”。[②]

裁革不到十个月，嘉靖四十五年十月再一次设置。《明世宗实录》嘉靖四十五年十月乙丑条载：“复设镇守广东总兵，以原任惠潮参将署都指挥佥事汤克宽升署都督佥事为之。”[③]谭纶《议处添设将官便督调以安地方疏》亦曰：“近因言官建议，题奉钦依，特专设总兵官汤克宽镇压全省，专扎潮州府城，其福建总兵已免兼制之劳矣。”[④]万历《广东通志》则明确指出此次“复设”的原因：“(嘉靖)四十五年，福建巡抚具题：三省牵制不便，部议广东复设总兵，仍驻扎潮州。”[⑤]对此，清人夏燮《明通鉴·考异》云：

> 据《明史·俞大猷传》言：命大猷充广西总兵官而以刘显镇广东，两广并置帅，自大猷及显始也。按显是时自狼山移镇镇江，被劾革任候勘，以巡抚刘几荐，命充为事官，镇守如故。又证之《显传》：显以四十一年镇广东，未赴，且彼时亦非额设。据《实录》，是年十月复设广东镇守总兵官，以汤克宽为之。然则两广并置帅，实始于大猷、克宽。《明史》盖误以显前事当之，今据《实录》更正。[⑥]

今检《明史·刘显传》：“(嘉靖)四十一年五月，广东贼大起。诏显充总兵官镇守。会福建倭患棘，显赴援。”[⑦]显然，嘉靖四十一年便有将南赣汀漳惠潮副总兵改为镇守广东总兵的动作，只因福建倭患而未得实施。故此，夏燮以为嘉靖四十二年俞大猷及四十五年汤克宽之任为“两广并置帅”之始，换言之，是为镇守广东总兵官之始设。然则笔者以为，夏燮之说颇不可信。首先，自俞大猷任总兵官至汤克宽，期间为时三载，怎可以“始”字并

---

① 《明世宗实录》卷五三八，嘉靖四十三年九月癸亥。

② 《明世宗实录》卷五四〇，嘉靖四十五年正月庚辰。

③ 《明世宗实录》卷五六三，嘉靖四十五年十月乙丑。

④ (明)谭纶：《谭襄敏奏议》卷三《议处添设将官便督调以安地方疏》，《文津阁四库全书·史部》第147册，第319页。

⑤ (明)郭棐：万历《广东通志》卷八《藩省志八·兵防总上》，第202—203页。

⑥ (清)夏燮：《明通鉴》卷六三，嘉靖四十五年十月乙丑，中华书局，2009年，第2258页。

⑦ 《明史》卷二一二《刘显传》，第5619页。

称？其次，前文已有论证，镇守广东总兵官始设于正统十三年，其时广西另设镇守总兵官，故“两广并置帅”实始于安乡伯张安，而俞大猷已是第三次“并置”，至汤克宽则已为第四次“并置”了。

这便是万历《明会典》《明史》等书所认为的嘉靖四十五年“镇守广东总兵官”始从两广总兵分设出来的原委。然而，其事实却全然非此。

作者简介：

韩虎泰，复旦大学历史地理研究中心博士研究生。吴宏岐，暨南大学历史系教授、博士生导师。

塞上风华：清代前期乌鲁木齐庙宇的神圣与世俗[①]

王鹏辉

［**提要**］清代前期乌鲁木齐呈现迪化汉城、巩宁满城和城外城关以及乡村聚落的定居格局，围绕佛寺道观庙宇生成的社会生活创造了包容性的社会空间，形成多种族裔居民共存共生的社会格局，及神圣与世俗融为一体的社会风貌。乌鲁木齐遍及城乡的佛寺道观庙宇和开放的周期性庙会活动凝聚各种类型的社会民众，为多种族裔的居民创造生产、生活的社会机遇，客观上造成社会文化交融的自然历史机制。乌鲁木齐佛寺道观庙宇承载的民间信仰关怀人的生老病死，各种神仙结构中存在着神圣的彼岸体验与世俗的此岸体验之间的互动，形成边疆都市繁华的社会生活风貌。

［**关键词**］清代前期；乌鲁木齐；庙宇；社会风貌

乌鲁木齐位于内陆欧亚腹地，地处天山北坡、准噶尔盆地南缘，是连接天山南北的交汇点，成为西域沟通东西方丝绸之路的交通枢纽。乾隆二十年(1755)，清朝定西将军永常率兵驻扎乌鲁木齐，在乌鲁木齐河西九家湾筑造土城，这是清代乌鲁木齐地区筑城的开端。乾隆二十三年(1758)，清朝在乌鲁木齐河东、红山以南筑造城池，周长1里5分(约864米)，高1丈2尺(约4米)，乌鲁木齐地区的城池从临时性的土城发展到永久性的城堡。乾隆二十六七年，钦差协镇驻扎地长约1—1.5公里，成为最早的迪化旧城，置乌鲁木齐厅，隶属甘肃省安西道。乾隆二十八年(1763)，乌鲁木齐河东、红山以南的城内

---

① 本文为国家社科基金重大委托项目《新疆通史》(05&ZD060)基础研究项目《清末民初新疆镇迪道的佛寺道观研究》(XJTSB080)成果之一。

街市房屋逐渐稠密,旧城扩建周长至4里5分(约2592米),高1丈6尺(约5.3米),钦定城名为"迪化"。迪化城就是后来所称的汉城,城内基本建筑为官署、庙宇、仓廒、兵营和民房。乾隆三十六年(1771),设乌鲁木齐参赞大臣。乾隆三十七年,在迪化城西8里处,筑造"巩宁"新城,后来称为老满城。"迪化"汉城和"巩宁"满城都起于军政管辖,但两城性质有民事和军事的重心分别。迪化为四达之区,椿园七十一奉使西域,见到乌鲁木齐"字号店铺鳞次栉比,市衢宽敞,人民辐辏,茶寮酒肆,优伶歌童,工艺技巧之人无一不备,繁华富庶甲于关外"。[①] 乾隆三十八年,改乌鲁木齐参赞大臣为乌鲁木齐都统,改安西道为镇迪道,改乌鲁木齐厅为迪化直隶州,道、州属官驻巩宁城,隶属甘肃省。乾隆四十八年(1783),乌鲁木齐都统明亮奏请补修一次。嘉、道年间,清王朝在乌鲁木齐的城乡建设取得显著成效,多种族裔定居杂处的乌鲁木齐日趋繁盛。18世纪中期清王朝统治新疆后,在对新疆的民族整合中,对满族采取了各种特殊的优待措施,突出了满族在各民族中的主导地位。[②] 清代前期乌鲁木齐城乡人口以满、汉、蒙、回为主,兼有其他维吾尔、哈萨克等族裔的少量人口。[③] 学术界对清代前期乌鲁木齐地域史的研究主要集中在城市建设领域,[④]较少以城乡社会为视域的研究,[⑤]本文拟以乌鲁木齐兴起之际遍布城乡的佛寺

① (清)椿园七十一:《新疆舆图风土考》,台湾成文出版社据清乾隆四十二年刊本影印,1968年,第19页。

② 齐清顺:《1759—1949年新疆多民族分布格局的形成》,新疆人民出版社,2010年,第33—34页。

③ 乌鲁木齐市党史地方志编纂委员会编《乌鲁木齐市志》第1卷《总类》,新疆人民出版社,1994年,第249—269页;刘正江:《清至民国时期乌鲁木齐民族居住格局的形成及其原因》,《黑龙江民族丛刊》2012年第2期。

④ 魏长洪:《清代乌鲁木齐城的建置》,《新疆大学学报》1982年第1期;王希隆:《清代乌鲁木齐屯田论述》,《新疆社会科学》1989年第5期;蔡美权:《乾隆年间乌鲁木齐的房地产业》,《新疆地方志》1997年第4期;吴元丰:《清代乌鲁木齐铁厂研究》,《西域研究》1998年第3期;魏晓金:《清代乌鲁木齐城市的兴起与演变研究》,新疆大学硕士论文,2009年;赵晓霞:《乾嘉时期乌鲁木齐商屯研究》,《新疆大学学报》2010年第5期;苏奎俊:《清代乌鲁木齐城市的构建及演变》,《新疆大学学报》2011年第5期。

⑤ 米尔沃德认为内地汉、回商人对新疆城市化和城市生活有重要影响,称之为新疆城市的内地特征,指出乌鲁木齐在清朝统一新疆后不久就已成为这一地区的商业和金融中心,参见[美]J.A.米尔沃德《嘉峪关外:1795—1864年新疆的经济、民族和清帝国》,贾建飞译,国家清史编纂委员会编译组刊印,2006年,第160—165页;黄达远指出清代前期乌鲁木齐属于军政和行政双轨制建制的原因之一是民族隔离政策,乌鲁木齐已经基本具备了政治、军事、经济、文化教育等综合性的城市功能,参见其《隔离下的融合:清代新疆城市发展与社会变迁(1759—1911)》,四川大学博士论文,2006年;贾建飞从清王朝在新疆的文化政策角度,指出内地文化在北疆获得较快发展,营造出一种类似内地的社会文化氛围,乌鲁木齐几乎成为内地的一个缩影,参见其《清乾嘉道时期新疆的内地移民社会》,社会科学文献出版社,2012年,第173—174页。实际上,内地移民在天山北路的人口重建以乌鲁木齐为代表,出现了土著化的历史演化,并形成满、汉、回、维吾尔等诸多族裔在乌鲁木齐地域文化交融的社会平台。

道观庙宇透视清代前期乌鲁木齐地域整体的社会风貌。①

一、迪化城内及城关佛寺道观与社会民生的繁华

乌鲁木齐城内的佛寺道观庙宇系统是随着城池的建筑一体修建的，有其基本配置。随着乾隆年间迪化旧城、新城和巩宁满城的修建，城内配备的庙宇是迪化县属最早的庙宇。根据告成于乾隆四十七年（1782）的官修钦定的西域第一部方志《西域图志》，迪化新城内有“万寿宫、城隍庙，城东有关帝庙”，迪化旧城西门外有“关帝庙、龙王庙”。② 可见，城隍庙、关帝庙、龙王庙是城建配置中最基本的庙宇类型。此后不断重修旧庙并递增新的庙宇类型，以适应日渐繁复的社会需要。城内庙宇各有其方位：“万寿宫在城内东街。城隍庙在城内西门。城北门楼有真武、文昌、奎星等神阁。瓮城内有财神庙。”③迪化城内西北的城隍庙于乾隆三十二年（1767）建成，乌鲁木齐办事大臣温福等上奏获准在“迪化城、宁边城各建关帝庙，照哈密、巴里坤之例，每岁春、秋二季并五月十三日致祭，其祭品准销银一十七两”④。温福等上奏获准所建关帝庙就是上述《西域图志》中记载的迪化城东关帝庙。迪化城东关帝庙建成后刻立庙碑，声明关圣帝君“神周六合，道炳九垓，山陬海澨，咸仰神灵，绝域殊方备沾佑谷”。碑文宣扬乾隆的文治武功，借助关圣帝君的功德为清王朝在西陲的治理提供合法性论证：

> 乌鲁木齐界在西陲，越为夷服，恭逢圣天子武功大定，式瞻帝君神应无方。以故建城之初，即崇庙祀而自绥来之后，默荷神庥。盖新疆初隶，版图百度，几同绵蕝，而时和岁稔，历十年频见丰盈，沴息民恬，二万里群歌乐利。昔日之冰天雪窖，今已凉燠应时；昔日之毡幕穹庐，今已闾阎匝地。此皆盛朝德化所涵育，而即帝君英爽所护持也。义等贸迁而来，当毂击肩摩之会，经营所至，睹民康物阜之休，思展蚁诚，藉伸葵向，仰瞻绀宇，载拓寿宫，道一风同，庆车书于玉塞，明禋祝嘏，永庙貌于金城。⑤

---

① 清初乌鲁木齐地方城乡定居聚落兴起之时，各种类型的庙宇即应运而生。清代前期乌鲁木齐的庙宇以佛寺道观庙宇为主，本文的庙宇主要指佛寺道观庙宇，此一历史阶段回民清真寺较少，而维吾尔清真寺主要出现在清末民国时期。关于乌鲁木齐清真寺的历史沿革参见韩军《乌鲁木齐的清真寺状况及其沿革》，《中国穆斯林》1990年第2期。

② 钟兴麒等校注：《西域图志校注》，新疆人民出版社，2002年，第190页。

③ （清）永保修：《乌鲁木齐事宜》，王希隆：《新疆文献四种辑注考述》，甘肃文化出版社，1995年，第102页；（清）和宁撰：《三州辑略》卷二《建置门》，台湾成文出版社据嘉庆十年修旧抄本影印本，1968年，第70下栏—71页上栏。

④ （清）佚名修：《乌鲁木齐政略》，王希隆：《新疆文献四种辑注考述》，1995年，第21页。

⑤ （清）和宁撰：《三州辑略》卷八《艺文门上》，第257页。

迪化城东关帝庙碑文认为清王朝统一新疆,为民人的生活创造四时和顺、五谷丰收的太平盛世,并归功于关圣帝君的护持。关帝庙的修建本身即是重要的社会仪式,资金、材料和人工似乎是汇集官府和民人各方的力量,通过集体的关帝信仰凝聚人心,建构西陲边民的社会秩序。

迪化城东关帝庙并不是迪化城内最早的关帝庙,最早的关帝庙当为乾隆二十六年辛巳年(1761)建于迪化旧城。这座迪化旧城关帝庙于乾隆三十五年(1770)进行补修,同样刻碑立记。这次补修基于庙宇空间狭小,增加三间膳厅,以忠义为核心价值观赞颂关圣帝君的神灵:"忠义为人心共秉之,彝上下数百年,含英蕴秀之材,何尝不鼓努竞强,慨然以名教自任,乃未能彪彪炳炳全身于大节之临,盖浩气之未易充而小善之,不足尚也。"三国历史人物关羽的历史事迹成为后世信仰建构的载体,形成社会共同的精神资源:

> 厥有由籍,非伟人谁能底柱。夫子佐流离之汉胄,续欲绝之余音,灭魏吞吴。志先乎出师一表,将千古之大经大法。于是乎在向使有旁搜远绍之士,提其要,钩其元,必有加于秉烛而传美人口者也。兹地于乾隆辛巳岁建有庙貌,以安神灵,第堂宇促狭,不足蔽风尘而陈樽俎。某等谨与同郡人捐金鸠工,即其地势而增修膳厅三大间,非敢谓足以报功德也,惧其亵也,且以见忠义之在人心有同悦焉。[①]

迪化旧城关帝庙的补修资金出于某一郡人的筹集,可见其同乡群体的相互联系比较紧密,在集资修庙等重大事务上能够采取集体行动。迪化旧城关帝庙的补修估计是民间的社会集体行动,并非官府主导的补修行为,边城以籍贯为纽带的地缘社会借助关帝信仰宣扬忠义,意在强化同乡社会群体的力量以保障群体成员的社会利益。

关帝庙尤其成为适应地方统治并引领庙宇兴建的主要庙宇类型,在城内诸庙宇中最为显著。纪昀曾在乌鲁木齐"登城北,关帝庙、戏楼、城市,皆俯视历历",[②]登高俯视全城可以醒目地看到关帝庙。迪化的关帝庙显然比哈密、巴里坤的关帝庙时间要晚,而且其祭祀的仪式和规格都仿照哈密、巴里坤关帝庙的成例。相比较而言,文庙的建成晚于上述庙宇。直到乾隆三十四年(1769),温福等才上奏获准"设立学校并建文庙,迪化、宁边二城岁销春、秋二祭银四十五两零。查文庙尚未修建,现照敦煌之例,暂行搭棚致祭"[③]。文庙未建之前,仿照敦煌成例举行祭祀仪式。这一年,温福等调查城内外庙宇祭典的开销,指出"城隍庙、八蜡庙均在新城西门内,娘娘庙在旧城西门外关帝庙后,朔望与关帝庙一体行香;马神庙在旧城东门外,每元旦行香一次。均不开销祭品,其香烛则同知与城守

---

① (清)和宁撰:《三州辑略》卷八《艺文门上》,第257—258页。

② (清)纪昀:《乌鲁木齐杂诗》,王希隆:《新疆文献四种辑注考述》,第162页。

③ (清)佚名修:《乌鲁木齐政略》,王希隆:《新疆文献四种辑注考述》,第22页。

营都司备办”[①]。八蜡庙在城内，娘娘庙和马神庙在城外，显然都是较早修建的常见庙宇类型。八蜡庙缘起祭祀与农业有关的八种神祇，分别是一为先啬，即神农；二为司啬，即后稷；三为农，即古之田畯；四为邮表畷，邮为田间庐舍，表为田间道路，畷是田土疆界相连缀；五为猫虎；六为坊，即堤防；七为水庸，即水沟；八为昆虫，即蝗螟之属，其中有猫虎为除鼠害的神祇。纪昀发现迪化的八蜡庙是针对田鼠，“绿塍田鼠紫茸毛，搜粟真堪赋老饕。八蜡祠成踪迹绝，始知周礼重迎猫”，[②]并且在修建和祭祀八蜡庙后，田鼠的祸患数年都不再发生。迪化关帝庙祭祀的仪式逐渐成为周边各县仿照的成例，乾隆四十二年(1777)，乌鲁木齐都统索诺木策凌和陕甘总督勒尔谨共同会衔提奏：“特讷格尔改为阜康县，照依迪化州、昌吉县之例，春、秋二祭。文庙岁支祭祀银四十五两，于四十二年八月始祭；又照依迪化州、昌吉县之例，春、秋二季并五月十三日致祭。关帝庙每季需用祭品银七两二钱九分三厘，于四十二年八月始祭。”[③]另外，城内庙宇配置的同时在城外也有庙宇的修建。由于旧城居住的大都是民人，与城外的民人日常生产生活联系紧密，促成工商业的繁荣，因此“旧城南北买卖商贩市肆繁华，俨成都会。至于环城寺庙颇多，难以备述”。[④] 除了官府推动的政治力量，城市内外的经济需求和社会民生促成庙宇庙会的兴盛。其中一个比较显著的例子是万寿宫，俗名“皇帝殿”，万寿宫是典型的官府祭祀场所，供奉清朝皇帝的“龙牌”，也是地方官僚朝贺皇帝的场所。纪昀在迪化期间就注意到这种现象，赋诗纪实“金碧觚棱映翠岚，崔嵬紫殿望东南。时时一曲升平乐，膜拜闻呼万岁三”，指出“万寿宫在城东南隅。遇圣节朝贺，张乐坐班，一如内地。其军民商贾，亦往往在宫前演剧谢恩。边氓芹曝之忱，例所不禁”[⑤]。迪化万寿宫允许军民百姓商人瞻仰，往往形成热闹的庙会。

迪化城内外的庙宇还有一些最早只见于纪昀的记载，如罗祖祠、火神庙、痘神祠、城南壮缪祠和城北红山支麓冈顶关帝祠。罗祖本为湖南罗道士，名罗隐，他创造出剃刀刮脸，挖耳，清眼等器具，以及梳辫子之刷、通、篦掏、解、顺等一套剃头手艺。剃头匠把他视为罗祖，奉为剃头理发行业的祖师爷，每年农历七月十三日是罗祖的诞辰日，剃工皆赴罗祖祠前纪念。乾隆三十五六年间(1770—1771)，纪昀在迪化实地生活两年，日常生活的需要都有亲自的体验。诸如剃须理发就遇到“凉州会罢又甘州，箫鼓迎神日不休。只怪城东赛罗祖，累人五日不梳头”，更是发现“诸州商贾，各立一会，更番赛神。剃工所奉曰‘罗祖’，每赛会则剃工皆赴祠前，四五日不能执艺，虽呼之亦不敢来”，[⑥]结果需要剃须理

① (清)佚名修：《乌鲁木齐政略》，王希隆：《新疆文献四种辑注考述》，第22页。
② (清)纪昀：《乌鲁木齐杂诗》，王希隆：《新疆文献四种辑注考述》，第166页。
③ (清)佚名修：《乌鲁木齐政略》，王希隆：《新疆文献四种辑注考述》，第22页。
④ (清)永保修：《乌鲁木齐事宜》，王希隆：《新疆文献四种辑注考述》，第102页。
⑤ (清)纪昀：《乌鲁木齐杂诗》，王希隆：《新疆文献四种辑注考述》，第166页。
⑥ (清)纪昀：《乌鲁木齐杂诗》，王希隆：《新疆文献四种辑注考述》，第168页。

发时碰巧剃工祭祀祖师,只能等待赛会结束。纪昀明确提到罗祖祠在迪化城东,同时透露当时迪化商贾的行业组织围绕行业神进行赛会活动,应该还有其他行业神的庙宇。

火神庙祭祀的是中国神话中民间俗神信仰中的火神神祇,每年农历六月二十三日为火神诞辰,形成庙会。迪化的火神庙则是基于水烟行业的供奉,“冉冉春云出手边,逢人开箧不论钱。火神一殿千金值,檀越谁知是水烟”,当地抽吸水烟盛行,“游手者多挈烟箱,执火筒,逢人与吸,不取其值,朔望乃登门敛赀。火神庙费计千余金,乃鬻水烟者所醵,则人众可知矣”。[①] 火神庙的兴建花费数额巨大,都由卖水烟者集资上千两白银,可知水烟买卖行业的兴旺。

痘神祠所祭祀的痘神,源于人们对传染性极强的疾病天花的防护,还有对儿童出水痘的危险的忧惧,对生命安全的祈盼。各地民间祭祀的痘神各有来历,基本上是为人们捍患御灾有功德者的神格化。迪化的痘神主要是为儿童的水痘安全,“痘神名姓是谁传,日日红裙化纸钱。那识乌孙成郡县,中原地气到西天”,边徼与内地相通后,“婴儿出痘与内地同。盖舆图混一,中原之气已至也。里俗不明此义,遂据《封神演义》建痘神祠”。[②] 痘神祠成为人们祈求保佑儿童安全度过水痘危险期的精神寄托。

迪化城内外由官府兴建的祭祀关羽的庙宇一般称为关帝庙、关圣帝君庙。迪化城外南面有一座壮缪祠,称关帝祠,称祠不称庙,似为民人所建。纪昀听说关帝祠中神马的故事后作诗“灵光肸蚃到西陲,齐拜城南壮缪祠。神马骁腾曾眼见,人间衔勒果难施”,并讲述神马故事的原委:“初民间有马不受鞚,施于庙中充神马,乃驯顺殊常。然非为神立仗,仍不可衔勒也。散行街市,未尝妄啮寸草,或游行各牧场中,皆以其来为喜。每朔望辄自返庙中,尤为可异云。”[③]神马是乌鲁木齐“市贾所施以供神者也”,平时自由放养,每到初一和十五祭祀之时马自动回到关帝祠,“所立之地,不失尺寸”。甚至“遇月小建,其来亦不失期”,纪昀怀疑“道士先引至祠外,神其说耳”,但在1770年3月11日实地调查“实见其由雪碛缓步而来。弭耳竟立祠门外。雪中绝无人迹,是亦奇矣”。[④] 显然,这座由道士主持的关帝祠在民间深孚众望。另外,在迪化市面上,时有夜宿旅社的云游道士“卖药于市”,[⑤]可见当时迪化道教的社会影响力。红山在迪化城北,又称北山,山脉延伸“逼近谯楼,登冈顶关帝祠戏楼,则城中纤微皆见”,[⑥]在迪化城北红山支麓冈顶还有一座配有戏

---

① (清)纪昀:《乌鲁木齐杂诗》,王希隆:《新疆文献四种辑注考述》,第168页。

② (清)纪昀:《纪晓岚文集》第1册,河北教育出版社,1995年,第598页。

③ (清)纪昀:《乌鲁木齐杂诗》,王希隆:《新疆文献四种辑注考述》,第187—188页。

④ (清)纪昀:《阅微草堂笔记》卷三《滦阳消夏录三》,王希隆:《新疆文献四种辑注考述》,第191页。

⑤ (清)纪昀:《阅微草堂笔记》卷三《滦阳消夏录三》,王希隆:《新疆文献四种辑注考述》,第193页。

⑥ (清)纪昀:《阅微草堂笔记》卷八《如是我闻二》,王希隆:《新疆文献四种辑注考述》,第201页。

楼的关帝祠。

迪化城的庙宇经过乾隆年间的修建，各种类型都已经齐备，此后不断重修，嘉庆初年新增庙宇类型比较有限。《三州辑略》详细记载了这些庙宇的具体方位和修建年代，可知迪化城庙宇格局在乾隆时期已经奠定（表1）。

表1　嘉庆十年(1805)时的迪化城及城关庙宇概览

序号	名　称	位　置	修建年代
1	三官庙	城内西南隅	乾隆四十年(1775)
2	城隍庙	西门内	乾隆三十二年(1767)
3	真武庙	北门瓮城	乾隆五十六年(1791)
4	五凉会馆关帝庙	北关	乾隆五十年(1785)
5	关帝庙	东北樑	乾隆三十四年(1769)
6	娘娘庙	东北樑关帝庙左边	乾隆三十四年(1769)
7	大佛寺(报恩寺改)	西北隅	嘉庆四年(1799)
8	山西会馆关帝庙	西北隅	乾隆四十四年(1779)
9	山西会馆仙姑庙	西北隅	乾隆四十九年(1784)
10	山西会馆城隍庙	西北隅	乾隆四十二年重修(1777)
11	乾州会馆城隍庙	西北隅	乾隆四十三年(1778)
12	菩萨庵	西南隅	乾隆四十九年(1784)
13	关帝庙	西南隅	乾隆二十七年(1762)
14	龙王庙	西南隅	乾隆二十八年(1763)
15	财神楼	西南隅	乾隆五十八年重修(1793)
16	罗真人庙	东北隅	乾隆三十三年(1768)
17	药王庙	东南隅	乾隆三十八年(1773)
18	老君庙	东南隅	乾隆三十六年(1771)
19	马王庙	东南隅	乾隆三十二年(1767)
20	三官楼	南关	嘉庆十年(1805)前

资料来源：和宁撰：《三州辑略》卷二《建置门》，成文出版社据嘉庆十年修旧抄本影印本，1968年，第81页下栏—82页上栏。

上表20座庙宇中只有城内西北隅的大佛寺是嘉庆四年(1799)由报恩寺改修，原来的报恩寺很可能也是建于乾隆年间，大部分庙宇在《乌鲁木齐政略》和《乌鲁木齐事宜》中失载,表明和宁在嘉庆十年(1805)为《三州辑略》写序言以前迪化城内全部庙宇都是乾隆年间创修的。迪化城内庙宇类型多样,与社会生产和生活的关系联系密切,涉及民人百姓的衣食住行和生老病死各个方面的神祇,更多体现迪化民城的属性。

迪化城西关外西北方向数里处有一座乾州城隍庙,一般都简称为乾州庙。乾州庙的修建并不是一步到位,庙宇建筑群是在不同的年份分别增修,由乾州会馆组织同乡筹资逐渐完成。乾州庙"建自乙卯年,起工程浩大,创造艰辛,非我乾州之独力可成也",于是"乃乾属永、武二邑,均有乐善不倦之念,同心筑其庙址,协力建其殿楹",围绕乾州庙的社会场域逐渐扩大。乾州庙在嘉庆二年(1797)六月增修宫灯、旗杆和石狮,阳面碑文叙述增修的缘起与过程,阴面碑文详细罗列捐资人的姓名,以记功德,呈现出跨出县域的社会群体动员的组织过程:

不惟对越神明,是以将其诚意,抑且长幼咸集,可以共活乡情创建之至意,无不彰明较著也。仰蒙圣天子临御万方,四海一家,即我乾郡地分三界,谊同一乡,越数千里而来者,较前益众。睹前人之盛举,增无可增,冀后此之补治,华愈求华,拜献之余,有愿莫伸。爰谋监立宫灯、旗杆、石狮,乐输囊资,竭其蛟力,众撑之愿,指日观成,赤帜上凌霄汉,青狮下镇山门。曷敢曰惟此薄举尽善尽美,而俎豆陈设或有缺略未备之处,须念创之于前者,犹当继之于后,则前可彰其美而后可傅其盛也。[1]

乾州庙的增修表明陕西乾州、武功、永寿三县的移民出现可观的社会群体,并且围绕乾州会馆形成社会凝聚中心。这里说明迪化城小土地有限,因此要在城外修建乾州城隍庙,乾州城隍庙渐成保佑迪化地面的地方神祇。雍正三年(1725)乾州升直隶州,辖区有乾县、武功、永寿三县。此次增修参与人员除了乾县同乡,还有同属乾州直隶州的永寿县和武功县的人参与,为增修捐资做出贡献。来自乾州的后续移民围绕早期移民创建的城隍庙踵事增华,打开移入社会的接纳路径,便于融入地方社会。

然而,在嘉庆三年(1798)八月乾州士民在乾州城隍庙共同立碑,追溯乾州城隍的历史和在乌鲁木齐的始建过程,详细列出乾州城隍庙的庙产清单,列出为乾州城隍庙历次建设做出贡献的会众姓名,界定城隍庙为"乾州一郡士民"的产权属性:

自乾隆二十四年开辟新疆,我州之人云集乌鲁木齐者不少,以为我州奉天城隍灵应丕昭,可护庇我乾人于东者,亦可护庇我乾人于西。是以于乾隆四十二年在汉城西北择地创修庙宇,所占地基与所买园地共地五十三亩,以备香火养赡之资,每岁交纳国课银六两。有信士王守德等呈请观太爷施恩,委吴老爷验明,念其工费浩大,

① (清)和宁撰:《三州辑略》卷八《艺文门上》,第258页。

准其永远为尚书地，以作香火养赡之资，免输地粮，有名帖官衔可据，实为乾州一郡士民之福泽也。[①]

渭南县儒学生员王震撰文并书丹的碑文指出乾州城隍庙创修于乾隆四十二年（1777），其实就是《三州辑略·建置门》所记载的乾隆四十三年修建的乾州会馆城隍庙。乾州城隍庙地基与园地的买卖经过官府批准，证明其产权的合法性。然后，碑文话语一转：

虽永寿、武功二县本属乾州所辖，许彼二县士民亦在庙中傍殿塑像祀神。至四十三年创修大殿，四十九年创修戏楼，五十五年创修山门，五十七年创修钟楼，层层功成并地亩基业均我乾一州士民同力告成，并无赖藉永、武二县士民一臂之力也。今我满城众会信士人等虑其世远年湮或致功忘而名灭，恐终不可复睹矣，于是原勒勘石以记大功并列合会姓名于后，以志不朽云。[②]

碑文的重点在于说明虽然允许永寿和武功两县的民人在旁殿塑像祀神，但是城隍庙的大殿、戏楼、山门、钟楼及地产等主体建筑都是乾州籍一县士民的公共产业，排除永寿和武功两县籍贯民人的产权权利。随着附着于乾州城隍庙社会群体的大量增加，类似会馆这种公共社会组织所聚集的公共社会财产，在庙宇建筑和附属香火地的公共产权上需要通过立碑来进行确权。乾州城隍庙附属的社会权益成为乾州、永寿和武功籍社会群体争夺的焦点，表明以乾州城隍庙为中心的社会凝聚走向社会分化。

迪化城外东郊土山上有一座建于乾隆三十六年（1771）的药王庙，该庙于乾隆六十年（1795）重修。庙宇修建的地理位置“远山若屏，近水如带，其地之气脉则发源于东，蜿蜒而西，层峦叠嶂，蜂腰鹤膝，结穴天然，有回龙顾祖之象”，药王庙“亦可谓迪化一奇观欤”！药王庙的修建缘起于民人王文隆的倡议，募捐的社会动员对象比较广泛，包括乌鲁木齐的商人和专门从事药材买卖的客商。24年后，药王庙的经理和会首动议重修药王庙，募捐的社会动员更是以迪化为中心，覆盖昌吉、绥来、伊犁等地方，药王庙的药王信仰构成乌鲁木齐及周边地域医药行业从业人员的社会空间：

考其功德，创自乾隆辛卯。先是王文隆等初发善念，重以邀请此地众商贾及由口内发买药材之客，善信同心协力募化捐资，以共勷盛事。自草创以迄成功，其殿庑并山门、歌楼率由积渐而臻斯胜境，盖历有年所矣。暨乙卯春，因台榭倾圮，规模亦狭，于是公议重修。虽由旧基而功力倍之，经理会首人等伏念同济食力此方，仰托神

① （清）和宁撰：《三州辑略》卷八《艺文门上》，第259页。
② （清）和宁撰：《三州辑略》卷八《艺文门上》，第259页。

> 估,感格愿输囊资,无不竭力捐助。除本处募化不敷需费外,且不惮劳远赴昌吉、绥来、伊犁等处,在于各同乡善信内告助。是以不数月而工竣,此非众擎易举,凡兹功德故可设也。[①]

药王庙碑立于嘉庆元年(1796)六月上旬,描绘药王庙在城东的风水奇观。药王庙的重修动员了广泛的社会力量,其社会组织的渠道由同乡的地缘和同业的业缘构成。值得注意的是碑文中记录了时任甘肃乌鲁木齐等处地方提督兴奎和乌鲁木齐提标中营参将左营游击黄联辉的姓名,估计乃兴奎撰文,黄联辉书丹。药王庙的兴建与重修都属民人所为,但刻碑立记还需邀请官方人物出面,借助官府形象为修庙活动提供政治合法性。

迪化城外东郊土山药王庙同年还有一块重修庙宇碑,碑文详细地记载乌鲁木齐一个来自江苏上海的妇女徐氏"幼在南从未究银丸金匮之妇,抵红庙而凑手上药,中医之功为非神助,谁其信之"?成为神医的徐氏与她的丈夫王文隆和哥哥徐耀辉"公同商酌,不吝数十金,随建小庙于迪城东郊之阜,装塑灵躯,常供香火,历经壬辰及至癸巳"。乾隆三十六年,徐氏"适遇道人陈教法总司郭良莫,述称药祖之神,欲兴蒸尝之祀典",神话传说所反映的社会事实则是医药行业的道教信仰。后来,徐氏扩建药王庙,广泛募捐后渐成规模,戏楼歌台逐渐齐备,演戏酬神形成庙会。徐氏的中医神助传说与药王庙的兴起相互推动,促进乌鲁木齐药王信仰空间以及迪化医药行业社会群体观念和行业集团意识的形成与维护:

> 尽倾夙蓄囊资百两,卜吉兴工,爰自竖柱,斯金尽数罄,悬事在半途,乌得前工尽弃。氏等睹其工程诚为峻大,如斯维艰,非一力之可成,朝夕踌躇,无十分而难就。是以龙光商酌,始恳乡约文灏郭氏荐延随请大成车氏协力同心,募化十方,善信尽劳夕役,书录四路绅衿。及至甲午,庙工昉竣,乙未、丙申两庑告成,至戊戌而山门始立,其貌颇可观瞻。时幸迪化通衔善信药室众等处诚献舞梨园,万姓千家分祈名标匾额,但逢祭祀高结彩楼,所费之资何止百两。氏见捐资有限,每岁花销,莫若启建歌台,亦可余金积币。就壬寅岁与文灏等募化金资,创建药楼一座,嗣甲辰三月骤起狂风,拔落山门而戏楼尽行坦塌,是年歌台重修,全凭药室共助。他岁山门复立,无非众姓捐金劳力劳心,重修重整。自此逢时报赛,遇诞笙歌,□此庙居山峰之险,不无风雨之伤,故尔岁岁添砖,年年补瓦,无限辛苦,岂其一日耶。历经数载,迨至甲寅,戏楼复被风伤,形为倒塌,竟欲重新整理。氏身财力双艰,幸得通衔药室等努幕修,重勷盛事,抵自乙卯工竣,赓扬圣德神功。[②]

① (清)和宁撰:《三州辑略》卷八《艺文门上》,第259—260页。
② (清)和宁撰:《三州辑略》卷八《艺文门上》,第260—261页。

药王庙祭祀的药王成为乌鲁木齐地方神祇，据徐氏受到道人的影响，则道教药王一般祭祀神农、扁鹊或者孙思邈。碑文表明碑刻立于嘉庆元年(1796)五月，碑文撰写者为乌鲁木齐提属玛纳斯协副将何廷臣和江苏提属分防海汛原任千总王大年，书丹者为甘肃直隶迪化州阴阳学典术王思孝。王大年以江苏籍官员的身份表明药王庙成为江苏同乡社会凝聚力的纽带之一。药王庙风吹雨淋，不时损毁，历年重修，通街药室成为募资重新整理药王庙的社会中坚力量，表明乾嘉之际乌鲁木齐医药行业的兴盛。药王庙信仰沟通乌鲁木齐的医药业社会群体和江苏籍社会群体，为医药行业的发展和地方医疗卫生的世俗民生提供神圣动力。

迪化旧城东有一座三官庙，三官庙是属于道教系统的庙宇，一般奉祀民间信仰的三元大帝上元天官、中元地官、下元水官，传说天官赐福、地官赦罪、水官解厄。而迪化三官庙的神祇有五位，分别是如来、孔子、太上老君、救苦祖师、鲁班，最重要的是鲁班。三官庙正是迪化各行各业的手工工人组织起来，通过行业公会的力量创建的：

> 迪化州旧城东有庙焉，庙塑何神？曰如来，曰孔圣，曰老君，曰救苦祖师，曰鲁之巧师。是庙也，创正殿三十一岁，通街六行之协力建舞楼于三十四载，六行匠师之同心买园地。而五行捐助盖廊房，而铁匠独成，岁在甲子之纪。办木植而山门乃建，唯木匠以勇跃争先，亦即甲子之秋。正殿、献殿，泥水行成于四十一岁，石狮、旗杆六行师立于四十四年，且西道房原属陶冶铁之造作，而东道房乃即温大章、秦仲厥之修理，至中殿创自四十七年，而大功告竣。仍即通六行之赀财，若画彩辉煌，却系解匠一行之乐施。自今而视庙貌巍峨，固为迪化之观。而遡厥由来，积累岁月，无非众人之丛成，苟不为之彰明表着，亦安能以劝人心存知在之诚哉。①

三官庙庙宇的建筑单元分时修建，逐渐递增完善。正殿最早修建于乾隆三十一年(1766)，三官庙碑立于所有建筑中最后部分中殿最后完工的时间乾隆四十七年(1782)五月。总共有六个行业的手工工人共同组织起来完成修庙，分别是铁匠、木匠、泥水匠、锯木匠、陶冶匠、石匠等，都是以建筑为中心的行业工人。由此可见，清代乾隆年间乌鲁木齐建筑行业的兴盛，三官庙寄托着手工工人社会生产与生活的民生信仰。

迪化城内的财神楼初建于乾隆四十三年(1778)，民间的财神信仰有多种神祇，如比干、赵公元帅、关圣帝君等。财神楼供奉的财神与文昌和魁星相对，似应为武财神赵公元帅，常称为赵公明。赵公明元明之际被纳入道教神谱，明代《封神演义》封为“金龙如意正一龙虎玄坛真君”，简称“玄坛真君”，统帅“招宝天尊萧升”“纳珍天尊曹宝”“招财使者陈

---

① (清)和宁撰:《三州辑略》卷八《艺文门上》，第262页。

九公”“利市仙官姚少司”四位神仙,专司迎祥纳福、商贾买卖。赵公明手下所掌管四名与财富有关的小神,其分别是招宝、纳珍、招财和利市,因而成为财神。迪化财神楼建在北门楼上,得到时任巴里坤提督乔照的批准,由迪化商贾捐资修建,呈现出新疆商业的繁盛:

夫神之阜财求牖,文人所以阴翊王度,跻斯人于贤能乐寿之域者,不过因其善行增厚福禄耳。乌地属乾,乾天也,为金为玉为良马为木果。自新疆开辟,西域数十余国尽入版图,而乌地实为重镇,疏勒、沙州亘其东,辟展、柳州卫其南,以及和阗、乌什、雅尔之所产生其间,金玉皮革往来交易,惟乌鲁木齐之汉城称尤盛焉。举凡拥高奇货,因天地自然之利而操其奇嬴,则神之嘉惠于边徼者,富饶可驾于天下,而士之沉酣经史,亦未尝无灵秀之钟,足以黻文治之光华。惟在善承神惠以心地广福田耳,果其净意焚香登楼之余,学士除嚣凌之习,工商戒淫佚之行,将见财源浚发,既增高以继长,文教聿新,亦升科而及第,则斯楼之重秀者,可遍衍以不朽。而神明之眷顾且日新月盛,而未有凭也。①

财神楼建成15年后于乾隆五十八年(1793)进行重修,这期间乌鲁木齐的商业有比较显著的发展,突出表现在商贾的增加和财富实力。商贾社群有乡约和会首的组织领导,构成其时新疆一股雄厚的社会力量。从区域经济的角度,勾画出乌鲁木齐迪化城在新疆的商业枢纽地位。碑文作者深悉财神楼的“阴翊王度”,暗助王纲,同文教的文治一样,服务于朝廷的养身与治心教育。

迪化马王庙最早建于迪化城东南山崖,后又移建城东。马王庙供奉的马神又称马祖、马将军、水草马明王、马王爷、灵官马元帅,民间信仰中把马作为六畜之首,因其对于农耕、狩猎和游牧社会都至关重要。其中灵官马元帅又叫“三眼灵光”“三眼灵耀”“华光天王”“华光大帝”“花酒马灵官”等,是道教诸神中的神将。俗信六月二十三日为马王诞辰,祭祀隆重往往形成庙会。迪化马王庙碑记叙马王庙在迪化兴修的历史:

乌鲁木齐新疆也,其东南山崖之上建马王庙一小间以奉祀事。军民见其规模狭隘非栖神所也,因欲移之城东,廓其基址,大其殿宇,庶神灵于以妥侑矣。然又恐财用不给,难遂厥志,爰是会众一议,众欢趋之。卜吉日相基地办物料,董匠兴工,不数月而庙成。恭塑天驷房星、火帝真君、赐福财神之像于正殿,因时致祭勿替,引之或曰三神在天为星,在地为祇。乌也(地)僻在西陲,恐其灵不眷顾于是也。余曰:否否,三神之灵在天下犹水之在地中,无所往而不在也,而乌人独信之深,敬之至,君蒿

① (清)和宁撰:《三州辑略》卷八《艺文门上》,第262—263页。

凄怆，若或见之，譬如凿井得泉，而曰水专在是，岂理也哉！[1]

马王庙中立的马神神像为天驷房星，房星为二十八宿之一，计四颗星，故又称天驷，象征天马。马神还有火神崇拜的因素，故庙中还立有火帝真君像。马王庙中还立有赐福财神钟馗或关公。参与移建马王庙的人群有驻军和民人两大群体，并有会众组织负责公议、筹资和建庙立碑。马王庙碑刻立于乾隆三十一年(1766)莲月，这座马王庙很可能就是《三州辑略·建置门》记载的迪化城东南隅乾隆三十二年建的马王庙。碑文撰者转述苏轼于元祐七年(1092)三月为潮州重新修建的韩愈庙所撰写的《潮州韩文公庙碑》的语句“不然，公之神在天下者，如水之在地中，无所往而不在也。而潮人独信之深，思之至，焄蒿凄怆，若或见之。譬如凿井得泉，而曰水专在是，岂理也哉！”[2]强调乌鲁木齐虽在西陲，马王庙三神同样会保佑人们的福祉。

迪化城西北隅的山西会馆关帝庙最初建于乾隆四十四年(1779)，其地树有一通碑刻。山西会馆是明清年间的山西商人在全国各地晋商所到之处联合捐资建设的共同聚会、娱乐、议事场所。各地的山西会馆有两个共同特征：一是拜关公，有关帝庙或关公殿；二是有戏楼。山西会馆是明清商人会馆的典型代表，有其内在的商业议会、资本运作体制，是移民社会有效的社会整合组织。山西商人创建的山西会馆壮丽恢弘，显示了山西籍人士在西域边疆的社会影响：

维北庭之沃壤，壮西域之雄封。自蕃部远被天威，声教不遗。夫处月而天方，始崇神寺，灵荫遍及于无雷，缅兹版图。煌煌者，文物萃起，瞻彼观宇；恢恢乎，神人罄宜猗欤，盛哉！何莫非我皇上廓永奠之鸿图，而阴沐关圣、武穆之静镇也。余等西鲁未士聚处于斯，历有年所，人烟虽曰辐辏，而山寺竟属几希，就非宗垣，宁忘尊亲之意。既经注籍，时切雨露之恩。庆诞始自丙申，义举成于己巳。爰购得吉地一处，畚土鸠工，经营伊始，越甲辰而大殿彩楼丕振，两廓告成。敢曰独任仔肩，庀良材而始构，亦云诸将伯庶，胜迹之克全，灿熳丹铅，法像偕绣幡，竞丽辉煌，金碧猊府，与梵宇峥嵘，既足以壮盛朝之统一中外，复又以答神功之福照边疆，则敦桑梓之谊，赓雍睦之休者，岂徒为佛家增色已耶？[3]

碑文先提出西域成为王朝版图作为山西籍人士生聚的历史背景，申明朝廷对移民注籍的恩泽，显示移民完成土著化的法定程序。会馆祭祀关圣始自康熙五十五年(1716)，建庙

---

① (清)和宁撰：《三州辑略》卷八《艺文门上》，第263—264页。

② (宋)苏轼：《苏东坡全集》中，邓立勋编校，黄山书社，1997年，第359页。

③ (清)和宁撰：《三州辑略》卷八《艺文门上》，第264页。

历程长达 60 年。关帝庙工程规模宏大,材料优良,由山西籍人士筹资建设,可见山西人士在当时的迪化实力不凡。关帝信仰不只是关注佛教的彼岸,更注重的是民间此岸的人生世界。山西会馆的景观也成为清王朝中外一统的盛世表征,同时亦是边疆社会繁荣的凭藉。

乾嘉时代,新疆的社会经济有了长足发展,尤其是商业的发展促进城镇的繁华。各地商人成为新疆极为活跃的社会生产力,尤其是山西商人势力最为庞大。与此同时,山西会馆自然成为人流、物流、资金流和信息流的集散中心,会馆建筑也不断踵事增华,嘉庆十年(1805)山西会馆进行重修:

> 迪化之富庶,甲于西域。故四方商贾云集而麕至者日益众,大抵山右之客为尤多。乾隆四十四年创建会馆于旧城西门外,以护国佑民为念,奉祀关圣,殿宇崇宏,旁有配殿,两庑钟鼓楼俱极壮丽,非特肃观瞻,实所以敦信义而昭诚敬也。构数椽于东偏为僧舍,往来宾客憩息于斯,颇有幽趣。其时都护策公为文勒石以纪之,迄今二十余载,榱桷宸棂丹楹碧瓦间有朽坏者。佥曰吾侪生逢盛世承平之际,中外一家,边逢清晏,乃得安其业而享其利焉。此皆赖圣德之覃敷,何莫非神庥之默佑乎,亟宜新之。爰集众捐资,鸠工庀材,至乙丑仲秋毕其事。咸请余文以继策公后,因思余之来守兹土也,于今八年矣。凡教养之方、补救之术有志未逮者,尚俟后之君子。[①]

嘉庆年间迪化的富庶已经成为西域的首位,其中山西籍贯的商人又执掌乌鲁木齐商业牛耳。山西会馆崇祀关圣,将其信义精神作为经商的要旨,形成宝贵的商业信誉,也成为迪化商民从事商业及金融业的信用中心。创建山西会馆的碑文是由第一任乌鲁木齐都护索诺木策凌撰写,更可见证当时山西籍社群的社会影响力。而重修山西会馆的碑文当是时任乌鲁木齐都统的奇臣所撰写,支持会馆、庙宇的修建也成为乌鲁木齐都统治理边疆的方略。

城隍是中国社会最为重要的神灵信仰之一,城乡遍地都建有城隍庙。清代的城隍崇拜沿用明制,明清两代的外臣疆吏官员莅任,必须先要祭拜城隍神。城隍神既是城市生民的保护神,官府施以道德教化治理社会秩序;又有监察官吏、整顿吏治的政治功能,民众则借助城隍信仰表达为民除害和为民请命的社会需求,维护自身权益。明清时期的城隍庙及城隍神一体两面,形成官民分途共享的信仰空间。迪化城西门内乾隆三十二年(1767)建成的城隍庙属于官庙,其余城外的城隍庙都属于民办。当然,无论官修还是民办,其实任何一个城隍庙的祭祀活动都有各方的共同参与。嘉庆十一年十一月至十三年十月间,乌鲁木齐地区发生旱情,时任乌鲁木齐都统的和宁举行求雨祭祀,其中有一篇

① (清)和宁撰:《三州辑略》卷八《艺文门上》,第 264—265 页。

《告祭城隍文》：

致告于城隍之神曰：聪明正直而一之谓神，神也者，妙万物而为言者也。往者以两泽稀少之故，祷于龙神，望于山镇，祝于风伯，乃霁晴冈应，或云卷若席，或雨洒如珠，隐忧滋甚。今再告于尊神，如有冤狱，神其雪之，如有虐魃，神其除之。有官守者，无素餐，享庙食者，无尸位。恐惧修省，幽明共一肩也，谨祷。①

和宁回顾自己向博格达山祈雨而祭祀龙神和风神的祭祀礼仪活动，再次向城隍祭告，表达人世和鬼神世界阴阳表里共同担当责任的愿望。城隍在此承担昭雪冤狱和祓除旱灾的职责，虽是官方的祭告，但从事农业的民人在其中担当沟通阴阳两界的桥梁。农民对风调雨顺的渴望，只能依赖幽明两界官守的共同担当。

二、巩宁城内及城关佛寺道观与军城的社会化

乾隆三十七年（1772），满城巩宁城开始修建的同时，“关帝庙一座，共三十二间，随城工建盖，坐落北门内。西连城隍庙一座，东连龙王庙一座”②。晚至乾隆四十七年（1782），巩宁城城内有“万寿宫、关帝庙、城隍庙、雷雨风神庙，城东为文庙，城东南为先农坛、龙王庙”③。迪化汉城庙宇更多是与民人的社会生计密切相关，巩宁满城的庙宇配置更体现国家意识形态的需要。期间，巩宁城内外还在不断修建新的庙宇。再晚至嘉庆元年（1796），巩宁城内外庙宇的基本位置记载更加清晰：

东门瓮城内有火神庙一所，文庙一座，坐落东关厢街东。龙王庙一座，坐落东关厢南头灵应山坡上。社稷坛一座，坐落城外西南隅。先农坛一座，坐落城外东南隅。八蜡神庙一座，坐落先农坛以东小山岗上。④

巩宁城内外逐渐增加与社会民生相关的龙王庙、八蜡庙庙宇，体现巩宁城周边农耕经济的发展需要。至嘉庆十年（1805）前，巩宁城内外各庙宇分布已经形成稳定的格局（表2）。

---

① （清）和宁撰：《三州辑略》卷八《艺文门上》，第269—270页。
② （清）永保修：《乌鲁木齐事宜》，王希隆：《新疆文献四种辑注考述》，第100页。
③ 钟兴麒等校注：《西域图志校注》，第190页。
④ （清）永保修：《乌鲁木齐事宜》，王希隆：《新疆文献四种辑注考述》，第101页。

表 2 嘉庆十年(1805)巩宁城及城关国家祭典庙宇概况

序号	名 称	方 位	祭 典
1	万寿宫	东门大街路北	朝贺皇帝节日
2	关帝庙	鼓楼北正中	春秋致祭
3	城隍庙	北街偏西	春秋致祭
4	文昌宫	北街偏东	春秋致祭
5	昭忠祠	北街偏东	春秋致祭
6	文庙	东门外路北	春秋致祭
7	社稷坛	西门外西路隅	春秋致祭
8	先农坛	东门外东南隅	春秋致祭
9	龙王庙	灵应山上向西	春秋致祭
10	八蜡庙	智珠山上向南	春秋致祭

资料来源:和宁撰:《三州辑略》卷二《建置门》,成文出版社据嘉庆十年修旧抄本影印本,1968 年,第 69 页。

这样,清王朝适应边徼的自然与人文环境,从天地军亲师到日常生计围绕巩宁满城春秋致祭的国家祭祀体系趋于成熟完备。这套国家祭祀体系反映清王朝对边徼的治理过程,而与此同时,各种社会力量都借助这套体系生长起来,以表达自己的意志和维护自身的利益。

宋元以来,关羽在中国政治文化的神灵谱系中占据着越来越重要的地位,佛教和道教也对关羽进行神话利用。明清统治者把关羽塑造为印证"天命"的政治保护神,关羽成为以"忠义神勇"为内涵的文化符号。社会各阶层和团体则争相奉祀关羽,作为维护本阶层和团体利益和地位的精神支柱。关羽崇拜在政治场域发挥着"神道设教"的宣化功能,在民间社会代表着调整义利的伦理尺度,关羽祭祀也因此成为一种官方与民间分途共享的文化传统。清王朝在统一新疆后,通过城市的建设建立起军府制的统治体系,其中关帝庙成为城市标准坛庙之一。巩宁城在建城的同时也修建关帝庙,坐落于鼓楼和北门的中间。巩宁城由当时乌鲁木齐首任都统索诺木策凌主持修建,于乾隆三十八年建成,然后又修建关帝庙,在庙中建碑亭立碑纪事,关帝庙东亭碑文概括巩宁城和关帝庙:

皇帝龙飞御极三十有七年,以乌鲁木齐向为准夷游牧,今归版图十余载,生聚教养与内地无异。又值准夷旧部落土尔扈特人等数万户疑关内附,因设重兵于要冲。建巩宁城,筑舍九千五百余间,分驻满洲官兵三千员名。命臣索诺穆策凌总统乌鲁木齐等处屯田营制事宜，责綦重也。

伏念皇上神武威加海内外，于平定准夷一事拓土二万。考巴里坤为古蒲类，大小高昌国，乌鲁木齐或即汉之轮台，车师前后王欤。自汉唐以来未尝列为郡县，如今日之盛者也。唯我皇上圣不自圣，凡新辟疆土咸归功于神，以祈灵佑而保敉宁。①

索诺木策凌原为乌鲁木齐参赞大臣，巩宁城建好移驻，后于乾隆三十八年(1773)就任首任乌鲁木齐都统，全称“总统乌鲁木齐巴里坤等处满汉屯田官兵事务”。索诺木策凌以乌鲁木齐都统身份率领官兵在城内奉敕令修建关帝庙，于1773年10月19日落成，关帝庙成为清王朝在新疆统治的神灵保障。身为边臣疆吏的索诺木策凌与清廷一样富有既认同又超越汉唐的政治意识，为关帝庙立碑，却寄托着依托巩宁城控御全疆的方略。

时隔三年，索诺木策凌又一次在关帝庙西亭中立碑，此碑内容全然与关帝庙无关，更像是作为乌鲁木齐地区最高军政长官的工作总结：

乌鲁木齐去伊犁千三百余里，为新疆诸路咽喉重地。自畈章归附，钦命大臣统屯防兵于置粮务官司，始有户民，作城邑请于上，赐名迪化城。州治昉此，厥后开营制驻眷兵，复筑城于北为迪化新城，今统称二城为汉城，以巩宁城为满城云。……乾隆三十有六年冬皇上允廷臣请，称内地驻防满兵于乌鲁木齐、巴里坤与伊犁为犄角。时议乌鲁木齐分驻凉庄兵三千，乃别筑城为驻防所，卜于迪化城之西北十里许曰吉。越明年壬辰，余奉命以参赞大臣统军务，始荒度土功，爰董所司各恭乃事鸠工，则奏调近边各营镇兵千数百名，教之版筑，增之廪饩而兵不疲，庀材则伐木于山，开冶于矿，辇载以官之车马牛，而民不扰。迄一年城成，城周九里三分里之一，径三里许，城内恭建万寿宫、关帝庙如制。②

清朝军队在乌鲁木齐屯防，建置汉城迪化和满城巩宁，渐有民政，新的社会需要不断产生，城市的建置成为稳定统治秩序的关键：

是时新疆底定垂二十年，土地辟，户口番，新附之民益众。自乌鲁木齐以东始改粮务官司，置郡县。改巴里坤同知为镇西府，改迪化州同知为迪化直隶州，州郡各率其所属，隶兵备道，道率其属，隶都统。其自道以下旧治迪化者，悉移治巩宁与都统同在，于是都统之任益重，而巩宁城遂为满汉官民兵吏群聚而待事之所，輶轩之使，冠带之伦，出于其涂者，莫不于是观政焉。今之称巩宁者，从其朔也，城工竣于癸巳，

① （清）和宁撰：《三州辑略》卷八《艺文门上》，第250页。
② （清）和宁撰：《三州辑略》卷八《艺文门上》，第250—251页。

今五载矣。屡欲执笔为之记,顾以部勒公务未遑也。惟祇遵圣天子命名巩宁之义,日三复焉,其在书曰民惟邦本,本固邦宁。抚兹城者,必将以民岩为基址,以治行为垣墉,以武备为扞卫,以忠悃为金汤,然后可联三边之门户,壮八表之规模,而弼忆万年之平成于勿替也。①

总统乌鲁木齐巴里坤古城等处满汉屯田官兵事务的索诺木策凌于乾隆四十二年九月刻立关帝庙西亭碑,详细记载满城巩宁城市建置的始末,使关帝信仰成为乌鲁木齐地域的神圣空间。索诺木策凌指出伊犁作为新疆的政治和军事中心,塔尔巴哈台到喀什噶尔最西部一线的城防都要依赖伊犁。而乌鲁木齐则是伊犁的坚强后盾,与巴里坤一起和伊犁构成犄角之势。因此,乌鲁木齐逐渐形成民城迪化汉城和军城巩宁满城的治理机构,军政民政兼而有之。并且,乌鲁木齐以东屯田事业发展迅速,出现设置郡县的社会条件。随后,乌鲁木齐以东地区的治理体系倾向于民政为重心,归宿于"民惟邦本,本固邦宁"。索诺木策凌贯彻清王朝中外一统的方略,通过关帝庙来宣示,体现乾隆用"圣道"和"神道"辅治"人道"的政治文化意图。

巩宁城内的庙宇与迪化城内的庙宇有很大不同,除了数量较少,主要是庙宇的类型有比较大的差异,巩宁城内的庙宇更具国家政权建设色彩。同样,《三州辑略》也详细记载了巩宁城内庙宇的具体方位和修建时间(表3)。

表3 嘉庆十年(1805)巩宁城内庙宇概况

序号	名 称	位 置	修建年代
1	关帝庙	北门内正大街	乾隆三十七年(1772)
2	昭忠祠	关帝庙东傍殿	嘉庆十年(1805)
3	文昌宫	关帝庙东边	嘉庆十年(1805)
4	城隍庙	关帝庙西边	乾隆三十七年(1772)
5	无量庙	厢黄旗满洲	乾隆三十七年(1772)
6	关帝庙	东北汉兵墙	乾隆三十七年(1772)
7	菩萨庙	正白旗满洲	乾隆三十七年(1772)
8	菩萨庙	厢黄旗满洲	乾隆三十七年(1772)
9	斗母宫	厢黄旗满洲	乾隆三十七年(1772)
10	关帝庙	西南汉兵墙	乾隆三十七年(1772)
11	关帝庙	厢红旗蒙古	乾隆三十七年(1772)

① (清)和宁撰:《三州辑略》卷八《艺文门上》,第251—252页。

续表

序号	名　称	位　置	修建年代
12	娘娘庙	厢蓝旗蒙古	乾隆三十七年(1772)
13	菩萨庙	厢白旗满洲	乾隆三十七年(1772)
14	无量庙	正蓝旗蒙古	乾隆三十七年(1772)
15	菩萨庙	厢白旗蒙古	乾隆三十七年(1772)
16	赤帝宫	东门瓮城	乾隆三十七年(1772)

资料来源：和宁撰：《三州辑略》卷二《建置门》，成文出版社据嘉庆十年修旧抄本影印本，1968年，第79—80页。

巩宁城内的庙宇可以分为两种类型，受到满城军城性质的影响。一种是关帝庙、昭忠祠为核心的政治教化的庙宇，主要与军城内兵丁的国家属性有关。一种是菩萨庙、斗母宫和娘娘庙为核心的与女神崇拜有关的庙宇，主要是满足满城兵丁的女性家眷的社会需要。萨迎阿在道光十三年(1833)由乌什办事大臣赴任哈密办事大臣，沿途作《乌鲁木齐》一诗，其中有诗句"满城清肃汉城哗，都统尊崇远建牙。文武风流成省会，商民云集俪京华"。[①]《乌鲁木齐》诗呈现乌鲁木齐城市繁华的双城结构，巩宁城清静而迪化城喧哗，除了两城性质不同的因素，与两城不同的庙宇和庙会的社会格局有密切的关系，迪化城庙宇和庙会能为商民提供更多的谋生机会。道光二十年(1840)至二十三年(1843)年间，巩宁城"灵泉寺新葺落成"，时任乌鲁木齐都统的惠吉请黄濬写碑，黄濬"两至其地，拟佛诞日再游"，[②]灵泉寺当属佛寺，而佛诞日的游览盛会显然是庙会，民人广众的参与是庙会兴盛的社会基础。巩宁城从乾隆至道光年间，军城的社会化是一个重要的历史趋势。

巩宁城外的庙宇也逐渐增多，除一座官修文庙外，主要由城外居住的屯户民人修建。嘉庆初年间留有记载的庙宇有："头工宣仁堡，关帝庙一座。北极山顶，无量庙一座，嘉庆三年建。西关，五圣宫一座，牛王庙一座，罗真庙一座，关帝庙一座。西煤窑，老君庙一座。西南，社稷坛一座。南关，东岳庙一座。南樑，财神庙一座。东南樑，火神庙一座。"[③]其中，牛王庙是农家敬奉的保护耕牛神，老君庙则为煤窑采矿工人的行业神，城外农业、手工业的发展由此可见一斑。各种庙宇都与特定的人群和这些人群的生计相关，

① (清)萨迎阿：《心太平室诗钞》，甘肃省古籍文献整理编译中心编《中国西北文献丛书》二编《西北文学文献》第6卷，线装书局，2006年，第326—327页；星汉肯定了该诗的历史认识价值，见星汉《清代西域诗研究》，上海古籍出版社，2009年，第86页。

② (清)黄濬：《红山碎叶》，中国西北文献丛书编辑委员会编《中国西北文献丛书·西北民俗文献》第118册，兰州古籍书店，1990年，第132页。

③ (清)和宁撰：《三州辑略》卷二《建置门》，第81页。

庙宇与社会民生的关系构成庙宇存在的社会基础。

三、乌鲁木齐村野佛寺道观与地方胜境

迪化和巩宁城外的庙宇比较集中的有三处,在两城周边的三处山水胜地,构成宗教信仰所追求的清幽空间,逐渐形成红山庙宇群、灵应山庙宇群和水磨沟温泉庙宇群。

红山位于乌鲁木齐河东岸,南坡缓,北坡陡,山脉呈东北——西南走向,长约5.3公里,宽1公里左右,最高点海拔934.4米。西南端断崖岩石中含铁质,氧化后呈暗红色,故得名"红山",俗称"红山嘴"。"红山嘴"制高点海拔910米。又因其形似虎踞,旧时曾称"虎头山"。在地质构造上,红山为雅玛里克山的东北段,被乌鲁木齐河所切割,断层崖即形成红山嘴,与雅玛里克山隔河对峙。红山以其显要的位置和奇特的山势,曾被古代先民视为神山。厄鲁特牧民曾在山顶用石块堆筑祭祀神灵的"鄂博",清代乌鲁木齐历届地方官员在此遥祭博格达"神峰"。迪化红山顶修建玉皇庙一座,红山逐渐成为庙宇的兴建中心和信仰活动中心。每年春、秋两季举办庙会,盛极一时。乾隆年末时人对此的描述已经是盛况空前:

> 红山在满城东南三里。山高里许,周遭宽数里。峭壁悬崖,仰望极目。从南坡陡直而上山巅,建玉皇庙一座,殿宇巍峨,赤土垩壁,碑亭别室,错置支峰。山腰路口,建坊一道,有都统索题额曰"上方山"。岁逢四月十五日,男女老幼,车马云屯,杂艺百工,俱集胜会,为塞上一大观焉。土人呼之曰"红山嘴"。俗称乌鲁木齐为"红庙儿",亦本此。①

乌鲁木齐因庙宇成为其标志性景观,被人们俗称"红庙儿",转称"红庙子"。最早的红庙坐落在平顶山的虎头峰上,古庙原为1755年最早进驻乌鲁木齐九家湾的清朝军队所修建的关帝庙,②其地有清朝军队在乌鲁木齐最早修建的土城。纪昀在迪化生活时,也仅仅知道"今地俗称红庙,庙址在旧城之东",而"不知何代之庙。因以名地,亦不知始于何人也"。③ 纪昀所说的旧城应该是清朝军队在九家湾所修建的土城,红庙原址正在城东。如果红庙是指红山上的庙宇,那么纪昀所说红庙方位应该在迪化城南而不是城东。由于红山是乌鲁木齐的标志性地貌,加之政府官员在此望祀博格达山,随着红山顶赤土垩壁的玉皇庙和农历四月十五日庙会的出现,红庙子的称呼当从平顶山的虎头峰关帝庙转移

---

① (清)永保修:《乌鲁木齐事宜》,王希隆:《新疆文献四种辑注考述》,第90页。

② 乌鲁木齐县地名委员会编《乌鲁木齐县地名图志》,乌鲁木齐县地名委员会刊印,1986年,第260页。

③ (清)纪昀:《乌鲁木齐杂诗》,王希隆:《新疆文献四种辑注考述》,第163页。

至红山玉皇庙。嘉庆元年(1796)左右,福庆在镇迪道任上所作《竹枝词》有云"红山冈下巩宁城,红庙前头唱太平",诗后注释"红山嘴上有庙一楹,红土垩壁,故俗呼曰红庙儿",[①]既描述红山庙会唱戏实况,又说明当时已经把红山称作"红庙儿"。嘉庆十一年(1806)至嘉庆十四年(1809),时任乌鲁木齐都统的和宁编成志书《三州辑略》。其中说明乌鲁木齐别称红庙子的依据:

> 红山,巩宁城东南三里,山高里许,周宽数里,峭壁悬崖形如蟾蜍昂首,南面陡坡直上。山巅建玉皇庙一座,堆鄂博。东面为望祀博克达山之所,都统索诺木策凌题额曰:上方山。每岁四月十五日,居民商户车马云屯,杂技百工靡不聚集,为塞上一胜会也。南北两路称乌鲁木齐为红庙子本此。[②]

显然,红山基于官府和民间的双重因素在天山南北逐渐形成比较广泛的社会影响力,红山庙会成为乌鲁木齐繁华的象征。红庙子转称红山玉皇庙,又演绎为乌鲁木齐的代称,时间应在乾隆末年。红山庙宇群在乾隆时期就已经形成,红山嘴上方山玉皇庙建于乾隆四十四年,山下建有地藏庙一座,山西边建有三皇庙一座。[③] 亲历新疆的椿园七十一已经知道"红山嘴上有庙一楹,红泥垩壁,俗呼乌鲁木齐为红庙儿也"[④]。而椿园七十一的见闻在乾隆四十二年已经刊印,可见玉皇庙在乾隆四十二年(1777)以前就已经建成。有庙就有庙会,佛寺道观系统的庙宇为大规模社会活动提供基本的物质条件和精神场域。黄濬于道光十九年(1839)至二十四年(1844)谪戍乌鲁木齐期间,曾经在智珠山上来青阁遥看"台阁戏剧,钲鼓喧闹",[⑤]亲身经历红山嘴火神庙的六月六庙会盛况,并告诉我们红山庙宇群还有一座火神庙。道光年间迪化前锋佐领霍隆武募化多年,在红山顶上修建了一座武庙,"依山而成庙"。[⑥] 咸丰三年四月二十日(1853年5月27日)杨炳堃接到奉旨释回的消息,二十八日即上红庙进香,"庙居山上,从山后盘旋而上,有大殿三楹,东西厢房各三间,可以远眺",[⑦]此庙当为红山顶玉皇庙。红山有庙之后,即被人们附会山形。

---

① (清)福庆:《异域竹枝词》,中华书局,1985年,第4—5页。

② (清)和宁撰:《三州辑略》卷一《山川门》,第23页上栏。

③ (清)和宁撰:《三州辑略》卷二《建置门》,第80页下栏—81页上栏。

④ (清)椿园七十一:《新疆舆图风土考》,第19页。

⑤ (清)黄濬:《红山碎叶》,中国西北文献丛书编辑委员会编《中国西北文献丛书·西北民俗文献》第118册,第107页。

⑥ (清)杨炳堃:《西行纪程》,国家图书馆分馆编《古籍珍本游记丛刊》第12册,线装书局,2003年,第6379、6403页。

⑦ (清)杨炳堃:《西行纪程》,国家图书馆分馆编《古籍珍本游记丛刊》第12册,第6402—6403页。

黄濬指出“乌鲁木齐之称红庙者,以石似庙而红故也”,[①]《望红庙次韩昌黎山石韵》中有诗句“石形如庙色垩古,缥缈紫殿开丹扉。上垂重檐下累槭,恍有灵怪栖烟霏。呼石作庙表胜概,久壮回部夸场围”,[②]描述红山石形如庙和把红山称作庙的时人地名。指红山为庙有更确切的说法,“山前本有石面突出,如房如屋,望之若庙门然。故乌垣咸称为红庙子”,[③]构成红庙子的山庙形象。红山与玉皇庙自然与人文的交融终于演变成为乌鲁木齐的地标和象征。

迪化城西北隅的大佛寺当是红山脚下的大佛寺,嘉庆四年(1799)由报恩寺改修而来,一座寺庙不大可能在刚修几年就大规模重修改名,故原报恩寺极有可能修建于乾隆年间。至此,红山庙宇群在嘉庆初期包含山上的玉皇庙、宝塔,山脚下由东向西排列有大佛寺、三皇庙、地藏庙,道光年间山脚下增加火神庙,咸丰年间山上增建武庙。红山庙宇群庙宇众多,一年四季均有庙会。大佛寺的祭祀活动围绕释迦牟尼的四个纪念日进行:出家日为农历二月初八日,农历四月初八为诞辰日,涅槃日为农历三月十五日,成道日为农历十二月初八日。大佛寺农历四月初八日的诞辰祭祀活动与玉皇庙农历四月十五日举行的庙会接续,持续近半个月之久,成为乌鲁木齐历史上最具代表性的庙会。

灵应山即今雅玛里克山,又名福寿山,俗称妖魔山。灵应山位于乌鲁木齐河以西,山脉呈东北——西南走向,长约 9 公里,宽约 5 公里,海拔 900—1300 米,主峰海拔 1397.6 米。明末清初在此游牧的蒙古族厄鲁特部落牧民称该山为“雅玛里克”,意为“山羊之家”,雅玛里克山一名即源于此。该山为迪化和巩宁城区附近制高点,每当山头被云层笼罩,山下就有雨或雪,民间有谚语“云罩妖魔山,地下水漂船”。灵应山以其独特的位置成为指示气候变化的征兆地,同样也被赋予特殊的自然和人文意义,事关社会的生计:

> 灵应山城南里许。自红山平断处隔二里余,高峰忽起,层峦叠嶂,排突而西,直赴玛纳斯大河。复向西南接连库尔喀喇乌苏南山,西至精河,或起或伏,直至伊犁。每见山头云雾迷漫,夏必雨,冬必雪,故民称“灵应山”。坡建龙王庙一座。山腰挖渠如带,疏泄消融之雪水,绕满城西南,由正北而灌民屯地亩。上锡名曰“福寿山”。乾隆五十三年,经都统尚安复建塔一座于此山之麓,遥连红山之势。[④]

---

① (清)黄濬:《红山碎叶》,中国西北文献丛书编辑委员会编《中国西北文献丛书·西北民俗文献》第 118 册,第 129 页。

② (清)黄濬:《壶舟诗存》,清咸丰八年刻本。转载于乌鲁木齐水磨沟区党史地方志编纂委员会编《乌鲁木齐水磨沟区志》,新疆人民出版社,2004 年,第 561 页。

③ (清)杨炳堃:《西行纪程》,国家图书馆分馆编《古籍珍本游记丛刊》第 12 册,第 6403 页。

④ (清)永保修:《乌鲁木齐事宜》,王希隆:《新疆文献四种辑注考述》,第 91 页;《三州辑略·山川门》福寿山条的记载大致相同,见和宁撰《三州辑略》卷一《山川门》,第 23 页。

乌鲁木齐在清代新疆疆域中是通过灵应山与总汇之区的伊犁联系起来的，并且基于雨雪气候变化而选择龙王庙的龙王崇拜。龙王庙建于乾隆五十二年(1787)，嘉庆六年(1801)重修，山上还有先农坛一座。[①] 教民耕种的农神和主管雨水的龙神配套，与灌溉水渠形成神界和人力的组合，共同表达官府和民众对农业生产的投入。屯田农业的发展得益于灵应山的水利灌溉，灵应山又被乾隆赐名为“福寿山”。抵御洪水灾害的社会心理反映到官方政治层面，就有了与红山嘴遥相呼应的九级宝塔。道光二十四年(1844)迪化直隶州知州成瑞在乌鲁木齐的《重九日邀友登灵应山龙神祠即事》诗句有云：“ 溪流水护荒祠，百级崇阶达古殿。灵山有路即龙山，身在苍茫秋色间。”[②]龙王庙和灵应山已经融为一体。

灵应山的东南有一座基岩构成的孤山丘，南北长350米，东西宽125米，相对高度27米，属于雅玛里克山北端断裂切割后的破碎岩块。这座孤山丘南窄北宽，南坡陡，北坡缓，最初称为蜘蛛山，早至道光年间已经更名为智珠山。其实“山如覆盂，大约当时以形呼为蜘蛛，后经识文墨者改为今名”，[③]晚近又称为蜘蛛山，其名沿用至今。智珠山距离巩宁城东门五里，建庙后成为风景名胜：

> 智珠山，福寿山东南平地孤起一峰，漫坡高里许，上建八蜡神庙，添设风神牌位于西厢，东向颜曰解愠天山。联曰：歌北歌南，申命四方能偃草，叩商叩角，发生万物不鸣条。楹联曰：有声无形，偕燠旸而时若，真空是大，佐雷雨以成功。其东为文昌殿，东南西面周廊船屋开窗远眺，为文人啸咏胜境也。[④]

乌鲁木齐建设初期筚路褴褛，人们祈盼风调雨顺，对蝗虫、田鼠等农业灾害心怀恐惧。尤其是蝗灾，对农作物有毁灭性危害。农民通过立庙祭祀来祈求消除灾害，专为祭祀蝗虫的八蜡庙俗称为虫王庙。乾隆五十四年(1789)，智珠山上修建了一座八蜡庙，嘉庆六年重修，八蜡庙的东院有文昌神像一尊即文昌殿，八蜡庙的西傍殿设风神牌位一尊，庙后八卦亭一座、石碑一座并刻“智珠山”三字。[⑤] 八蜡庙为中心的智珠山渐成人文荟萃之地，每年农历八月十五举办庙会，杀牲祭神。到了道光年间，智珠山上“八蜡庙左有台，前俯沙滩，后枕山麓。回栏停望，十里烟村，云木之盛，尽在目前，轩盖之游，俱过足下。

---

① (清)和宁撰：《三州辑略》卷二《建置门》，第80页下栏。

② (清)成瑞：《薜荔山庄诗文稿》，清嘉庆间刻本。

③ (清)黄濬：《红山碎叶》，中国西北文献丛书编辑委员会编《中国西北文献丛书·西北民俗文献》第118册，第106页。

④ (清)和宁撰：《三州辑略》卷一《山川门》，第23页下栏。

⑤ (清)和宁撰：《三州辑略》卷二《建置门》，第80页下栏。

重轩覆其上,高敞宏深,壁画楹书,俱无俗笔",[①]胜景依然,通过山上来青阁可以遥望红山庙会。文昌殿在道光年间通常称为文昌庙,"都院官吏每岁为案牍会,必在于此,四、五、六月不等,演戏于山下沙碛上,士女云集,亦是胜观",[②]在印房的废员都可以捐资赴会,文昌庙的世俗化活动已经近似庙会。咸丰年间智珠山上文昌庙、八蜡祠依然是乌鲁木齐的游览胜地,来青阁旁的一副对联"一水护田将绿绕,四山排闼送青来"[③]即是化用王安石的《书湖阴先生壁》诗句,[④]描述当时智珠山上的望景极为切当。

温泉所在地为乌鲁木齐河以东的低山丘陵地带,属于山沟地貌。东山渗透水经过地热层冒出地面则形成温泉,水温 28℃—30℃,为中浓度硫化氢低渗泉,适宜沐浴治病。东山渗透水在山沟裂隙处汇流成河,乾隆三十三年(1768)河上就建有水磨,利用河水推动石磨加工面粉,到光绪二十三年(1897)逐渐形成水磨行业集中地。温泉所在地的河流就被称为水磨河,所在山沟被称为水磨沟。水磨沟拥有的山水树林构成天然的风景区,也成为人们的游览胜地。山水胜地往往与佛寺道观结缘,水磨沟也不例外:

> 温泉在城东二十里。自南岗山口而入,由八旗水磨纡回转折而至其地。泉上有亭,大石嵌池,清温见底。傍建龙王庙,并勒石碣一通,记其创建之始。俱都统索诺木策凌率属成焉。[⑤]

龙王是治水,主管风调雨顺的神祇,自然首先出现在水磨沟。建庙虽然由当地最高军政长官乌鲁木齐都统索诺木策凌主持,但很快,龙王庙的日常事务就转由民人主导。每年农历六月十五日是水磨沟的庙会。纪昀在乌鲁木齐期间也曾到温泉游览沐浴,并赋诗一首:"界破山光一片青,温暾流水碧泠泠。游人倘有风沂兴,只向将军借幔亭。"[⑥]并指出温泉的方位在城北十余里,是硫磺泉,由于没有浴室设施,需要支帐幔。时人虽然不明就里,但凭经验已经知道"浴之可以愈疾"[⑦],温泉能够治病的功效显然可以增添民间

---

① (清)黄濬:《红山碎叶》,中国西北文献丛书编辑委员会编《中国西北文献丛书·西北民俗文献》第 118 册,第 106 页。

② (清)黄濬:《红山碎叶》,中国西北文献丛书编辑委员会编《中国西北文献丛书·西北民俗文献》第 118 册,第 112 页。

③ (清)杨炳堃:《西行纪程》,国家图书馆分馆编《古籍珍本游记丛刊》第 12 册,第 6369 页。

④ (宋)王安石《书湖阴先生壁二首》之一:茆檐长扫静无苔,花木成畦手自栽。一水护田将绿绕,两山排闼送青来。见《王安石全集》卷六八《律诗》,秦克、巩军标点,上海古籍出版社,1999 年,第 525 页。

⑤ (清)永保修:《乌鲁木齐事宜》,王希隆:《新疆文献四种辑注考述》,第 94 页。(清)和宁撰:《三州辑略》卷一《山川门》,第 23 页下栏。

⑥ (清)纪昀:《乌鲁木齐杂诗》,王希隆:《新疆文献四种辑注考述》,第 163 页。

⑦ (清)和宁撰:《三州辑略》卷一《山川门》,第 23 页下栏。

宗教祭祀和信仰活动的神奇色彩。道光年间,水磨沟在农历六月六日举行乡社之会,黄濬有诗句云"笙歌正沸红山嘴,士女如云水磨沟。水磨沟压红山景,水木清华花掩映。衣香鬓影况联翩,塞外风华推绝境"。① 水磨沟农历六月六日的乡社之会其实就是庙会,其盛况堪与红山庙会相媲美。

乌鲁木齐乡村聚落众多,在红山、灵应山和水磨沟温泉庙宇群之外的庙宇缺乏记载,唯有清末永丰渠庄的庙宇遗迹尚存。永丰渠是乾隆四十五年(1780)在迪化屯田所修建的水利工程,总长60公里,居民点围绕永丰渠形成村庄。永丰渠有东、西、中三庄,在迪化城西南40公里,即现代的永丰乡,位于天山北麓的乌鲁木齐城市南部,地形属前山冲积平原,地理交通位置显要,为天山北路和天山南路的必经之区。永丰乡有财神庙、土地庙和龙王庙古迹,并出土道光年间的《供奉碑》《芳流奕叶碑》和《盛迹常留碑》三通碑铭。②

《供奉碑》出土于乌鲁木齐县永丰乡公盛二队韩家槽子村,硬质砂岩石,高122厘米,宽68厘米,厚14厘米。碑座立于其东南方600多米的小渠边,长83厘米,宽48厘米,高50厘米,正面浮雕莲花纹。碑身为圜首,底部有榫,碑额中部为篆书寿字,两侧浮雕蜘蛛纹,蜘蛛分布稀疏,体态丰满,头部均向中间。碑刻均雕刻双波浪纹与花草卷叶纹,线条清晰、图案简练。碑文楷书阴刻4行32字,内容为供奉皇天、后土紫英夫人、甄皇大帝及东王公、西王母,立于道光二十年七月十五日(1840年8月12日)。《供奉碑》所处的位置当年是乡民举行祭祀活动的神圣空间,应该是座庙宇。皇天一般指宗教神话中的皇天上帝或昊天上帝,传统上常与"后土"并用,合称天神地祇。中国夏、商、周三代以来的宗教思想中,天神之中以昊天上帝为最尊。③ 后土源于中国古代对"地载万物"土地的崇拜,被奉为社神,民间俗称"后土娘娘",后来演变成道教尊奉的"承天效法厚德光大后土黄地祇"紫英夫人。东王公与西王母源于日月神崇拜,东王公又名木公、扶桑大帝、东华帝君,西王母又称瑶池金母、王母娘娘。西王母在民间信仰中是仅次于玉皇大帝的尊神。《供奉碑》所列诸神常在道教科仪中系列出现,估计该碑是当地乡民道教活动的祭祀碑。

《芳流奕叶碑》发现于乌鲁木齐县永丰乡水盛村,硬质砂岩石,高198厘米,宽78厘米,厚17厘米。碑身圜首,底部有榫,底座遗失,碑额竖行阴刻"芳流奕叶"四字,两侧浮雕二龙戏珠及云朵纹、波浪纹,雕刻精细,龙头高昂,龙尾向上卷翘,形象十分生动。碑文楷书阴刻,16行近300字,书法洒脱秀劲,为柳体风格,主题为"捐助信士功德碑",大功德主为"天立成号""天立合号",立于清道光二十年(1840)八月上旬。《芳流奕叶碑》是一次集体

---

① (清)黄濬:《壶舟诗存》,清咸丰八年刻本。转载于乌鲁木齐水磨沟区党史地方志编纂委员会编《乌鲁木齐水磨沟区志》,第562页。

② 乌鲁木齐县地方志编纂委员会:《乌鲁木齐县志》,新疆人民出版社,2000年,第91、810—811页。

③ 王治心:《中国宗教思想史大纲》,东方出版社,1996年,第26页。

捐助的功德碑,捐助人既有个人又有商号,并且这些人都是怀有某种信仰的信士。一般此类捐助都是集体修建庙宇或重修庙宇的刻碑记事,开列捐助人姓名、字号,宣示功德。捐助者中商号“天立成号”和“天立合号”贡献很大,显示当时永丰渠乡村商业力量的活跃。《盛迹常留碑》与《芳流奕叶碑》同时同地点发现,并且石质、形状、大小、字体、书法风格、碑文主题、立碑时间、立碑人均与之雷同,雕刻图案及特点与之基本相似,唯有碑额为“盛迹常留”四字。碑文计 9 行 100 多字,内容是恭赞大功德主尹某及其曾祖、祖父、父、子、孙的功德。《盛迹常留碑》似乎是与《芳流奕叶碑》同时刻立,表明个人捐助者中有一个尹氏大家族出力最大,单独刻碑立记。《盛迹常留碑》列出尹氏家族六代世系,可以说明尹氏家族移居此地较早,已经形成地方土著大族,在乡村重大社会活动中举足轻重的地位和广泛的影响。

四、余论

清代前期乌鲁木齐呈现迪化汉城、巩宁满城和城外城关以及乡村聚落的定居格局,遍及城乡的佛寺道观庙宇建构的社会空间融通军民区隔,尤其是开放的周期性庙会活动凝聚各种类型的社会民生,为多种族裔的居民创造生产、生活的社会机遇,客观上造成社会文化交融的自然历史机制。清代前期乌鲁木齐城乡社会面貌比较一致,围绕佛寺道观庙宇生成的社会生活创造包容性的社会空间,形成多种族裔居民共存共生的社会格局,神圣与世俗融为一体的社会风貌。清王朝在内陆欧亚腹地乌鲁木齐的治理,基于人口的重建,多种族裔的城乡居民迁徙而来,以农业生产和工商服务为经济基础,实现乌鲁木齐从游牧社会到农耕社会的转型,创造出乌鲁木齐地方繁华的物质和精神生活样式。多种族裔文化交融的社会机制形成独具乌鲁木齐地方主体性魅力的边疆风格。

特纳、拉策尔、拉铁摩尔等学者针对西方工业化背景下资本主义国家在全球的殖民扩张,阐述各自的边疆学说,不无共识地指出不同文化在边疆的接触、流动性、相互影响的富有生机以及移民社会的无序动荡性。张世明据此指出处于两种文化中间地带的边疆社会存在许多内地社会不曾具有并且往往为学术界所忽视的文化现象,提出“边疆社会”的概念并以此透视边疆移民社会的“边疆化”现象。[①] 但现代以前的中国边疆毕竟与现代美国的“开拓者边疆”不同,在中华王朝国家的谱系中持续开放交流已历数千年。而张世明关注到的是迥异于定居社会的另类社会空间结构及其现象,而清代以降中国边疆社会的基本事实是以乌鲁木齐地方为代表的边疆定居社会,如东三省、内蒙古、云南、广

---

① 张世明、龚胜泉:《另类社会空间:中国边疆移民社会主要特殊性透视(1644—1949)》,《中国边疆史地研究》2006 年第 1 期,又见张世明《空间、法律与学术话语:西方边疆理论经典文献·导论》,黑龙江教育出版社,2011 年,第 4—5 页,是书选译了[美]特纳《边疆在美国历史上的重要性》、[德]拉策尔《作为边缘有机体的边疆》、拉铁摩尔《历史的疆域》等,读者可以参阅。

西和台湾等的陆海边疆移民社会在有清一代最终都走向多种族裔杂居的定居社会。清初动荡的边疆移民社会其实是一种短暂的过渡状态，往往在移民初期呈现出比较典型的“边疆化”特征。多种类型的佛寺道观庙宇承载的民间信仰强化移民地缘集团、职业集团及其他社会集团在乌鲁木齐的凝聚力，内地因素与土著因素交相作用而地方化，当移民社会地方化以后随即形成多种族裔社会文化交融的稳定的边疆风格。清代前期乌鲁木齐地方社会的此种边疆风格在前现代条件下创造出多种族裔同生共享的边疆社会家园，构成边疆中国的历史风骨，启示着现代条件下中国的边疆建设。

作者简介：

王鹏辉，男，新疆吉木萨尔人，历史学博士，四川大学中国西部边疆安全与发展协同创新中心副教授。

清代省澳间的客邮信使①

冷　东　沈晓鸣

[提要]“书信”并非只是白纸黑字，它包含了两重涵义：“书”指函札、书札，即书信的语言文本；“信”指送信的使者，即所谓“信使”；二者构成一个有机整体，缺一不可。近代通讯技术产生之前，澳门与广州之间外国书信的传递成为世界与中国的纽带，也是世界近代邮政制度与中国传统邮驿体系的衔接与过渡。有关清代澳省间的客邮已有较为丰富的研究成果，但关于“信使”的研究却是一个空白薄弱环节。通过研究澳门与广州之间传递外国信件上的中文信息，使得活跃于澳省间的客邮信使浮出水面。这是从未被人提及的与外国客邮并行的中国地下民间邮递形式，伴随着中外商业网络而产生，以广州和澳门为主要据点，冒着被官府镇压的巨大风险，对中外商贸往来和文化交流产生了重要影响。作为澳门与广州之间复杂多变的邮递方式之一，这种灵活多变的客邮信使在与外国客邮合作交融过程中共同为澳门广州乃至整个岭南社会的发展做出了贡献。

[关键词]客邮信使；澳门；广州十三行

清代澳门与广州之间的外国书信传递，在近代邮政体系和通讯技术产生之前，一直以来都充当着中国与世界联系的纽带，也是世界近代邮政制度与中国传统邮政体系的衔

---

①　2014年度《广州大典》与广州历史文化研究课题《清代广州十三行大事记》(2014GZY0)阶段性成果。

接与过渡。我们曾撰文研究了英国、葡萄牙和美国客邮在省澳之间运行的初步形态[①]，在资料搜集过程中，一些出现在外国信件上的中文信息，引起了我们浓厚的兴趣，例如美国马萨诸塞州历史学会收藏的部分信件(图 1)[②]。

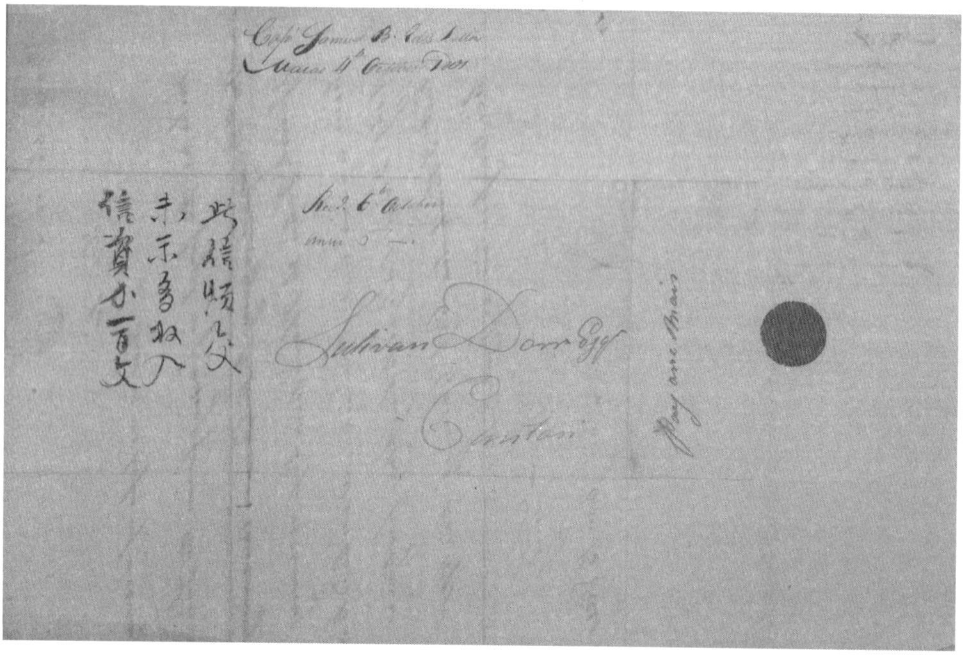

图 1　美国马萨诸塞州历史学会藏"太平洋商人号"信件

还如范笙禄《澳门邮政与电讯的历史和发展》第一卷《从海邮到邮票创始期(1768—1884 年)》书中展示的信件(图 2)[③]。

这些信件大都采用"信""封"合一的形式，正文写于信纸的一面；另一面则成为信封，写上收件人信息。上述的中文信息便写于信封一侧，内容一般为收信人姓名、寄送的城市、信资付款方式等等；更详细的信息则还注明信资价格，是否需要带回复信，寄送地点也细化至街区。

---

① 冷东、沈晓鸣：《中国最早外国邮局考论》，《南京邮电大学学报》(哲学社会科学版)2012 年 6 期；《鸦片战争前英国在华客邮的衍变》，《南京邮电大学学报》(哲学社会科学版)2014 年 3 期；《1877—1878 年客邮在广州的发展——以〈在广州的十四个月〉为视角》，《重庆邮电大学学报》(哲学社会科学版)2013 年 3 期；《中国最早出现的外国邮戳》，《重庆邮电大学学报》(哲学社会科学版)2014 年 3 期。冷东、阮宏：《19 世纪初期的美国客邮》，《重庆邮电大学学报》(哲学社会科学版)2015 年 2 期。

② Samuel Barrett Edes papers，1799-1801. 档案号：Ms. N-1158 藏美国马萨诸塞州历史学会。

③ 参见[葡]范笙禄《澳门邮政与电讯的历史和发展》第一卷《从海邮到邮票创始期(1768—1884 年)》，澳门特别行政区邮政局，2001 年，第 133、304、305、307 页等。

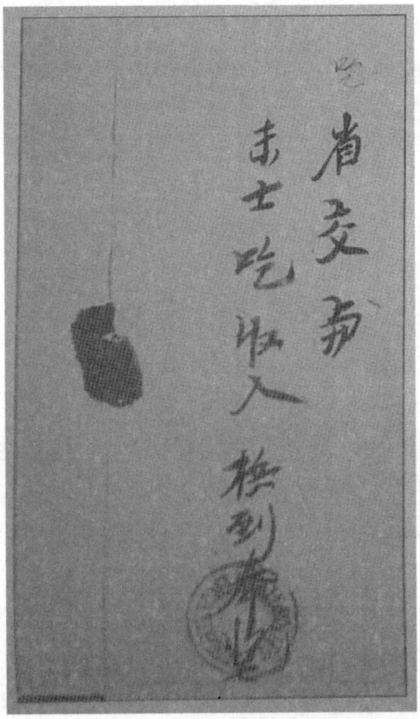

图 2 范笙禄《澳门邮政与电讯的历史和发展》书中信件

由这类信件可见，中国人参与了澳门与广州之间外国信件的传递。但是这些中国人的身份如何？在外国客邮中担任什么角色？是外国人雇佣的信使吗？这些信件在澳门广州之间是如何传递的？对此学界还没有多少了解。

一、客邮信使的产生

如前所述，早期来华的葡萄牙、英国和美国已经在澳门与广州之间逐步建立了客邮渠道，但西方人为何还要借用中国人的民间邮递系统呢？原因之一就是书信的传递是与商业的竞争紧密联系在一起的，甚至决定商业的成败。亨特说到："我知道很多例子，即带来的函件，是递送这些函件的船在已经驶出虎门的回程时才交送的。从美国驶来的船，并非总是在抵达时将信件送出，这种习惯是大家互相谅解的，并被认为是各行号的特权。这事很容易想象得到的，如果一家在纽约的行号派出一艘名叫'女猎人号'的船，运载一批贵重货物去 1.2 万海里外的市场，假如该船带来的竞争对手行号的函件按时递交，通知往来行号马上将货物处理，告知该船出口的货物详目和回程的订单，它的利益会受到巨大的损失。因此，很有理由将函件延搁，直到该船的代理人已将他的购货办妥——至少他有权延搁。”[①]

一方面,外商通过延迟收件时间,来换取商机,从而保护了自身的商业利益;另一方面,为了抢占商机,通过提高邮递的速率与增加邮递的手段,从而尽快地将包含重要商业信息的信件递送出去,也成为了外商努力的方向。因此,为了保证商业利益,在使用西方人自己建立的客邮渠道外,利用中国人的民间邮递系统就很自然了。

二、客邮信使的变化

清代初期,清政府对外国人的管理相对宽松,对外国人之间的书信传递也没有过多限制,因此,此时外国人利用的邮递方式也形式多样。如康熙时,西洋人曾利用进贡葡萄酒来传递信件。每有在澳、在省西洋人,交到总督葡萄酒若干,并托带书信一封与京中天主堂西洋人,总督即须遵“以后凡本处(广东)西洋人所进物件,并启奏的书字,即速著妥当家人雇包程骡子,星夜送来”之谕旨,将葡萄酒并书信一并递送。[②] 相关事例如康熙四十九年,两广总督赵弘灿、广东巡抚范时崇奏:“窃照西洋人从前两次寄到书信并葡萄酒,俱以遵旨即差家人包程恭敬。今又有西洋人李国震交到进皇上葡萄酒五瓶,云系西洋人何大经所进,外书一封,与京中天主堂纪姓者……”[③]又如康熙和雍正年间,捷克传教士严加乐,亦从广州、南昌、北京收寄信件,信件时间从1716—1735年,持续19年之久。[④]

而省澳间为西方人服务的华人邮递,其中一种重要的途径,便是依托于“千里马”。关于“千里马”的情况,目前我们仍知之不多,仅能从一些禁止这种邮递行为的谕令、公告中得知一二。乾隆二十四年(1759)两广总督李侍尧制订了《防范外夷规条》,规定了严格的中外文书信件传递制度,其第四条规定:“外夷雇人传递信息之积弊宜永除也:查粤东无马匹,遇有各衙门紧要公文,雇拨力能奔驰迅速之人,给以工资饭食资递,名曰‘千里马’,若辈虽非额设人役,而民间雇倩实所罕有。乃近年各夷商因分遣多人前往江浙等省购买货物,不时雇觅‘千里马’,往来探听货价低昂,遂致汪圣仪之案。臣等所发排单公文,尚未递到,该犯先已得信逃避,臣现在严拘通信及走递之人究拟。”[⑤]“千里马”本为官方邮驿系统的“非额设人役”,遇有紧要公文,而官方邮驿又无法顾及时,便雇佣他们协助递送信件。这种与官方邮驿系统密切联系的手段,在“洪仁辉事件”前,亦为西方人所使用,他们的业务范围不仅仅在广东地区,更可跨越至江浙等省。

---

① [美]亨特:《广州番鬼录·旧中国杂记》,冯树铁、沈正邦译,广东人民出版社,2009年,第99页。

② 梁嘉彬:《广东十三行考》,广东人民出版社,2009年,第129—130页。

③ 《史料旬刊》第三期,第73—74页。

④ 参见[捷克]严嘉乐《中国来信(1716—1735)》,大象出版社,2002年。

⑤ (清)梁廷楠总纂:《粤海关志》,袁钟仁校注,广东人民出版社,2002年,第545页。

“千里马”只是清初西方人使用的众多华人邮递中的一种，乏于资料之故，对该时期除“千里马”外的其他为西方人服务的华人邮递仍知之甚少，但从上述材料中，我们亦可窥见其端倪。书信时代对应的传递工具通常是马匹，由“粤东无马匹，遇有各衙门紧要公文，雇拨力能奔驰迅速之人”可推测，因广东地区山多，马匹行走不便，以人代马，疾驰送信。这种由于地形影响而导致的邮递方式，也应该是其他民间华人邮递的特点。

有清一代，清政府的对外政策不断收紧，对来华西方人实行了越来越严格的管理。受此影响，向西方人提供服务的华人邮递也由松趋紧，这种变化的导火线便是“洪仁辉事件”，并以1759年《防范外夷规条》的颁布为转折点。如前所述，1759年颁布的《防范外夷规条》规定了禁止洋人雇佣内地人代为送信的条款：“外夷一切事务，似宜有地方官查办，庶为慎重，其内地人代为传递书信，永当禁止，应请严谕行商、通事以及‘千里马’脚夫人等，嗣后概不得与外夷传递书信，倘敢不遵，将代为雇倩及递送之人一并严拿讯究，分别治罪。”[①]规条不仅仅禁止了“千里马”的使用，所有为西方人传递书信的方式皆一并禁止。

而前文所述的，通过进贡葡萄酒来捎带书信的方式，至乾隆朝亦戛然而止：“比至乾隆朝，既京中钦天监西洋人欲与澳门仙人通信亦绝无仅有矣。其后外洋进贡，概须由十三行总商代进；外商呈禀，概须由保商代转。”[②]

虽然有禁令的颁布，但西方人使用华人邮递的情况并没有消失，1812年，一个叫做李阿耀的通事替英国广州管理委员会向北京携带了书信，回到广州后立即被捕。虽然英国商人不惜花费重金百般打点，但是李阿耀仍然受到严刑拷打，企图自杀未遂，最后被流放伊犁充当苦工。[③]

《旧中国杂记》的《罗马天主教信使被捕》[④]一文亦记载到：

> 那个被捉拿的人是从澳门来的，要到广州去。他是一个交趾支那的改宗者和秘密信使。他的行李中发现有几瓶圣水、一本弥撒书和几个土坛子，装着价值约3000元的财宝。带着这些物品，另外还有几封书信，他打算去广州城，在那里乘一艘中国帆船前往交趾支那。在交趾支那住有传教士，他要把这些东西交给他们……他行李中的外文信件足以当作他的罪证，但是当局当时并未发现这些信件的性质，于是只好靠拷问。后来这弥撒书和信件呈送到钦差大臣林则徐的手里，他就召集行商和通事，命令行商把这些信件拿去给在广州居住的外国人翻译成中文。浩官的一个送信

---

① （清）梁廷枏总纂：《粤海关志》，袁钟仁校注，第545页。

② 梁嘉彬：《广东十三行考》，2009年，第129页。

③ [美]马士：《东印度公司对华贸易编年史》第3卷，区宗华译，中山大学出版社，1991年，第210—212页。

④ [美]亨特：《广州番鬼录·旧中国杂记》，冯树铁、沈正邦译，第252页。

人到我这里来，请我到他的行号去……我浏览之下发现这些信件是从中国各地和鞑靼地方寄出的。

华人为西方人递送信件无法禁绝，究其原因有二。一方面，中国的民间邮递系统，数量繁多，形式分散，政府无法对之加以管理。尽管官府禁止华人为西方人递送信件，但无法对此加以有效控制，这些为西方人服务的华人邮递在禁令颁布后转入地下经营，成为了隐蔽性更高的邮递系统。况且广东地区华洋杂处，洋人与华人接触本属平常，这一点也加大了清政府的排查难度。

另一方面，官府递送信件渠道的限制，反而促进了西方人对华人邮递系统的使用。由于按清政府规定的，通过行商及通事等转递信件的方式，程序复杂，速度缓慢，远远不能满足商业竞争高速化的要求；而一些诸如通过进贡来捎带信件的途径又被封闭。因此，民间的华人邮递，自然成为了西方人的首选，尽管这种地下邮递系统面临着巨大的风险。

三、客邮信使的分析

1840年《中国丛报》的一篇文章对广州与澳门间的客邮信使勾勒出了一个基本框架[①]：

信件的传递：在中国缺乏公立的邮局，可供各个阶层信件和包裹运输的是由人们自己建立的私人邮局，地方之间贸易的重要性改变了相互之间交流的方式与频率。例如，佛山和广州两座城镇，他们之间有着大量的贸易往来。在各自的地方，某个公众人物开设一间接收信件和包裹的邮局，并且他定期地将这些信件与包裹通过特殊的运送人员发送到另外一座城镇的通信员手中。这种物品的运输方式是商业的一种独立分支。像澳门与江门、香山这种更小型城镇之间，众所周知的运送者完成整个业务的托收、传送并推销他们自己。他们的诚信有时由他们的朋友担保。这种邮递员在澳门街道几乎日常可见。他们要么背负信件袋在商店门口吆喝派发收集信件，或者要么发布去往海外的预算。有时地方很远，这些人就留意去往那边的乘客，或者更普遍的是将信件交给船夫，设置邮费，在信封上写上总数。政府还没有向这种信件的运输方式收税或者限制它的公告出现。广州与佛山15英里邮费是4分或者30厘；广州与澳门，90英里，大概5分或者6分。澳门与江门，16英里30厘。当然运输包裹的费用依据情况变化多样，但是社区团体非常信任这些邮递员和

---

① *The Chinese repository*, Vol.9 No.8(1840.12) ART.7.

运送者，由于后来失去了对船夫的雇佣，他们的主要保证是以防偷窃和欺骗。

这篇文章非常重要，有助于了解1759年《防范外夷规条》后广州与澳门之间中外书信传递的环节及特点。而这种书信传递系统的经营方式，可以从对以下3封信件的剖析中窥得一二。

1801年6月30日，美国“太平洋商人号”商船自波士顿前往广州的途中遇到风暴，于1801年8月23日驶入澳门避风港。商船在澳门修理期间，1801年9月27日船长塞缪尔·艾德斯(Samuel Edes)写信给身在广州的船主威廉姆·多尔(William Dorr)和沙利文·多尔(Sullivan Dorr)兄弟，汇报商船的维修进度和货物状况。从他们其中一封信(图3)上的中文信息来看，为西方人服务的广州华人邮递机构之一，就是位于凿石街(打石街)上的“泗兴办馆”。

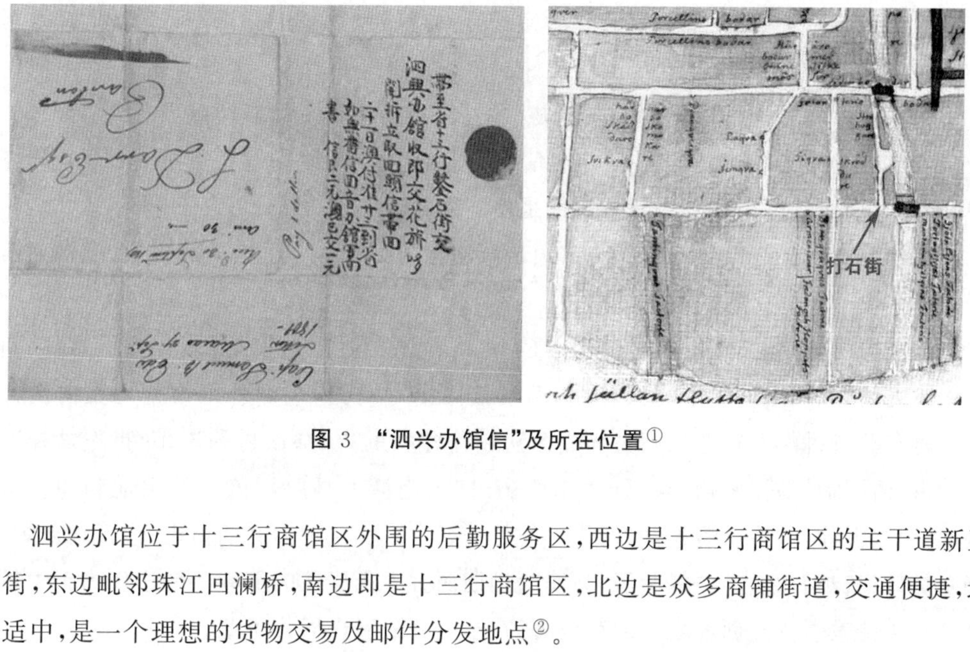

图3　“泗兴办馆信”及所在位置①

泗兴办馆位于十三行商馆区外围的后勤服务区，西边是十三行商馆区的主干道新豆栏街，东边毗邻珠江回澜桥，南边即是十三行商馆区，北边是众多商铺街道，交通便捷，地点适中，是一个理想的货物交易及邮件分发地点②。

此外，澳门也应该有一个与广州泗兴办馆对接的邮递机构。从美国“太平洋商人号”的信件来看，信封上的中文信息，一定为中国人所写，因为，只有中国人才能写出来这样的书法。信中将外国人姓氏加上口字旁，将外国书信称为“番信”，使用粤语方言，均表露

① 图片修改该自 Plan af Trenne närmast til Rivieret belägne Gator uti Cantons Förstad，作者：dagböcker Dalman，年代：1748—1749，藏：瑞典皇家科学院图书馆。转引自：Paul A. Van Dyke，The Shopping Streets in the Foreign Quarter at Canton 1760-1843. *Revista de Cultura*，2013(43)：92-109.

② 有关凿石街和“泗兴办馆”参见冷东、阮宏《19世纪初期的美国客邮》，《重庆邮电大学学报》(哲学社会科学版)2015年2期。

了粤人的特征。信是从澳门寄往广州的，因此写这段话的人也一定身处澳门。由此判断，澳门的这个对接方是由中国人经营的机构，而不应该是外国人经营的客邮邮局。因此，广州与澳门两地的邮递对接机构，应该皆为中国人经营。

与该信上注明的广州"泗兴办馆"不同之处是，信件上并没有写明邮件在澳门的收发机构，而仅仅写有收信人的姓名。即便写有地址，也并非澳门信件收发机构的地址，而是收件人的大概地址。为何会出现这种情况呢？合理的解释是，信件不通过收发机构转寄，而是直接交到了收信人手中。究其原因，一方面，正如吴志良博士所言，澳门地域狭小，人口不多，是一个规模细小的熟人社会[①]，因此，送信人要找到收信人并非难事。另一方面，"这种邮递员在澳门街道几乎日常可见。他们要么背负信件袋在商店门口吆喝派发收集信件，或者要么发布去往海外的邮费预算。有时地方很远，这些人就留意去往那边的乘客，或者更普遍的是将信件交给船夫，设置邮费，在信封上写上总数。"[②]另外此时澳门处于葡萄牙的管理之下，没有清朝官府的严格限制，拥有广州所不能比拟的宽松环境，因此信使可以自由地直接投寄信件。

从范笙禄《澳门邮政与电讯的历史和发展》第一卷《从海邮到邮票创始期(1768—1884 年)》书中展示的寄往"烧灰炉"的信件(图 4)[③]所示，澳门收信人的地址之一"烧灰炉"，与广州的收信人地址十分相似，都是外国人的聚集地。

该信上的中文信息大致为："此信烦带至澳烧灰炉交……士挞子婆收入，柢资到奉壹钱正。"

烧灰炉村(葡萄牙文：Povoação do Chunambeiro)位于澳门半岛风顺堂区东部、西湾与南湾之间，北端出口接南湾大马路，南端接民国大马路，东侧外围有何鸿燊博士大马路。村名源自村内原有把牡蛎壳烧成白灰用作建材的火炉，该村约于 16 世纪被葡萄牙人侵占，清同治年间，澳葡当局开辟南湾街(即今南湾大马路)，该村的土地和物业被收购，房屋被拆除，村落也消失，取而代之的是一系列以烧灰炉命名的街道，包括烧灰炉街、烧灰炉口、灰炉石级、灰炉斜巷等，为澳门早期西方人士居住的街巷。就连作为天主教耶稣会在华传教事业开创者之一的利玛窦，在澳门登陆后也居住于此。[④]

范笙禄书中所载的另一封寄往"龙嵩庙"的信(图 5)[⑤]，揭示了澳门收信人的另一个地址。尽管该信的寄送时间为第一次鸦片战争后，但也能反映出澳门的西方信件集散地

---

① 利冠锦、林发钦：《19—20 世纪明信片中的澳门》，澳门历史教育协会，2008 年，第 6 页。

② *The Chinese repository*, Vol.9 No.8(1840.12)ART.7.

③ [葡]范笙禄：《澳门邮政与电讯的历史和发展》第一卷《从海邮到邮票创始期(1768—1884 年)》，第 133 页。

④ 林广志、吕志鹏主编《澳门旧街往事・烧灰炉街》，澳门民政总署，2013 年，第 131—133 页。

⑤ [葡]范笙禄：《澳门邮政与电讯的历史和发展》第一卷《从海邮到邮票创始期(1768—1884 年)》，第 307 页。

图 4 “烧灰炉信”及所在位置①

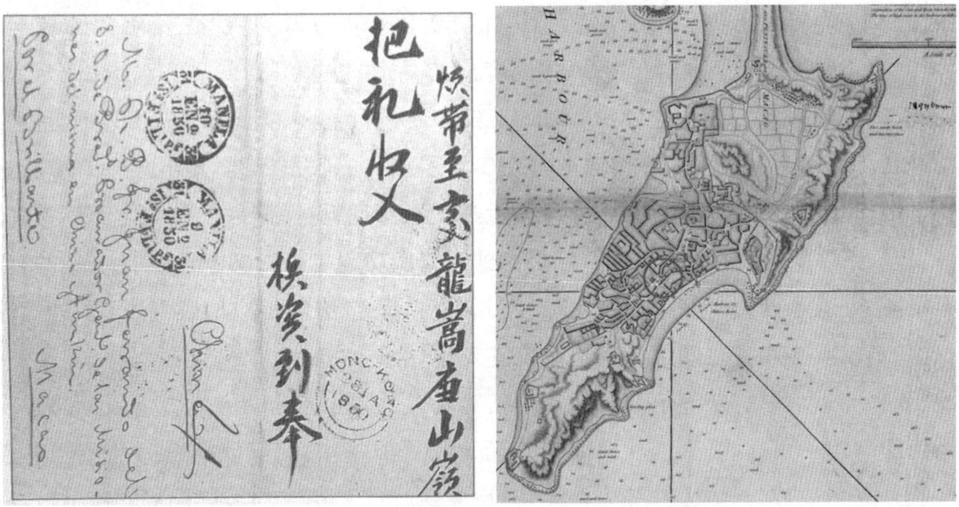

图 5 “龙嵩庙信”及所在位置②

的一些情况。

龙嵩庙即位于澳门半岛的圣奥斯定教堂。教堂初建时,以棕榈树叶作顶,风吹时看似龙须飘飘,故被华人称之为“龙嵩庙”“龙须庙”。其所在街区为龙嵩正街。该街葡文名为 Rua Central,意为“中心街”或“中央街”,可见该街处于澳门城市的中央。

龙嵩正街是葡萄牙人最先落脚和聚居的街区之一,见证了澳门城市的发展。葡人在

① 地图据香港艺术馆藏,约 1796 年绘制的澳门市及海港简图修改。
② 地图据香港艺术馆藏,约 1796 年绘制的澳门市及海港简图修改。

这一带先后修建了许多教堂、修道院等欧式建筑，康熙至乾隆年间，澳门城市发展迅速，洋商洋行从营地大街迁到南湾、龙嵩正街一带，在中央广场、司警司署、龙嵩台到湾景大厦附近，形成了外籍人士聚居区；而法国、意大利、荷兰、西班牙、瑞士、瑞典、巴西等国驻澳门领事馆及其官邸集中于此。当年，该街区濒临南湾，坐拥美丽海景，一幢幢高低错落的别墅洋楼临街而建，红瓦白墙，花木扶疏，典雅幽静，是澳门的高尚街区。在新马路建成之前，龙嵩正街曾是居民来往内港与大三巴一带的主要枢纽，也是澳门最繁盛的商业街之一。这里曾经商店林立、车水马龙，印度人、犹太人、葡国人和中国人开设的金银首饰店、丝绸布匹店、工艺品店、饮食店、古董店，鳞次栉比，人山人海，盛极一时。[①] 因此民间邮局信件上出现"龙嵩庙"是不足为奇的，该处也应是澳门外国书信的集散地之一。

"烧灰炉"与"龙嵩庙"都位于澳门南湾周边，正因为澳门南湾是外国人的聚集地和邮政中心，无论是葡萄牙澳门航海邮政、英国邮政、中国地下民间邮局都以南湾为据点。

华人邮递的发展有助于澳门与广州之间外国书信的传递，信件可以根据邮寄人的要求在指定时间和地点传递，由专人带到广州或澳门送信，没有邮戳和其他标记，在当时历史条件下，完全可以称为"特快专递"。从邮费变化就可以看到，1801 年美国邮费 1 元，这种特快专递的费用也是不菲的，一页内容的信件、往返澳门到广州的水路仅 150 多公里，三天间就要银元 2 元。这可与当时的英国邮费进行比较，英国于 19 世纪初期在邮政方面进行了一系列的改革。在邮政业务上实行了统一的收费标准，规定邮递的物品重量只要不多于 28.3 克(1 盎司)的话，不论其运送的距离远近，一律只收取 1 便士作为邮费。普通民众也能享受邮递业务带来的好处。到后来邮费仅 1 毫，1832 年 3 月 17 日的《广州纪事报》上登载了邮资价格，以每件 1 毫运送信件，每包信件相应地收费，可运送小件包裹，这些都反映了澳省之间华人邮递系统的发展。

"泗兴办馆信""烧灰炉信"和"龙嵩庙信"，所展示的只是为西方人提供服务的华人邮递系统的冰山一角，这一系统在澳门书信局建立之前，一直充当着省澳间的重要邮递方式。鸦片战争后，广州沙面被辟为租界，在租界内开辟了正式的客邮邮局；1885 年(清光绪十一年)，南湾亦正式建立了澳门书信馆，成为稍具规模的正式邮政局[②]。至此省澳邮政业进入了新的发展阶段，但民间的华人邮递，在很长一段时间里，仍为西方书信的递送服务。

四、客邮信使与语言交流

随着英、美等国在广州口岸贸易垄断地位的确立，英语在贸易和文化交流中的作用

① 林广志、吕志鹏主编《澳门旧街往事·龙嵩正街与风顺堂街》，第 119—121 页。

② 利冠锦、林发钦：《19—20 世纪明信片中的澳门》，第 24—25 页。

不断提高,"广东英语"(Pidgin English)应运而生,在中西贸易和文化交流中发挥了重要作用。乾隆五十八年(1793),英国马戛尔尼(George Macartney)使团在南归途中,其副使斯当东(George Staunton)记下广州沿途所见中国贸易的影响:船只进入广东省以后,"距广州还有几天的路程,英国贸易影响已经显示出来。我们听到河面上坐船的人,和两岸行人,在讲话当中不时流露出几个英文字来。"①美国人亨特称:"这无疑是中国人的一种发明,在英国人出现在广州很久以前已有它的根源。这可以在其中找到一些葡萄牙语和印度语的混合来证明,后者的来源可能是由那些最初经过印度的西方来客传来的。英国人在一百多年以后才到来,他们语言中一些词汇逐渐被吸收进去,增加到使葡萄牙语消失,葡语便只限在他们的殖民地澳门使用,后来英国最终成了最主要的贸易者,这种语言便成了著名的'广东英语'。"②

由中国人开设地下民间邮递系统,其经营首先要解决的就是文字难题。要辨认潦草的手写外文笔迹,注明收发地址姓名信息,使得地下邮局的管理者乃至信使成为使用外语的先驱之一。

广州与澳门的邮递方式是复杂多变的,它与外国客邮互有联系、交叉使用。随着买办以及会说外语的人增多,这种中国人经营的邮递机构里,也会存在更多懂得外语的人或与外国人有交情的人。范笙禄对"龙嵩庙信"的解释,不仅反映了"中外合作的邮递方式"这种关系,也透露着"中西语言交流"的发展。该信由前往中国的西班牙使团,于1850年1月10日从菲律宾寄往澳门,它于1月28日经过香港时加盖了香港的邮戳后发往澳门,但是在澳门却没有加盖澳门邮戳。只是信上有两行中文字:"烦带至龙嵩庙(Igrela S,Agostinho)山岭把礼人(Perde)收"和"槟资到奉"。这显示了西方邮件在香港接收并加盖邮戳后,由香港递送到澳门的环节,则由民间的华人邮递完成,形成中外合作的一种邮递方式。而华人邮递与西方客邮在香港交接信件,其交接需懂得对方语言和文字,才能将信件准确地投递到澳门的目的地。

因此,客邮信使也成为中国传统社会最早掌握外语从事贸易的先驱,在中西邮政和商贸交流中发挥了重要作用。

结语

清代,客邮信使是广州与澳门间重要的邮递方式之一,这种灵活的地下民间邮递系统在与外国客邮合作交融过程中,为澳门社会发展乃至整个岭南社会的发展做出了贡献,成为澳门早期邮局书信馆的基础,也成为19世纪世界与中国联系的纽带,见证了中

① [英]斯当东:《英使谒见乾隆纪实》,叶笃义译,香港:三联书店,1994年,第396、427页。
② [美]亨特:《广州番鬼录·旧中国杂记》,冯树铁、沈正邦译,第44—45页。

国传统邮驿体系与世界近代邮政制度的衔接与过渡，值得深入研究和探讨。

作者简介：

冷东，男，教授，广州大学十三行研究中心主任，主要从事明清史、岭南文化、十三行研究；沈晓鸣，男，广东人民出版社编辑。

论近代英国对西藏的情报搜集[①]

梁忠翠

[提要]近代英国对西藏情报搜集的历史经历了初以探险、考察名义的隐形搜集阶段，后来发展到直接服务战争侵略的情报搜集，最终以驻藏机构为依托，“超级耳目”无孔不入，肆无忌惮地大规模公开搜集情报，使西藏几无秘密可守。英国对藏情报源非常庞大，情报员成分复杂，情报间谍训练严格，情报搜集渠道五花八门，对间谍的保护措施严密，情报价值非常高。反观晚清和民国政府，在中英“西藏问题”交涉中因情报落后而受制于人，处处被动。总之，英国积极有效的对藏情报搜集是英国侵藏的重要手段，极大地加速了英国侵藏进程。

[关键词]英国；中国西藏；情报；间谍

情报是指以侦察手段或其他方法获得的有关敌方军事、政治、经济等方面的情况以及对这些情况进行分析研究的成果。英国积极的对藏情报活动是其制定切实可行对藏策略的前提。英国情报搜集在侵藏中扮演非常重要的角色，这主要是因为，近代以来，英属印度政府和英国政府对于西藏地位的认识一直存在争议，英国内部既有对藏政策强硬的一派，又有认为西藏战略地位被高估的反对派；既有鼓吹直接军事侵略或者大规模军援西藏亲英派的激进派，又有顾忌中英大局，不愿过分加码投资的稳健派。于是相对廉价速效的间谍行为和情报搜集就被赋予了“四两拨千斤”的重望，成为中和急进和稳健的绝佳侵藏方式。从目前国内学界的英国侵藏史研究来看，尚无英国对藏情报搜集专门研

---

① 本文系国家社科基金项目《蒙藏委员会委员长更迭与国民政府治藏政策演变轨迹之研究》(课题号：13BMZ032)阶段性成果。

究的力作，而散见于相关论著中的该研究则缺乏翔实资料和客观评价。毫无疑问，此选题的研究有助于更加明晰近代“西藏问题”复杂化的原因。

一、近代英国对藏情报搜集的历史阶段

一直以来，西方人颇为关注中国西藏，个中原因如20世纪30年代国人所述：“西藏夙以锁国攘夷为第一主义，故向有世界秘密国之称。迄夫十六世纪文艺复兴以还，舆地之学，昌明于世。探险之踪迹遍于全球……十九世纪以还‘世界者全世界人之世界’一语遂传遍遐迩，而凡凸出于五大洋之上之陆地，亦无不互交他国之踪。所障浓雾者，惟中国之西藏。其都会为拉萨城，藏人视其地为最神圣之域，禁外人前往，外人以禁地目之者，殆非虚语也。顾天下之事，其愈以秘密见称者，往往愈足以引起外界好奇之心，思一探之究竟。吾之西藏正复相同。”①按照英国侵藏历史，英国情报搜集可分三个阶段。

第一阶段：18世纪以探险、考察名义居多的情报搜集。

欧洲国家进入西藏的先行者是基督教传教士。其中最早的是1624年葡萄牙耶稣会教士安东尼·德·安瑞德等化装成印度教徒，潜入阿里的泽布隆。后来又有几名传教士到达西藏，但在1652年均遭西藏地方驱逐。1661年又有两名耶稣会教士约翰·格鲁培和阿尔培·道费尔经由西宁到达拉萨，而后取道西南从聂拉木出境，经尼泊尔、印度返回欧洲。此路线正与藏传佛教的传布线路重合，颇引西方注意。1724年天主教托钵僧团还在拉萨获准修建教堂和住宅。但“在送往罗马的札记和与教皇的面谈中，这些僧侣却不断将各种有关西藏政务、商情、民间风习、交通、军队和最大僧侣封建主的个人品行等情况详加报导。”②18世纪荷兰东印度公司开始接触西藏。荷兰人萨米埃尔·德·普特于1728年从孟加拉赴拉萨，后至北京，最后又经藏返回，后来他就陆路与藏通商写过一份报告。但1759年英国东印度公司取代荷兰东印度公司后，荷兰人的计划就此结束。

1768年3月英国东印度公司伦敦总管理处即已委托驻印度代表搜集关于欧洲商品能否经过尼泊尔在西藏和中国西部找到销售市场的情报。英国东印度公司为在孟加拉以北打通一条通往中国内地的通商陆路，还于1774年和1783年派了两个使团进藏。第一个以乔治·波格尔为首，使命是会面班禅，并前往拉萨面交信件和礼物，“可以酌量情况自行采取最可能完成这一任务的交涉方法”。③ 虽然波格尔与西藏地方签约的企图落空，但此使团近半年时间内搜集了大量关于西藏地方和中国内地的经济情报，并在日喀

---

① 华企云编著《西藏问题》，上海：大东书局，1930年，第161—162页。

② ［苏联］B.Ⅱ.列昂节夫：《外国在西藏的扩张1888—1919》（内部发行），张方廉译，民族出版社，1959年，第9页。

③ 柳陞祺：《拉萨旧事（1944—1949）》，中国藏学出版社，2010年，第142页。

则“结识了一些反动的封建主,并和他们建立了‘联系’”。[①] 这应是英国对藏最早较成功的渗透。第二个使团是在塞缪尔·特纳尔的率领下,以庆贺七世班禅坐床为名进藏。与波格尔一样,此人亦未能与藏签约。

“西藏边界的封锁丝毫没有阻止住那些外国人。他们一心一意要抵达那里”,“这些下定决心的闯入者以六分仪和经纬仪,现代化的武器和黄金为武装,改换装束搜寻着西藏僻静山口的秘密,与西藏卫兵躲藏周旋”。[②] 总之,以上进藏者或以猎奇考察为主,或以签约通商为由,客观上为英国侵略中国西藏准备了大量一手资料。这些人名为和平“探险者”,实为侵略“探路者”。

第二阶段:19世纪以侵略为主要目的的情报搜集。

19世纪以来,资本主义国家在世界范围内展开了激烈的殖民争夺,英国在长期侵蚀中国西藏周边邦国时,更进一步掌握了此一区域的政治、经济、文化等特征。为获得西藏详情,1812年英国又派莫尔可夫特化装成商人进入阿里,秘密探查藏西地情。1862年英印政府特务机构印度测量局着手专门系统地搜集喜马拉雅山北麓情报。为避免英国人的伤亡并有效开展情报搜集工作,其下属机构皇家工程协会的托马斯·乔治·蒙哥马利军官提出“精选一些聪明、足智多谋,又秘密地受过测绘技术训练的当地探险家”,理由是“如果事情败露,当地人也会加以否认,即便发生了死亡事件,也不会招致任何报复行为”。[③] 于是该机构训练了一批勘测技术员,这些技术员多为会讲藏话的印度人和锡金人。他们一般伪装成商人、香客和喇嘛。“经核实他们带回的情报,印度测量局的官员们对这块与世隔绝的土地有了一个概括的了解,详细情节逐渐得到增补”。[④]

1875年4月英国举行了第11届皇家地理学会会议,与会人员一致主张把西藏变为在中国内地各省推行扩张政策的前进基地。[⑤] 1876年中英《烟台条约》签订,英国间谍更得以频繁出入西藏:1878年内木森测量了泽当以东的藏布江;1879年克里什纳探察了西藏、蒙古等地;1886年马可伦作为英国特使由锡金进入班禅领地,遭到阻拦;1891年鲍威乐由拉达克列城进阿里,潜羌塘,企图前来拉萨,途中被藏人阻止;1895年李代儿与胡来奇由青海东部翻越阿克塔进入羌塘,途中亦被阻止;1896年德赛和派克随同印度人由拉达克潜入阿里,测绘了大面积区域地形,在日土宗受阻返回;1897年以画家身份作掩护的南道尔也进入阿里;1898年德赛作第二次探险,在日土宗西北测绘了大片地区,并深

---

① [苏联]B.Ⅱ.列昂节夫:《外国在西藏的扩张1888—1919》(内部发行),张方廉译,第11页。

② [英]彼得·霍普柯克:《闯入世界屋脊的人》,向红笳译,西藏人民出版社,1989年,第2页。

③ [苏联]B.Ⅱ.列昂节夫:《外国在西藏的扩张1888—1919》(内部发行),张方廉译,第19—20页。

④ [英]F.M.贝利:《无护照西藏之行》,春雨译,西藏社会科学院资料情报研究所,1983年,第3页。

⑤ [苏联]B.Ⅱ.列昂节夫:《外国在西藏的扩张1888—1919》(内部发行),张方廉译,第18页。

入帕米尔高原;1899年戴维斯和赖德的特遣队试图通过中国内地进入西藏,被藏人挡回……尽管英国图谋打开与拉萨的任何联系方式都一再失败,但还是窃取了大批有关西藏的情报。

值得注意的是,1881年大吉岭至喜马拉雅区铁路建成,这条铁路把锡金境内的大吉岭和印度境内的铁道网联结起来。"该路全长约51英里,其建价甚昂,意义很大;因为大吉岭起了阴谋中心作用,英国在西藏的一切扩张活动都要由这里直接领导"。①

此时的西藏地方上层对于英国的间谍活动立场很坚决。比如英籍不丹间谍乌真·卜集曾将英印当局的一封绝密函件送交达赖喇嘛,信里申述英国政府可缔结一项优惠的条约,保证西藏不受"中国方面"的侵略等。达赖喇嘛对于这封信也和对英国当局的其他信件一样,干脆没有作答。②

第三阶段:20世纪初叶情报搜集呈现公开化,英国对藏机构均参与情报搜集。

英军1904年8月占领拉萨后,开始了大规模公开性质的情报搜集。最直接的莫过于劫走了西藏许多贵重文物、图籍。英印军官大卫·麦克唐纳说:"1905年1月,我因有特别任务,被派到加尔各答担任分类编订图书及珍贵物品目录工作。这些东西就是我同威德尔大佐在西藏搜集的(实为抢劫的),件数之多,须有四百多驮子才能驮。"③同时英国人还组织了三个考察队,一是威尔顿走大路从拉萨到中国内地去,第二由罗林带队到藏西噶大克,赖德的第三队沿藏布江而下勘测峡谷地带。之后一时期,对英国侵藏最有实效的地理考察是贝利的"无护照之行"。

贝利1904年被派遣到江孜以西进行勘测考察,一年后奉调任英印驻西藏春丕和江孜官员,历时三年。期间不断搜集情报,并极力拉拢西藏统治阶层。1910年他以休假为名一度潜入藏东地区。1912年冬英军侵入西藏下察隅等地,随即派出勘察队。贝利直接受命于英印官员麦克马洪,伪装成旅行者随内维尔等人再次潜入西藏,开始了他的"无护照之行"。贝利的使命非常直接:"必须取得极为实际的利益";"必须不惜一切代价回到藏布江上游来,至少到泽当,以便回去给麦克马洪提供一张图,好让他们根据种族和地理情况在图上划界,"④即搞清印度与西藏之间的地理状况,在两者间划一条边界线。经过七个月的时间,贝利最终炮制出一张麦克马洪所需要的地图,这就是在"西姆拉会议"上抛出的所谓"麦克马洪线"的蓝图。

荣赫鹏侵藏后,英国调整了对藏政策,加强了对西藏各阶层人物的笼络,而英国先后成立的直接办理西藏事务的英国驻锡金政务官(1889年)、英国驻江孜商务代办处(1904年)、英国驻噶大克商务代办处(1904年)、英国驻亚东商务代办处(1908年)和英国驻拉

---

① [苏联]B.П.列昂节夫:《外国在西藏的扩张1888—1919》(内部发行),张方廉译,第19页。

② [苏联]B.П.列昂节夫:《外国在西藏的扩张1888—1919》(内部发行),张方廉译,第46页。

③ [英]麦克唐纳:《旅藏二十年》,孙梅生、黄次书译,商务印书馆,1936年,第26页。

④ [英]F.M.贝利:《无护照西藏之行》,春雨译,序言页。

萨使团(1937年)更是成为渗透西藏的主力。这些对藏机构的情报搜集活动非常活跃，且非常容易。英国对藏情报搜集呈现出明显的公开“合法”趋势。

二、近代英国对藏情报搜集的特点

近代英国对藏情报搜集呈现出三个显著特点：

首先，英国对藏情报源非常庞大，情报员成分特别复杂。

从获取手段看，情报并不限于秘密情报，还包括公开情报。公开情报中往往隐含着关键情报，公开渠道获取情报被视为最经济、最安全、最可行的途径。

比如英国人就很重视剪辑中国报刊的信息。位于北京的英国驻华外交机构，就曾刻意搜集对藏讯息。如1904年6月13日英国驻华公使萨道义在致英国外交大臣兰斯多恩信中就有：“最近数周时常刊登的关于西藏事物的种种新闻因此不无兴趣。你将看出这些文章不仅记述了正在发生的事件，而且表达了舆论，其中大部分语言表述心平气和且合情合理，并且未暗示对于近来西藏事件可能激发的我们的意图的忧虑。”[①]此信还报告了《北京时报》《大公报》《四海报》《天津报》《南京公报》中的对藏内容。

英国通过不平等条约在中国西藏取得据点后，英国主要对藏职官的谍报工作更是不断进步。在英国间谍的积极活动下，部分西藏僧俗官员在金钱物质、“观光”、“访问”的引诱下，对英国产生了幻想。这些人提供的情报源稳定，且准确性高、数量多，内容囊括了西藏的内政、对外关系、宗教、民俗、交通、地理、历史等。

笼络西藏上层方面，英国人首先盯上的是班禅系统。1905年底英国驻江孜商务代办鄂康诺成功地从驻藏大臣有泰眼底运作了九世班禅的赴印活动。然而鄂康诺笼络班禅系统的成效并不明显，于是英国人开始转向拉拢达赖系统。

首开笼络达赖系统且赚取十三世达赖信任的是“西藏通”贝尔。1910至1912年十三世达赖逃亡印度期间，贝尔负责接待达赖，二人频繁交往，贝尔称“在大吉岭同达赖喇嘛相处的日子，为我打开了通向西藏一切禁区的大门”。十三世达赖返藏后，贝尔自称收到了许多邀请他访问拉萨的长篇累牍的书信，这些“大张大张的西藏羊皮纸上面不仅写了信，而且还附有长篇报导，每一两个星期到一次”，“这些信件，加上西藏高级官员的访问，使我能洞察西藏政治中大大小小的事件”。[②]

贝尔之后，较突出的是古德。抗战时作为反法西斯重要盟国的中英两国理应在西藏

---

① 第30号文件：萨道义爵士致兰斯多恩侯爵(8月1日收到)，第209号，1904年6月13日于北京。陈庆英等编《英国外交部对藏档案选译(二)》(内部资料)，中国藏学研究中心历史所，2005年，第124页。

② [英]查尔斯·贝尔：《十三世达赖喇嘛传》，冯其友等合译，西藏社会科学院西藏学汉文文献编辑室编印，1985年，第124—125页。

问题上"和谐"处理,但英国驻锡金政务官古德却进一步损害中国对西藏的管控。古德成功地完成了具有常驻性质的英国驻拉萨使团的设置。驻守在西藏心脏拉萨的此机构自然成为英国情报搜集的绝佳据点。据英国印度事务部秘密档案中的拉萨使团工作日志显示,英国人对中国遣藏、驻藏人员的监控在中英"西藏问题"交涉的关键时刻有时精准到了小时、分钟,近乎实况转播。1941 年摄政达扎掌权之后,亲英势力猛增。1942 年 7 月英国和达扎等人擅自成立了西藏"外交局","外交局"几成西藏亲英派大本营,使西藏更无秘密可守。

英国最后一位侵藏急先锋是黎吉生,他长期担任英国驻拉萨使团的负责人,"他对于西藏及西藏人的渊博知识甚至使查理斯·贝尔先生相形见绌"。[①] 1947 年 8 月 15 日印度独立后,黎吉生摇身一变成了印度驻拉萨使团的负责人,其渗透西藏更是非常容易。至 1950 年黎吉生离开西藏后,英国才彻底结束了对西藏大规模的情报活动。

除了英国人和前面所述的印度人、锡金人、不丹人,英国情报搜集还包括任职于英国对藏机构的藏人。藏人因其体貌、语言优势,备受英国人重视。比如拥有一半藏族血统的大卫·麦克唐纳。此人精通藏语、印度语、锡金语、尼泊尔语、孟加拉语、不丹语,从事藏务工作长达二十年,为英国的情报搜集做了不少贡献。大卫·麦克唐纳之后特别有名的当属英籍藏人诺布顿珠,此人曾长期担任英国驻拉萨使团负责人,更是突出的谍报专家,他曾获得了西藏噶厦授予的"扎萨克"的极高荣誉头衔,拥有该头衔竟可直接参与西藏政治运作。

另外还有些藏人担任了英国对藏主要官员的私人助理,这些人的搜集情报能力也不容小视。比如贝尔的助手帕拉色。帕拉色是贝尔长期查访物色的结果,他出身于靠近江孜的西藏显赫的帕拉贵族家庭,该家族与英印政府关系密切,帕拉色的母亲就曾违禁带英印间谍秘密进藏。"帕拉色从小在上层阶级内部长大,又与外面各个阶层混得很熟",帕拉色在贝尔眼中是"一本名符其实的百科全书"。而且帕拉色博得了十三世达赖的高度信任,这使帕拉色"处于一切事务的中心,使他在其他西藏人中建立了地位和形象,并使他能得到公众事务中的真实情况"。贝尔曾说"在西藏,别人都称帕拉色为'两个脑袋'的人,因为他得效命于两个主人、两个国家"。[②]

另外,清政府驻藏职官中有不少英籍人士,这些人向其母国提供了大量情报。1905 年 5 月 18 日英国驻锡金政务官怀特论述清政府亚东海关官员时说:"我在亚东所遇到过的海关官员,有戴乐尔先生、好博逊先生、蒙哥马利先生、韩得善先生、巴尔上尉,""前面的两位先生和韩得善先生,我能有把握地说,尽管他们抱怨他们受到我们政府的阻挠,他们却是在一切方面不折不扣贯彻海关总税务司(即中国海关总税务司英国人赫德)的种

---

① [英]彼得·霍普柯克:《闯入世界屋脊的人》,向红笳译,第 244 页。

② [英]查尔斯·贝尔:《十三世达赖喇嘛传》,冯其友等合译,第 271、11、204、208 页。

种指示，还有经过允许留在亚东的一位真正著名的传教士泰勒小姐，这些先生们在一切场合下，都给了我最有价值的帮助。”①

英国驻中国的其他地方官员也积极地搜集对藏情报：萨道义曾于1905年4月26日致信兰斯多恩：“一位瑞典臣民拉逊先生于本月18日从喀尔喀寄来一封私人信件，他受雇于英国国内外圣经会，信内有以下情报：据完全可靠消息，达赖喇嘛仍在库伦的详情。”②成都代理总领事坎贝尔1905年3月20日致信萨道义：“打箭炉发来的情报显示，现为驻藏帮办大臣凤全的信息。情报人认为他是铁腕人物。”③新任英国驻华公使朱尔典1908年3月17日从北京致信新任英国外交大臣爱德华·格雷：“我从另一个我的情报员得知，他在达赖喇嘛的旅行中亲眼见过该喇嘛，大批的随行人员陪伴他，像一群蝗虫那样殃及这个地方。”④

当然，为英国搜集情报的也少不了早被英印政府控制的尼泊尔驻拉萨代表机构，此机构简直成了英国渗透西藏政府的间谍组织。其具体运作是：尼泊尔驻拉萨代表通过谈话、走访、密查等形式摄取机密详情，内容包括清政府内部的官函私信文档，然后将情报上报尼泊尔首相，其首相再转交给英国人。从目前公开的英国外交部档案中，可看到尼泊尔驻拉萨代表搜集的大批情报。如1906年7月30日英印政府收到：“星期二，我外出散步时，拜访了宇妥噶伦，彼此寒暄之后，我问他，关于达赖喇嘛和印度方面是否有新的消息。”“星期四，我在去巴旺寺的途中，拜访了甘丹法台。会晤中，甘丹法台告诉我……”“罗布次仁先生告诉我，他从章京大人处得到消息说，驻拉萨办事大臣接到西宁办事大臣一封密电，通知他……”“安吉说……”“从一些私人来源得到的情报说……”“我说”“他说”字样非常多。1906年6月14日“衙门的肖必达大人在我的住处要借一些钱，在谈话中，他告诉我，有消息说办事大臣唐大人很快就要访问拉萨，他要进行一次彻底调查。”“我秘密雇用的一个人，罗布次仁向我报告，最近下层人中间谈说……”“同一情报员还向我报告……”“我从德瓦法王的译员听说……”“我也听说，有一种街谈巷议……”“还有传闻说……”“(噶厦)房屋管理员说”等等。⑤

一些普通人也自觉不自觉地向英国人透露过情报，如英印政府1904年12月7日收

---

① 第52号文件附件3：惠德先生致信印度政府，1905年5月18日于不丹拜加尔。陈庆英等编《英国外交部对藏档案选译(三)》(内部资料)，中国藏学研究中心历史所，2005年，第130页。

② 第44号文件：萨道义爵士致兰斯多恩侯爵(第139号，机密)，1905年4月26日于北京。陈庆英等编《英国外交部对藏档案选译(三)》(内部资料)，第111页。

③ 第45号文件附件1：代理总领事坎贝尔致萨道义爵士(第8号，机密)，1905年3月20日于成都。陈庆英等编《英国外交部对藏档案选译(三)》(内部资料)，第112页。

④ 第72号文件：朱尔典爵士致信爱德华·格雷爵士(3月17日收到)(第69号)，1908年3月17日于北京。陈庆英等编《英国外交部对藏档案选译(五)》(内部资料)，第349页。

⑤ 第67号文件附件4：尼泊尔驻拉萨代表来函。陈庆英等编《英国外交部对藏档案选译(四)》(内部资料)，第96—101页。

到“最近来到尼泊尔的一位蒙古香客的情报”,[①]1905年1月12日又有“最近从西藏进到尼泊尔的某些旅行者获取的消息”[②],等等。

有意思的是日本人竟也曾向英国人提供过情报。最早成功潜入西藏的是日本僧人河口慧海,1898年河口到达大吉岭,在英国高级特务萨拉特·钱德拉·达斯的指导之下进行了准备工作。1900年2月他假扮藏人由尼泊尔潜入藏西,然后经日喀则赴拉萨。河口曾向英国人提供过俄国人在拉萨活动的重要情报。另外两名被英国情报部门利用的是日本外务省间谍木村肥佐生和西川一三。1945年日本投降后,木村在噶伦堡受雇于印度籍藏人巴布塔钦于1926年创办的藏文《明镜报》,此报实为英国情报据点。1947年2月木村和正在哲蚌寺学经的西川一起受命离开拉萨赴康区调查。1947年9月两人返回噶伦堡,西川进入《明镜报》从事印刷工作,木村前往阿萨姆英国情报部门汇报情况,之后提交了东部藏区调查报告。

以上可知,英国对藏情报搜集的来源多种多样:既有直接劫走文献档案,又有笼络骗取获取情报;既有西藏地方官员提供情报,又有贩夫走卒“走漏消息”;既有专门的对藏机构和特务间谍搜集情报,又有临时雇佣、探险兼职的情报员;既有主动“投怀送礼”的情报员,又有不自觉地充当的间谍者;既有卖国者泄露情报,又有狼狈为奸情报共享;既有当政者的迂腐造成情报外泄,又有潜伏在清政府内部的英人奸细窃取情报……总之,英国对藏情报搜集情报源规模庞大,情报人员的组成特别复杂。

第二,情报价值高,效应高。

情报搜集是取得军事胜利的开路先锋,大量详细而准确的情报为英国制定具体侵藏政策提供了充足依据。荣赫鹏远征侵藏的情报工作就非常突出。

荣赫鹏对情报专家鄂康诺非常赞赏,他组军选将时称:“深知非得一曾受长期训练于中国者为余臂助,将来应付中国事,恐难望成功。以此,余曾先请一服务中国领馆之官吏为余任顾问兼通事。其次,则关于对藏交涉,须得一能操藏语之官吏任之。为使命成功计,于此有堪庆幸者,即政府派遣鄂康诺为余臂助,初任谍使,旋改任秘书,此君系一炮兵长官,尝率其山炮队屯驻大吉岭,因得习藏语,并研究西藏历史与风尚。”[③]英国外交部档案中保存了鄂康诺的大批情报工作日志,价值很高。正是依仗这些人的精密工作,英军才更详细地得知藏军的行动方向、兵力部署、防守态势、地形地物,荣赫鹏才敢放手一搏,荣赫鹏远征侵藏才被西方学者称为“不同寻常的冒险精神”,“在海拔19000英尺的高度

---

① 第11号文件附件1:雷文肖中校致印度政府(机密),1904年12月7日于营地,经塞古利发出。陈庆英等编《英国外交部对藏档案选译(三)》(内部资料),第22页。

② 第19号文件附件1:雷文肖中校致印度政府(机密),1905年1月12日于行营,经赛哥里发出。陈庆英等编《英国外交部对藏档案选译(三)》(内部资料),第51页。

③ [英]荣赫鹏:《英国侵略西藏史》,孙熙初译,西藏社会科学院资料情报研究所编印,1983年,第73页。

展开一场军事行动”,“英国士兵的生命几乎没有受到损失”,“在英国军队编年史册上展示了独一无二的高超技艺”。[①] 精细的情报工作是英军能够加速战争进程的重要原因。

荣赫鹏之后,英国对藏的一系列谈判交涉中,更得情报之先机。如西姆拉会议前,贝尔就亲自进藏严密指导藏方准备工作。据民国官员报告:“英人当藏代表来印时,先派其商务员白尔(即贝尔)在江孜迎接,又随同至靖西,留驻至三月之久。每日互商对付中国交涉办法,协而谋我,其布置已甚周密。”贝尔交待藏方代表“搜集所有关于昔日中藏交涉以及陆续为中国占领而西藏现今要求归还之各州县等项之文牍、携之赴会”。可见,当中国代表还在内地迟滞不前之时,英国已悉数掌握了有关西藏的重要资料,“故会议召集时,藏官准备已妥,一摆出充分之证据,中国大使几不能反驳之”。[②] 同样的情况还发生在黄慕松进藏、吴忠信进藏、九世班禅返藏交涉、十四世达赖喇嘛寻访和坐床、“西藏革命党”等事件上。高效的情报工作使得英国人的动作总是快人一步。

英国不但擅长搜集情报,还精于严密控制、封锁信息。曾任国民政府驻藏职员的柳陞祺初进藏时曾说:“凡从这里经过的行人,都有人在暗中监视。监视的人也许是一个普通居民,一个苦力,一个跑骡马帮的商人,眼线密布,暗探四伏,因为这里实际已是一个外国人的天地。”“一方面,我想就沿途所见一直到后来在拉萨的期间,我看到的总共不到几张英国人的脸,但他们就能够把这条路线控制得如此严实,而我们自己却是一盘散沙,毫无作为,实在有点钦佩别人的能力。”[③]

值得注意的是,近代英国对西藏千方百计的情报搜集不只是对藏渗透和现实政治军事的具体体现,还客观上为未来英国的西藏研究做了准备工作,极大地促进了英国的藏学研究。近代西藏各方面的信息、情报、档案等大量一手资料分藏于各大学和研究机构,而那些曾在西藏生活或曾任职西藏的殖民官员的大量著述,更是对后来决策者、研究者极具参考价值。

第三,情报间谍训练严格,情报搜集渠道五花八门,对间谍的保护措施严密。

西藏方面对于英人的频繁出入并非无动于衷,所以早期英国对藏情报搜集的工作是很危险的。英国重要侵藏官员贝利称进藏需要“十分隐蔽”的勘测设备,“因为环境迫使他们必须隐匿其真正的目的”。间谍约瑟夫·胡克在其著作中亦写道,英国驻阿萨姆专员曾派一特务伪装成行乞者企图潜入,结果未及藏境便被长矛戳死了。总之“这些神奇的探险家被派往北部边区绘制地图、写情报,连续往来多年不止。他们的生命经常处于

---

① 阿拉斯代尔·兰姆:《荣赫鹏入侵西藏(1903—1905)》,梁俊艳译,《西北民族论丛》第八辑,第 211 页。

② 西藏社会科学院等编《西藏地方是中国不可分割的一部分(史料选辑)》,西藏人民出版社,1986 年,第 469、470 页。

③ 柳陞祺:《拉萨旧事(1944—1949)》,第 12、、13 页。

危险之中”。[①]

为打造一批高素质专业对藏间谍，英国政府很早就在大吉岭设立了一所专门训练对藏间谍的秘密学校。间谍的训练非常严格，比如英国人曾在边境教育官员的配合下选中了两名具有英籍且会讲藏语的山民来充当间谍，一个叫纳恩·辛格，三十三岁，是喜马拉雅山区乡村学校的校长，另一名叫马尼·辛格，是其表兄。二人都是经验丰富的山地旅行者。他俩接受了为期两年的线路勘察和测绘工作的训练，“学会了使用六分仪和指南针，学会了如何辨别星辰和利用星星确定方位。他们还掌握了如何通过观察水的沸点来计算海拔高度的方法”。他们进行了反复训练，以便“无论在山上、山下还是平地行走步伐都能够保持一致。纳恩·辛格每步的距离是三十三英寸。然后，他们学会了用念珠来精确地计算一天之内或两个界标之间步子的总数”。“一般的念珠有一百零八颗。取掉八粒珠子余下一百粒是为了数字计算上的方便，而珠子数目的减少并不明显。每走一百步，拨过一珠子。念珠循环一遍则记录下一万步。纳恩·辛格每走一英里需要二千步，因此一万步则表明他走了五英里，由于念珠上还有两个短短的附属的细绳，每条绳上拴有十粒较小的珠子，用它们可以记录念珠循环的次数。”二人“也在运用伪装及编造令人信服的谎言方面进行训练，他们的生命取决于他们扮演圣徒及喜马拉雅商人的成功与否，或者取决于微妙形势所要求的一切。他们的伪装要经得起几个月长途跋涉中与真正的商人和朝圣者朝夕相处的考验”。另外他们还被要求“忘掉自己的名字”，用数字或者字母来命名，“当这些人年老力衰无法进行更进一步的秘密旅行之后，他们的真实姓名才被披露于世”。[②]

进藏间谍隐匿设备的技巧更是精妙：“不仅仅利用佛珠而且还利用嘛呢轮。这些嘛呢轮上装有秘密的拉手”，间谍们可以打开铜筒，将记录的线路笔记及情报的纸卷放入或取出。指南针也被隐蔽地藏在嘛呢轮里，以便装作祈祷的同时记下地形方位，大的六分仪仪器，则藏在当地常携带的旅行箱的特制夹层里，衣服上备有秘密口袋。测量海拔高度的温度计则放在挖空的棍棒里。记录六分仪读数时安装地平仪所需用的水银是藏在一个密封的贝壳里，需要时，就把它倒入朝圣用的碗。[③] 奇怪的是间谍任务虽然令人“胆战心寒”，但是“他们所做的一切是为了每月得到二十卢比及获得成功之后将得到更多的酬金的允诺”。[④]

英国这批精干的情报队伍，工作非常细致，异常能吃苦。他们能够深入宫廷官府、穷乡僻壤，进行大规模的情报搜集。就连高级间谍鄂康诺都“最喜杂沓于一群污秽之藏人

---

① [英]F.M.贝利：《无护照西藏之行》，春雨译，第2、3页。

② [苏联]B.Ⅱ.列昂节夫：《外国在西藏的扩张1888—1919》（内部发行），张方廉译，第21—23页。

③ [苏联]B.Ⅱ.列昂节夫：《外国在西藏的扩张1888—1919》（内部发行），张方廉译，第23页。

④ [英]彼得·霍普柯克：《闯入世界屋脊的人》，向红笳译，第24页。

中,相对作长时漫谈”。[①] 鄂康诺在英国驻江孜商务代办任上时,该处每月都有“秘密服务津贴”。鄂康诺还“通过市场上的传闻搜集情报,其医务人员亦通过医治病人来获得情报”。英国内部档案还显示敏锐的鄂康诺曾在日喀则“到处游荡,一会儿去寺庙,一会儿去市场”。[②] 鄂康诺掌控的大批低级间谍活动,“政务日记中类似的记载比比皆是”。[③] 为了全方面地窥测、搜集内幕和情报,有些藏人间谍更是全身心投入。诺布顿珠不仅笼络了大批官员,还利用其“魅力”,“为拉萨的贵族女士所青睐,她们为他提供了大量内部信息”。[④] 身为英籍的诺布顿珠的儿子还参加了藏军,并担任军职四品官员代本。其妻子积极为英国政府公关。英国的情报搜集渠道五花八门,可谓无所不用其极。

英国人也很懂得将间谍事件适时地发酵为外交事件。比如荣赫鹏和怀特于1903年7月率英军三百经锡金北部侵入亚东西北班禅领地之岗巴宗,强令驻藏大臣代表在该地谈判划界问题,遭致中方反对。英军在岗巴宗盘踞,并派该地附近锡金小镇的两名拉冲间谍赴后藏侦探,结果被日喀则宗本抓获。8月6日怀特得消息后立即提出抗议,称必须在十天内放人。8月19日英国强行征收了的每人1000卢比(约合人民币301元)的所谓赔偿,还没收了附近藏人的牲畜,其中有200头牦牛和50只羊。

同日荣赫鹏借此事造势,称此事背后若有拉萨政府或更高层起作用的话,那么英印政府“也许就需要对这一事件予以更特殊的关注”。20日荣赫鹏伪造了两份间谍亲属请求英国政府干预的申请,荣赫鹏叫嚷英藏间的问题只能靠武力解决。在英印总督寇松和荣赫鹏的鼓噪下,英国外交部门还向北京提出了外交强烈抗议。10月10日荣赫鹏又声言:“拉冲的传教士基本上仰仗于对日喀则的贸易,由于听到消息说两个失踪了很久的镇民受到虐待并被剁成了肉酱,小镇正处于恐怖之中”。11月5日寇松发给英国政府一封冗长的信,后面附有84页的补充材料,他称:“无论如何,在日喀则逮捕两名来自拉冲的英国属民一事,或许是西藏政府怀有敌意及其傲慢地蔑视文明惯例的最引人注目的证明。这两名英国属民已被从日喀则解至拉萨,据可靠消息,他们曾受到虐待,并已被处死。”清廷接英国驻华公使照会后,迫于压力令藏政府释放二间谍。五天后来自尼泊尔的情报显示:“英国人派往日喀则的两名以经商作掩护的间谍”被关押在拉萨的监狱中,待遇良好。有关两位间谍的事情确实“至少引起了较一般挫折所能引起的更大的波动”。[⑤]

---

① [英]荣赫鹏:《英国侵略西藏史》,孙熙初译,第73页。

② 印度国家档案馆文件,NAIFD,1906 External B August 180-181, White to India, 25th July, 1906.

③ [英]P.弗莱明:《刺刀指向拉萨》,向红笳译,西藏人民出版社,1987年,第62页。

④ 印度事务部秘密档案,L/P&S/12/4197—3864,1937年4月30日古德的报告。

⑤ [英]P.弗莱明:《刺刀指向拉萨》,向红笳译,第63页。

三、近代中国情报落后原因简析

反观近代中国，则始终处于情报劣势和被动境地，情报意识非常淡漠。比如与英国人共享情报的日本僧人河口慧海曾与驻藏大臣的秘书结成亲密的友好关系，获得了许多机密情报，河口后来写道："这位秘书是如此饶舌，以致我还未来得及问他，他就把什么都告诉我了。"[①]西藏人更是没有情报概念，严重缺乏防谍意识，敌友不分，致使各种秘密屡屡外泄。

出现这种情况的重要原因是，拉萨"在1952年之前，人口约为两万五至三万，算上附近三大寺的喇嘛，约四万五至五万"，[②]人口密度仅相当于当时内地一个县的拉萨，政府和政治运作的秘密是很容易打听到的。更何况西藏人纯真朴素、热情好客的性格和为人处世之道在这时成了弱点。在荣赫鹏眼中，"藏人虽以闭关自守著名于世，然其天性固非不喜社交者也"。[③] 黎吉生称："从十七世纪的耶稣会传教士神甫达斯维多，和十八世纪的传教士德西德里，英国的使节波格尔和特尔纳，印度的政治官柏尔爵士，直到二十世纪的登山家与探险家哈拉都一致认为西藏人是和善、谦逊诚实和开朗。"[④]贝尔亦曾直言不讳："除这些较为正式的参观之外，我还有时间骑马和散步，以观察这个国家和她的人民，并与所有的人交谈。由于我与达赖喇嘛和其他很多人的友好关系，所有的人都愿意与我攀谈。当西藏人认识你或听说你不错时，便很乐于同你交谈。"[⑤]以至于1904年8月英军占领拉萨时，一位英国人骄傲地宣称："我们到处都有间谍和告密者，一心讨好西藏的新征服者在拉萨也不乏其人。"不过颇有讽刺意味的是关于十三世达赖逃离拉萨行踪的最重要情报，"没有人会出卖神王而向他泄露出他的外逃路线"。[⑥] 这只能理解为藏人间谍们还有一丝良知。

而负责抓捕间谍的西藏警察机构的实情是："1922年在拉萨建立了一个小小的警察力量，但始终没有成为一个有效的工具，几年以后缩减成为一些毫无训练的看守者了。"[⑦]

至于自恃开化的晚清政府驻藏官员，情报意识也不尽如人意。晚清政府搜集英国情报的途径极其有限，情报搜集工作远没有上升为国家战略。较开明的封疆大吏通过自己

---

① [日]河口慧海：《旅藏三载》，伦敦1909年，第330页。

② [英]黎吉生：《西藏简史》，李有义译，中国社会科学院民族研究所，1979年，第5页。

③ [英]荣赫鹏：《英国侵略西藏史》，孙熙初译，第244页。

④ [英]黎吉生：《西藏简史》，李有义译，第8页。

⑤ [英]查尔斯·贝尔：《十三世达赖喇嘛传》，冯其友等合译，第230页。

⑥ [英]彼得·霍普柯克：《闯入世界屋脊的人》，向红笳译，第192页。

⑦ [英]黎吉生：《西藏简史》，李有义译，第15页。

的途径了解英国状况，众多枢臣疆吏的思想与行动则根本不在一个层次上。虽然中国史料中载有不少专业的谍报人员如“细作”“细人”“探子”等，但历代统治者都只精于对内情报搜集，侧重监视、搜集臣下百姓言论、各地动态。

此外还如荣赫鹏所称：“吾人在藏所见中国官吏，绝少能操藏语者。除少数在藏服务时临时娶有藏妇外，余人绝不关心藏人事。”①这种心态自然导致了藏务的粗放。而民国时代，中央政府驻藏、对藏机构的建制、权威及对藏管控远不如清季，西藏被大规模渗透，自在必然。

探讨和回顾英国对中国西藏的情报活动，可知必须高度重视情报工作，正所谓“知彼知己者方可百战不殆”，只有对敌方有了充分的了解与认识，占有情报优势，才可能在关键时刻立于不败之地。21世纪是信息全球化的世纪，在世界各国经济、文化、政治联系日趋紧密的今天，情报信息已越来越成为主宰我们未来的重要因素，我们需高度重视情报工作，防患于未然，避免国家与民族命运重蹈覆辙。学史以鉴来者，值得深思。

作者简介：

梁忠翠，女，山东菏泽人，北京师范大学历史学院2012级博士研究生。

① [英]荣赫鹏：《英国侵略西藏史》，孙熙初译，第247—248页。

从战后青岛反美看中美两国民族主义的碰撞[①]

——以驻青美军与民众冲突为中心的考察

张维缜

[**提要**]战后中国国内反美情绪有较为强大的民意基础，它非始自朝鲜战争爆发之后，而源于中国内战期间驻华美军与驻在地民众的冲突。因美军驻扎时间长，驻军人数多，与民众的冲突多，故驻青岛美军与当地民众冲突较具典型意义。此类冲突揭橥两国民族主义之间的碰撞，这对内战中青岛之政局与两国关系均产生了较大的影响。

[**关键词**]反美；驻青美军；民族主义

2012年10月16日，美国海军陆战队两名士兵在冲绳那霸强奸了一名当地日本女子，此事使得日本冲绳民众的反美情绪高涨，冲绳民众在美军基地普天间机场举行示威，要求美军撤离冲绳基地。其实这只是长期以来驻日美军与当地民众冲突事例中较新的一个，此类事件无论情节多么恶劣，最终的处理结果大多大事化小，涉事美军最多被当地法院判处3—5年监禁，这也引发了美军与当地民众的对立。不独日本，在韩国等其他国家也多次发生驻当地美军的类似暴行。如将目光拉回到70年前的中国，以北平沈崇案、上海臧大二子案、汉口景明大楼强奸案等为典型代表的此类事件也不时发生。当时的驻华美军在中国各地与当地民众大小冲突不断，中国民众民族主义情绪高涨，“美军滚出中国”的呼声响彻华夏，反美情绪开始在普通中国民众心中播下了种子，历经70年，其影响至今犹存。所以战后中国普通民众的反美情绪非自朝鲜战争爆发始，在中国内战期间业

---

① 本文为国家社科基金青年项目《驻华美军研究（1945—1949）》阶段性成果，项目批准号为12CSS016；同时本文还得到暨南大学2013年度世界史学科建设基金项目《战后初期中国反美主义研究（1945—1953）》的资助。

已孕育。

本文拟以战后初期中美两国民族主义的冲突为背景，以战后驻扎中国大陆时间较久的驻青岛美军与当地民众的冲突为中心进行分析，以期能够对战后青岛地区反美情绪的由来进行初步探讨并对战后初期中美关系史这一领域的研究有所推进。目前，学界对反美主义的起源、表现及其影响等均做了宏观与微观的研究①，但并未从中美民族主义碰撞的角度对这一领域进行较为系统的研究。② 但本文的探讨也只是粗浅与初步的，敬请方家不吝指正。

一、美军驻扎青岛与民众反美运动之肇始

青岛位于胶东半岛，东西南三面环海，北有崂山、灵山、马山，西望薛家岛、黄岛、阴岛等地，皆可为天然屏障。此外，青岛扼胶州湾之咽喉，港阔水深，系一天然的军事和商业良港。青岛交通便利，通过海运可直达大连、天津、上海等地，通过铁路与公路可直接与济南、烟台等地相通，通过航空可到北平、天津、太原、上海、南京等地。从地区战略格局来看，青岛作为西太平洋地区的重要港口，其战略辐射范围可及苏联、朝韩、日本及菲律宾等地。因此，青岛战略地位极为重要。

鉴于其地位的重要性，战后美国政府借口帮助国民党军队受降与遣返日俘，派遣美军登陆青岛。1945 年 9 月 16 日美国军舰战后首次开进青岛，10 月 11 日美国海军陆战队第六师在谢勃尔少将率领下于青岛登陆，③到当年的 10 月 30 日，美军登陆士兵已达两

---

① 较具代表性的著作为：Andrew Ross and Kristin Ross（eds.），*Anti-Americanism*，New York；London：New York University Press，2004；Philippe Roger，*The American enemy：a story of French anti-Americanism*，translated by Sharon Bowman，Chicago：University of Chicago Press，2005；Sigrid Faath（ed.），*Anti-Americanism in the Islamic world*，London：C Hurst & Publishers Ltd.，2006；Giacomo Chiozza，*Anti-Americanism and the American world order*，Baltimore，Md.：Johns Hopkins University Press，2009；Max Paul Friedman，*Rethinking anti-Americanism：the history of an exceptional concept in American foreign relations*，Cambridge；New York：Cambridge University Press，2012，etc.

② 杨志国的未刊博士论文《美国海军在青岛：驻军与民众的互动，民族主义与中国内战，1945—1949》（*U.S. Marines In Qingdao：Military-Civilian Interaction，Nationalism，and China's Civil War*，1945-1949，Ph.D.，Maryland，1998.）简要提及中国民族主义情绪对驻青美军与当地民众的影响，但未涉及美国民族主义及其影响。此外，杰西·G.卢兹在《1945—1949 年中国学生运动》（The Chinese Student Movement of 1945-1949，*The Journal of Asian Studies*，*Vol*.31，*No*.1，*Nov*.，1971）一文中从 1945—1949 年期间中国学生运动的角度较为深入地诠释了以反美主义为主导的中国民族主义之起源与影响，但该文同样存在缺乏对美方心态分析的问题。

③ U.S. Department of State，*Foreign Relations of the United States*：1948，Vol.8，China，Washington：United States Government Printing Office，1973，p.308.

万人[①]，其在青岛的军事单位共有第七舰队司令部、海军陆战队、海军陆战队宪兵司令部、海军巡逻队等 11 个之多。一番“经略”后，青岛实际上已成为美国在西太平洋地区重要的海军基地。

美军登陆青岛后，中共鉴于自身实力较弱，只好暂时放弃了夺取青岛的计划，转而采取“隐蔽精干，长期埋伏，积蓄力量，以待时机”的方针。[②] 但中共对放弃夺取青岛心有不甘，从 1945 年 11 月起便对美军展开宣传攻势。[③] 这些宣传虽不能对美军之驻扎青岛产生实质性的影响，但却容易使民众对美军产生负面印象。

美军登陆青岛反映美军已卷入了中国内战，对中国内战的进程产生了影响。但在公开场合，杜鲁门政府一直强调无意卷入中国的内部政治纷争。如 1945 年 12 月 15 日，杜鲁门政府发表了战后首份对华政策声明，提出：

> 美国将尽可能避免由于它对任何持不同政见团体提供援助而产生附带影响，除了这些附带影响，美国之支持将不会扩及以军事干预去影响任何中国内争的进程。[④]

美国在青岛驻军不但影响了中国国内政局，而且还有制衡苏联在大连及旅顺势力的战略考虑。1948 年 9 月 29 日，美国驻青岛总领事特纳(Turner)在致美国驻华大使馆参赞克拉克(Clark)的信中谈及，美国驻青海军军官在与其谈话中提到，驻青岛美国海军的任务之一便是平衡苏联在大连的势力。[⑤] 同年 10 月 7 日举行的国安会第 23 次会议上，陆军部长罗亚尔(Kenneth C. Royall)建议美国与苏联进行交易，以美国撤离青岛换取苏联撤离旅顺。[⑥] 尽管此建议最终未获采纳，但它表明了美国驻军青岛的战略意图。

苏联对此点也是心知肚明，早在 1945 年 12 月 30 日斯大林在接待到访的蒋经国时，

---

① 美军驻扎青岛人数并不固定，最多时达两万人，最少时仅千余人，因为在四年期间驻青美军存在复员与撤军的问题。

② 中共青岛市委党史资料征委会办公室编《青岛党史资料》第四辑《青岛师生反美蒋斗争专辑》，青岛出版社，1989 年，第 3 页(概述部分)。

③ 《中央宣传部关于开展揭露美蒋进攻解放区的宣传攻势致各地电》1945 年 11 月 4 日，《中共中央文件选集》第十五册(1945)，第 406—407 页。

④ U.S. Department of State, *Foreign Relations of the United States*: 1945, Vol.7, China, p.772.

⑤ *Foreign Relations of the United States*: 1948, Vol.8, The Far East: China, p.323.

⑥ Paul Kesaris (ed.), *Minutes of Meetings of the National Security Council*: *Second Supplement* (Microfilm), Reel 2, Washington: University Publications of America, 1989.

就对驻扎在青岛等地的华北美军表达了不满。[①] 此后无论在苏美两国莫斯科外长会议上还是在联合国内，苏联均督促美国从青岛等地撤军，因为在苏联看来，美国在华北的驻军已涉嫌镇压民族独立运动与干涉中国内部事务。[②]

尽管由于后来沈崇事件导致全国反美运动爆发，致使大批美国海军陆战队撤离华北，但驻青美军仍驻扎该地，一直到1949年6月青岛解放前夕才最终撤离，由此也不难看出青岛在美国政府心目中战略地位之重要性。

借助沈崇事件之影响，中共于1946年12月31日发动了全国规模的游行示威，以促使美军全部撤离中国，反对干涉中国内政。[③] 青岛学生与民众举行的反美游行示威，表达了对美国政府驻军政策之不满，是为青岛地区反美运动之始。

二、驻青美军与当地民众之冲突

客观地讲，驻青美军与当地民众之间冲突是否激烈尚存争议。[④] 美军也不全是传说中所描绘的恐怖形象，据战后担任过青岛市警察局四沧分局警士的笔者叔外公袁文全回忆：

> 我感觉美国兵挺憨的，天热时有时候他们脱了军靴乘凉，有些小孩趁他们不注意时提了军靴就跑。这时候美国兵一般不会去追，而是从背包里又拿出一双军靴来穿上。[⑤]

这只是颠覆我们头脑中美军形象的一类情形，相信此类情形并非特例，但我们又不能借此认为这是普遍现象，因为还有很多事例证明美军在同样面对当地民众的“盗窃”时，表现得并不友善。据青岛港警察事后的报告，1946年10月18日晚，许多中国孩子在美国

---

① А. М. Ледовский, *СССР и СТАЛИН в судьбах КИТАЯ. Документы и свидетельства участникасобытий* 1937-1952, М.: Памятники исторической мысли, 1999, c27.

② U.S. Department of State, *Foreign Relations of the United States*: 1946, Vol.1, General: p.915.

③ 《中央关于在各大城市组织群众响应北平学生运动的指示》，1946年12月31日，中共北京市委党史研究室编《抗议美军驻华暴行运动资料汇编》，北京大学出版社，1989年，第3页。

④ 过去国内很多资料似乎都可证明，驻青美军在青岛“作恶多端”，当地民众强烈反抗美军暴行。但新中国成立前任职青岛市警察局警士的（笔者外公）袁文浩与（叔外公）袁文全对此问题的认识与之不同，他们认为驻青美军与当地民众的冲突与矛盾并不很突出，这是因为一则美军数量不太多，加之语言障碍，故与普通民众接触较少；二则驻青岛美军宪兵司令部对不法美军约束较严，使其有不少的顾忌。

⑤ 2009年笔者在青岛的采访记录。

军舰上盗窃物品，被美军发觉后连开数枪，其中一个当场丧命。[①] 当然，此案发生的地点较为特殊，按照规定美军可以开枪（尽管不一定非置涉事孩子于死地不可）。但美军并非循规蹈矩，尽管有战时中美两国政府共同制定的《关于处理在华美军人员刑事案件换文》和《处理在华美军人员刑事案件条例》的成文法律以及驻青岛美军宪兵司令部的监管，美军之不法行为依然比比皆是。

概括起来，这些不法行为主要包括汽车肇事、打死打伤民众以及嫖娼等。据统计，驻青美军自 1945 年 10 月至 1946 年 6 月，汽车肇事及枪击市民案件共发生 42 起。但据青岛市警察局负责人称，美军汽车肇事原因多系行驶过快及缺少喇叭筒，被枪杀者多为盗窃美军零星物品者。[②] 当然，青岛市警察局的说法有替美军不法行为开脱之嫌。此外，美军进入酒吧等场所进行色情活动的情形也屡禁不止。尽管在美军宪兵司令部的授意下，警察局在有美军“不良”记录的酒吧、旅馆等地方贴有禁止美军进入的标志，但不少美军仍铤而走险。协同青岛警察局外事科调查的美军宪兵司令部调查组出于保护美军健康考虑，还极为关注各酒吧女招待的性病问题。1948 年 5 月 20 日下午，美军宪兵司令部调查组医生告知外事科警察，称吉米酒吧有一女招待有性病嫌疑，希望能够将其传到外事科检查。[③] 此类情形不仅突显美军军纪松弛问题，而且败坏了社会风气，引发民众的不满。

此类事件令普通民众对美军颇为不满，反美情绪开始高涨。如 1947 年 3 月 30 日晚，人力车夫苏明诚因索要车资而与乘车美军发生争执，结果被美军用匕首刺死。此事发生后，市内人力车夫曾全体罢工一天，山东大学亦举行集会声援，要求美军迅速撤离。就连警察都对美军颇有微词，不少青岛港警认为美军“行动乖张”，甚至当警察制止美军不法行为时也被殴打伤害，如 1946 年 11 月 3 日港警张道三因制止美军毁坏其办公室门窗，竟然被三名美军架到海岸推下海去，幸亏时值退潮，张氏并未发生危险。[④]

更有甚者，美军与驻青国民党军队之间也偶有冲突，乃至酿成流血事件。1947 年 5 月 24 日夜，一名中国空军军官因在 ABC 酒吧与美海军陆战队士官发生争执被殴，前者愤而开枪将后者击毙，此事还伤及无辜，在海岸巡逻的一名美国海军陆战队中尉也因此

---

① 《关于中国小孩到美军舰盗窃被美兵击毙事宜的签呈》，青岛市档案馆青岛市港务局档案 B33-1-300。

② 《驻青美军肇事汇计》，1946 年 8 月 9 日，《青岛党史资料》第四辑《青岛师生反美蒋斗争专辑》，第 40—41 页。

③ 《青岛市警察局外事科派驻美宪兵司令部人员一九四八年五月十三日至六月十四日值日簿》，青岛市档案馆青岛市警察局档案 A19-1-878。

④ 《关于中国小孩到美军舰盗窃被美兵击毙事宜的签呈》，青岛市档案馆青岛市港务局档案 B33-1-300。

中弹受伤。[①]

有些冲突事件的出现不全是美军之错，极少数事件中还出现责任完全在于中方的情况。如 1948 年 5 月 31 日晚，人力车夫韦富余拉一美军由湖南路至鱼山路，美军下车时付给韦二角，但韦向其索要一元，于是被该美军带至美军宪兵司令部。中美双方警员与宪兵调查后认为，该段路程之车费一角足够，因此判韦氏因无理取闹而分文不得。[②] 当然，类似这种情形实属凤毛麟角，大多数情况下皆因美军之不法行为而引致冲突。

美军的不法行为引发当地民众的反抗，除上文提到的罢工罢课等反抗方式外，还有不少民众采取"以暴易暴"的反抗方式。1947 年 9 月 24 日，在湖北路美国海军士兵俱乐部门前，因美军未付车资，引发众多人力车夫以石块、棍棒袭击美军的事件。

此事件甚至惊动了美国海军西太平洋部队司令柯克(Charles M. Cooke)，他亲自致函青岛市政府，认为这一事件严重损害美军与华人的"友好"关系，同时他对警察未及时制止斗殴行为表示遗憾。[③] 其实战后中国政府早就针对美军与民众的冲突事件给地方政府下达过指示，行政院长宋子文于 1947 年 1 月初在给驻华美军所在地政府的训令中提到：

> 驻华美军……此后如有与当地人民发生任何纠纷事件，应即由当地省市政府就地负责妥慎迅速处理，切勿拖延。[④]

由上述表述可以看出，战后驻华美军在中国享有较高地位，受到美国军方与国民党政府的重视与保护，而中国民众利益则未受到应有的重视，这也反映了当时两国不同的地位。

三、冲突背后的中美民族主义

驻青美军与当地民众冲突事件的背后反映了中美民族主义的碰撞，这在当时产生了较大的影响。

从美国方面来讲，美国是一个民族主义意识形态较为浓厚的国家。在美国与"他者"打交道的过程中，民族主义意识形态得以鲜明地体现出来：主要通过对"他者"的感召力

---

① 《青岛中美军人在酒肆冲突》，《申报》1947 年 5 月 26 日，第 2 版。

② 《青岛市警察局外事科派驻美宪兵司令部人员一九四八年五月十三日至六月十四日值日簿》，青岛市档案馆青岛市警察局档案 A19-1-878。

③ 《关于人力车夫殴击美军卡车士兵的训令》青岛市档案馆，青岛市政府档案 B24-1-498-86。

④ 《关于各城市地方人民与美军发生纠纷事件应由省市政府处理的训令》，青岛市档案馆青岛市政府档案 B24-1-498-81。

和影响力，证明美国制度的“普世性”。长期以来，中国在美国民族主义意识形态中占有特殊位置。中国古代曾经辉煌，但自近代以来便处于衰落之中，而这便为美国人影响中国提供了契机。近代美国新教传教士来到中国，试图改变中国人的信仰，所谓中美“特殊关系”的形成即与此关系甚密，这种关系在二战期间得到巩固。由此美国人生活在中美关系神话之中，即美国是中国的保护者，中国应该对美国感恩戴德。① 这也体现了近代西方人长期以来形成的观念：东方是非理性的、堕落的、幼稚的、“不正常”的；而欧洲则是理性的、贞洁的、成熟的、“正常”的。② 从逻辑上不难推断，既然西方自视“成熟”，那么它在面对“幼稚”的东方时，便负有关心、帮助后者的义务。美国国务卿艾奇逊就对华政策白皮书致总统杜鲁门的信件内容透露出这种观念：

> 美国人民与政府对中国的关切，可以在我们的历史上追溯到很远的时期。尽管距离及背景的广泛差异把中国和美国隔开，但是结合中美两民族的宗教上、慈善事业上和文化上的联系，常使美国对中国的友谊加强。这种友谊可以由许多年来的种种善意措施予以证明，诸如利用庚子赔款供中国学生的教育费用，在第二次世界大战期内的废除治外法权，战时和战后的广泛对华援助等。③

这种神话的构建及其广泛被接受极大地满足了美国人民族主义心理的需要，它已浸染到大多数美国人的思想深处。因此战后来华的美国大兵在踏上中国土地时，是抱持居高临下的拯救心态的。这种思想加之远离家人的孤独狂躁与少数下层军人的粗鄙无礼，造成了驻青美军与当地民众之间龃龉不断。

从中国方面来讲，近代以来的苦难经历使中国人独立自主的民族意识极为强烈。以战后初期影响中国命运的蒋介石与毛泽东的思想为例，尽管政治理念相异，但两人在言论中表现了相似的民族主义情绪。蒋介石在《中国之命运》一书中，用较多篇幅分析了不平等条约对中国造成的危害后，总结认为：

> 中国今后的命运，皆在我们现代这一辈国民的双肩之上。我们为要确保祖宗所遗留的广大领土，为要确保世代子孙的生存和幸福，就要从恢复独立自由开始的今日起头，必须人人抱定决心，立志报国，共同一致，来善尽其自立自强的责任。④

毛泽东在题为《丢掉幻想，准备斗争》的反驳美国对华政策白皮书的评论中提到：

---

① 王立新：《意识形态与美国外交政策》，北京大学出版社，2007 年，第 335—336 页。

② [美]爱德华·W.萨义德：《东方学》，王宇根译，三联书店，2000 年，第 49 页。

③ 世界知识出版社编《中美关系资料汇编》第一辑，世界知识出版社，1957 年，第 29 页。

④ 蒋中正：《中国之命运》，正中书局，1943 年，第 77 页。

所有这一切侵略战争，加上政治上、经济上、文化上的侵略和压迫，造成了中国人对于帝国主义的仇恨，使中国人想一想，这究竟是怎么一回事，迫使中国人的精神发扬起来，从斗争中团结起来，斗争，失败，再斗争，再失败，积一百零九年的经验，积几百次大小斗争的经验，军事的和政治的，经济的和文化的，流血的和不流血的经验，方才获得今天这样的基本的成功。①

这种民族主义情绪不独从政者有，普通中国人同样拥有。对青岛民众而言，此种情绪更为强烈，自 1891 年建市至 1945 年光复，青岛被德日实际占领的时间甚至长于中国政府实际管理的时间。抗日战争极大地激发了中华民族的民族意识，青岛民众加入了抗日的洪流之中。抗战胜利后，随着中国国际地位的提高，包括青岛民众在内的中国人民对民族独立的诉求较之以往更为强烈，但是美国派驻军队及驻青美军屡有不法行为的事实不免会使民众心生疑惑，中国是否为独立国家？这种疑惑很快便会转化为愤怒的情绪，于是民众与美军之间的冲突便难以避免，冲突背后体现了中美民族主义的碰撞，它在当时青岛政局及两国关系产生了较大的影响，这种影响表现在：

首先，它影响了中国内战的结局。民众将美军的恶行转化为对国民党政府的痛恨，因为正是国民党政府同意美军进驻青岛。由此，大多数民众在中国内战的关键时期转而支持中共，这无疑直接或间接地影响到了内战的最终结局。在这一过程中，中共较好地运用了民族主义这一武器，通过发动大规模群众运动来反对美国对中国内政的干预，使得美国政府在援助国民党政府时不得不有所顾忌，并最终被迫使撤出青岛。前文已述，早在 1946 年 12 月 31 日，中共便要求在国民党控制区域的各级党组织在各大城市及海外华侨中发动游行示威，借以促使美军全部撤离中国，反对干涉中国内政。反观同样依靠民族主义起家的国民党政府，出于战略利益与意识形态的衡量，亟需美国政府的援助，故不可能发动群众反对美军在青岛的“恶行”，因此也就在有形无形间疏远了其与普通民众的关系，这对其在青岛的统治造成了致命的打击。

其次，它使得青岛成为建国前大陆反美情绪最为典型的“发祥地”，并影响到全国其他地方。虽然青岛未如其他地方一样发生较大影响的美军与当地民众的冲突事件，但青岛民众与美军接触时间最为长久，驻青美军无论从实力还是从规模来讲，都不下于其他地方驻华美军，因此双方发生冲突的可能性也相对较高，青岛民众对美军的恶感也一直不小。当朝鲜战争爆发之后，中国政府掀起了新一轮的反美宣传，当其他很多地方的民众或者对美军“恶行”无切身感受，或者还在思想上进行艰难转变之时，青岛民众对此宣

① 世界知识出版社编《中美关系资料汇编》第一辑，第 8 页。

传早已积极响应。[①] 在政府宣传中存在大量的有关驻青美军“恶行”的内容，不仅进一步加强了当地民众的反美情绪，对其他地区民众反美情绪的形成也起了不可估量的作用。

再次，它为随后到来的美国对中国的恐惧与敌意的产生也奠定基础。美军撤离青岛，标志着美国实际上失去了对中国大陆的重要影响，这让美国政客产生了挫败感，在这期间美国国内对“失去中国”的争论甚嚣尘上，随后麦卡锡主义开始大行其道，这在朝鲜战争爆发后尤甚，美国政府与民众对中国的崛起及其对美国的敌视产生了恐惧与敌意，从而对两国关系产生了较为深远的负面影响。

四、余论

虽然在国际政治中利用民族主义达到自身政治目标并非良策，有时甚至是危险的，但是实力相对较弱的国家适度利用民族主义以达到部分政治目标的事例在国际政治中比比皆是，即便是美国，在其对外政策中也深深地植入了理想色彩浓厚的民族主义。在战后的国际政治中，令美国政府头疼不已的一个事实是：与弱小国家打交道时，美国的外交政策在其自身看来带有利他因素，但这些国家屡屡利用民族主义冲击美国在当地的利益，不独非盟国如此，连其盟国也心怀反意。

这颇值得美国政府与民众深思，消除世界各地的反美情绪短时间内恐非易事，但美国政府与民众最应该做的恐怕是消除其民族主义情绪中傲慢与偏见的成分，在坚持政治理想的同时摆脱偏执心态，充分尊重他国政府与民众。

作者简介：

张维缜，暨南大学历史系副教授。

---

① 杨志国认为，在朝鲜战争爆发之前，政府针对美国的宣传尚较温和。但在此之后，政府的反美宣传力度加大，青岛民众的民族主义情绪更加高涨。见 Zhiguo Yang, *U.S. Marines In Qingdao: Military-Civilian Interaction, Nationalism, and China's Civil War*, 1945-1949, Ph. D., Maryland, 1998, p.298.

先秦诸子思辨视野下的孔子形象

——以论孟子对孔子的论述为中心

杨兆贵　沈锦发

[提要]战国时期一些学派从不同角度论述孔子。孟子极力推崇孔子,批评墨者。他往往借孔子之言、行来表达他的学说。孟子对孔子生平的论述,有些地方补充《论语》不足或空缺之处,有些地方为孔子辩护,有些地方澄清后人对孔子的误会。孟子是第一位说孔子作《春秋》者,又阐明作《春秋》的动机及其寓意。孟子推崇孔子为圣之集大成。孟子通过对孔子的论述,阐述自己的一些思想观念:论人品、论修养、论行仁政、论士礼、论仁义的历史观。其他诸子根据自己的学说、立场对孔子进行论述,如庄子及其后学或推崇或贬抑孔子。荀子推崇孔子是创造礼义之统的圣人,并藉孔子的言论阐述政见。学派不同,对孔子的论述有异。

[关键词]孟子;孔子形象;《春秋》;圣人;庄子;荀子

一、绪言

战国前中期,诸子争鸣,百花齐放。当时,墨子学派、道家学派(含杨朱学派)[①]学说盛行,他们对学术思想界产生很大影响。儒家学说也很盛行。《韩非子·显学》篇提出"儒分为八"的说法:"自孔子之死,有子张之儒,有子思之儒,有颜氏之儒,有孟氏之儒,有漆雕氏之儒,有仲良氏之儒,有孙氏之儒,有乐正氏之儒。"[②]这些儒家,应该不单各指一

---

① 蒙文通:《古学甄微》,巴蜀书社,1987年,第243—248页。

② 陈奇猷:《韩非子集释》,世界书局,1991年,第1080页。

位思想家，亦可以指每一个流派。每一流派的思想虽然有共同处，但也有差别，且受到其他学派思想的影响。① 他们不一定在同一时期出现，而是随着孔子逝世后，对孔学的不同理解以及因应时势而出现的。当时儒家流派应该不止于此，孔子晚年所收的学生不少在学术思想上各能卓然成家，他们应有自己的学生和流派。最近不少出土文献被证明是儒家作品，其中郭店楚简被学者认为是思孟学派作品②，上博简《子羔》《仲弓》《性情论》《缁衣》等也应是孔子后学的作品。③

孟氏之儒是当时儒家学派中的一派，孟子是其中的一位思想家。他在当时的地位，不会像宋儒把他推崇得那么高，以为他是直接上承子思、曾子以至于孔子，甚至将他直说成是孔子思想的嫡传（孟子曾自称自己是直承孔子的）。④ 虽然荀子在《非十二子》篇中把他和子思并列在一起加以批评，但不意味着他的地位可以和子思相等。事实上，从先秦到西汉，荀子在儒家中的重要性、影响力恐怕还比孟子来得大。⑤ 孟子既继承、阐释孔子思想学说，又批判其他学派，尤其是杨、墨学说。他提倡仁政，主张性善论，以重建儒学传统，重回孔子。孔子在战国前中期已被儒家以外的其他思想学派批评，被塑造成不同形象：墨子发挥孔子的仁义思想，但是他不把孔子当成是他心目中理想的圣人。墨子后学《墨子·非儒》篇作者攻击孔子的为人，把一些与孔子无关的、又发生在孔子身后的事情强加在他的身上，目的在于揭露孔子是个没有操行的伪君子。⑥ 庄子及其后学则对孔子随意揄扬，把他塑造成多体多面的人物。有时他的思想不仅不是儒家中的理想人物，甚至和他原本面貌也大相径庭。⑦ 孔子正在被利用、转化、扭曲。孟子生逢其时，有必要重建孔子的圣人地位：孔子不仅是儒家的圣人，更重要的是，他要比其他学派中的理想人物更为杰出——他是圣之集大成者。

---

① 蒙文通：《古学甄微》，第237—238页。

② 庞朴：《孔孟之间：郭店楚简的思想史地位》，《中国社会科学》1998年第5期。

③ 有关上博简儒家文献的研究，详见晁福林《先秦社会思想研究》，商务印书馆，2007年，第338—422页；晁福林《上博简〈诗论〉研究》，商务印书馆，2013年，第543—1091页。

④ 孟子自认自己是直接继承往圣孔子而来："由孔子而来至于今，百有余岁，去圣人之世若此其未远也，近圣人之居若此其甚也，然而无有乎尔，则亦无有乎尔。"（《孟子·尽心下》）又他自称私淑孔子："予未得为孔子徒也，予私淑诸人也。"（《孟子·离娄下》）本文引用《论语》《孟子》原文，均据朱子《四书章句集注》，中华书局，1983年。为省篇幅，不一一注明页数。

⑤ 余英时：《士与中国文化》，上海人民出版社，1987年，第142页。

⑥ 杨兆贵：《先秦古籍对孔子论、述的分析》，台湾"清华大学"1999年硕士学位论文，第45—53页。

⑦ 杨兆贵、梁健聪：《诸子思辨视野下的孔子形象——庄子及其后学对孔子的论述》，《南都学坛》2014年第5期。

《孟子》一书应由孟子的门人万章、公孙丑追述孟子的言、行，编辑而成。[①] 孟子提出自己的主张来响应时代：政治方面反对当时国家只重农战强国，导致战祸连天，希望君主行仁政；学术方面辟杨、墨，继承孔子学说，提倡性善；士方面，提倡士礼，要士人以道从政，强调道统高于政统。

孟子极力推崇孔子，批评墨者。他往往借孔子之言、行来表达他的学说（这些言、行多在《论语》中找不到），作为宣扬他的思想的有力根据。孟子所说的孔子之事，是否完全是史事？《孟子》是本子书，以阐述思想为主。作者对于史料的取用，考虑它能否说明问题，把史料当成他们的论据，为其思想张本。且孟子去孔子约百年，其记录是来自传闻，抑或是史实？传闻有否根据？这是一很复杂的问题。我们只能就《孟子》所记载的材料，就事言事。这些记录，大都是《论语》没有记载的，也许能为孔子生平、思想阙如的部分补上一页，也是对孔子的一种解读。

以下先就《孟子》有关论、述孔子的文字，依孔子生平次序作一分析。然后就孟子引用孔子之言来阐释他的思想观念的材料，加以分析。

二、孟子对孔子的论述

孟子对孔子生平的论述，有些地方补充《论语》不足或空缺之处，有些地方为孔子辩护。在这些言论里，孟子说孔子作《春秋》一事和称赞孔子为圣之集大成者最为重要。

（一）《孟子》论、述孔子的生平

1.孔子早年当过委吏、乘田

《孟子·万章下》说孔子曾经当过委吏，也当过乘田。他在任期间，恪尽职责，当委吏就求“会计当而已矣”，任乘田则求“牛羊茁壮，长而已矣”。孟子没有说明孔子当这两职的具体时间，也没有说明是否在同一时期。不过依孔子生平言，应是在他十五岁到三十岁这段时期，三十之后他把主要的精力放在教育与从政上。孔子“少也贱，故多能鄙事”。（《论语·子罕》）那么他当这些小吏的动机是什么呢？孟子的解释是：“仕非为贫也，而有

---

① 屈万里：《孟子七篇的编者和孟子外篇的真伪问题》，他就历代学者的不同意见提出质疑而推出比较谨慎的结论，详见《论孟论文集》，黎明书局，1982年，第371—380页。《采掇英华》编辑委员会《采掇英华——刘殿爵教授论著中译集》，香港中文大学出版社，2004年，第185—187页。

时乎为贫。”[1]就孔子一生对仕的态度言，他是为义而仕，而很少为贫而仕的——早年因家贫而求仕，那应是在“而立”之前。孟子认为孔子在“仕”方面做了好榜样：不当高官，只当小吏，且尽己职。这是士人为贫而仕但又能保持自己尊严的做法。

2.澄清孔子见阳货的误会

阳货见孔子，阳货后来为乱。这样后人会怀疑孔子的为人。孟子澄清当时情况：阳货想要孔子来见他，又不愿自己失礼，便趁孔子不在家时送一只熟豚，依照当时礼节，大夫对士有所赏赐，士如果不在家，不能亲自接受拜谢，就要亲自到大夫家答谢。孔子为了不见阳货，就在他不在家时去答谢：“当是时，阳货先，岂得不见？”（《孟子·滕文公下》）连阳货也守礼，更何况孔子！孟子除了澄清此误会外，也宣扬其一贯强调的士礼：“古者不为臣不见（诸侯或卿大夫）。”（《孟子·滕文公下》）孟子说在古时，士如果不是诸侯的臣属，就不去谒见。事实上，他强调士礼：不为人臣则不见，除非被迫得要见，才可以相见。孔子既然不是阳货的臣下，自然可以不见，即使见也是为了礼。

3.孔子任鲁司寇及其离开鲁国的原因

《论语》没有记载孔子在鲁国当什么职位，孟子在《告子下》明指是司寇。顾立雅（H.G.Creel）不相信《左传》有关孔子主持夹谷之会的记载，认为这只是闲职而已，儒家为了面子，而把它说成是重要职位，孟子是其中一个。[2] 在注重外交言辞礼节的春秋时代，很明显这不会只是闲位。孟子此说有根有据，因为《左传·定公十二年》记子路为季氏宰，将堕三都，则孔子已为高官，否则难于推行政策。这是《左传》所记孔子在仕鲁的贡献，但孟子没有进一步指出孔子的政绩。

荀子则指出孔子未当鲁司寇而鲁国风俗已改善。《荀子·儒效》篇说孔子还未当上司寇，鲁国的社会风气就为之丕变，何况是他正式掌权呢？该篇说：“仲尼将为司寇，沈犹氏不敢朝饮其羊，公慎氏出其妻，慎溃氏逾境而徙，鲁之粥牛马者不豫贾，必蚤正以待之也。居于阙党，阙党之子弟罔不分，有亲者取多，孝弟以化之也。”[3]鲁国在孔子当司寇前，尚有不少社会问题：交易买卖不诚信（如沈犹氏早上先让羊吃饱，增加重量，才出售），社会风气败坏（有些妇人不守妇道），礼制日败（慎溃氏平日奢侈逾制）。而孔子要当司寇的消息一传开来，就对这些人起着阻吓作用。荀子要强调的是：圣人的处事作风在化风

---

① 孟子说“仕非为贫也，而有时乎为贫”，最主要是为自己所倡导的仕礼张本：士应为义而仕，要有自尊，不可随便屈从于君势之下。但是如果因贫穷或生活所迫，则不得不仕，也应有原则：“为贫者，辞尊居卑，辞富居贫……位卑而言高，罪也；立乎人之朝，而道不行，耻也。”（《孟子·万章下》）意即因贫穷而仕，则不当高官，拒受厚禄，而只当小官吏就行了，因为在朝廷当官，如果不能实践自己的主张，那是耻辱。孔子在“仕”方面做了好榜样。

② ［美］顾立雅（H.G. Creel）：《孔子与中国之道》，高专诚译，山西人民出版社，1992年，第45—46页。

③ 本文《荀子》引文据王先谦《荀子集解》（中华书局，1988年），为省篇幅，不注明页数。

俗、正民心起着重要的作用。荀子后学《宥坐》篇说孔子为鲁国摄相时，听朝七日即诛鲁国名人少正卯。可见，荀子有时补充了孟子对孔子论述阙如之处。

那么，孔子为什么要离开鲁国？孟子记载了孔子两件事情：

第一件，《万章下》记孔子知其道不行于鲁，最后一次参加祭礼而欲离去的情形。此处有两种不同的记载：一是孔子“先簿正祭器，不以四方之食供簿正”，赵岐注认为孔子希望透过整理宗庙祭器这种小事情，慢慢达到复礼的目的。[1] 然而鲁君不重用，孔子就萌生去意：“为之兆也。兆足以行矣，而不去，而后去，是以未尝有所终三年淹也。”孔子本想试小道，但竟然无法实现，只有不得已离去。他不仅在鲁国如此，在其他一些他所经过的国家也如此，所以他一般不能留在当地当官超过三年。

二是《告子下》记他参加祭礼，但是燔肉不至，便“不税冕而行”，匆匆离开。依照时礼，跟从国君参与祭礼的臣下，时君要赐胙。然而鲁公竟然没有这样做，易言之，鲁公不重礼，而孔子倡礼，则孔子认为其道不能在鲁国推行已是意料中事，所以他就“未及税解祭之冕而行，出适他国”。[2] 这引起一些人的误解，以为孔子出离鲁国只是因为鲁君没有赐肉。孟子反驳说：孔子不重物质，他关心的是可否行道，如果不能行道，他一点也不会眷恋职位，马上辞去。而且，鲁公失礼，他要离开。

以上两记略有出入，但都说孔子离开鲁国的原因是鲁君不守礼制。但这和《论语》所说孔子离开鲁国的原因不同：《论语》所记的是季氏不再重用孔子，而非鲁公。《孟子》所说的原因不同，主要是因为孟子与他人论辩、阐述自己的思想观念时引孔子之事，要以事证理，所以难免与《论语》所载不合。

孟子说孔子去鲁的心情是与他离去齐国时完全不一样的，鲁国是孔子的父母之国：“孔子之去鲁，曰：‘迟迟吾行也。’去父母国之道也。去齐，接淅而行，去他国之道也。”（《孟子·尽心下》）他离开鲁国慢慢走，表示对故国的依恋，不像离开齐国那么匆忙，米还没煮就跑了。

4.孔子周游列国，困于陈蔡，他对仕的态度

孟子提及孔子离开鲁国后，到过卫国、宋国，并且厄于陈蔡之间，其情形如下：

孔子汲汲求能行其道，而要行道，则必有权位，且必为高位；而要在他国马上觅得一个高位，他会不会求诸当时卫君所宠爱之臣痈疽、弥子瑕？万章就有此疑问，孟子认为孔子绝不会做这等事，因为当卫国权臣弥子瑕告诉子路叫孔子住在他家，就可以得到卫卿时，孔子认为得不得卿是命中之事。易言之，孔子视道可行与否为命：可行则行，不能则不行，决不枉尺而直寻，违背做人原则。况且孔子是位“进以礼，退以义”（《孟子·万章上》）、有原则的君子。所以孟子有理由指出，孔子不会住在卫国佞臣之家，而应是住在卫

---

① 焦循：《孟子正义》，中华书局，1987年，第703页。

② 焦循：《孟子正义》，第834页。

国贤大夫颜仇由之家。

孟子说孔子到过宋国。宋国司马桓魋预备拦杀孔子。孔子只得改变服装，悄悄走过宋国。当时，孔子身处窘境，也是住在时贤司城贞子之家，做了陈侯周的臣子。《论语》没有记载孔子在宋逗留多久，似乎他在那里很仓促，一开始就为桓魋所迫，急于奔逃，没有和当地贤人见过面。孟子这样说，不知是否另有所据？

孟子又指出，"君子之厄于陈、蔡之间，无上下之交也"。(《孟子·尽心下》)赵岐、朱子都说君子是指孔子。赵岐认为上下是指君主、臣子。[①] 孔子在陈蔡之间，上无明君，下无贤臣，统治者都不喜他。《史记·孔子世家》甚至说当时陈蔡大夫相与商议，派手下在郊野围攻孔子。[②] 孔子处境困窘，没有援助，以至于困厄。孔子处于如此窘境，他会怎样面对呢？孟子没有进一步说明。我们相信，孟子深信孔子不会改变原则，泰然处之，因为孟子推崇孔子为圣之集大成者。

孔子困于陈蔡，《论语》、孟子很少提及详情。那么，孔子在此窘境下会有怎样的表现呢？其思想会有怎样的变化呢？《庄子》外篇[③]对此有三种臆说：(1)认为孔子体会了时、命之不可冀求，遇难不退，表现出儒家的仁智勇大无畏的精神。《秋水》篇说宋人误以为孔子是阳虎而重重包围，他仍然弦歌不辍。孔子告诉子路说："我讳穷久矣，而不免，命也；求通久矣，而不得，时也……知穷之有命，知通之有时，临大难而不惧者，圣人之勇也。"[④]这里的孔子与其本来面貌一样，明知人生有外在的限制("命"与"时")，还是敢于面对，知其不可而为之，这就是勇。孔子主张兼仁、知、勇者为君子。这是孔子能在困窘中弦歌不辍、不为环境所动的原因。(2)是说孔子看透世情而遁世。《山木》篇第四章[⑤]说孔子七日不火食。太公任告诉孔子有如此困境，是因为他"饰知以惊愚，修身以明污"，如此"自伐者无功，功成者堕，名成者亏"。太公任说他"纯纯常常，乃比于狂；削迹捐势，不为功名"。孔子听从其言，便辞去朋友学生，遁入山林，与鸟兽为群，而彼此不相害。(3)是孔子的思想与庄学没有二致。《山木》篇第六章说孔子用槁木击槁枝来歌唱，"犁然有当于人之心"。孔子告诉颜回"无受天损易"(人要随顺自然变化)、"无受人益难"(人要知道一切物质都是外在的，不可贪求)、"无始而非卒"(大化流行，非人力所能转移)、"人与天一"(人出于自然，人当随自然而终)。可见，孔子的思想与庄学相合无间。

---

① 焦循：《孟子正义》，第978页。

② 《史记》，中华书局，1959年，第1921—1923页。

③ 《庄子》有内、外、杂共33篇。学者认为《庄子》内篇大抵是庄子手著，最能反映他的思想。对于《庄子》外、杂篇的分类，学者的看法不同。笔者赞同刘笑敢分成述庄派、兼容儒法派、抨击儒墨派的看法，详见刘笑敢《庄子哲学及其演变》，中国社会科学出版社，1987年，第58—93页。

④ 本文《庄子》引文据郭庆藩《庄子集释》(中华书局，1961年)，为省篇幅，不注明页数。

⑤ 《庄子》外、杂篇中每一篇每一节的思想未必相同，诚如郑良树所说，研究先秦子书应以篇甚至以段为单位。(郑良树：《诸子著作年代考》，图书馆出版社，2001年，第276页。)先秦子书尤其是道家、杂家书籍(包括《庄子》)是多人、多次、多时、多地结集而成。

荀子后学《宥坐》篇反驳《庄子》学派对孔子的随意编造，恢复孔子的思想原貌。该篇说孔子阨于陈蔡之间，七日不火食，藜羹不煁，弟子都有饥色。孔子提出他对人生命遇的看法："遇不遇，时也；贤不肖，材也。君子博学深谋，不遇时者多矣……君子之学，非为通也；为穷而不困，忧而意不衰也，知祸福终始而心不惑也。夫贤不肖者，材也；为不为者，人也；遇不遇者，时也；死生者，命也……故君子博学深谋，修身端行，以俟其时。"这里提出时、材、人、命几个观念：材是指天生以来所具有的材质（包括性情、气质、才能等），人是指人的能力（包括意志、毅力等），时指时间、时势、运数，命是指自然界、社会以及由个人之性情才质所带来的限制。君子只求尽一己之材，而不求外在环境来顺应自己，如此则能知命、顺命、知时、顺时。知道外在限制，非个人主观意志所能转移而求尽之在我，此为孔子论仁、命之义。孟子也说："求则得之，舍则失之，是求有益于得也，求在我者也。求之有道，得之有命，是求无益于得也，求在外者也。"（《尽心上》）这是儒家的传统修身论。

可见不同学派对孔子困于陈蔡有不同阐释。孟子就孔子对仕途的看法，指出三种不同仕的类型："有见行可之仕，有际可之仕，有公养之仕。于季桓子，见行可之仕也；于卫灵公，际可之仕也；于卫孝公，公养之仕也。"（《孟子·万章上》）所谓"行可之仕"指孔子因可以行其道而做官（他在季桓子当政时当上了司寇，曾经推行削卿室强公室的政治主张）。"际可之仕"指孔子受到卫灵公礼遇而受职任事。"公养之仕"是指因国君养贤而当官，这里是指卫辄公特致饔饩养孔子，易言之，孔子没有任职。当时孔子与群弟子曾饿于陈蔡之间，又自楚回卫，已久困于行李，所以卫辄公给他禄养，他也不推辞，这与"立其朝闻其政"之仕不同。[①]

孟子进而指出孔子对于仕的看法：《万章下》记齐景公有一次去田猎，要用旌旗招来虞人，但是他不来——因为国君只能以皮冠（不是旌旗）招他——结果景公要杀他。孔子很欣赏虞人之所为，因为他"招不往也"。换句话说，虞人有其职司，非君主所能随便欲求的。他的这种行为，突显了士的尊严，也显示仕有其不可侵犯的尊严与独立性。孔子不只欣赏虞人之所为，自己也身体力行，他对于仕的态度是"其交也以道，其接也以礼"，只有在任职时，君命召他，他才"不俟驾而行"。（《孟子·万章下》）

孟子指出孔子的出仕有不同的形态，目的在于说明：(1)孔子依道出仕。(2)孔子是位"可以速则速，可以久则久，可以处则处，可以仕则仕"，能够衡量时宜，采取中庸之道以求进退，是位"圣之时者。"（《孟子·公孙丑上》）易言之，孟子给孔子周游列国一事赋予新义：本来孔子周游列国，未受时君重用，从现实角度来看，孔子无疑是个失败者。然而孟子转换角度，孔子能否受时君重用是外在的命之事，非孔子之意志所能改变。最重要的是孔子怎样看待仕？事道？抑或事君？怎么在外在的限制下既求能尽己之力，又能采取合时合礼的行动，是考验他的智慧。孔子能速久处仕，正见他深谙中庸之道。孟子对孔

---

① 钱穆：《孔子传》，台湾东大图书，1991年，第67页。

子困于陈蔡之间，坚信他坚守儒家原则。这和庄子后学编造孔子以阐述自己的思想有很大不同。(3)这是孟子夫子自道。钱穆指出，孟子深不满当时稷下先生不治而论，不仕而求高名，不履行君臣之礼，因此言仕礼，深斥处士横议之风，其所愿在学孔子。惟孔子所重在君臣父子上下之礼，而孟子所言则在仕礼，此乃两人言论之不同处。[①] 且当时士阶层进可以觊官禄，退又不甘操劳役，以猎取富贵为目的，而不问国家利病，孟子深恶之，高倡士礼，无非要士人不要轻易出仕，流为妾妇之流。[②]

5.孔子没有诋毁舜

《万章上》记咸丘蒙问孟子，舜当天子，尧北面为臣，瞽瞍也北面为臣，而孔子就说："于斯时也，天下殆哉，岌岌乎！"是不是真有其事？这一说法和《墨子·非儒》篇一样，《非儒》篇为了攻击孔子、儒家，就说孔子诋毁舜与周公。[③]《非儒》篇是墨子后学的言论，其时代与咸丘蒙、孟子是否相同，则不得而知。但是可以肯定的是，孟子之时曾有人这样批评乃至攻击孔子。孟子为孔子辩解，他认为这是"齐东野人之语"，是不可信的，并引用《尧典》篇证明尧老而不亲政，舜只摄政天下而已；且终尧之世，舜未尝即天子之位，那么尧何曾北面事舜？既然尧事舜之事不可信，那么瞽瞍北面事舜之事也必不可信。因为孝子尊敬父母的极点，莫过于拿天下来奉养父母。瞽瞍是舜的父亲，可谓尊贵极了；舜以天下来奉养他，可谓奉养到极点。且舜为天下之大孝子，到五十岁未尝忘其亲，他怎么会叫父亲北面事他？既然两事都不可信，那么有人指责孔子的话就不可信了。何况孔子也说过："天无二日，民无二王。"那么，尧为天子，舜自然不会成为天子。可见，谣言是毫无根据的。如果这是墨家后学所编，那么，这也是孟子辟墨的一明证。

6.孔子与弟子的关系

孟子指出孔子与学生的关系情如父子，非比寻常：

《公孙丑上》说孔子导学生，是以其个人的德行来感化他们，而非以外在的道德律抑或其他条文来约束他们，所以学生对他的崇敬是完全发自内心："以德服人者，中心悦而诚服也，如七十子之服孔子也。"正因为学生与孔子的关系密切，又深入了解他，使他们感受到他远比往圣先贤尤为胜出："以予观于夫子，贤于尧舜远矣"(宰我语)，"出乎其类，拔乎其萃，自生民以来，未有盛于孔子也。"(子贡语)

《滕文公上》说孔子逝世后，其门人为他守丧三年，而子贡更守六年。关于此事，顾立雅认为西方人可能不相信，可是奇迹可能发生。[④] 另外，子夏、子张、子游因思师心切，看到有若"似圣人"，想以服侍孔子的方法来服侍他，引起曾子的反对。关于此事，钱穆认为

---

① 钱穆：《先秦诸子系年考辨》，上海书店，1992年，第219—220页。

② 钱穆：《四书释义》，台湾学生书局，1993年，第240页。

③ 《墨子·非儒》篇说孔子亲口诬蔑舜与周公：舜为天子，而其父亲竟然为臣子，有悖常理，将危及天；周公旦之为人也非仁，东征在外，"舍其家室而托寓"。

④ ［美］顾立雅：《孔子与中国之道》，第61－62页。

当时弟子思慕孔子之深，希望选择一学问言行稍似孔子的同门而师事之，此种心情非不可无。[①]

《论语·子罕》记子贡圣化了孔子，说他是“固天纵之将圣”，孟子把圣化更推进一步，把孔子说成一位圣之集大成，远超他圣。这样推崇，其原因是：(1)强调自己的学统是继圣之集大成者而来的，乃本于传统古学：“由尧舜至于汤……由孔子而来至于今，百有余岁，去圣人之世，若此其未远也……”(《孟子·尽心下》)充分说明自己所学是继往圣，尤其是孔子而来的，为孔学正传。(2)当时诸子各以传统文化继承者自居，以自骄于人君世主之前。[②] 孟子这样高举孔子，目的在于说明儒学乃是继承传统文化的正宗学派，最有资格继承道统。[③]

以上是孟子在《孟子》一书中所说的有关孔子生平事迹。

另外，孟子评价孔子时，不仅把他推崇为圣人，甚至把他推崇为圣之集大成者(详下文)。

(二)孔子作《春秋》

《论语》没有提及《春秋》，也没有提及孔子作《春秋》，故现代学者有认为孔子没有作《春秋》。[④] 孟子是第一位提出孔子作《春秋》的人。作《春秋》是孔子一生中极重要的大事，也是关乎整个中国历史、史学、文化、思想的一大极重要的事。孟子指出孔子作《春秋》的动机是：

> 世衰道微，邪说暴行有作，臣弑其君者有之，子弑其父者有之。孔子惧，作《春秋》。《春秋》，天子之事也。是故孔子曰：“知我者其惟《春秋》乎！罪我者其为《春秋》乎！”……孔子成《春秋》而乱臣贼子惧。(《孟子·滕文公下》)
>
> 王者之迹熄而《诗》亡，《诗》亡然后《春秋》作。晋之《乘》，楚之《梼杌》，鲁之《春秋》，一也。其事则齐桓、晋文，其文则史。孔子曰：“其义则丘窃取之矣。”(《孟子·离娄下》)

---

① 钱穆：《孔子传》，第96—97页。

② 吴龙辉：《原始儒家考述》，中国社会科学出版社，1996年，第97—106页。

③ 余英时：《士与中国文化》，第59页。

④ 顾颉刚：《春秋三传及国语之综合研究》，香港中华书局，1988年，第5—21页。中国第一个怀疑孔子与《春秋》之间关系的是刘知几，他在《史通·惑经》篇提及。不过到现在仍没有足够证据证明《春秋》非孔子所撰，更妥当的说法是：《春秋》为孔子所修——孔子对文献的态度是以述为作的。孟子之说仍有其价值。详见沈玉成、刘宁《春秋左传学史稿》，江苏古籍出版社，1992年，第35—38页。

孟子指出孔子作《春秋》之用意，是由于自尧、舜、禹、汤、文、武、周公以来的“圣人之道衰”，没有人能够拨乱反正。换言之，春秋以前世道之兴隆是由于有一批圣王相继而起，他们既是政治上最高领导，又是思想、道德上的导师：政教合一的理想领袖。然而自春秋以来，情况变了：统治者虽则有其位，未必有其实（行仁政，有崇高的德行），也不能有什么理想。这样社会秩序日益败坏，传统的政治一道德意识出现了严重的危机。既然在上者不能继承往圣先王的传统，那么就只有孔子才有资格负起这样重大的责任。可是孔子并非天子，如何能说是继往圣成圣业？要解决这一问题，必须要把“圣”与“王”分别开来——把思想、道德与政治分开。从《孟子》字里行间可见，他认为继承圣王之业重要的不在于是否在政治上有其相应之位，因为这是命的问题；重要的是有无继承他们的精神，也即是否继承他们所开创的文化传统而加以发扬光大。很明显，孔子在这方面是相当配称的。此外，往圣之所以成为圣王，是因为他们都得到天子向天的推荐，而孔子没有，所以他只成了圣而不能成为王。可见，孟子对圣人的看法继承了孔子，孔子强调成仁多于求位。

所谓《春秋》是天子之事，是指它记载天子及天下大事。《诗经》在周初，是一种史学体裁：那时除了一些政府文告（即后来《尚书》中的一些篇章）记载时王施政，有关周之先公先王乃至殷商和西周一些史事赖诗这种文体的传诵而保存下来。（正雅正风、变雅变风就是记载周宣王前后的史事）[①]自从周室权威下降，诗多讽刺，不足为训，且诸侯很少到周室，然史官由天子派到各国记录史事，分撰所记，这就是“《诗》亡然后《春秋》作”。[②]易言之，在孔子作《春秋》以前，《春秋》是列国史书的一种，尤其是指鲁国之史，与晋之《乘》、楚之《梼杌》是同属诸侯国之史书。而自孔子作《春秋》后，《春秋》才成为专名。

既然《春秋》是记载天下之事，而此为史官所职掌，何以孔子可以作？这是他对传统史书的一大转换点、也是孔子的创新之处：“其义则丘窃取之矣”——他把官方史学转变为民间的私人史学，由政治转归学术——里面包涵了孔子的编纂体例、取舍标准及其特殊的写法，而其标准即是一种“历史批判”（诛乱臣讨逆子的道义历史观）。乱臣贼子是时代性之事，而《春秋》则成为历史性的。所以乱臣逆子才怕，因为他们总逃不了历史的批判。[③]

孟子指出孔子作《春秋》所寓含的历史观，实则也是孟子的历史观。他极言孔子作《春秋》目的之一在指出孔子是真正继承先圣的传统，其贡献绝对在时君之上，也在任何诸子对于传统文化的继承与解决现实问题的贡献之上。而先圣先王的真正贡献是解决他们时代的民生问题，然孔子之贡献则在传述学术大统于后世，则其贡献尤在圣王之上：

① 钱穆：《读诗经》，载钱氏《中国学术思想史论丛（一）》，台湾东大图书，1976年，第124—125页。

② 钱穆：《中国史学名著（一）》，台湾三民书局，1993年，第18—20页。

③ 钱穆：《中国史学名著（一）》，第20—22页。

道尊于政。所以他进而有孔子为“圣之集大成”之说。

（三）孔子为圣之集大成

孟子在《滕文公下》中借孔门一些弟子对孔子的称赞指出孔子是位“圣之集大成”。孟子是这样一步一步推论孔子是圣之集大成的：

首先指出孔子“学不厌而教不倦”，这是仁智兼备，且进入圣域。子贡云：“学不厌，智也；教不倦，仁也。仁且智，夫子既圣矣！”仁智之相辅相成，这是极高的道德境界。孔子不仅是仁人，而且是圣人了。[①]

孔子不仅仁智兼备，而且才兼德行、言语、政事、文学四科。有文学之才的弟子如子夏、子游、子张，不过是“有圣人之一体”而已；德行高卓的弟子如冉牛、闵子、颜回，也不过是“具体而微”。更重要的是，把孔子和三类不同形态的圣人相比，则孔子明于时变，达于立权，深得中庸之道尤见突出与卓越。

孟子在《万章下》说明三种圣人类型是：

第一种是“圣之清者”伯夷，他“非其君不事，非其民不使。治则进，乱则退。横政之所出，横民之所止，不忍居也……以待天下之清也”。他洁身自爱，坚持原则，不沾上一切污浊。这种性格很近狷者，有所不为。

第二种是“圣之任者”伊尹，他“治亦进，乱亦进……思天下之民匹夫匹妇有不与被尧舜之泽者，若己推而内之沟中，其自任以天下之重也”。他视天下之兴衰为己任，无论外在条件怎样，他都希望能够尽一己之力加以改善，使百姓衣披其泽。这种性格近狂者，大有进取精神。

第三种是“圣之和者”柳下惠，他“不羞污君，不辞小官。进不隐贤，必以其道。遗佚不怨，阨穷而不悯。与乡人处，由由然不忍去也”。他很耿介，却很平和，其行为特立独行，与伯夷一样在当世无所表现。

这三种人是三种不同人格的至高表现。孟子特地指出这三种圣人形态，正是在强调人皆可以成圣，最主要的是在于尽一己之力，而不在外在条件。此三种形态，只要做到彻底，孟子都称之为圣。[②] 所谓圣人是“百世之师也”，他们对于后世正人心、厚风俗的影响极大：“闻伯夷之风者，顽夫廉，懦夫有立志……闻柳下惠之风者，鄙夫宽，薄夫敦。”（《孟子·尽心下》）

这三种形态的圣人，只是朝着一端做到彻底，尚不算最圆满周到之人，即尚未达到最

---

① 《论语·述而》记孔子自道：“若圣与仁，则吾岂敢？抑为之不厌，诲人不倦，则可谓云尔已矣。”孟子把此语当成子贡称赞孔子之语。又《论语·雍也》记子贡问孔子：“如有博施于民而能济众，何如？”孔子回答说：“何事于仁，必也圣乎！尧舜其犹病诸！”可见，孔子认为圣人比仁人更高卓。

② 钱穆：《中国文化丛谈（一）》，台湾三民书局，1993年，第150—154页。

高的人格。境界最高的人是处处合乎中道，合乎理，无过不及，既有“时”，又有“中”与“权”，这只有孔子才能达到，他把三种形态融化为一个完全人格。孟子称赞孔子“可以仕则仕，可以止则止，可以久则久，可以速则速”。即说他的行为完全合乎“时”“中”。而孟子认为“圣”不必为“王”，则孔子自然已超过三种形态圣人，也非尧、舜、文、武、周公所能及，他实实在在是圣之集大成者。

依上所论，可见孟子的圣人观一方面继承孔子，另一方面有了进一步的看法：孔子论圣人强调成仁，但把道德与事功并重，且把圣人的地位放得颇高，这样，圣人不易企及。孟子对圣人的要求作了适度的放宽：就人格表现言，凡人就某一道德行为做得彻底，则称为圣人。① 即圣人是“百世之师”之谓。这样，古之贤士伯夷、叔齐、柳下惠、伊尹都成为圣人。这样，孟子就提出了圣人可学而至的命题，比孔子圣人可学尤进一步：圣人也是人，是人类中之一分子，与人同类，因此“舜何人也？我何人也？有为者亦若是”。（《孟子·滕文公上》）只要通过不断修养，圣人是可学而至的。

孟子放宽圣人的要求，原因与他主张孔子作《春秋》有关。

孟子指出孔子作《春秋》的动机是为了把当时败坏的政治社会风俗拨乱反正，而代史官记录了天子与天下之大事。但是孔子不是天子，不在其位不谋其政，孔子这样岂不越俎代庖？孟子把圣、王分开，把能否继承往圣的传统文化精神，当成是评定一个人成圣与否的重要标准，即论圣人重文化大传统甚于政治事功。孔子作《春秋》，是真正继承先圣的传统，他代表了道统！道统尊于政统。孔子的贡献在时君之上，他传述学术大统于后世。所以，孔子是“圣之集大成”。

可见，孟子把孔子圣人的要求放宽：注重内圣，不再坚持政治地位，而坚持继承文化大统（道统），提出圣人可学而至。此一圣人论比孔子进了一步。

三、孟子以孔子之“言”来阐释他的思想观念

孟子在阐释自己的思想观念时，利用孔子的一些言论作为根据。这些言论有的可以在《论语》中找到，有的不能。我们不能肯定这到底是孟子采自传闻，抑或是信口说来，所以说是孔子之“言”了。上文讨论孟子论述孔子生平时已顺便分析了孟子借孔子之言行来阐释他的思想观念，下文为免重复，就《孟子》中有关借孔子之“言”来阐释思想的其他材料加以分析讨论。这些材料最多和最主要的是阐释孟子的几个观念：论人品，论修养，行仁政，士礼。以下略加分析。

---

① 夏长朴：《尧舜其犹病诸——论孔孟的圣人论》，载中国孔子基金会编《孔孟荀之比较》，社会科学文献出版社，1994年，第86页。

(一)论人品

孔子依人的道德修养,基本上把人分为君子和小人两类,而圣人是君子类中的出类拔萃者。孟子继承孔子的看法,也把人分为君子和小人两类,圣人是理想的人格。在《尽心下》中,他把君子类中的人再分为中行之士、狂者、狷者,正如他把圣人分为几种形态一样。孟子的分法,是依照君子的不同表现而拟定的。

《尽心下》记万章问孟子,为什么孔子在陈"思鲁之狂士?"孟子回答说:"孔子'不得中道而与之,必也狂狷乎!狂者进取,獧者有所不为也。'孔子岂不欲中道哉?不可必得,故思其次也。"孟子解释了孔子困于陈国而特别思念在鲁国的狂士的原因。因为狂士是在人格上修养颇高的人,他们"进取",朱子说是"志大而略于事"[①],很有大志,但是行不及言。孟子对狂者的解释是:"其志嘐嘐然,曰:'古之人,古之人。'夷考其行,而不掩焉者也。"他们与古人为友,志于古道,希望复兴古道,勇于以此自任,而不顾现实。孔子身处困境,认为能够继承他的志业的(即献身于传统礼乐文化),只有这种人了。

但是,孟子这样解释和孔子所说的有出入。孔子说:"不得中行而与之,必也狂狷乎!狂者进取,狷者有所不为也。"(《论语·子路》)这句话虽然和孟子说的相同,但是这不是孔子自道思鲁狂士之言。孔子自言思归的原因是:"归与!归与!吾党之小子狂简,斐然成章,不知所以裁之。"(《论语·公冶长》)他自己想回鲁国,不是思狂狷之士,而是因自己一些在鲁国的学生"狂简"而且"斐然成章,不知所以裁之",自己回去可以"裁之"。而且,这里"狂简"和孟子说的狂狷之意是有差别的,学者认为对狂简一义的解释较符合孔子之义的是孔安国、皇侃的看法:"简,大也。孔子在陈思归欲去,故曰:吾党之小子狂者,进趋于大道,妄穿凿,以成文章,不知所以裁制,我当归以裁之耳。遂归。"[②]可见,孟子的说法和孔子是有差别的。

孟子主要是藉孔子之言来说明他的人品观:人最高修养的应是中行之士,他们的言语行止都合乎仁义,赵岐在注"不得中道而与之"一句指出:"中道,中正之大道也。"又说:"狂者能进取,獧者能不为不善。时无中道之人,以狂獧次善者,故思之。"[③]依此,则狂者獧者是次善者,那么,中道之士即为至善者,也即其言行举止都合乎大中至正,这样,除了圣人,没有其他可以配称得上的。易言之,中道之士、中行之士,都与圣人是同实异名而已。他们行止合乎时、中,无过不及,对处理事情采取中庸之道。

第二等人是狂者。他们能坚持自己的理想,希望与古人为友,并以兴复古道为己任,为了实现这理想,可能不顾现实,而一往直前,所谓"志大而略于事",有理想而不计较现

---

① (南宋)朱熹:《四书章句集注》,中华书局,2007年,第374页。

② 牟润孙:《释论语狂简义》,载氏著《注史斋丛稿》,中华书局,1987年,第223页。

③ 焦循:《孟子正义》,第1026页。

实，但是要实现理想，不能一蹴而就。比起中行之士，他们缺乏中庸之道、时权之变。

第三等人是狷者。他们"有所不为""不屑不洁之士"，有所不为，即指有违仁义礼乐之事他们不会也不屑去做，并以与那些行为污贱不洁者为友的感到耻辱。易言之，他们不如狂者热衷于古道，也未必坚持崇高的理想，但是有原则、有坚持、有棱角。[①]

最下等的人是乡愿。他们没有自己的道德原则，"同乎流俗，合乎污世，居之似忠信，行之似廉洁"，他们与世俗混在一起，随波逐流，"阉然媚于世"。他们批评狂者坚持理想而落得孤单寂寞。要批评这种人，似乎很难找出缺点，因为他们是所谓的好好先生。但是他们没有原则，不思悔过迁善，正是"德之贼也"。

可见，孟子把人品分等，主要是依照个人对道德修养、理想的坚持程度来决定的。当然，要更深入地了解孟子的人品观，要结合他的圣人观和其他思想观念如性善、仁等来看，才能更清楚。

（二）论修养

要当君子，无论是狂者、狷者，甚至是圣人，必有修养工夫。孟子提出修养的工夫包括：知元养气，集义，守平旦之气、夜气等。孟子在阐述修养论时，有的引用孔子之"言"来说明，有的作为引端，有的作为总结，有的作为论据。

孔子强调智、仁、勇三达德。孟子也强调勇在修养中的重要性。孟子在《公孙丑上》藉曾子告诉子襄养勇："子好勇乎？吾闻大勇于夫子矣：自反而不缩，虽褐宽博，吾不惴焉？自反而缩，虽千万人，吾往矣。"孟子借曾子引孔子之言，来说明养勇的工夫。养勇必须和道德修养联系起来，勇气来自于道德修养的高低，也来自对自己的所为的反省，看是否合乎义，如果合乎义，则多集了一义，提升了道德修养，内在更加充实而有光辉，这样，勇气——包括内在的道德之气和外在的天地之气（"浩然之气"）——可以直养而无害，而随之增加、扩充，直到充塞于天地之间。这样，即使有千军万马，也勇往直前。推论之，即使舍生取义，或者是舍生成仁，也在所不惜。可见，孟子继承和发挥了孔子关于勇的看法。孔子强调智、仁、勇三达德："知者不惑，仁者不忧，勇者不惧。"（《论语・子罕》）又主张仁者舍身成仁，[②]又强调无欲则刚[③]。孟子论勇更赋予强烈的道德色彩。[④]

孟子提倡性善，主张透过心的修养，可以使人脱去后天不良的习气，而恢复本来的先

---

① 孔、孟对狂、狷的看法有同异，上博简《仲弓》也有一段谈到对待狷介之士。可见，儒家自孔子、孔门弟子、孟子以来都有对狷者的一贯看法。有关《仲弓》的思想内容，可参晁福林《上博简〈仲弓〉疏证》，《孔子研究》2005 年第 2 期。

② 孔子说："志士仁人，无求生以害仁，有杀身以成仁。"（《论语・卫灵公》）

③ 孔子说："吾未见刚者。"或对曰："申枨。"孔子说："枨也欲，焉得刚？"（《论语・公冶长》）可见孔子主张无欲则刚。

④ 有关孟子论浩然之气，可参晁福林《孟子"浩然之气"说探论》，《文史哲》2004 年第 2 期。

天的性善状态。他在《告子上》引孔子之言："操则存，舍则亡，出入无时，莫知其乡。"操存舍亡，是对心而言。孟子引用此言，主要说明人心神明不测，得失快，而保持很难，不可瞬间失却平常所养。朱子指出，孟子这样说，是希望学者"当无时而不用其力，使神清气静，常如平旦之时，则此心常存，无适而非仁义也"[①]。孟子引用此言，正是要说明恢复人性本然之善的工夫是常守平旦之气、夜气的。

（三）论行仁政

孟子既然主张人性善，具有四端，扩充四端，施于政事，即可行仁政。他在《梁惠王上》阐明仁政的主要内容是：君主要为百姓"制民之产，必使仰足以事父母，俯足以畜妻子"，使百姓衣食无忧，养生送死无憾，并且教导他们仁义道德，互助相爱，这样，"颁白者不负戴于道路矣"。这是王政之始。这继承了孔子庶之、富之、教之的政治理念。孔子想恢复周礼，孟子则已放弃周文，寄托自己的理想于古代圣贤之中。孟子认为，国君如果在当时推行仁政，必无敌于天下，并统一天下，因为当时百姓深受暴政的虐待（详《公孙丑上》），所以，百姓多么渴望国君能行仁政，"当今之时，万乘之国行仁政，民之悦之，犹解倒悬也"。（《公孙丑上》）孟子借孔子之言说："仁不可为众也。夫国君好仁，天下无敌。"（《离娄上》）依孟子所言，这是孔子读了《大雅·文王》，对文王能受上帝之命，臣服商人而发的感叹之言。[②] 孔子认为，如果行仁政，则即使对方有十万之众，也不能抵挡。国君行仁政，就能无敌于天下。

既然当时大部分国君想一统天下，只要行仁政即可，而行不行仁政，主要视乎国君愿不愿意行仁政而已，端视他们一心之念，孔子说："道二：仁与不仁而已矣。"（《离娄上》）国君施政只有两条路：一是行仁政，不然就不行仁政，道理简单易明。但是，如果不行仁政，其后果将会怎样？孟子指出：不推行仁政，政权必然覆亡，所谓"三代之得天下也以仁，其失天下也以不仁"。（《离娄上》）不仅是三代，其后各朝各代也一样："天子不仁，不保四海；诸侯不仁，不保社稷。"（《离娄上》）无论是得天下，抑或是失天下，关键在于行不行仁政。行仁政，就是要得到民心，而得民心，就是民"所欲与之聚之，所恶勿施尔也"。（《离娄上》）百姓所要的不外乎衣暖食饱，即管子所说的"仓廪实则知礼节，衣食足而知荣辱"。（《管子·牧民》）统治者让百姓衣食无忧，顺应民意即可。孔子主张仁政，自然反对统治者对百姓横征暴敛，然而他的学生冉求一旦当上季氏家宰后，不仅没有推行他的政治理念，反而帮助季氏向百姓加倍征收赋粟，难怪孔子生气地叫学生"鸣鼓而攻之"。（《论语·先进》）孟子把孔子塑成提倡仁义的典型，进而宣称："君不行仁政而富之，皆弃于孔子者也。"（《离娄上》）孔子是圣人、圣之集大成者、文化宗师、士人学习的典范，任何国君如

① 《四书章句集注》，第 331 页。

② 上博简《诗论》是孔子对文王之德的称赞。详晁福林《上博简〈诗论〉研究》，第 25 页。

果不行仁政，就是与孔子过不去，就是所有士人的敌人！孟子说这句话蕴涵着多大的力量！

（四）提倡仁义的历史观

孟子提倡仁义，进而以仁义为基准来阐释历史。他在《万章上》借孔子之言说："唐虞禅，夏后殷、周继，其义一也。"孟子想澄清时人的误解，以为天子之位以禅让和父子相传是不同的，事实上，两者有相通之处，即禅让和父子世及都是由相同的方式产生的："天与贤，则与贤。天与子，则与子。"天子之位是由上天决定的，而不是由天子决定的，天子不过向上天推荐人选而已，如果所推的人选上天不同意授位，他也不能当天子。而上天之意表现在民意上，"天不言，以行与事示之而已矣"。民意支持谁，谁就能当天子。尧传位给舜，是因为舜深得民心。百姓支持禹而不支持象，所以舜传位给禹。百姓拥立禹之子启而不拥立益，所以启即位。后人看来，就以为天子之位是父子世传，实则不确。孟子不主张政权由一家一姓永远擅有，主张国君要时时体恤民意，因此他主张革命论（《梁惠王下》）。他从民贵君轻的角度出发，认为天子能体恤百姓而行仁政是最好不过的，因此禅让与父子世传对他来说，不是最重要的问题。[①] 这样，他托孔子之言来阐明自己的政治、历史观。

（五）论士礼

上文说过，孟子推崇孔子为圣之集大成者，并指出文化尊于政治，道统尊于政统，这是为了他提倡的士礼张本。孟子提倡士礼，主要是希望作为士人要有自己的尊严，不可随便与时俯仰，也不能唯君主是尊，被人颐指气使。士是道统的传承者，只有保持个人的尊严，才能体现出道尊于政。孔子在这方面被孟子塑成一位坚持士礼之人。

上文提过，孟子为孔子辩解孔子见阳货是出于不得已，且为了依照时礼。孟子进而提出自己对于士礼的看法："古者不为臣不见。"（《滕文公下》）士要有自己的分守，如果和君主没有君臣关系，就不必进见，否则就失去了独立性。如果君主迫着要见，士也要坚持以礼相见。孟子说孔子"其交也以道，其接也以礼"。（《万章下》）君主必须依礼见士，否则士不必见君；如果要见，也要依循礼节，做到言行都合乎礼义，这样才是大丈夫。（《滕文公下》）孟子所以高倡士礼，主要是维持文化的尊严，并针对当时一些只图名利之士如苏秦等加以批评。

（六）其他诸子藉孔子之言阐释自己的思想观念

孟子藉孔子之言阐释自己的思想观念，其他诸子亦不例外，兹举庄子和荀子为例简

---

① 有关战国禅让思想的具体内容，郭店楚简《唐虞之道》的出土，使我们加深了禅让说的理解。可参罗新慧《〈容成氏〉〈唐虞之道〉与战国时期禅让学说》，《齐鲁学刊》2003年第6期。

述之。庄子藉孔子之言阐释了他的重要思想观念：心斋、至人境界等。庄子认为人生在世，有命和义这两极限："臣之事君，义也，无适而非君也，无所逃于天地之间。"（《人间世》）命是指在社会中，有一种非个人之力所能干预的必然性。命不大可能完全操之于我。有志淑世之士如果投身到政治权力架构里去求实现理想，若遇上暴君，随时有杀身之祸。那么，怎样才能"苟全性命于乱世"？庄子借仲尼宣扬其"涉乱世以自全而全人"的处世哲学——"心斋"："若一志，无听之以耳而听之以心，无听之以心而听之以气！耳止于听，心止于符。气也者，虚而待物者也。唯道集虚。虚者，心斋也。"（《人间世》）

人喜欢自师"成心"，作茧自困，而气是构成宇宙的最基本的元素，没有人的意识，所以庄子劝人"无听之以耳""无听之以心"，其实与"黜聪明，离形去智"（《大宗师》）的"坐忘"的境界相同。不要听以人之心，而应"听之以气"，不参任何成见，暗合自然，做到"外化而内不化"（《知北游》），也即"虚而待物"，泯灭成心而与自然融合为一体，进而把握"道"。如此超越命、时、人等外在对立而融于最高的逍遥游境界。

荀子政治论中特别重视君主。他藉孔子之言把君主分为三等。荀子在《王制》篇中指出君主要以王道统治天下，必先平政爱民："君人者欲安则莫若平政爱民矣，欲荣则莫若隆礼敬士矣，立功名则莫若尚贤使能矣，是君人者之大节也。"君主施政，应以民为贵，敬重士人，这是施政的重要纲领。荀子根据这一原则，进而引用孔子之言把君子分为三等："孔子曰：'大节是也，小节是也，上君也。大节是也，小节一出焉，一入焉，中君也。大节非也，小节虽是也，吾无观其余矣。'"上君即指能以此为重点、在其他小政策上推行也能合适无过的君主；中君指在小政策上有出入、影响政纲的君主；下君指违背此大纲，但能明于小政的君主。这里所引述的孔子很注重民本，主张政府应以民之福祉为施政目标，这和《论语》所载的孔子相同：他重视民生。此已成为儒家政治学的一重要传统。孟、荀都继承他的看法而有不同的发挥。简言之，孟子重德治，荀子重礼治。

四、结论

孟子论述了不少有关孔子的生平事迹，推崇孔子的人格，继承儒门尊孔的传统，进而把他当成圣之集大成者。他这样讲孔子，有其背后的动机：阐释自己思想学说，批驳当时墨者之言，反对当时议论而不治的士人之论，提倡士礼，尊崇儒学以示儒"道"之深具传统性，继承与发展孔学。[①]

从另一方面讲，孟子把孔子推为圣之集大成，视为其他圣人所不能及，这是出于他阐释自己的思想观念的目的。但是，他把所表述的孔子的言、行当成理论的根据，为之张本，则是一种手段。换句话说，孟子从不同层次来看孔子：前者（目的）是从最高层次言，

① 余英时：《士与中国文化》，第34—37页。

后者(手段)是从低层次言,两个不同层次未必有矛盾。利用手段可以达成目的,为达目的不择手段。孟子尊崇孔子,是一种即目的即手段的方法。因此,孔子在他的思想体系中具有理想性,但是又包含了工具性、实用性的成分。这当中难免有矛盾:一方面,孔子被推崇得高高的,似乎为所有人所不能及,另一方面,孟子自称继承古代各位圣人的传统(《尽心下》),并且自称是私淑于孔子(《离娄下》),那么,他藉此自称自己的学说、思想深具传统性、正统性,甚至自认可以和孔子的地位相提并论的动机也不言而喻。

孟子尊崇孔子为最伟大的人物,堪称人类最高的典范,但是不是每个人都可以学习到的,虽然他称言圣人可学而至(此圣人应该不是圣之集大成者,而是就一端而尽其力以求成就者,如柳下惠等)。孟子从不同层次(理想与手段)来看孔子。孟子一方面推崇孔子的人格,另一方面把他当成阐释自己思想的一种媒介。从此,无论是儒家,抑或是其他学派的思想家,都这样来论述孔子。

作者简介:

杨兆贵,澳门大学教育学院助理教授;沈锦发,澳门城市大学商学院助理教授。

再论章太炎评孔子[①]

朱　浩

[提要]自近代以来西洋文化侵入中国以后，本土文化与西洋文化之间随即形成了一种博弈的关系，孔子作为儒家的代表，对他的评价足以反映出近代国人对于本土传统文化的态度，近代著名思想家的章太炎亦对此有着深刻的认识，他认为孔子在中国扮演着教主的角色，孔子删定六经传承了中国的文明，保存了中国的历史，从某种角度言之可谓教化之王。章太炎的这些观点对于我们认清传统文化与现代文化之间的关系，有非常重要的参考价值。

[关键词]章太炎；评论；孔子；传统性；现代性

孔子在中国思想史发展过程中，扮演着十分重要的角色，自孔子身后如何认识孔子的历史地位，一直颇具争议，尤其是历史发展到近代以后，伴随着“新文化”运动和“五四运动”，孔子的角色与定位更加成为人们争议的重要话题，不同社会阶层的人们出于诸多不同的原因，对于孔子的褒贬态度迥然。鲁迅先生在1935年发表的《在现代中国的孔夫子》一文中直白的说道：“孔夫子之在中国，是权势者们捧起来的，是那些权势者或想做权势者们的圣人，和一般的民众并无什么关系。”[②]所以鲁迅的观点重在强调孔夫子在中国历史发展中的地位取决于那些“权势者”或者“想做权势者”的需要；当其时辜鸿铭于1915年发表《春秋大义》，其文中论曰：“然中国之《圣经》，即中国之《四书五经》，乃孔子

---

① 本文是安徽省教育厅2014年度高校省级人文社会科学研究重点项目：《民国初年威权政治研究》（项目号：SK2014A194）阶段性研究成果。

② 鲁迅：《且介亭杂文二集》，朱正校编《新版鲁迅杂文集》，浙江人民出版社，2002年，第263页。

拯救中华民族而绘制之文明蓝图，非但教人须以正爱，行以正心，行以正德，且诲人须‘识礼节’。”①约言之，辜鸿铭则从另一个角度强调了孔夫子在教化国人，传承文化发展过程中扮演着不可替代的角色。所以综上所述，近代对于孔子之评价的重要导向为出于时代与社会发展和政治斗争的需要而阐发之，所以每当社会与时代面临激烈变革的时刻，人们或者以孔子为依托，论证其观点的合理性，或者以孔子为标的，批判其顽固与守旧。

当然研究章太炎论孔子其现实价值与理论意义比较明显。从现实角度言之，伴随着本土传统文化的复兴，如何认知孔子和他的理论势必成为不可回避的重要内容，而只有正确地定位孔子的贡献，才能防止片面性的出现；此外，章太炎作为近代中国思想史发展过程中的重要人物之一，其对于孔子的褒贬鲜明地体现出了当时国人对于孔子，或者对于中国的传统文化抱有非常矛盾的心理，而此对于当代而言似有借鉴和参考的价值。当然近年来关于章太炎的子学思想研究在国内比较时兴，研究章氏对于孔子的论断恰能弥补学界于此处研究之不足。

一、学术综述

学界对于章氏思想的研究比较丰富，而关于章太炎述评孔子的研究不是很多，但从已有的论著中，关于此问题的研究已经拥有了许多全新的收获，很多观点非常值得借鉴与参考。有观点认为，章太炎对于孔子的评价主要是伴随着时代潮流的变化而不断变化，“伴随着时代的变革，章太炎的思想也在不断地变化，对孔子的评价也随之变化。由改良到步入革命，是他思想的进步；由革命斗争到整理国粹，则是他思想的深化”②。这种观点具有一定的新颖性，即强调人物生存之社会环境变迁对于人物思想产生了巨大影响，但存在的缺陷是并未深入探讨章氏思想中对于孔子地位与贡献的认知与学理性的批判。与此相近的观点亦认为章太炎对于孔子之态度，“并非针对孔子本人，而是想借此将历代统治者所依附之‘专制护符’拉下神坛，还原一个客观真实的孔子”③。这个观点强调章氏对于孔子评价的核心是批判历代统治者，出于树立正统的考量，有意将孔子装扮成正统的象征，而掩盖孔子的真实面目，但作者在论述过程中的问题较为明显，如缺乏对章氏论孔的言论横向与纵向的比较，整个行文拘泥于对《訄书》三个版本进行枚举式的分析，缺乏研究深度。

---

① 辜鸿铭：*The Spirit of the Chinese Civilization*，颜林海译：《春秋大义》，四川文艺出版社，2009年，第18页。

② 何荣誉：《〈訄书〉诸本对孔子评价的变衍》，《沈阳师范大学学报》（社会科学版）2010年第3期。

③ 王磊：《“自贵其心”与政治、学术之分途——章太炎评价孔子问题新探》，《湖湘论坛》2014年第5期。

与上述观点截然相反的是，有学者认为章太炎论孔，针砭的成分高于褒奖的成分，出于现实革命斗争的需要，章太炎对于孔子的态度只不过是借用孔子这块牌位，作为表达政见的工具。如："在章太炎参与政治活动之初，对孔子是褒的态度。走上革命道路后对孔子一度是贬的态度。无论褒与贬都是出于表达政见的需要，而不顾真实的孔子是怎样的。"[①]与此观点类似的是，有学人结合20世纪初中国政坛上面对改革与立宪而产生的争论，认为章氏出于支持革命斗争的需要，而"贬抑孔子之地位""诋毁孔子之道德人格""贬抑孔子之学术成就"，同时"章太炎还对传统孔教教义做出评判，对孔教的宗教性加以否定"。[②] 综合上述学人的论述，其认为章太炎对孔子持否定的态度，但另一方面二者分别从时代背景与章氏思想发生、发展的角度阐发了他批判孔子的原因与目的。

结合上述论断，本文在研究章太炎评价孔子的过程中，势必首先探究其对于孔子态度、评价的变化始末，从中探究章氏对于孔子的认知领域中具有稳定性与特色性的成分，只有澄清上述问题，才能最终对章太炎评孔做出比较中肯的论断，而笔者的观点是章氏论孔虽几经变迁，但章氏的文章中依然对孔子表达出了比较深刻的赞许与认同，此贯穿章氏论学的始终。

二、章氏对于孔子评价之动因分析

章太炎对于孔子态度的变迁有轨迹可循，从近来学人的研究成果中，可以窥测此种路径。从文本学角度言之，这种褒奖与批判态度的变化，可以从《訄书》的三次集结中寻觅蛛丝马迹，但是笔者认为塑造章氏论孔态度的深层次原因未必尽可归结为清末民初的中国政治之原生态，可以从他治学角度探究其根源，更可以从其对于孔子代表的儒家发展的改造角度，论述章太炎论孔的演变历程。

今人对于章太炎论孔的研究大多遵循汤志钧先生的论断，汤先生在其所著之《章太炎年谱长编》中，以《訄书》的三次集结为契机，较有创建性地挖掘了章氏论孔的前后发展经历，此可谓对于方今学人的研究产生了比较深刻的影响，但其中存在的问题与矛盾处较值得商榷。

汤志钧认为："《訄书》原刊本曾尖锐批驳儒家的空谈'仁恩'，'不究其实'，无情揭露陆德明、孔颖达、冯道、钱谦益等的口喊仁义，'弗衈其污'。但它对儒家的创始者孔子却不敢触动。"汤先生例举："《訄书》原刊本是以《尊荀》第一始，以《独圣》下第五十终的。《尊荀》强调法后王，以为'荀子所谓后王者，则素王是；所谓法后王者，则法春秋是'"。并

① 李昱：《论章太炎评孔子》，《孔子研究》2012年第4期。

② 范玉秋：《清末章太炎反孔教思想刍议》，《中国海洋大学学报》（社会科学版）2005年第2期。

且引用了这样的文字“古也者,近古也,可因者也。……或益而宜,或损而宜,损益曰变,因之曰不变,仲尼、荀卿之于周法视此矣”。由此得出了如是结论:“讲学是损益因革,讲的是变与不变。也就是说,讲学是在旧有的基础上‘或益而宜,或损而宜。’”①进而由此为前提认为,从1900年初版《訄书》,从篇目之编排先后次序言之“是自成系统的,以《尊荀》始,以《独圣》终,可知这时虽也‘批儒’,却没有反孔,他反对的是拘迂守旧的‘腐儒’和卑污迎媚的‘贱儒’,也不是读过一些经籍的一般士子”②。由此,汤氏认定在1900年前后章氏持尊孔之态度。

此后,汤氏的研究视野很快集中到了对《訄书》重订本的研究中,以此探索章太炎评孔之观点与态度的变化。作者认为,章太炎在投身革命以后,其观点与态度发生了比较明显的转变,如在《訄书》初刻本中“他要求光绪皇帝,承认孔子的‘统绪’,自己则退处‘客帝’”,但是“这种言论,等到章太炎一旦矢志革命,也蓦然震惊,感到‘弃本崇教’了”③。由此汤志钧进一步强调:“《訄书》中《订孔》《学变》等篇,批判了孔子的‘虚誉夺实’和尊孔派的‘苟务修苦’。在思想界引起了强烈的反响,‘余杭章氏《訄书》,至以孔子下比刘歆,而孔子遂大失其价值,一时群言,多攻孔子矣’。”④章氏为何在1902年前后对孔子的态度会发生急剧的变化呢?汤志钧认为此与当时的革命斗争形势密切相关:“‘今之为学术者,多观省社会,因其政俗而明一指。’说明学术应‘观省社会’。‘因其政俗’。也就是说:学术应为当前政治服务。”⑤由此不难发现,汤志钧认为章太炎评孔之所以会出现自相矛盾之处,问题的产生源自于当时的社会发生了巨大的变迁。

同理,汤志钧在论述1914年的《检论》一书中亦强调:“重印本增加了木刻本所无得革命内容,而《检论》却把《訄书》很多革命的文字删除了。”⑥并且汤氏进一步认为:“《检论》把《订孔》析为上、下,自称‘逼于舆台,去食七日,不起于床’,而对周文王的‘厄’于‘羑里’、孔子的为‘匡人’所困‘若有瘖者’。以为‘圣人之道,罩笼万有’,孔子的‘洋洋美德乎,诚非荀、孟之所逮闻也”⑦。总结之,汤氏认为1914年前后,伴随着章氏革命意识的消退,其对于孔子的评价亦由辛亥革命前的激进,转而趋向于保守。

汤志钧先生对于章太炎论孔之多变性的原因分析比较具有参考价值,但仍存在若干问题值得商榷。从学说师承角度之一方面言之,笔者认为有三个方面的因素左右着章氏对于孔子的评价,此三方面因素应当是“庄子学”“佛学”“社会进化论”。1910年章氏发

---

① 汤志钧:《章太炎年谱长编》上册,中华书局,1979年,第102—103页。
② 汤志钧:《章太炎年谱长编》上册,第103页。
③ 汤志钧:《章太炎年谱长编》上册,第103页。
④ 汤志钧:《章太炎年谱长编》上册,第149—150页。
⑤ 汤志钧:《章太炎年谱长编》上册,第113页。
⑥ 汤志钧:《章太炎年谱长编》上册,第481页。
⑦ 汤志钧:《章太炎年谱长编》上册,第489页。

表的《齐物论释》是其庄学研究的代表作，这篇文章表面是以“唯识论”阐发“庄子”思想，但实际上却是将此三家合为一，借以阐发其对于社会、历史发展的态度与观点，其中观点一方面强调社会历史的发展本之于认识者之主观判断；而另一方面，作者于其中亦以孔子为例，以一种颇似历史虚无主义的观点强调“《春秋》者，先王之陈迹，详其行事，使民不忘，故常其典礼，后生依以观变，圣人之意，尽乎斯矣”①。此论侧重于论述孔子作为圣人之代表，其功勋惟在陈述“先王之迹”，后人“依以观变”。但同时章太炎亦在文中论曰：“儒家法周，墨家法夏，二代尝已小成荣华。”但此未必能证明孔子在其中扮演的重要角色，所以他认为“物无非是，言各自是也。无非彼则天下无是，无非是则天下无彼”②。由此言之，孔子的是非与功过，本无厚此薄彼的需要，而今人对于孔子的褒贬实则是权宜之计，所以汤志钧仅仅以时代发展顺序论说章氏评孔则显得苍白而无力了。

从学术师承角度言之，章太炎评孔之所以会发生明显的改变亦与所谓“俱分进化论”有密切的关系。思想和理论的发展是否严格遵循着“世道必进，后胜于今”的准则呢？章氏持比较否定的态度，其在“社会达尔文理论”的基础之上，提出了著名的“俱分进化论”，此对于章太炎评孔的影响甚大，依此理论，诚如 1906 年太炎发表之《俱分进化论》所言：“若云进化终极，必能达于尽美醇善之区，则随举一事，无不可以反唇相稽。彼不悟进化之所以为进化者，非由一方直进，而必由双方并进，”所以“若以道德言，则善亦进化，恶亦进化；若以生计言，则乐亦进化，苦亦进化。”③由此不难推断出世道日进，虽然带来了多方面的进步，但所谓进步的同时，进化带来之消极处亦不容忽视，而若从此角度剖析其评孔之前后变化，亦遵循此“俱分进化之原则”，这似乎对解释章太炎评孔态度的变化确实有参考价值，但汤志钧在论述此问题过程中大举《訄书》重订本中删去《尊荀》，新增《订孔》《学变》诸篇，以论证在 20 世纪初，章氏之于孔子评价的变化似乎不妥，检索原文可知，章太炎于二文中集中文字论证孔子后学在孔学发展过程中对于孔氏学说的传承与曲解性的一面，如《订孔》曰，虽然孟、荀是孔学进化过程中的重要人物，但“惟才美弗能与等比，故终身无鲁相之政，三千之化”④。而《学变》中章氏的论点并非为批判“尊孔派的‘苟务修苦’”，反之作者通过理清自汉代董仲舒改造过的儒学的流行谱系，最终的目的是批判董江都之后孔学的发展“使学者人人碎义逃难，苟得利禄，而不识远略”⑤之落后性与功利性心理，虽然表面是对孔学的发展，但这种发展的本身已经使孔学日益沦落为“王官

---

① 章太炎：《齐物论释》，王仲荦等编校《章太炎全集》第六卷，上海人民出版社，1986 年，第 38 页。

② 章太炎：《齐物论释》，王仲荦等编校《章太炎全集》第六卷，第 17 页。

③ 章太炎：《俱分进化论》，徐复编校《章太炎全集》第四卷，上海人民出版社，1985 年，第 386 页。

④ 章太炎：《订孔》，朱维铮编校《訄书（初刻本重订本）》，上海中西书局，2012 年，第 115 页。

⑤ 章太炎：《学变》，朱维铮编校《訄书（初刻本重订本）》，第 122 页。

之学”，丧失了孔学的本真面目。

此外，从学术角度考察章太炎评孔的观点发展始末，亦必须充分意识到他虽古文家之代表，但之于公羊学也并不排斥。汪荣祖在其著作《康章合论》中如是论曰：“古文派的章炳麟也不是正宗的儒家，纯粹的古文经师。”[①]并且“太炎与乃师曲园相比，在思想境界上不仅超越，且有突破。”[②]这种观点在章氏的多篇作品中有比较明显的呈现，如《客帝》《五无论》《四惑论》《俱分进化论》等文章中有比较多的部分体现出了今文经与古文经的融合，而此对于章氏评孔的影响亦发挥了不可替代的重要作用。

总而言之，人们的意识无法脱离其所身处的时代，章氏的思想发展也不例外。汤志钧将章氏评孔的变化归结为时代因素，虽略有偏颇，但亦提供了若干可供参考的重要依据，晚清民初风云变化的政治斗争环境对于章氏评孔产生了一些影响，但是在孔子的地位确立，孔子在中国历史发展过程中的贡献，孔子学说的师承问题，孔子对于未来中国社会发展的影响等问题解答过程中，笔者认为这些问题的回答方能正确理解章氏评孔的真正内涵。

三、孔子可为孔教之“教主”

孔子是否为孔教之主，抑或为“教化之主”素来是一个比较具有争议的重要问题。对于这个问题的本质而言，体现出了对于孔子的身份定位，如果将孔子定位为“教主”，则孔教势必为国教，若将孔子定位为“教化之主”，则孔子身为“至圣先师”。

（一）反对以复辟和保皇为目的的孔子“教主化”

章太炎之反孔教源于反对袁世凯之专断与独裁。他于1913年《示国学会诸生》一文中认为：中国近代“孔教之称，始妄人康有为，实今文经师之流毒，刘逢禄、宋翔凤之伦，号于通经致用所谓《春秋》断狱、《禹贡》治河，三百五篇当读书者，则彼之三宝已”。考之1913年是袁世凯主政北洋政府的第二年，袁世凯于这一年6月间通令全国“遵孔”和“祀孔”，并且表示：“国肇始，帝制告终，求所以巩固国体者，惟阐发孔子大同学说，可使共和真理深入人心。升平、太平进而益上，此为世界学者所公认。有疑孔子学说不合民主国体者，实囿于专制时代。凡所习闻，不外尊君权，误以小康学说，赅圣道之全体，因而生惑。”[③]很显然这是为其进一步的独裁统治做嫁衣。章太炎乃出于反对袁世凯之倒行逆施的考量。章太炎驳斥自康有为开始，鼓吹的孔教为圣教的论断，但从行文中章氏侧重

① 汪荣祖：《康章合论》，新星出版社，2006年，第21页。

② 汪荣祖：《康章合论》，第23页。

③ 袁世凯：《大总统致》，《孔社杂志》1913年第1期。

于反对以康有为所代表之今文经师，而对于孔教的批判则退居其二，他之所以要批驳公羊家的孔教论，其核心观点是“言公羊者，辄云孔子为万世制法，《春秋》非纪事之书。夫以宪章文、武，修辑历史者，而谓之变乱事迹，起灭任意，则是观六经为道士天书，其祸过于秦之推烧史记”[①]。此前1912年康有为发表《中华救国论》，其核心要义为：“孔子者，以人道为教，而亦兼存鬼神，譬如君主有立宪专制之异，神道之教主独尊，如专制之君主焉，人道之教主不尊，如立宪之君主焉。”康氏认为孔子“以人道为教”，表明孔子为教主之先进性特征——“夫各国不迷信，未有若中国之早者也”[②]。正是因为孔子思想中的这些进步成分，是故“自昔中国号一统，而孔道托之大夫”。同时因为“盖孔子之道，敷教在宽，故能兼容他教而无碍，不似他教必定一尊，不能不党同而伐异也”[③]。此意在强调孔子学说的包容性特征，所以尊崇孔教可以防止其他邪说的横行，而凡是统治者只要能够尊孔，即可被视为正统，成为中国之主，康氏的言论具有明显的保皇色彩。是故总结上述两个层面，笔者认为，章太炎之反对以孔子为孔教教主之初衷一者为了反对袁世凯称帝；一者为了驳斥康有为所谓孔教救国论。

针对民国初年立孔教为国教，以孔子为教主的呼声，章太炎认为孔子不应成为旧势力扶植的教主。1910年章氏作文论道：“孔子是史学的宗师，并不是甚么教主。史学讲人话，教主讲鬼话，鬼话是要人愚，人话是要人智，心思是迥然不同的。”[④]引文中章太炎认为，孔子可以作为“史学的宗师”，但是却万不可作为袁世凯、康有为等人确立的孔教教主，因为孔子“讲人话”，而教主“讲鬼话”，讲人话的目的“要人智”。1913年章氏针对北洋政府尊孔读经的复古逆流，强调曰：“盖中土素无国教，孔子亦本无名教，表彰六经，所以传历史，著《孝经》《论语》。”此处章氏认为儒家之六经绝非圣经，孔子的贡献是“开儒术”，而孔子“或言名教，或言教育，此皆与宗教不相及也”[⑤]。质言之，章氏认为孔子开创的儒家思想与西洋形态宗教有天壤之别，西洋人对于宗教的定义大致认为：“宗教的最小限度的定义是‘精灵的存在物的信仰’。”[⑥]即认定举凡所谓宗教者必有某个神灵的存在，此神灵因其具有某种教化和灵异处为凡人所崇信，但是章氏认为此西洋人认为的宗教与孔子为代表的儒家学说旨趣相距甚远，虽然“孔氏之于祭宗祢，重之矣；其于上天及神怪鬼者，则能摈之以为椎愚之言”[⑦]。同时应当注意到：“夫不藉物而知，谓之鬼神。藉于物

① 章太炎：《示国学会诸生》，汤志钧编《章太炎政论选集》下册，中华书局，1977年，第695页。
② 康有为：《中国救国论》，汤志钧编《康有为政论选集》下册，第727页。
③ 康有为：《中国救国论》，汤志钧编《康有为政论选集》下册，第729页。
④ 汤志钧：《章太炎年谱长编》上册，第323页。
⑤ 章太炎：《示国学会诸生》，汤志钧编《章太炎政论选集》下册，第694页。
⑥ 释圣严编著《比较宗教学》，台湾“中华书局”，1985年，第5页。
⑦ 章太炎：《榦蛊》，朱维铮编校《訄书（初刻本重订本）》，第30页。

而知，谓之圣人。若上中仁智以下，虽藉物犹不知也。”[①]孔子非能“不藉物而知”，而孔子之所以能够为后世敬仰重在“藉于物而知”，正如孔子所说“殷因于夏礼，所损益，可知也；周因于殷礼，所损益，可知也；其或继周者，虽百世可知也”[②]。又如孔子所说“子曰：“夏礼吾能言之，杞不足征也。殷礼吾能言之，宋不足征也。文献不足故也，足，则吾能征之矣。”[③]孔子的学识恰如章氏所论非可先知先觉，而是通过文献的研习而得出，从此处即可论断孔子绝非西洋人所言之宗教之教主。

（二）另辟蹊径，确立孔子的教宗地位

章太炎虽然反对以西洋人的宗教观诠释孔子和其代表的学术派别，但他亦并不完全排斥以孔学为宗教，以孔子为教宗的主张。如果说康有为在戊戌维新前后提出“保国、保种、保教”言论的话，那么其后章太炎亦接续了康有为的锋芒，亦提出视孔子为教主的观点。1906年7月15日，章氏结束了因《苏报》案而遭受的3年牢狱生活，抵达日本东京，在《东京留学生欢迎会演说辞》中，谈到孔子时，他说：“若说孔教，原有好到极处的，就是各种宗教，都有神秘难知的话在里头，惟有孔教，还算干净，但他还有极坏的。”此表明章氏并不反对确立孔教的立场，并且认为立孔教“因为孔子当时，原是贵族用事的时代，一班平民，是没有官做的，孔子心里，要与贵族竞争，却不敢联合平民，推翻贵族政体”。所以孔子以其学说散布于世间，“他《春秋》上虽有‘非世卿’，只是口诛笔伐，并不敢实行的，所以他教弟子，总是依人家作嫁，最上是帝师王佐的资格，总不敢觊觎帝位。及到最下一级，便是委吏乘田，也就将就去做了”。所以孔子如果作为教主，其所创立的圣经应当是“六经”，但“六经”之最大问题是诱导信徒醉心于功利，“所以孔教的最大污点，是使人不脱富贵利禄的思想”[④]。综合上述论证，辛亥革命前后，章太炎之所以既排斥孔子的教主地位，又倡导孔子的教主地位，归根结底是因为：“孔教运动的发生是建立在辛亥革命后的社会危机与社会败象而产生的政治需求和文化心理需求之上的。”[⑤]辛亥革命后，面对着传统政治制度的崩溃和新兴的西方政治体制在畸形中得到确立，如何才能解决现实中面对的问题与矛盾，整合崩溃的精神信仰？确立孔教和确立孔子的教主地位无疑是明智之举。

但立孔教并不是意味着将孔子装扮成释迦牟尼般的教主，接受信众的祈祷，反之，章太炎认为孔子的教主地位应当摒弃传统宗教的窠臼。1913年章氏发表《驳建立孔教

---

① 章太炎：《订实知》，朱维铮编校《章太炎全集》第三卷，上海人民出版社，1984年，第35页。

② 杨伯峻：《论语译注》，中华书局，2006年，第22页。

③ 杨伯峻：《论语译注》，第28页。

④ 章太炎：《东京留学生欢迎会演说辞》，汤志钧编《章太炎政论选集》上册，中华书局，1977年，第272页。

⑤ 郭世佑、邱巍：《辛亥革命后的社会环境与孔教运动》，《江苏社会科学》2004年第2期。

议》,在其中认为孔子之所以不应当成为旧式的宗教,其原因是深刻的,概括而言,他认为:其一,从中国的社会文化发展之传统言之,中国不具备使孔子成为经典意义上之教主的环境,“中土素无国教矣,舜敷五教,周布十有二教,皆掌之司徒,其事不在庠序,不与讲诵,是乃有司教分,亦杂与今世社会教育同类,非宗教之科”。其二,从另一方面言之,以横向的角度对比,亦不难发现“逮及衰周,孔、老命世,老子称以道莅天下,其鬼不神;孔子亦不语神怪,未能事鬼”。其三,以孔子在民人起居日常中的地位而言,也无法将孔子与一般的教主相比拟,“夫衣裳庐舍,生民之所以安止;律令文牍,国家不可一日废也。今以士人拜谒孔子,谓孔子之教主,是则轩辕、鲁班、萧何,亦居然各为教主矣”。其四,孔子拒绝鬼神信仰,此亦与传统意味的教主大相径庭,“孔氏书亦时称祭典,以纂前志,虽审天鬼之诬,以不欲高世骇俗,则不暇一切粪除,亦犹近世欧洲诸哲,于神教尚有依违。故以德化则非孔子所专,以宗教则为孔子所弃”[①]。所以,笔者认为,章氏反对将孔子作为通常意味之教主,其立论之根源为东西方经典的宗教理论与孔子的教宗地位相比较而言差距过大,“只要我们耐心倾听,在任何宗教中都能听到灵魂的呻吟,也就是力图认识那不可能认识的,力图说出那说不出的,那是一种对无限者的渴望,对上帝的爱”[②],是故应另觅他途。

应当如何确立孔子的教宗地位呢?早在1908年章太炎在旅日期间作《建立宗教论》一文时,对此问题已有较为明确的回答,他认为与传统意义之宗教概念不同,确立孔教和孔子的教主地位,必须立足于中国社会文化发展之特殊性,所以时至今日,有学者在研究中国人的信仰过程中,依然认为:“所以中国人之为中国人的做人的信仰危机问题实际上可看作是传统的危机问题,而信仰的重建问题实际上就是传统的转换和创新问题。中国人信仰失落的实质是伦理意义上的崇高境界的失落,是做人的终极关怀的失落。”[③]所以章太炎在探究孔子为教宗、孔学宗教化问题过程中亦高度关注此方面的内容,他强调表面言之:“士人之拜孔子,胥吏之拜萧何,匠人之拜鲁般,衣工之拜轩辕,彼非以求福而事之,又非如神教所崇拜者。”[④]质言之,中国人祭祀先祖、祭祀伏羲、女娲本与宗教无涉,此类可归属于精神信仰之门下,“信仰”与“宗教”之区别体现于“宗教认同是一种基于群体、组织的成员或范畴资格的制度性认同,而信仰认同是基于个人精神选择的个人价值认同,进而把宗教作为一种群体行动,把信仰视为一种‘以认同为基础的精神单位’。”[⑤]通

① 章太炎:《驳建立孔教议》,徐复编校《章太炎全集》第四卷,第194—198页。

② Friedrich Max Muller,*An Introduction to the Science of Religion*,陈观盛、李培茱等译:《宗教学导论》,上海人民出版社,1989年,第12页。

③ 邵龙宝:《中国人的信仰问题与精神世界诉求》,《陕西师范大学学报》(哲学社会科学版)2008年第6期。

④ 章太炎:《建立宗教论》,徐复编校《章太炎全集》第四卷,第416页。

⑤ 李向平、石大建:《中国人的信仰认同模式:以儒教信仰为中心》,《社会》2008年第6期。

过此种对比不难发现，信仰与宗教之间之本真的区别为其受众规模的大小，但同时应当注意到信仰与宗教之间的区别亦集中在二者对于神明的信仰与崇敬。

但章太炎似乎并非有意将孔教和孔子上升到神明崇拜的高度，笔者认为他更倾向于将孔子与孔学打造成经典的理性主义宗教观，考之近代以来西洋宗教哲学之发展可知，此“理性主义宗教观”已经大势所趋，谓“18 世纪基督教思想的显著特征最根本地体现在两个方面：一是神学的人学化趋向，二是神学的理性化趋向”[①]。故而西洋自近代后，宗教之特色已经走出神秘性与野蛮型，而逐渐倾向于“人学化”和“理性化”，正如康德在 1793 年发表的《单纯理性限度内的宗教》，其中他强调“惟有纯粹的宗教信仰才是可以建立一个普遍教会的宗教信仰，因为它是一种可以告知每一个人使他相信的单纯理性的信仰”。[②] 引文中，康德认为与传统的宗教不同，理性主义宗教观要求每一个人都能够摆脱偶像崇拜，因为“上帝死了”，我们应当崇拜理性，而不应当继续盲从于所谓先知先觉者，近代这种理性主义的宗教观曾经在世界范围内广泛地流传，并且深刻影响着西方基督教社会的发展。

章太炎 1906—1911 年间在日本旅居，对于西学给予了高度的关注，且大购日人翻译之西书与严复译作之西学书籍，使之对于西方古典之哲学、政治有了比较深刻的见解，因此其对于创立孔子为教宗之宗教有了比较明晰的认识与把握，并且将之视为当前救国之首要任务，1906 年章氏同样在《东京留学生欢迎会演说辞》中明确表示：“第一，是用宗教发起信心，增进国民的道德，第二，是用国粹激动种姓，增进爱国的热肠。”[③]如何建立宗教呢？近年来已经有学人关注到这个问题，王玉华在其著作中论曰：“章太炎所提倡建立的宗教便是一个‘依自不依他’的宗教，而对于像西方基督教那样建立一尊的‘上帝’作为崇拜的对象，在章太炎看来则堕入了‘依他’的路途。”王氏进一步论曰：“对于宗教，他是持着一种泛宗教论的观点”[④]，并且“章太炎所要为其新设的宗教创立的‘本体’，即是佛学唯识宗所云之‘圆成实自性’”[⑤]。王氏认为章氏确实有创立新宗教的意愿，但章氏之新宗教实则脱胎于唯识论，而唯识论是佛学中比较强调理性与思辨的一个分支，该宗派由弥勒菩萨创立，由“识”入手，探讨成佛之路径，但笔者认为章氏之本初目的并不在于此处，而是以唯识宗之理论为基础，构筑孔教的大厦，确立孔子的教主地位，所以章氏认为：

① 闻骏：《从理性的高扬到理性的反思——启蒙运动背景下近代理性主义宗教的兴衰》，《武汉科技大学学报》（社会科学版）2013 年第 6 期。

② Immanuel Kant, *Religion within the bounds of bare reason*，李秋零译：《单纯理性限度内的宗教》，中国人民大学出版社，2003 年，第 98 页。

③ 汤志钧：《章太炎年谱长编》上册，第 212 页。

④ 王玉华：《多元视野与传统的合理化：章太炎思想的阐释》，中国社会科学出版社，2004 年，第 449 页。

⑤ 王玉华：《多元视野与传统的合理化：章太炎思想的阐释》，第 451 页。

"宗教之用，上契无生，下教十善，其所以驯化生民者，特其余绪，所谓尘垢秕糠，陶铸尧舜而已，而非有至高者在，则余绪亦无由流出。今之世，非周、秦、汉、魏之世也。彼时纯朴未分，则虽以孔、老常言，亦足化民成俗，今则不然"①。所以他认为在未来中国社会之于宗教必不能抛弃之，随着中国社会的进步与发展，个体的精神信仰存在较大差别，若无法通过恰当之手段形成国民的共同精神追求者，则无法凝结国民之精神，中国自汉魏以后，伴随着佛学的复兴，本土的儒家意识形态面临巨大的冲击与挑战，所以自唐代韩愈以后，诸多思想家则力图用佛学的模式改造儒学，使之成为一种全新的宗教，"说神教者，自马步诸逑而上，至于山川土谷，稍进则有祠火，与夫尊祀诸天之法，其最高者，乃有一神泛神诸教。其所崇拜之物不同，其能崇拜之心不异，要以藐尔七尺之形，饥寒疾苦，辐凑交迫，死亡无日，乐欲不恒，则以为我身而外，必有一物以牵逼我者，于是崇拜以祈获福。此其宗教，则烦恼障实驱使之。"②这种宗教不是"一神泛神诸教"，其教义不会对信众产生"牵逼"。反之这种宗教理论"存其德音，去其神话，而以高尚之理想，经纬之以成学说，若中国之孔、老，希腊之琐格拉底、柏拉图辈，皆以哲学而为宗教之代起者。"质言之，章太炎认为中土的孔夫子德教远播，其理论中不杂糅鬼神崇拜，无俗世宗教之庸俗气息且蕴含"高尚之理想"，若能"经纬之以成学说"，则必能"以哲学而为宗教之代起者"。质言之，他认为孔子可以作为宗教理性化过程中的教皇。

四、"为往圣继绝学，为万世开太平"之孔子

《汉书》赞武帝曰："孝武初立，卓然罢黜百家，表章《六经》。遂畴咨海内，举其俊茂，与之立功。兴太学，修郊祀，改正朔，定历数，协音律，作诗乐，建封禫，礼百神，绍周后，号令文章，焕焉可述。后嗣得遵洪业，而有三代之风。"③由此可见，自汉武帝罢黜百家、确立太学后，孔子的地位一跃而成国家的正统代表。孔子的学说成为教化万民的唯一合法学说，由是孔子成为了教化之主，章太炎虽然不赞同汉代对于孔子学说的改造，但对从汉代开始提升孔子地位的影响表现出了明显的赞成。

孔子历来被尊为先师，因其传承文化，教说士人而闻名，应当注意的是孔子并非创造文化，而是将前代的文化存留以传递于后世，这是孔子的功劳之一。《四书章句集注》曰："鲁哀公十一年，孔子自卫返鲁。是时周礼在鲁，然诗乐亦颇残阙失次。孔子周流四方，参互考订，以知其说。"④是故孔子之学说承袭自前人，而加以损益之，教训徒众。因此探究孔子之地位，势必先厘清孔子的授业传道之路径，方能对此问题有比较全面的认识。

---

① 章太炎：《建立宗教论》，徐复编校《章太炎全集》第四卷，第418页。

② 章太炎：《建立宗教论》，徐复编校《章太炎全集》第四卷，第406—407页。

③ 《汉书》卷六《武帝纪》，中华书局，1962年，第212页。

④ （南宋）朱熹：《四书章句集注》，中华书局，2007年，第113页。

上古是儒家思想发展过程中，最为看重的一个时期，孔子论仁义，孟子论王政，荀子之“化性起伪”之说，无不追溯上古，并且认为孔子的学说实则承袭了三代遗教。章太炎亦受古文经经学影响较为深刻，是故对此观点的认可亦较为明显，清代皮锡瑞曾经说过：“孔子有帝王之德而无帝王之位，晚年知道不行，退而删定《六经》，以教万世。其微言大义实可为万世之准则。”①此言论中强调了孔子之主要功劳是“删定《六经》”，且以《六经》“以教万世”，章氏对这种观点亦表示赞同。针对清末戊戌变法期间康有为发表之《孔子改制考》中，鼓吹“天既哀大地生人之多艰，黑帝乃降精而救民患，为神明，为圣王，为万世作师，为万民作保，为大地教主。”而“两汉君臣儒生，尊从《春秋》拨乱之制，而杂以霸术，犹未尽行也。圣制萌芽，新歆遽出，伪《左》盛行，古文纂乱。于是削移孔子之经而为周公，降孔子之圣王而为先师”②。1899 年 12 月 25 日章太炎发表了《今古文辨义》，其中章氏强调：“然则孔子之所以超越千古者，必不在于制作可知也。”因为“尧、舜、周公适在前，而孔子适其后，则不得不因其已成者以为学，其后亦不得不据此删刊以为群经”，所以“夫青胜于蓝，冰寒于水，知过其师，亦何足怪。”③所以孔子师承上古先王，传其文教于后世，是为教化之主，而老子在这其中扮演着同样重要的角色，章太炎指出：“孔父受业于征藏史，韩非传其书。”④案《史记》中记载：“鲁南宫敬叔言鲁君曰：‘请与孔子适周。’鲁君与之一乘车，两马，一竖子俱，适周问礼，盖见老子云。”⑤此记载论证了孔子之师承于上古，盖当时老聃为周之守藏史，所以孔子通过老子了解上古之事。但是值得肯定的是章太炎认为，孔子对于上古先王的思想并非如录音机一般，照单全收，而是有所损益，传世于后人。他因此称道：“上古多禨祥，而成以五行、公旦弗能革也。病其怪神，植微志以诎之者，独有仲尼。”而经过孔子整理典籍，过滤了那些“神怪”内容，所谓“自仲尼之厉世摩钝，然后生民之智，始察于人伦，而不以史巫尸祝为大故，则公旦又逡遁乎后矣”。⑥ 孔子所传播之学问为何？素来争论不休，章氏认为，孔夫子“夫宪章其业，以为六艺，使其道不至于队逸，则犹史佚之于文、武也，亦庸能驾轶之乎？”孔子传播的内容为“六艺”，而“六艺”是孔子“宪章”上古先王之“道”。

尽管孔子“述而不作”且“信而好古”，但这并不意味着孔子对于尧、舜、禹、周公思想的固化，反之，孔子却对这些思想文化的遗产不断地发展。但此观点近世素来为学人所质疑，1935 年钱穆在《先秦诸子系年》中，即认为：“余考孔子以前，无所谓六经也。孔子之门，既无六经之学，诸弟子亦无分经相传之事。自汉博士专经授受，而推以言先秦，于

---

① (清)皮锡瑞：《经学历史》，中华书局，1959 年，第 26 页。

② (清)康有为：《孔子改制考》，汤志钧编《康有为政论集》上册，中华书局，1981 年，第 198 页。

③ 章太炎：《今古文辨义》，汤志钧编《章太炎政论选集》上册，第 110 页。

④ 章太炎：《春秋故言》，汤志钧编《章太炎政论选集》上卷，第 412 页。

⑤ 《史记》卷四七《孔子世家》，中华书局，2004 年，第 1909 页。

⑥ 章太炎：《独圣》下篇，朱维铮编校《訄书(初刻本重订本)》，第 92 页。

是曾、思、孟、荀退处于百家，而孔子之学乃在六艺，而别有其传统。”[①]钱穆的观点认为孔子传经为汉儒杜撰，其目的是为了迎合“大一统”的需要，而刻意对孔子的形象予以歪曲和重塑，其用意与康有为之“托古改制”有异曲同工之妙。但章太炎则认为：“今世之道彝伦等礼者，必曰周孔，而不曰勋、华。彼诚知贤于尧、舜者，非特吾素王也，虽旦亦乘跞之矣。”[②]此观点比较具有独特性，认为近世周、孔之所以广为称道，其根源并不在于其受到官方的重视，而是周、孔或制礼作乐，或兴教化，使二人的声名远播于民间。

盖孔子传承六艺，所涉及之方面与领域非常众多，《周礼》记曰：“保氏掌谏王恶，而养国子以道。乃教之六艺，一曰五礼，二曰六乐，三曰五射，四曰五驭，五曰六书，六曰九数。”[③]尽管如此，1916年章太炎在《菿汉微言》中强调：“仲尼以一贯为道为学，贯之者何？只忠恕尔。”其原因是：“诸言絜矩之道，言推己及人者，于恕则已尽矣。”[④]所谓“絜矩之道”，当今学界一般认为“絜矩之道”：“说的正是一种以己度人之道，而且《大学》将其放到最后治国平天下章来讲”，同时“根据‘絜矩之道’的涵义，似乎与‘忠恕之道’的‘恕道’相仿（推己及人）。”[⑤]章氏认为孔子的学说传承尚不能达到此“忠恕之道”的境地，能够实现孔子道德理想的正是庄子，“尽忠恕者，是唯庄生能之，所云齐物即忠恕两举者也”。[⑥] 正如庄子所言：“是故古之明大道者，先明天而道德次之，道德已明而仁义次之，仁义已明而分守次之，分守已明而形名次之，形名已明而因任次之，因任已明而原省次之，原省已明而是非次之，是非已明而赏罚次之。”[⑦]章氏推崇庄子，庄子这句话的意思是“自然是道德之本，故道德次之”，“仁义是道德之绪”，“上下有分，庶职有守”，才能“原恕省察”，进而达到“是非乃定”[⑧]的目的，从此角度言之，章太炎认为孔子在学统传递过程中，虽然领悟到了“恕”道的核心意思，但是尚未能充分领悟其本真的内涵，此意从另一角度亦可得出章氏尊崇庄学的结论。

孔子身后承袭其学说者，莫过于其门下之高徒，但章太炎并不认为这些后学果真能够领略先师学说的真谛。所以他认为：“孔子贤于尧舜，自在性分，”质言之孔子天资卓越，有“先知先觉”的觉悟性，但孔门后学则不然，“颜渊言欲从未由，斯颜不如孔也。此其比较，皆在性分之内，岂在制作哉？”所以孔门的弟子如果颜回等尚且不足以传承其师的

---

① 钱穆：《先秦诸子系年》，商务印书馆，2005年，第96—97页。

② 章太炎：《独圣》下篇，朱维铮编校《訄书（初刻本重订本）》，第91页。

③ 杨天宇：《周礼译注》，上海古籍出版社，2004年，第200页。

④ 章太炎：《菿汉微言》，虞云国编校《菿汉三言》，上海书店出版社，2011年，第32页。

⑤ 常会营：《中庸之道、忠恕之道与絜矩之道——儒家“三道”内涵》，《齐鲁文化研究》2010年第9辑。

⑥ 章太炎：《菿汉微言》，虞云国编校《菿汉三言》，第32页。

⑦ （清）王先谦：《庄子集解》，三秦出版社，2005年，第181页。

⑧ （清）王先谦：《庄子集解》，第182页。

学说的话，则后学之“孟氏则去圣已远，未尝睹其气象”①。其对于孔门学说的正确觉解则更加显得模糊不定。是故尽管章太炎尊荀，自称“先师荀子”，但依然认为无论是孟子，还是荀子都无法达到或者超越孔圣的造诣，所谓：“夫孟、荀道术皆踊绝孔氏，惟才美弗能与等比，故终身无鲁相之政，三千之化。”先秦后，发展至“近世王守仁之名气学，亦席功伐已。曾国藩至微末，以横行为戎首，故士大夫信任其言，贵于符节章玺”②。从上述论述中，章太炎将孔子置于无法逾越的地位，虽然有批判孔学之成分，但无疑其认可孔学承袭了中国思想与文化发展的传统，后世儒家或者背叛了孔子的经典，或者“根性”良莠不齐，参悟孔子思想的程度有高，也有低，所以愈是历史向前发展，孔子学说被湮没的成分则越发增多。

大凡学说的传承必有相应的文籍为依托，否则极难使得某种理论与思想绵延不绝地传递，孔子为代表的儒家思想的传播，正是赖于儒家文籍之编撰而获得保存与传递，所以胡适认为，孔子在“国外游了 13 年，也不曾遇有行道的机会。到了 68 岁回到鲁国，专做著述的事业。把古代的官书，删成了《尚书》；把古今的诗歌，删存三百多篇；还订定了礼书、乐书”。③ 所以孔子在文明传承过程中占据非常重要的地位与作用。

孔子之所以为传承文明者，根源于其力图使文化重心下沉，推动文化平民化之步伐，另一方面传授历史，保存典籍。此正是孔子为后世称道之处，谓：“周公制礼作乐，而礼犹不下庶人，与齐民修己鲜矣。惟孔子，出身编户，自道甘苦，足使人得所效法。夫子贤于尧舜，亦其地位使然也。孔子以前，为帝王而立言者实多，为平民而立言者盖寡。”④而孔子传承文明的方式唯有以六经为依托，传递文明的火种，“尧舜以后之道德的轨迹，国家的观念，政治的方针，古代民族之风俗习惯，多载于《尚书》《毛诗》。相传孔子校定经书，以为教学资料，将自己之思想教训，依此以传于后世云。此等经书，在探求先秦时代、政治、宗教上，实不可缺乏之材料也。”⑤引文中不难发现，孔子使文明脱离山林气息和贵族气息，另一方面，孔子作为“教学资料”的六经是经过孔子删订与编修的产物，而这种编辑的过程是否将孔子的政见主张融汇与其中，比较值得关注之。

章太炎认为孔子之于六经，最大之贡献为灌输其政治抱负于其中，是故孔子传经，更是将其对政治与社会的发展夙愿部分隐藏于其中。章太炎认为“夫神化之道，与时宜之，故五帝不同礼，三王不治乐”，而孔子“布六籍者，要以识前事，非谓旧章可永循也”。所以孔子并非传播“信史”，而是一定程度上在行“托古改制”之事，而到了“汉初古文既不远布，而仲尼名实已高严矣。诸儒者见秦余弊法，欲有更易，持之未有其故，由是破碎六籍，

---

① 章太炎：《今古文辨义》，汤志钧编《章太炎政论选集》上册，第 109—110 页。

② 章太炎：《独圣》下篇，朱维铮编校《訄书(初刻本重订本)》，第 115—118 页。

③ 胡适：《中国哲学史大纲》，上海古籍出版社，2000 年，第 50 页。

④ 章太炎：《论经史儒之分合》，诸祖耿、王謇、王乘六等整理：《章太炎国学讲演录》，第 92 页。

⑤ ［日］龙川熊之助：《中国经学史概说》，商务印书馆，1941 年，第 22 页。

定以己意,参之天官、历象、五行、神仙诸象,一切假名孔氏,以为魁柄,则六籍为巫书。”[①]综上所述,虽然汉代儒生对于孔子的阐发屡屡为后世诟病,但是章氏认为追其源流问题可以追溯到孔子个人,孔子通过这种方式使政治主张为世人认可,谓:“老聃、仲尼而上,学皆在官;老聃、仲尼而下,学皆在家人。”[②]当代学人姜义华先生于其著作中指出:“章太炎除去通过这些史实驳斥了六经皆孔子制作、古事皆孔子虚构等论点外,还以比之《訄书·订孔》更为尖锐而激烈的言辞,说明了孔子同样只是一个凡人,而不是什么完美无缺的‘上帝’与圣人。”[③]又认为“章太炎对孔子作为一个历史学家整理六经、保存古代史事的业绩给予高度的评价。”[④]姜义华之核心思想是章太炎认为孔子仅仅是“整理‘六经’”和“保存古代史事”的“历史学家”,姜氏的观点所针对者,为清末风行一时的观点,即“孔子素闵王室之衰,有志光复,然不得志于时,乃叙书传礼记,删诗正乐,序易,笔削春秋,冀传其道于来世”[⑤]上述两种观点,笔者认为如果从时代角度考虑均有其合理之处:从清末的时代发展角度考虑,孔子被刻意抹上社会改革家的色彩,而被曲解;从经典的经学角度言之,孔子亦只能予以冠名历史学家。从章氏的相关文献中,他认为:“追惟仲尼闻望之隆,则在六籍。”但是“六籍者,道、墨所周闻。故墨子称《诗》《书》《春秋》多太史中秘书。而老聃为守藏史,得其本株。”但是诸子百家出于各自的学术传播的考虑,对于六经的解释与阐发存在天壤之别,谓:“翟虽博闻,务在神道,珍秘而弗肯宣。继志述事,继老之绩,而布彰六籍,令人人知前世之废,中夏之所以创业垂统者,孔子也。”[⑥]章氏的论述中,第一层内涵是与孔子差不多处于同一时代的其他各个学派,对于六经都予以了高度的重视;第二层的含义是既然诸子开此先例,则孔子未尝不用六经注我,所以笔者认为,孔子对于六经采取了双重的态度,一方面记录历史,一方面寄托政治抱负于其中。

孔子在六经中传达出了何种政治抱负呢?关于这个问题的回答可谓汗牛充栋,但其中常见的观点是:“《六经》的成立便是孔子继述先王礼乐之道的结果。《六经》本来是先王的政典,是王官学术所记录的历代帝王圣贤制礼作乐,从而创造人类文明的历史记录。孔子的‘述而不作’,突出了他与历代帝王的连续性,而与历代帝王的连续性,并不是与少数个人的关系,它象征着与造就并维护人类文明的圣贤们,甚至与人类文明本身的连续性。”[⑦]这种观点的本质否认了孔子作为思想家与政治家的特质,反之将其比拟为埋首故纸堆的考据学者。但在近代中国思想史发展过程中与此观点不同者亦不在少数,1945

① 章太炎:《检论·订孔下》卷三,朱维铮编校《章太炎全集》第三卷,第424页。
② 章太炎:《国故论衡》,上海古籍出版社,2003年,第59—60页。
③ 姜义华:《章太炎思想研究》,中国人民大学出版社,2009年,第319页。
④ 姜义华:《章太炎思想研究》,第319—320页。
⑤ [日]桑原鹭藏:《东洋史要》,商务印书馆,1909年,第28页
⑥ 章太炎:《检论·订孔上》卷三,朱维铮编校《章太炎全集》第三卷,第423页。
⑦ 陈赟:《孔子的“述”“作”与〈六经〉的成立》,《哲学分析》2012年第1期。

年出版的《十批判书》中，郭沫若论曰："孔子的基本立场既是顺应着当时的社会变革的潮流的，因而他的思想和言论也就获得清算的标准。"同时孔子"对于过去的文化于部分地整理接受之外，也部分地批判改造，企图建立一个新的体系以为新来的封建社会的韧带。"[①]郭沫若的观点笔者比较赞同，但其字里行间由于阶级斗争论的影响忽视了孔子对于历史文化的传承，是故笔者并不完全接纳。

五、"吾语汝以礼，周流无不遍也"[②]

孔子于六经中表现的政治抱负中，首要是振兴礼乐教化。所以《论语》有云："子曰：导之以政，齐之以德，民免而无耻。导之以德，齐之以礼，有耻且格。"又云："人而不仁，如礼何！人而不仁，如乐何！"又强调："君使臣以礼，臣事君以忠。"综上所述，孔子之政治追求亦以恢复"礼"为当务之急，章太炎认为："《比》《赋》《兴》虽依情怀，而后广博多华，不宜声乐。由是十五者流删取三种，而不遍及。孔子所定盖整齐其篇第，不使凌乱，又求归于礼义，合之正声，以是为节。"[③]此论意在强调，孔子删诗其立意之标准为"礼"，以周礼的标准使得原本错乱不堪的《诗》，按照一定的编排顺序整齐地展现在我们面前，所以古人云"诗言志"，是故孔子认为："古之为政者，必本于天，殽以降命，命降于社之谓殽地，降于祖庙之谓仁义，降于山川之谓兴作，降于五祀之谓制度。"[④]引文是章氏对于孔子传经用心之揣测，其中章氏认为孔子在传播学术、文化过程中，时刻将传播礼法作为其政治思想的核心，孔子的地位由此在中国政治、社会发展过程中，发挥了非常重要的作用，萧公权先生认为："孔子政治思想之出发点为从周，其实行之具体主张则为'正名'。"而孔子所谓"正名"，"所依据之标准，即盛周之制度"。[⑤] 所以章氏认为孔子在删定六经过程中，首先是确立了"礼"在其政治主张中的核心地位，并将这种主张汇入其编纂的六经之中。

1902年，章氏在《訄书（重订本）》中引用日人远藤隆吉的论断："孔子之出于支那，实支那之祸本也。夫差第《韶》《武》，制为邦者四代，非守旧也。"同时远藤氏认为孔子处于中国文化发展的主峰，其不仅传播上古文籍，更于其中宣扬其独特的政治观点，由此而言，孔子"为人表，至岩高，后生自以瞻望弗及，神葆其言，革一义，若有刑戮，则守旧自此始"。其意在强调孔子的地位之高大，使后人望尘莫及："故更八十世而无进取者，咎亡于孔氏。祸本成，其胙尽矣。"[⑥]对于这个观点今人王汎森认为这是章氏对于远藤氏之《支

---

① 郭沫若：《十批判书》，东方出版社，1996年，第87页。

② 王德明主编《孔子家语》，广西师范大学出版社，1998年，第305页。

③ 章太炎：《六诗说》，朱维铮编校《章太炎全集》第三卷，第393页。

④ 章太炎：《国故论衡》，第56页。

⑤ 萧公权：《中国政治思想史》，辽宁教育出版社，1998年，第55页。

⑥ 章太炎：《订孔》，朱维铮编校《訄书（初刻本重订本）》，第115页。

那哲学史》的歪曲理解，其用意“说明孔子并不因伟大而为后生瞻仰，而是因为他独擅删改六经之权的缘故，实等于推翻远藤氏对孔子的评价”。[①] 笔者认为此观点似有不妥之处，虽然章氏于引文之后强调：“异时老、墨诸公，不降志于删定六艺，而孔氏擅其威。遭焚散复出，则关轴自持于孔氏，诸子却走，职矣。”[②]此观点意在强调孔子述而不作的地位，联系文章出现的时代背景是在廖继平和康有为鼓吹今文经中孔子为“新王”的观点，所以王汎森的论断有一定的说服力。但笔者通过参考章氏对于孔子评价的多种文献后认为，章氏歪曲远藤隆吉之论断未必如此简单，1906 年章氏发表《诸子略说》认为：“是故孔子博学多能，而教人以忠恕。虽然，有商订历史之孔子，则删定《六经》是也；有从事教育之孔子，则《论语》《孝经》是也。由前之道，其流为经师；由后之道，其流为儒家。”[③]所以，在章氏的论点中，孔子的形象一者为“商订历史之孔子”，此为后世之“经师”；一者为“从事教育之孔子”，其后“流为儒家”，所以从此角度言之无论为“经师”或“儒家”总不过以礼法思想训教后人，指导政治之发展，是故《大戴礼记》有云：“孔子曰：‘至礼不让而天下治，至赏不费而天下之士说，至乐无声而天下之民和。明主笃行三至，故天下之君可得而知也，天下之士可得而臣也，天下之民可得而用也。’”[④]所以孔子的政治理论中，重视“礼教”是为核心要义，章氏由此认为孔子诞生于中国，并非中国之哀，而是中国之幸，孔子开启了未来中国学术发展的脉络与途径，此亦以间接的方式认可了公羊学派于近代认孔子为改革者的角色。

章太炎之所以赞同孔子是为改革者之角色，亦从历史考证中获得。盖“礼”的产生与发展若是按照一般的观点言之，则是上古流传而来，所以章氏认为：“自夏、殷以往，其民则椎鲁无鳃理，而圣人亦下渐之以为吾用。”而圣人传“礼”亦并非述而不作，“所以何者？眇论之旨，非更千百年，固不能以阘怿，时为之也。”上古洪荒之世界，人文未能开化，野蛮气息未能尽去，“当是时，见夫芜菁之萎于燕，鲸鱼、慧星之迭相为生死，与其他之眩不可解者，而以为必有鬼神以司之，则上天之祭，神怪魖头之禓祓，自此始矣。”[⑤]所以，圣人在传播礼教的过程中，必将除去秽恶的成分，而将政治理想寄托于其中，正所谓：“仲尼赞《易》为十翼，则意有出于爻象之外在。七十子传微于后学，而为作记，则意有出于《礼》《乐》本经之外者。是故经皆孔子之经，而非尧、舜、周公所得据，然彼所用圣过数子者，当不在是。”[⑥]所以，孔子对于尧、舜、周公实则法其形，而不法其义也，在传授礼教过程中，质言之，亦是采取扬弃之态度，以上古先贤为榜样，寄托对于未来政治发展的追求。

---

① 王汎森：《章太炎的思想》，上海人民出版社，2012 年，第 173—174 页。
② 章太炎：《订孔》，朱维铮编校《訄书（初刻本重订本）》，第 115 页。
③ 章太炎：《诸子学略说》，汤志钧编《章太炎政论选集》上册，第 286 页。
④ （清）王聘珍：《大戴礼记解诂》，中华书局，1983 年，第 7 页。
⑤ 章太炎：《原教》下篇，朱维铮编校《章太炎全集》第三卷，第 286 页
⑥ 章太炎：《今古文辨义》，汤志钧编《章太炎政论选集》上册，第 109—110 页。

综上所述，章太炎于孔子删定六经中对于“礼”给予了较多的关注。此种关注一方面反对将孔子刻意变成典籍的制作者，而加以歪曲性的理解；另一方面，通过对于“礼”的描述，进一步论证了孔子政治思想的伟大性与现实价值，肯定了孔夫子对于中国历史发展的贡献。

六、历史学家之孔子，并非“述而不作，信而好古”

孔子传承六经，亦是保存历史，所以当今学者提出章太炎认为孔子更具有一个历史学家的身份。这种观点确实有一定的历史渊源与根据，所以古往今来学人认为：“孔子作《春秋》因于鲁史旧文，故曰其文则史。然其内容不专着眼在鲁，而以有关当时列国共通大局为主，故曰其事则齐桓晋文。”[①]但另一方面应当注意的是孔子所作之史为立足于当时政治发展之通史。

章太炎认为孔子作史，绝非简单地记录当时的政治演变的一般情况，反之是出于保持华夏正统之考量。清末，革命党人对于孔子的论断大抵采取批判的态度，“辛亥革命时期的反孔，其主要特点是揭露孔子与封建统治的密切关联，把批孔与反对清王朝联系起来，言辞激烈，论点明确。但理论上的阐述不足。”[②]章太炎出于反对康、梁学说的考虑，对于孔子的“托古改制”的地位给予了强烈的批判，但依然从孔子保存文化，保存民族性的角度对其表示了极高的钦佩。他说：“史亡则国性灭，人无宗主，沦为裔夷。仲尼所以为《春秋》，徒为其足以《春秋》，徒为其足以留远耳。故郊并百王于上天。”[③]所以，孔子保存了汉种的历史，虽然我国历史上屡屡遭受蛮族的入侵，但孔子之《春秋》成为了呼唤民人种姓的重要依据，清末满洲人入主中原，士大夫再遭亡国之痛，所以章氏论曰：“综观《春秋》乐道五伯，多其攘夷狄，扞族姓。虽仲尼所以自任，亦曰百世之伯主也，”孔子在今日“以立言不朽，为中国存种姓，远殊类，自谓有伯主功，非曰素王也。”[④]所以虽然辛亥革命时期，诸多革命者反孔、批孔，但无疑其关于种性的思想确实与孔子传播之六经有莫大的关系。所以虽然孟子说：“仲尼之徒无道桓、文之事者”，但章氏认为：“孔子作《春秋》，孟子、公羊皆言其事则齐桓、晋文，试问《春秋》之异于旧史者安在？”答案是：“盖以前皆言帝王之道，《春秋》则言霸主之道。”之所以要记录“霸道”，因为“春秋之季，戎夏交捽，若无霸主，将不独伊川之见野祭而已。”[⑤]由此角度入手，章氏在辛亥革命时期，对于孔子的评价很快由负面转为正面，而1935年国难当头之时，章氏提出国学救国论，他说：“孔子作

---

① 钱穆：《孔子传》，三联书店，2002年，第99页。

② 刘宏章：《辛亥革命到建国前孔子研究的历史考察》，《孔子研究》1986年第2期。

③ 章太炎：《春秋故言》，汤志钧编《章太炎政论选集》上册，第412页。

④ 章太炎：《检论·春秋故言》卷二，朱维铮编校《章太炎全集》第三卷，第412页。

⑤ 章太炎：《论经史儒之分合》，诸祖耿、王謇、王乘六等整理：《章太炎国学讲演录》，第93页。

《春秋》，确立民族主义，三传释经，虽有不同，而内诸夏，而外夷狄则一。管仲见此功，孔子立此意，以故中国屡亡，而卒能复兴。"[①]更将孔子的地位列于崇高，以期保存族性，救国家于危亡。

孔子之编修历史，除了激扬种族意识，章太炎亦强调，孔子将其政见融入其中，于史书中褒贬罪恶，弘扬真善。《孟子》有云："《春秋》，天子之事也。是故孔子曰：'知我者，其惟《春秋》乎！罪我者，其惟《春秋》乎！'"由此足见，孔子绝非单纯修纂历史，而是寓褒贬于其中，是为道德的教化，章太炎一方面认为："虽然，孔氏，古良史也。辅以丘明而次《春秋》，料比百家，若旋机玉斗矣。谈、迁嗣之，后有《七略》。"[②]此表明，孔子之史学家地位不可动摇，且后世之史家大多承袭了孔子的治史精神，这就是所谓的春秋笔法，"自孔子以鲁故臣，依太史丘明为主，而修《春秋》，躬处小国陪台之列，故君弑皆讳言'薨'。丘明虽著其事，本孔子意，不曰其君。"由此他认为孔子以鲁国历史为史料，将其政见贯彻其中，谓："义者，《春秋》凡例，掌在史官，而仲尼以退吏私受其法，似若盗取，又疑于侵官，此其言'罪'，言'窃'所由也。"[③]章氏的这种观点应该承袭了今文经学者对于孔子的一般性认识，正如《春秋公羊传注疏》中所言："传《春秋》者非一"，"孔子至圣，却观无穷，知秦无道，将必燔书，故《春秋》之说口授子夏。"[④]引文中的内涵是孔子以《春秋》传道，此正与章氏观点相呼应。

孔子于《春秋》中更寄托了对后世政治发展的祈望。关于这个问题，今文经学者认为，孔子为后王立制度，章太炎也比较认同这个观点，谓："仲尼有言：夏道不亡，商德不作；商德不亡，周德不作；周德不亡，《春秋》不作。"所以孔子"《春秋》之作，以黑绿不足以苍黄，故反夏政于鲁，为新王制，非为汉制也。"同时值得注意的是"荀子所谓后王者，则素王是；所谓法后王者，则法《春秋》是。春秋作新法，而讥变古易常。"而孔子所传之法非"旧法"，而是"新法"，"汉因于秦，唐因于周、隋，宋因于周，因之日以其法为金锡，而已形范之，或益而宜，或损而宜。损益曰变，因之曰不变。仲尼、荀卿之于周法，视此矣。"[⑤]对于章太炎1900年在《訄书(初刻本)》的论断历来争论不休，但笔者认为此《尊荀》之说一定程度上反映出了他对于孔子的一般性态度，至于1902年章氏删除此篇，并不是说章氏对于孔子的态度发生了变化，一方面从《訄书(重订本)》的篇章结构中不难发现，其中更多的内容是在谈论社会变迁、历史发展的内容，而"初刻本"中以《尊荀》为首，荀子法后王，认定了人类社会在不断地变化与发展，如果考察当时的社会背景亦当认为《訄书》两个版本中对于孔子的论断不应当出现本质性的差别。此外，章太炎强调："自孔子作《春

---

① 章太炎：《论经史儒之分合》，诸祖耿、王謇、王乘六等整理：《章太炎国学讲演录》，第95页。
② 章太炎：《訄书(重订本)·订孔第五十》，朱维铮编校《訄书(初刻本重订本)》，第116页。
③ 章太炎：《春秋故言》，朱维铮编校《章太炎全集》第三卷，第408—409页。
④ [后汉]何休：《春秋公羊传注疏》，北京大学出版社，2000年，第4页。
⑤ 章太炎：《尊荀》，朱维铮编校《訄书(初刻本重订本)》，第6页。

秋》,本以和布当世事状,寄文于鲁,其实主道齐桓、晋文五伯之事。"孔子之记录目的是:"五伯之事,散在本国乘载,非鲁史所能具。为是博征诸书,贯穿其文,以形于《传》,谓之属辞比事。"其中所宣扬的是:"足以法戒后王而不可越书于鲁史者,则无嫌于阙文,然后无害凡例。其褒贬挹损,亦著焉。"[①]质言之,孔子订《春秋》其目的为以"五霸"之先例,告诫后王为政之道,诚如章太炎后来所述:"《春秋》者,先王之陈迹,详其行事,使民不忘,故常述其典礼,后生依以观变,圣人之意,尽乎斯矣。"[②]

七、孔子可称"王"否?

《史记》中说:"伊尹处士,汤使人聘迎之,五反然后肯往从汤,言素王及九主之事。"唐代司马贞《索隐》曰:"素王者,太素上皇,其道质素,故称素王。"[③]是故素王之说非专指某个特定的历史人物,举凡"其道质素,故称素王",而孔子亦因为"其道质素",而被后人冠以"素王"的称谓,章氏于1900年之《訄书(初刻本)》之《客帝》文中提出:"昔者《春秋》以元统天,而以春王为文王。文王孰谓?则王愆期以为仲尼是已。"并且"素王不绿,则黑绿之德不弛,则震旦之域,千百世而有共主。"[④]章氏的观点集中于孔子可以称王,原因是:"繁露有言:'天子不臣二代之后,而同时称王者三。'是则杞、宋之在周世,其名则公,其实则王也。"[⑤]《史记》有云:"武王追思先圣王,乃褒封神农之后于焦,黄帝之后于祝,帝尧之后于蓟,帝舜之后于陈,大禹之后于杞。"[⑥]综上所述,章太炎认为从历史传统言之,孔子当为王,并且受到后世的应有的祭祀与礼遇,从时代发展角度言之,他提出孔子为新王的观点除了带有明显的公羊家的特色,有观点认为章太炎的观点更是体现出了对于清朝皇帝采取认可的态度,要求以孔子及其后代作为华夏共主,清朝皇帝可为客帝,但此观点未能将章氏理论的全部呈现出来。

章太炎认为孔子为新王,但政论的焦点是孔子的后代,即衍圣公是否依然为新王呢?他在1900年的观点对此持肯定的态度,而1902年《訄书(重订本)》中对这个问题则采取了否定的态度,"今中国羸病,炊之则僵,犁五稔必仆。虽尊崇孔氏,以息内讧,其何瘳乎?""尚观明堂之法,家天下则帝孔丘,百世丕天之大律,非独为猾夏之代而已。"[⑦]但章氏之反对者以衍圣公为中国之公共主,盖因:"余自戊、己违难,与尊清者游,而作《客帝》。

① 章太炎:《春秋故言》,朱维铮编校《章太炎全集》第三卷,第412页。
② 章太炎:《齐物论释》,王仲荦编校《章太炎全集》第六卷,第38页。
③ 《史记》卷三《殷本纪》,第94页。
④ 章太炎:《尊荀》,朱维铮编校《訄书(初刻本重订本)》,第58页。
⑤ 章太炎:《客帝》,《訄书(初刻本重订本)》,第58页。
⑥ 《史记》卷三《殷本纪》,第127页。
⑦ 章太炎:《客帝》,朱维铮编校《訄书(初刻本重订本)》,第61页。

饰苟且之心，弃本崇教，其违于形势远矣！”晚清中国“满洲贱族，民轻之，根于骨髓，其外视亡异欧、美。”同时应当注意到孔子仅仅是开启了中国文化发展的路径，并不能先知先觉预告未来数千年中国发展之变数，所以“今弗能昌言自主，而以责宣尼之主，面欺！著之以自劾录，而删是篇。”[①]质言之，章太炎否定了孔子为今王的观点，而主张孔子仍为素王。

八、结语

通过上述论断，章太炎对于孔子的评价虽然变易处时有发生，但其对于孔子的评价应该是比较积极的，即使在其1913年发表的《驳建立孔教议》中，也没有刻意贬低孔子的形象，他说：“盖孔子所以为中国斗杓者，在制历史、布文籍、振学术、平阶级而已。”所以“后人因以知前。故虽戎羯荐臻，国步倾覆，其人民知怀旧常，得以幡然反正。”又认为：“孔子于中国，为保民开化之宗，不为教主。世无孔子，宪章不传，学术不振，则国沦戎狄而不复，民陷卑贱而不升，欲以名号加于宇内通达之国，难矣。”[②]所以，章太炎评孔立足于从正面角度剖析孔子的历史功绩，重在弘扬孔子和孔学对于中国社会的发展产生的持续的影响与作用。

从另一个方面言之，章太炎论孔的观点在当时和以后的中国社会发展过程中，被广泛地论证为正确。正如《四书道贯》所云：“孔子承吾祖先所遗下伟大发明，而予以全部整理，使之成为有系统之学术思想；其原理见诸《中庸》，其应用见诸《大学》，其详释《论语》。”[③]此观点虽与章氏论断未有直接的渊源关系，但从另一个角度亦显示出了对于孔子的评价在近代以来逐渐形成了一种共识，虽然在历史发展过程中，孔夫子的形象时时遭受政治斗争、文化博弈的考验，但对于孔子所代表的文化的肯定依然经久不衰。

作者简介：

朱浩（1984—），男，安徽马鞍山人，现为安徽工业大学工商学院讲师，历史学硕士，主要从事中国近现代史研究。

---

① 章太炎：《客帝》，朱维铮编校《訄书（初刻本重订本）》，第107页。

② 章太炎：《驳建立孔教议》，朱维铮编校《章太炎全集》第四卷，第196—197页。

③ 陈立夫：《四书道贯》，中国友谊出版公司，1991年，第677页。

《韩国历代文集丛书》学术价值初探

刘永连

[提要]域外汉籍作为一种新资料对当前和未来我国学术研究起着重要的作用。朝鲜半岛深受中国传统文化的影响,所产生的汉文典籍数量庞大,在域外汉籍领域占有举足轻重的地位。《韩国历代文集丛书》作为韩国较近整理出版的一部大型汉文文集丛书,囊括了朝鲜半岛一千多年以来社会发展的文化成果,在朝鲜半岛人文社会科学包括历史、文学、哲学、社会学等各个领域均具有取之不竭的学术内涵和极其重大的挖掘价值。从历史学角度看,该套丛书可以说尽为史料,为朝鲜半岛史、中国与朝鲜半岛关系史乃至中国社会史等研究领域都提供了特别丰富的文献资源。

[关键词]韩国历代文集丛书;域外汉籍;中韩(朝)关系

众所周知,朝鲜半岛作为汉字文化圈的重要组成部分,在绝大部分时期内通行汉字,故其汉籍文献之丰富可以推想。然而受其面世程度的限制,学界在该领域的挖掘迄今浅微,而中国学人对这部分域外汉籍亦缺乏清晰的认识。不过最近,由韩国文集编纂委员会推出的《韩国历代文集丛书》(以下简称丛书)倒是给人颇为意外的惊喜。笔者分明感觉到,在朝鲜半岛积淀了上千年的汉籍文献终于犹如航空母舰般以惊人的规模浮出水面了。

丛书由韩国文集编纂委员会编辑整理,景仁文化社统一发行,在最近20余年内陆续出版3000册、约3500种,合计近20000卷。尽管总以文集丛书命名,但是它囊括了大量儒家经学、历史学著述以及丰富的佛道诸子、科技艺术等类文献,其实算是一个卷秩可观的“小四库”。究其学术价值,亦体现在诸多方面。仅从社会科学领域来讲,该部丛书不但拥有文学、哲学、历史学、社会学等领域的大量资料，而且内容涉及政治、经济、军事、艺术、天文地理、语言文字等诸多领域，因而是研究朝鲜半岛社会科学各领域及其发展历史不可或缺的文献资料。而对于中国学界来说，特别值得重视的是其大量资料描述或涉及中国，对于中国与朝鲜半岛关系史乃至中国社会各领域的研究亦具有极高的价值。

一、文学方面

该丛书首先是一套文学性质的文献资料。据笔者初步摸查可知，它以文学作品为主体，时间上自 7 世纪初，下至 20 世纪下半叶，长达十几个世纪；体裁上也极其丰富，几乎包括了传统汉文文学作品中常见的韵、散各种形式。由此看，它堪称是朝鲜古典文学作品的一部总集。而就其与中国关系而言，则属中国古典文学向汉字文化圈边缘地带成功移植的重要案例，与中国古典文学及其发展密不可分。

《丛书》中所有作品尽管都是朝鲜半岛社会活动的文化成果，但其体裁、内容乃至技法等基本模仿中国古典文学。先看其体裁，韵文有诗、词、曲、操、辞、赋、乐府、歌行、箴、铭、颂、赞及挽词、哀词、诔词、青词等；散文有序、记、议、论、说、疑、原、问、杂录、释义、语录等，更多是出现于各种社会活动的应用性文体，包括书、启、笺、劄、疏、表、奏、状、册文、制诰、谕旨、教书、批答、檄牒、委曲、别纸、碑文、墓表、行状、家状及祝祭祷告之文、应制对策之文等；散韵杂文则包括口号、法语、诔文、赞文、墓志铭、常享文等。这些体裁在名称上无疑都出自中国，而其特征、功用和分类亦与中国同类作品并无二致，简直就是中国古典文学的一种翻版。次考其内容，朝鲜文人所咏叹的事物对象、表现出来的文化情趣、引用的典故事例、寄寓的理论观念等，与中国古典文学作品大致相同，反映了朝鲜半岛在自然地理上与中国大陆切近，在社会生活上深受中国文化影响的状况。在这些作品中，松、梅、竹、兰等自然事物同样是人们咏叹的重要对象，生产方式和节日礼俗几乎与中国毫无二致，重礼、尚学、隐逸、优游等思想情趣依然是文人生活的主要旋律，重农轻商、忠君爱国等政治思想基本沿袭中国文化轨道。特别值得指出的是，朝鲜文人引经据典基本不出中国古代典籍，像《诗经》《文选》《史记》《汉书》以及儒道经传、诸子著述等，皆能顺手捻来；怀古论今亦多借中国史事、人物，前者如秦亡汉兴，后者如唐宗宋祖，出现尤其频繁。再论其技法风格，朝鲜人习文入道，同样是文尚汉赋，诗重盛唐，词曲宋元，与中国文人路数相近。在朝鲜半岛，唐之李杜、韩柳等，宋之苏轼、欧阳修等，同样是人们普遍崇拜和学习的偶像，类似风格亦多有史迹可寻。

朝鲜文人直接效法或从中国移植文学体裁、内容和技法的例子不胜枚举。较为有趣者要数“八景体”了。初见此类作品，笔者还以为是朝鲜半岛特有的新鲜东西。然而柳义孙考证其来历说，最初高丽集贤殿副修撰李永瑞得宋宁宗《潇湘八景》诗，“宝其宸翰，搨其诗，画其图，以名其卷曰‘八景诗’。仍取丽代之能于诗者陈澕、李仁老二子之作系焉，又于当世之善诗者请赋五六七言以歌之”[①]，“八景诗”由此兴起。从其诸多作品看，题目仍用“潇湘八景”之名，各景或有小标题，亦沿袭不变；体裁上八景仍各分别描述或独立成诗，多用七言统一格式；内容上亦以歌咏八景为主，只是奇思妙想更多。更妙者是，其创作活动中不乏中国诗人参与或评价。在柳义孙等人创作形成的“潇湘八景”诗集中，就有“中朝人翁正春以八分书其首曰海宇奇观”[②]。可见该诗体既移植于中国文学沃土，其发展亦难免受中国文坛的影响。

当然，朝鲜社会对汉文文学亦不乏灵活创造和发展，出现过颇具地方、时代特色的新颖体裁和内容。例如“走笔”，形式上近似七律或五律，多在筵席聚会之间“使人唱其韵而赋之”，不过一般用于取乐助兴，多为游戏之作，“但于朋伴闲使酒时，狂无所泄，遂托于诗，以激昂其气，供一时之快笑耳，不可以为常法，亦不可以于尊贵之前所为也”[③]，因而其内容、用词较为通俗，平仄也较为自由。李奎报提到，该文体为其国人“李湛清始倡之”[④]，这无疑是一种由朝鲜半岛士子所新创和流行起来的文体。再如“口号”，结构先文后诗，文为骈体，四六成句，诗为七言八句，颈联腹联对仗，形似七律。文中皆有“恭惟圣上陛下”“恭惟新册公主”“敢进歌谣”“旁采民谣”等语，主要用于高丽教坊女子恭候国王及公主等人和进献乐曲时之当面致辞。不过据考查后来有所发展变化，广泛用于人们平常会面示意，文体结构也趋于简单通俗。[⑤] 不过，这些文体衍生于近体律诗和愿文青词等形式，离不开中国古典文学的深厚基础。

由于文献的局限，中国学界对朝鲜半岛文学的研究一直不多。除了韦旭升的《朝鲜文学史》（北京大学出版社 1986 年版）、《韩国文学史》（北京大学出版社 2008 年版）及李岩、徐建顺等主编的《朝鲜文学通史》（社会科学文献出版社 2010 年版），再无通论性专著。而深入到具体某一领域者更是仅有李官福《汉文大藏经与朝鲜古代叙事文学》（民族出版社 2006 年版）一书。关于中国文学对朝鲜半岛的影响及两地文学交流，则迄今尚乏重大成果。仅就唐诗在朝鲜半岛的影响而言，张伯伟先生曾以短文探讨了孟浩然骑驴作

---

① [朝鲜王朝]柳义孙：《和匪懈堂（安平大君）潇湘八景诗序》，《桧轩先生文集》（不分卷），韩国文集编纂委员会：《韩国历代文集丛书》第 103 册，景仁文化社影印版，第 134 页。（以下简称“《丛书》”）

② [朝鲜王朝]柳义孙：《和匪懈堂（安平大君）潇湘八景诗序》，《桧轩先生文集》（不分卷），《丛书》第 103 册，第 134 页。

③ [朝鲜王朝]李奎报：《东国李相国集》卷二二《論走筆事略言》，《丛书》第 7 册，第 396 页。

④ [朝鲜王朝]李奎报：《东国李相国集》卷二二《論走筆事略言》，《丛书》第 7 册，第 394 页。

⑤ 参见[朝鲜王朝]李穡《牧隐先生文集》卷六、一一、三四，《丛书》第 16 册，第 88、407、424 页；第 19 册，第 339 页；[朝鲜王朝]李綷《陶庵先生文集》卷一至六，《丛书》第 260 册，第 224、231、233、245、283、328 页等。

为诗人标榜清高的行文方式，在朝鲜半岛演化成骑牛并形成一种内涵丰富的文化意象。[①] 然而在朝鲜半岛唐代诗风的流传、杜诗理论的再研究、孟浩然山水理念的传播、白光勳深得唐诗绝句精髓等许多问题尚未引起学界关注。另外，在两地文学交流史上，《皇华集》的形成及其影响、《东文选》在中国的流传等都是非常重要而有意义的课题，亦至今未见专著深究。有了这部朝鲜文学总集，以上诸多研究也就具备了充分的文献资料。

二、历史学方面

这套丛书又是一座内容浩瀚的史学资料宝库。与中国文化传统相一致，读史修史是朝鲜文人标榜学问清望的一大标准，因而丛书中保存了丰富的历史学资料。亦与中国史家著述类似，朝鲜文集中巨篇的作品一般是读史或研史札记，其中研读《通鉴纲目》和《唐书》《宋史》者尤多。这类作品多就历史人物、事件或编纂体例、史学方法等阐述见解，对中国史学理论研究具有参考价值。同时还有不少记述历史事件的始末、事略、日记等，记述宿儒言行的语录、摭言、杂录等，也有人寻访乡实，纂修方志，或者搜罗掌故，编辑史传，其所用体裁、技术手段皆与中国史书无异。至于史料性篇章，有咏史怀古的诗词、歌赋，彰善颂德的行状、碑铭，探源宗族的家谱、世系，缅怀先人的祭文、家乘，等等，纷繁复杂，举不胜举。在这些著述里，有许多资料描述了朝鲜人视野里的中国社会，记录了历代中国与朝鲜半岛人民交往的事件、史迹，记录了两地传统文化交流、互动的历史过程，反映了双方远比宗藩隶属更加密切的文化关系。因而其史学价值，对中国学者来说亦属重大。

基于朝鲜半岛与中国极其切近的地域和政治关系，《丛书》中记述中国历史事件的资料比比皆是。重大历史变故如辽宋对峙、胡元革命、明朝建立、女真雄起等，都是韩人文集中重点且详细记述的情节内容。其中某些史事，如蒙古在东北亚的经略，仅在李奎报《东国李相国集》卷二十八至三十就有不小篇幅的记录。明代后期女真部落的分布、兴替，满洲在中国东北的扩张等方面史料，更是曾为众多朝鲜朝臣、边将乃至地方文人所留意，在《丛书》中资料丰厚，大可以弥补中国文献在前清发展史记载上的不足。小到某些朝代革新政变、措施更张、人物生卒、百姓生计等，韩人文集中则时有为中国史家所疏忽的点滴记载。至于对中国社会的即时描述，众多《朝天录》《燕行录》等卷集尤其引人注目。其中对当时中国社会情态都是使节耳闻目睹所得，亦可谓第一手资料，而且由于出自域外之眼，观点新颖，与中国文献进行比较研究颇有意义。例如，明清以来中国民间流行花草石的赏玩，这些情况在金舜协、尹文举、申景濬等许多人的文集中都有记述，并反

---

① 参考张伯维《骑驴与骑牛——中韩诗人比较一例》《再论骑驴与骑牛——汉文化圈中文人观念比较一例》，氏著《域外汉籍研究论集》，北京大学出版社，2011年，第22—39、40—62页。

映了朝鲜文人对这种玩物的喜好态度。①

就中国与朝鲜半岛之间的政治交往而言，前述使者行记详细记述了使节往来的背景、具体出使的过程、使团队伍的组成、贡赐贸易的物品以及连带引发的其他众多文化交流内容等，内容之丰富超过两地其他任何形式的文献。同时，韩人文集针对某些历史事件远比中国文献更为翔实的描述尤其值得重视。如至今尚未引起学界注意的壬辰战争史料。壬辰战争即1592—1598年明朝援朝抗倭战争，规模和影响皆极重大，学界研究已有百年。不过基于文献因素，该领域研究在广度和深度上颇为有限。而在这套丛书中，笔者已经检录出数百种包含壬辰战争史料的文集，其中经历这场战争并留下直接史料的作者已见163位，约百万余字，间接史料目前尚无法统计，如此厚重而且可靠的文献资料是我们以前无法想象的，更是无法见到的。从中我们可以看到朝鲜请兵和明军出师的曲折过程、入朝明军的兵种构成及各级将领的具体履历事迹、明军将领与朝鲜社会的复杂交往、朝鲜社会对这次战争和明军将士的感观和态度，以及在这次战争背景下人群流动、文化交流等诸多方面的丰富史料，以上这些都是学界以往研究不多甚至未能关注的重要领域和问题。

再看文化关系领域，中国与朝鲜半岛文化交流的史料处处可见，其中中国典籍的流布、制度的移植、儒家文化的东渐、家族和群体的迁徙等都有取之不尽、用之不竭的资料。至于其他如两地之间人员的交往、物品的交流、思想的互动、文化的融合乃至在欧风东被等重大历史事件和社会变革面前所表现出来的文化差异和联系等问题，都有坚实的资料支撑。就研究现状来看，两地文化关系领域还存在极为可观的史料和问题空间。如在移民文化上，朝鲜半岛人动辄声称始祖是来自中国某朝的学士，"八学士""三学士"之词常见于文集中谱牒、传记等文献资料，笔者称这一现象为"学士"情结。② 如果深究，这无疑是唐宋以来中华文化高度影响朝鲜半岛的产物，是朝鲜半岛人慕华心理最为经典的体现。在制度影响上，丛书中数百篇、部的家训和乡约与中国同类文献形成映照，反映了中国传统家庭文化和乡间社会组织制度在朝鲜半岛扎根、发芽的历史过程。这些问题鲜活、实在，都是学界至今尚未深究的课题。

三、哲学方面

除去文学作品，文集中篇幅最多恐怕就是哲学著述了。这些著述，与中国哲学文化

---

① 参见[朝鲜王朝]金舜协《农岩先生文集》卷二七《燕行录》，《丛书》第251册，第164页；[朝鲜王朝]尹文举《石湖先生遗稿》卷三《上叔氏庶尹公书》，《丛书》第721册，第364页；[朝鲜王朝]申景濬《旅庵先生文集》卷五《四物铭》，《丛书》第2487册，第422页。

② 参考[朝鲜王朝]刘荃《竹谏先生文集》、[朝鲜王朝]洪宇正《阳坡先生实记》、[朝鲜王朝]房元景《知足窝先生文集》、[朝鲜王朝]吕孝孟《休叟遗稿》等诸多人文集。

关系切近。首先，朝鲜士子和士大夫之流普遍崇尚儒学，无论与人交往、讨论还是闭门读书、著述都以钻研儒经为要务，因而在《丛书》中大量的往来书启短札多以经书大义为话题，巨篇著作中更以讲解诠释儒经占多数。在讨论和深究儒经的过程中，核心性的哲学概念如"气"与"理""心"与"性"等又往往是比较热门和流行的命题，由此涉及士子和士大夫们的世界观和方法论，并直接落实到他们为人处世的人生观念上。这反映了朝鲜半岛很好地吸收和发展了汉文化圈里的儒学思想。值得一提的是申贤所著《华海师全文集》，集中详细记录了作者与元朝皇帝关于理学问题的交流，堪称程朱理学流传朝鲜的一手资料。① 朝鲜半岛较日本、越南等地更接近于汉文化中心，对中国传统文化接受程度较深也是情理之中的事情。

不过，韩人文集也显示出朝鲜半岛儒学发展的自身特点。例如，朝鲜半岛在较长时期内推崇程朱理学，奉之为正宗，即使到了明代王阳明"心学"在中国代之而起的时代也并未改此基调。有文集记载，明使袁黄等人曾试图在朝鲜宣讲推广王氏心学，却遭到了比较直白的拒绝。② 这反映了朝鲜儒学并非始终追随中国儒学主流的发展，彼此之间既有交流和融合也有差异和冲突。与此同时，大量的经书诠释、讲义以及书牍商榷、经筵日记、游学行记等往往涉及非常高深和细致的哲学命题，其中不乏作者本人独到的见解和认识，而且展示出许多新颖、生动的图示诠解方式。这些都体现了朝鲜儒学存在发展的独立性和特殊性。

其次，道家哲学思想也在朝鲜士人中具有相当的影响。《丛书》显示，他们偏好出世，其名号多用日月山水、梅竹龟鹤等蕴涵自然之趣的字眼，而"隐""晦""拙""愚""慵""懒"深含遁隐出世之意的字眼尤其之多。在《丛书》中，从《道德经》等道家经典入手阐发"有"与"无""一"与"二""有常"与"无常"等范畴关系的著述占有相当的比重，而对《周易》及洪范九畴、太极八卦等理论的研究则是一大热点。无论潜心遁隐的处士，还是得意官场的士大夫，他们都热衷于四处游学和娱乐山水，因此除专门的道家哲学著作外，还留下大量充满道家思想情趣的山水游记和行记。

再次，佛教在宗教体系中以深蕴哲学理念和思辨而著称，而其思想也在占有《丛书》中一定分量的道俗著述中表现出来。在中国化佛教影响下，朝鲜半岛佛学也曾高度发展。《丛书》中有至少数十部高僧文集，《元测和尚文集》《元晓大师文集》等是朝鲜早期佛教著述的代表，《大觉国师文集》《涵虚大师文集》等则是朝鲜佛教发展高峰期经典的著述，这些文集中无论是经论疏记还是吟咏诗词都饱含着佛家的哲学思想。此外，不少士人也喜欢佛教，加上僧徒们的迎合，道俗交流非常广泛。这时候，佛家哲学特别是禅宗的

① 参见[朝鲜王朝]申贤《华海师全》卷一《元主问对》，《丛书》第 32 册，第 10—47 页。

② 参见[朝鲜王朝]成浑《牛溪先生文集》卷六《答皇明兵部主事袁黄书袁尽力排程朱之学》，《丛书》第 120 册，第 485 页。

理论便推广开来。《白谷大师文集》《静观大师文集》《唤惺大师文集》等僧侣文集都是反映道俗交往、三教融合的作品，而反映佛教思想的世俗文人之集如《北窗古玉堂集》等，也就难以确计其数了。从文化渊源上看，朝鲜半岛的僧人不断来华拜师、取经，其宗派支系也都是中国化佛教的衍生，而哲学思想都可以在中国找到上源。因此，在以《丛书》为史料基础的朝鲜半岛哲学研究中，中国的影响和两国的交流同样是不可或缺的问题。这为国内哲学和宗教学界提供了又一片极为广阔而且新鲜的领域。

四、社会学方面

由于立足于地方社会，《丛书》收录了不少调查和实录性的资料，因而在社会学研究上也具有重要的价值。如几乎每部文集都有族谱、世系、年谱、家状等数据，详细记载了宗族迁徙、繁衍和发展的历史，对其家族中有功名和声望的个人记述尤为详尽和具体。它反映了朝鲜半岛与中国境内一样存在着严格的宗族组织和宗法制度，以及在中国影响下讲究地望、门第，流行以经学传承、家庭教育和世代做官为主要衡量标准的名门观念。研究以宗族、家庭为纽带的社会组织和群体，无疑当以上述资料为文献基础。而记述宗族、家庭在中国与朝鲜半岛之间移民、繁衍的大量史料，则是中国学者不能忽视的。

与此同时，因各种社会礼仪活动而产生的大量应用文体往往直接反映了朝鲜社会的伦理关系和礼仪制度。例如，献词、祝文、告由文等广泛用于祭祀，反映了人神之间的关系；册文、诰命、批答等通行于朝廷上下，反映了册立封赏、上情下达的制度；奉安文、祭文主要用于丧葬、迁庙礼仪；婚书、斋词则是婚礼、节俗中流行的文书形式；上梁文专门用于建房祭神；道场祭文则与僧道主持法事密切相关。此外唱酬、联句是诗人燕聚取乐的主要方式；口号、春帖子则是人们会面寒暄和互道吉祥的常见礼仪。这些文献为我们提供了一幅幅鲜活生动的社会活动画卷，是研究朝鲜半岛的社会信仰、饮食起居、节日交往等习俗文化无以替代的资料。

不过在这批文献里，我们同样可以看到朝鲜半岛在社会组织、伦理观念、节日礼俗等方面无不深受中国文化的影响。在其家训族规文献中，同样保持男尊女卑、长幼有序的基调；在乡社管理文献中，同样体现士绅阶层联系朝廷与地方的纽带作用；其婚丧嫁娶和节日礼俗，所有程式和内涵都与中国文化大同小异。当然，还有不少文集直接记述了中国文化习俗，如《丛书》第 77 册《立岩先生文集》卷一至五，第 95—96 册《龟峰先生文集》卷一至二等。因此，如果从社会学角度对朝鲜半岛与中国大陆进行比较研究，或以韩人文集资料研究中国社会历史，就可以为中国社会史研究提供新的视角和研究内容，进而也对中华文化圈（日本和中国台湾地区称之为“东亚文化圈”）的发生、发展做出更多层次和更为翔实的解释。这一研究无论对中国学界还是朝、韩学界，都将是前程无限、功德无量的事情。

此外，在政治、经济领域，除事变、党祸、灾荒等重大历史事件由于容易引起世人关注而多有记载外，身处庙堂的官员时常会以疏、表、奏、状和献议等形式指摘政策得失、制度弊病或提出改革建议，参与科举的士子也会以拟事对策等形式从理论上评论行政决策、官僚体制、百姓衣食等方面的重大问题。其中关于朝鲜半岛与中国经济交流和贸易往来同样拥有极其丰富的史料。例如，朝鲜社会往往渴求中国皇帝赏赐和商人贸易而来的丝绸，而高丽参、高丽布则是人们入华经常携带并对中国社会影响很大的朝鲜半岛方物。

在军事领域，文集中除壬辰战争史料外，反映历代政权对付倭祸、镇压民变以及与东北女真等族摩擦等方面的数据也很丰富，同时还有不少长于军事的士人对兵制、团练等重要问题进行研究，及时为朝廷提供建议。一些历练较久的高级官员，有时能纵观全局看待朝政，提出非常全面的意见。如《溪斋先生文集》之《倚枕录》，从人事铨选、官员考绩、兵制建树、科举教育等九个方面进行详细论述。① 在壬辰战争爆发之际，有云："连见烽燧每准一炬，此者甚可疑。或云变出左道，故右火一炬。又云贼计奸黠，先灭边烽，自举一炬，以杜内兵之援，故烽火常一炬云。"②这是探讨朝鲜烽燧制度的重要史料。许多史料记述朝鲜军队学习浙军制造和使用火器技术，由此则可以解释清军南下时何以征发朝鲜火枪兵卒，而明军抗击清军何以失败等重大历史问题。

在天文、地理等领域，文集中也有相当丰富的文献资料。从该部丛书中可以看出，一些朝鲜士人喜谈天文历法，如苏始万、金万杰、成允信等等。不少人治学领域很宽，儒经、道术、天文、地理乃至文学、艺术往往兼及，如金泰麟《尧典期三百传解》，前面讲述日月天体运转与历日节气转换的过程和规律及盈朔、置闰等知识，但后部少半则讲述五声、十二律及其长短清浊之规律。地理数据广泛存在于各类文体中，韵文中有大量的纪行诗赋，散文中游记、游录、纪行日记等都与山川地理密切相关，而风土记、地方志、世界志等资料则是专门的舆地著述。③ 由于人们生活始终离不开自己的生存空间，几乎每种文体、每篇作品都有探究地理可以参考的东西，因而这三千五百种文集几乎记载了千年以来朝鲜半岛山川河流、行政区划、交通路线的发展变化，堪称一部无比丰富的地理文献丛刊。笔者看到，中国地理文化对朝鲜半岛产生过极其深刻的影响，不但道、州机构和五京、重镇的设置一律模仿中国，非常之多的山川区划名称袭用唐宋旧称，而且其空间观念一如中国，竟然也有五岳四渎以及四方神灵的设置。这是一个非常有趣而且值得深入研究的问题。

在语言、文字领域，主要是朝鲜学者在传承儒学过程中对经书字词训诂的研究性著述。不少人研究颇专颇深，如《大溪先生文集》有《蒙语类训序》《音文类表序》等文，从中

---

① 参见[朝鲜王朝]郑济镕《溪斋集》卷五，《丛书》第1202册，第406—442页。

② [朝鲜王朝]赵靖：《黔江集》卷一《黔江先生辰巳日录》，《丛书》第1603册，第324—325页。

③ 参见[朝鲜王朝]金泰麟《小冈先生文集》卷一一，《丛书》第1089册，第397—415页。

可以看出著者们汉学功底之雄厚。其实仅就该部丛刊的规模而言，这三千多种著述至少容纳了上亿汉字，已足以反映朝鲜半岛对汉字文化良好的继承和发展，其中丰富的异体(俗体)字和造字尤其显示其突出的创造精神和实际贡献。朝鲜口语属于阿尔泰语系日韩语支，与汉语有非常大的差异，然而其书面形式使用汉语言一千多年而且许多人近乎炉火纯青，这又是一个让人倍感兴趣而且极有意义的研究课题。

在艺术、科技等领域，首先是《丛书》收录了一些研究音乐、美术技巧及其发展史的著述，如前述《尧典期三百传解》对五声、十二律有专门研究。另外诗赋、杂录等许多文体往往反映观赏歌舞、书画的内容。朝鲜士人多善汉字书法，不少文集记述了他们与汉人交流书法并颇受称道的事迹，甚至有些集子留有作者的墨宝，可供后人欣赏研究。其次少数文人亦喜科技，特别是对直接与生产、军事相关的技术饶有兴趣。17 世纪西学东渐影响到朝鲜半岛，一些士人对西学以及由此带来的西方科技开始关注，到 19、20 世纪就有更多文集收有专门介绍西学的文章和著述。因而在这一领域，我们除见到以中国为主流的文化影响外，还可以看到朝鲜社会在西学冲击下与中国异同参半的反应态势。

从科学研究的思维和方法来讲，这部丛书将对学界同仁极具启发作用。

首先，它可以带动学者扩大视野研究汉学。以往国际学界对汉学的研究主要建立在藏于大陆和流散海外的中国史料这一基础之上，故而有人干脆称之为“中国学”。然而历史上形成的汉字文化圈包括了中国大陆以外的朝鲜、日本、越南等许多地区，且亦积淀了相当深厚的同质文化和汉籍资料。笔者以为，汉学研究的范围不应限于中国文化，而应包括同样以通行汉字为基础并以儒道佛思想为支柱的周边地区文化。如果说长期以来汉学研究尚局限在汉字文化圈的核心地带，拓展层面不够开阔，切入深度也受影响，那么这部丛书的面世将会改变这种状况，它势必吸引许多学者把注意力转移到汉字文化圈的周边地带，如朝鲜半岛、日本、越南等地区，从而推动汉学研究的层面由中心地带向周边扩展。

其次，它可以启发大家改换视角研究中国文化。葛兆光先生已经指出，仅仅靠中国资料来解释中国是否就已经足够？如何既能摆脱“以中国解释中国”的固执偏见，又能跳出“以西方来透视中国”的单一模式？近在咫尺、曾与中国共享一个来自汉唐的历史、传统与文化的朝鲜、日本就是最好的镜子。通过两国汉文文献中有关中国的资料，我们可以反观中国，考究异同，不但有助于从不同侧面理解中国文化，而且可以体会双方在近几个世纪是如何分道扬镳，渐行渐远，以至于演变成难以弥合的文化鸿沟的。[①] 作为周边地区目前以较大部头面世的汉籍丛书，这部丛书将是这方面研究最值得重视和利用的文献宝库。

---

① 葛兆光：《揽镜自照——关于日本、朝鲜文献中的中国史料》，载郑培凯、景祥祜主编《千载毗邻——历史上的中韩关系》，广西师范大学出版社，2009 年，第 47—53 页。

最后，它有助于我们高瞻远瞩看待韩、中、日关系。这部丛书最为翔实地反映着中原以外汉文化存在发展的状况，反映着汉字文化圈内朝鲜半岛与中国、日本等地区的文化互动，由此我们不但可以从各个角度研究朝鲜社会各个领域的人文现象，而且可以研究汉字文化圈内不同地区之间的交流、互动以及相互促进和发展。这有助于启发我们立足于整个东亚文化圈和历史高度来看待韩、中、日三国的过去和现在，从而妥善解决国际社会存在的问题，促进三国关系沿着良好的轨道发展。

总之，这套文集丛书犹如一部无比丰富、鲜活的朝鲜半岛千年发展史书，非常细致、生动地反映了朝鲜社会各个领域在各个时代的存在情况和变化迹象；同时是汉字文化圈内和东亚社会中仅次于中国《四库全书》的又一笔丰厚的文化遗产，蕴涵着朝鲜半岛与中国之间千丝万缕的文化关系及其翔实的文化互动和发展过程。对其研究可以采取各个角度和层面，然后我们所收获的也将不止是朝鲜半岛和中国，而且是整个东亚社会乃至世界文明史至为丰硕的学术成果。

作者简介：

刘永连，暨南大学文学院中外关系研究所教授。

敬启作者

根据人文社会科学学术评价之出版要求和学界同仁之吁求，本刊自2015年起改作年度两辑(6月、11月)出版。竭诚欢迎海内外学者赐稿。

来稿请寄至：广州市天河区黄埔大道西601号　暨南大学第二文科楼805室《暨南史学》编辑部。

《暨南史学》编辑部

2015年5月15日

《暨南史学》稿件格式要求

为便于统稿和编辑出版,《暨南史学》稿件要求来稿按照历史学科论文通行格式编辑。兹作说明,敬请作者周知。

体例上论文各项内容按如下顺序编排:标题(副标题)——作者姓名——摘要、关键词——正文——作者简介(作者名,性别,籍贯,学历或职务等)和说明事项。

文字规格:标题用加粗三号宋体,作者姓名用四号楷体,摘要和关键词内容采用五号仿宋,正文及文后作者简介等用五号宋体。

注释及标点符号等项规范结合《世界历史》《中国史研究》等权威刊物编辑技术体例,具体规定见下文附录。

附录:编辑技术规范

一、注释体例

采用脚注形式,标圆形数码号①②③,每页单独排序。

(一)中文著作和文章的注释体例

1.书籍类注释依次标明著者(编者)、书名、出版社和年代、页码。

如:魏子初:《英国在华企业及其利润》,人民出版社,1951年,第23页。

2.杂志类依次标明作者、篇名、杂志名和期数;报刊类依次标明作者、篇名、报纸名称和时间。

如:李世洞:《学术评奖忧喜录》,《世界历史》1997年第3期。

3.析出文献注释依次标明作者(编者)、篇名、所引文献作者(编者)、书名、出版社和年代、页码。

如:钱乘旦:《论工业革命造成的英国社会结构变化》,载中国英国史学会编《英国史论文集》,三联书店,1982年,第102页。

4.学位论文的注释依次标明作者、篇名,单位名称和博士(硕士)论文、完成年代、页码。例如:

方明东:《罗隆基政治思想研究(1913—1949)》,北京师范大学历史系博士学位论文,2000年,第67页。

5.卷册应紧接书名。例如:

厉以宁:《罗马—拜占庭经济史》上册,商务印书馆,2006年,第111页。

6.校注、翻译著作，均将校注者和翻译人姓名放在书名之后、出版信息之前。例如：

(1)(唐)玄奘:《大唐西域记》,季羡林校注,中华书局,1985年,第23页。

(2)汉斯-维尔纳·格茨:《欧洲中世纪生活》,王亚平译,东方出版社,2002年,第18页。

7.古籍文献除"二十四史"外，其他所有书籍均需要标明作者，出版社，出版年等版本信息。未经现代出版发行者需标明出自哪种版本。

如:(1)(清)张廷玉:《全唐诗》,上海古籍出版社,1991年。

(2)(宋)郑樵:《校雠略》,《通志》,《四库全书》本。

8.如果注释中有解释性或补充说明，在加注参考文献时，一般要用"可参见""参见"。例如：

关于英国工业化时期的时间界定，可参见郭爱民《工业化时期英国地产代理制度透视》,《世界历史》2011年第3期。

9.引用两个以上出处，出处之间用分号"；"。例如：

程汉大:《英国法制史》,齐鲁出版社2001年版,第49页;琼·瑟尔斯克:《英格兰和威尔士农业史》(Joan Thirsk, *The Agrarian History of England and Wales*)第4卷第4册,剑桥大学出版社1967年版,第256页。

10.古籍文献朝代和卷册格式

古籍文献注明朝代用(　),注明卷数用汉字方式,如"卷一"、"卷三一"。

11.著作中析出文献或章节名

著作中析出文献,或其中章节名,均用书名号"《》"标注。

12.重复出现时信息标注

著述文献重复出现时，可省略出版信息，其余部分保留;期刊文章重复出现时，内容不作省略。

(二)外文著作和文章的注释体例

作者名和著作名必须要有译文和原文。出版者只注出版社中文译名，不注出版地点。

1.作者名用正体，书名用斜体。例如：

克里斯·吉文-威尔逊:《中世纪末期英国贵族:14世纪政治社会》(Chris Given-Wilson, *The English Nobility in the Late Middle Ages : The Fourteenth-Century Political Community*),路特莱吉出版社1996年版,第164—165页。

2.外文期刊名用斜体，文章名用正体，并加引号，同时加注页码。例如：

保罗·雅各布斯等:《为魔鬼效力》(Paul Jacobs, et al, "Serve the Devil"),《新非洲人》(*New African*)1990年第3期,第58页。

3.区分间隔号"·"和缩略号".":间隔号用在外国人等的人名内各部分，缩略号用在外国人等的人名缩写字母后面。例如：约瑟夫·H.比安克莱纳：《中世纪英格兰的限嗣继承和共同阻却法》(Joseph H. Biancalana, *The Fee Tail and the Common Recovery in Medieval England*)，剑桥大学出版社2001年版，第110页。

4. 外文期刊总卷和期号标出顺序为：总卷、年期号、页码。例如：

H.G.苟特尔勃克：《赫梯王国的权与法》(H.G.Gutrebock, "Authority and Law in the Kingdom")，《美国东方学会杂志》(*Journal of American Oriental Society*)第268卷，1954年第17期，第18页。

5.外文移行要符合规则。

6.译者和编者加的注，须在注末加译者或编者注，注后不加标点。例如：

作者系俄罗斯经济学家。——编者注

(三)电子文献的注释体例

文章所引电子文献应以数据库公布的档案文献和官方网站原始资料为主。若电子文献有相应的纸质出版物，则应以纸质文献为据，标注纸质文献的出处，并交代电子版本的来源。

电子文献要依次注明作者(编者)名、电子文献题名、获取和访问路径(网址)、引用日期。外文电子文献的作者(编者)名和题名要标明相应的中文译文和原文。例如：

亨森：《印地安领地的博彩》(C.L.Henson, "Gaming in Indian Country"),

http://www.americansc.org.uk/online/Gaming.htm，2013年4月25日。

二、文章中注释符号和标点符号的位置

文章中注释符号应位于要说明的内容和引文之后；文章的标题不加任何注释符号；一般不用除冒号和破折号以外的任何符号，可采取空一格的方式处理。

1.引用的是完整的一句话，注释符号放在句末。例如：

他指出："俄国人也被一本万利的皮毛的传闻所吸引，接踵而来，把从勘察加到美国的这条航路变成了一条热闹一时的海上通道。"①

2.引用的不是原文，而是原文的意思，注释符号应放在句末的句号之后。例如：

他们首先是以法国存在"起飞"阶段为前提，结果对"起飞"时期一共提出四个假设阶段：一为旧制度后期；二为拿破仑时期；三为七月王朝和第二帝国时期；四为1895年—1914年。①

3.注意引文末尾标点符合的使用。

(1)凡是把引用的话独立来用，句末的标点应放在引号里面。例如：

爱因斯坦说："想象力比知识更重要，因为知识是有限的，而想象力概括着世界上的一切，推动着进步，并且是知识进化的源泉。"

(2)凡是把引用的话作为作者自己的话的一部分，句末标点应放在引号外面。例如：

淘金热在学界享有的传统定位也遭受了冲击，因为它同样属于"1788年澳大利历史中充斥的帝国主义、掠夺性开发、种族主义、男权主义等邻人羞耻的故事”[①]。

三、需要注意的符号

(一)连接号半字线“-”占半格、一字线“—”占一格、两字线“——”占两格。

1.半字线“-”用在外国人的姓名中和外文题目的年代里。例如:

让-夏尔·阿舍兰、任-洛二氏溶液

阿瑟·W.约瑟:《澳大利亚史1789—1999年》(Arthur W. Jose, *History of Australia*, 1789-1999),纽约大学出版社,1914年,第2页。

2.一字线“—”用在两个相关的名词之间,构成一个意义单位;用在相关的时间、地点、数目之间;用在几个相关项目之间,表示递进式发展。例如:

(1)秦岭—淮海以北地区;原子—分子论

(2)1953年9月—1985年3月

(3)人类的发展可以分为古猿—猿人—古人—新人四个阶段。

(4)厉以宁:《罗马—拜占庭经济史》,商务印书馆,2006年,第111—115页。

3.两字线“——”,即破折号,行文中解释说明的语句。不能写成“——”。浪纹一般用于科技刊物,本刊一般不用。如:

我们来到大会堂建筑的枢纽部分——中央大厅。

(二)应注意数字和符号的写法,例如:

1. 0.5%—1.5%不能写成0.5—1.5%。以“十、百、千、十万”记位时,不能写成15—17亿,要写成15亿—17亿

2.一两个小时;七八十种;五六十年代(间不加任何符号)

3.带有“几”字的数字必须用汉字,用“多”“余”等表示的概数一般用汉字。

例如:几千年;十几天;十余次;一千多件;约三千会员;十来年;四十岁左右,但是表示略语时应加顿号:二、三线;初中一、二年级;八、九两个月。

4.1998年等年代不能缩写成98年　1960—1980年不能写成1960—80年。

在文章中表示从1960年至1980年时,不能写成从1960—1980年。

5.“第一”“第二”“第三”后面用逗号“,”;“一”“二”“三”后面用顿号“、”;“1”“2”“3”和“A”“B”“C”后面用齐线黑点“.”。

6.文章中的数字一般以“万”为计算单位,不便以“万”计算的数字用逗号分开。

157000为15.7万;4319000为431.9万;43211987为43,211,987。

7.句号、问号、逗号等标点符号不应居一行之首;引号、书名号等前一半不能居行末,后一半不能居行首。

(3)省略号

1.省略号“……”后面不要再加“等等”。

2.省略号前面的话用了句号、叹号、问号,说明是完整的句子,这个句末标点应予保

留;如果前面是顿号、逗号、分号,这个句末的顿号、逗号、分号不保留。省略号后面一般不用标点。例如:

a.不受制约的权力将产生腐败现象。但是,谁来制约?谁来监督?谁能制约?谁能监督?……尚有一系列问题需要深入探讨。

b.在广州的花市上,牡丹、吊钟、水仙……春秋冬三季的鲜花都挤在一起啦!

四、表格

1.文章中必须使用的表格要有标题。

2.如果全文有两个以上的表格,要有序号。

3.表格下要注明资料来源。